라이프워크

당신이 하나님을 더 깊이 알아 가고 더 널리 알리는 사람이 되는 것, 이 책에 담긴 예수전도단의 마음입니다. 말씀을 통해 저자가 깨닫고, 원고를 통해 저희가 누릴 수 있었던 그 감동이 책을 통해 당신에게도 전해지기 원합니다. 그리고 당신을 통해 그 기쁨과 은혜가 더 많은 이들에게 계속해서 흘러가기를 기도하겠습니다. 이 책을 통해 당신이 받은 은혜를 다른 분들에게도 나눠 주십시오. 사랑하고 축복합니다.

Lifework

Copyright © 2009 by Darrow L. Miller.
Originally published under the title
Life Work: A Biblical Theology for What You Do Every Day
All right reserved.

Korean Copyright © 2012 by YWAM Publishing Korea.

본 저작물의 한국어판 저작권은 도서출판 예수전도단에 있습니다.
저작권법에 의해 보호받는 저작물이므로 무단 전재와 복제를 금합니다.

직업과 신앙이 하나 되는 삶의 능력

대로우 밀러 지음 | 이혜림 옮김

라이프워크

A BIBLICAL THEOLOGY FOR WHAT YOU DO EVERY DAY

예수전도단

LifeWork

영향력 있는 세계관, 이원론, 성속의 이분법과 싸워야 하는 이유에 대한 부분을 모든 학생이 꼭 읽기 바란다. 대로우 밀러는 하나님 앞에서 어떻게 살고 일해야 하는지, 왜 성경적 직업 신학을 이해해야 하는지 명쾌하게 알려 준다. 성경의 필수불가결한 대서사를 완벽하게 요약했으며, 갈팡질팡하는 이들에게 절실히 필요한 문화적 사명을 명확하게 제시한다.

마빈 올라스키 _ 뉴욕시 킹스 칼리지 학장, 〈월드〉 편집장

가난한 이들 중에서도 가장 가난한 사람들을 섬겨 온 대로우 밀러야말로 빈곤을 주제로 하는 책을 쓸 자격이 있다. 밀러는 타고난 철저함과 온유함으로, 일과 부 창출의 기초가 될 세계관을 구축한다.

낸시 피어시 _ 《완전한 진리》 저자, 《그리스도인, 이제 어떻게 살 것인가?》 공저자

《라이프워크》는 열방을 변화시키는 일에 대한 필수 요소를 제공한다. 이 책을 통해 당신의 도시와 나라의 문화를 새롭게 할 도구를 발견하게 될 것이다. 이 책에는 하나님 나라가 임하고 그분의 뜻이 이 땅에서 이루어지기를 구하는 예수님의 기도를 성취하기 위한 기본 원칙이 담겨 있다.

루이스 부시 _ 트랜스폼 월드 국제 디렉터

대로우는 전 세계 크리스천이 하나님 나라의 성경적 개념을 재발견하도록 돕는 데 평생을 바쳤다. 우리의 사고와 감정, 행동이 예수 그리스도의 중심 사명(눅 4:43)에서 완전히 벗어난 현실은 얼마나 비극적인가. 하지만 《라이프워크》가 하나님 나라의 신비와 우리의 역할을 다시금 알려 주니, 얼마나 큰 감동인가. 이 책은 열정과 성경적 통찰력, 예리한 분석, 실질적 적용이 가득한 대로우의 역작이다. 21세기의 모든 크리스천이 반드시 읽어야 할 필독서다.

브라이언 피커트 _ 커버넌트 칼리지 찰머스 경제 개발 센터 소장, 《도움의 손길이 상처가 될 때》(When Helping Hurts) 공저자

우리는 전 세계 모든 지역의 교회가 마음을 합하여 예수님의 복음을 삶으로 실천하고 선포하는 날을 꿈꾼다. 이렇게 연합된 교회는 개인과 지역사회, 민족과 나라의 변화와 거룩함, 정의를 추구한다. 이런 비전이 실현될 수 있으려면, 전 세계 크리스천의 세계관에 일대 변혁이 필요하다. 대로우 밀러의 책《라이프워크》는 우리에게 필요한 세계관을 명확히 제시한다. 글로벌 공동체의 마음과 생각, 전략을 형성하는 탁월한 도구가 되리라 믿어 의심치 않는다.

제프 터니클리프 _ 세계복음주의 연맹 대표/CEO

수십 년 동안 세계를 종횡무진으로 누비며 크리스천 리더들을 대상으로 세계관 기본 강의를 해 온 밀러의 책이 드디어 나왔다. 네팔의 산등성이에서 서아프리카 평원에 이르기까지, 배운 대로 실천하며 지역사회에 영향을 끼치기 위해 교회 건물을 나온 크리스천들의 용기와 힘은 바로 대로우 밀러의 헌신의 결실이라고 할 수 있다.

제인 오버스트리트 _ DAI(Development Associates International) 대표/CEO

하나님은 우리가 속한 공동체를 제자 삼고, 우리 삶의 전 영역에서 매 순간 하나님을 섬기라고 전 세계 그리스도의 몸에 분명하게 말씀하고 계시다. 하나님이 선구자로 부르신 이들 중에서 대로우 밀러처럼 확실한 권위와 경험을 바탕으로 이야기할 수 있는 사람은 드물다. 밀러는 수십 년 동안 하나님을 구하고, 이 책의 메시지로 열방과 민족을 섬겼다. 열방을 향한 성경적 메시지를 재발견하는 하는 과정에 관심이 있는 사람이라면 누구나 이 책을 필독서로 삼을 만하다.

란다 콥 _ 템플릿 인스티튜트 소장, 《나라를 제자 삼는 하나님의 8가지 영역》 저자

수많은 복음주의적 교회에서 선포하는 편협하고 개인주의적인 복음에 맞서 밀러는 성경적으로 정확하고 신명 나는 하나님 나라 복음을 제시한다. 밀러는 새 땅에서 펼쳐질 영광스런 미래에 우리 삶과 일 전체를 어떻게 연결해야 하는지 생생히 그려 낸다. 《라이프워크》는 비전과 열정을 키워 문화 창조의 높은 부르심을 취하게 해주며, 왕이신 예수님과 함께 깨어진 세상을 치유하는 사명에 동참시킨다.

에이미 셔먼 _ 공동체 신앙 센터 이사, 사가모어 정책 연구소 수석 연구원

밀러의 책은 고전의 반열에 올라야 한다. 이 책이 세계관 분야의 '표준'이 되기를 바란다. 성경적 세계관과 일이라는 주제를 이렇게 깊이 있고 폭넓고 균형 잡힌 시각으로 통합한 책은 일찍이 없었다.

크리스천 오버만 _ 성경적 세계관 연구소 설립자/이사

내 동료 대로우 밀러에게는 은사가 있다. 복잡한 문제를 이해하기 쉬운 글로 정의하고, 그 글을 읽는 이들이 자신이 속한 곳에서 각자의 몫을 하도록 감동을 주는 《라이프워크》는 진심으로 주님을 따르는 모든 제자에게 행동을 촉구한다.

밥 모핏 _ 하비스트 재단 총재

대로우 밀러는 하나님과 인간, 피조물, 문화, 교회, 사회가 성경적 세계관 속에서 어떤 관계를 맺어야 하는지 탁월하고 명료하게, 또 성경적으로 파악한다. 하나님의 형상을 따라 지음 받은 남성과 여성이 디자이너, 건축가, 교사, 화가, 행정가, 음악가, 경작자, 양육자, 커뮤니케이션 전문가가 되어야 한다는 점을 확실히 이해한다. 기독교 사역의 자리는 교회가 아니다. 삶이다!

래리 시어스 _ 전 미 산림청 관리관, 삼림 감독관

크리스천들은 성속을 나누는 분리의 벽을 너무 오랫동안 세워 뒀다. 이 가공의 벽 때문에 수많은 사람이 우리 모두 '전임 사역자'라는 실체에 따라 살고 있지 못하다. 이 장벽은 "무슨 일을 하든 하나님을 영화롭게 하라"는 성경의 명령에 따를 때 누리는 만족과 기쁨을 누리지 못하게 한다. 이 책은 그 벽을 해머로 내리친다.

톰 슈레이더 _ 애리조나 프라이오리티 리빙 설립자, 이스트 밸리 바이블 처치 목사

얼마나 놀라운 책인가! 나는 크리스천 개개인이 삶 전체가 예배임을 이해하고 하나님 얼굴 앞에서 예배의 삶을 살 때, 복음과 문화가 조우하리라 믿는다. 대로우 밀러는 복음을 이해하고 삶의 모든 영역에 적용하도록 도와줄 귀한 자료를 만들었다.

타일러 존슨 _ 서지 스쿨 포 트랜스포메이셔널 리더십 이사

대로우 밀러는 하나님 나라 비전과 긴요한 실체, 하나님 나라의 요건을 누구보다 완벽하게 통합한다. 경고하겠다! 이 책을 펼쳐 읽다 보면, 참된 하나님 나라의 삶을 살고 싶다는, 살아야 한다는 확신에 사로잡히게 될 것이다. 하지만 차선에 만족할 사람이 어디 있겠는가?

필 아렌트 _ 파트너스 인터내셔널 사역 개발 이사

세계관을 다룬 대로우 밀러의 책은 지금껏 본 어떤 책보다 실질적이며 완성도가 높다. 하나님 나라를 건설하기 위해 일과 사업을 재편하려는 이들이 진지하게 연구하고 실천해 봐야 할 책이다. 또한 믿는 자들이 어디서 일하든지 결실을 보도록 돕고 싶은 목회자와 사역 리더들에게도 더할 나위 없이 귀중한 자료다. 밀러의 글 이면에는 열방을 제자 삼을 많은 이들의 아버지가 되고자 하는 큰마음이 숨어 있다. 아시아와 아프리카에서 사역하는 밀러의 모습을 본 것이 내게는 큰 특권이다.

실록 팅 _ 말레이시아 그로잉 체인지 에이전트 포 더 워크플레이스 컨설팅 이사

대로우 밀러는 예언적 메시지를 전한다. 그는 건강치 못한 문화의 증상들에 초점을 맞추기보다는, 독자들이 원인에 파고들게 한다. 현대 사회의 가정에 의문을 제기하고, 우리 삶 전체의 진정한 안녕을 위해 하나님이 주신 근본적 원칙들을 깊이 파고들라고 초청한다. 살아 계신 하나님의 대사로서 문화의 전 영역에 전폭적으로 참여하라는 초청이다.

데이비드 콜린스 _ 패러다임 미니스트리즈 설립자

독자들은 이 책의 저자와 그의 글이 수십 년에 걸쳐 검증되어 왔다는 사실을 먼저 알아야 한다. 천국의 복음을 교회 건물 너머 삶의 모든 영역에 적용하려는 이들에게 이 책은 최선의 선택이다. 이 책의 개념과 이를 적용하는 것은 그리스도의 진정한 제자들에게 필수불가결한 요소다.

마크 R. 슈펭글러 _ 하와이 캘루와 코나 법 사회 전략 센터 이사

이 책은 우리의 이원론적 습성을 지적할 뿐 아니라 일과 삶의 모든 영역에 올바른 성경적 사고를 적용하는 실질적 사고의 틀을 보여 준다. 다양한 영역의 크리스천이 일과 크리스천으로서의 삶을 어떻게 재통합하는지 알게 되고, 하나님 나라를 확장하는 동시에 개인의 성취로 귀결되는 방법에 대해 확인하게 해줄 것이다. 우리가 일하는 가운데 얻는 기술과 경험들은 삶과 일을 동떨어진 성속의 이분법으로 나누는 대신, 하나님의 목적에 합당하게 하나로 묶는 라이프워크의 일부다. 겉보기에 세속적인 우리의 일이 하나님의 계획에 영원한 가치를 더할 수 있다는 사실을 깨달을 때, 얼마나 놀라운 자유가 임하겠는가!

존 보티모어 _ 국제 항공우주산업 이사

일이 하나님께 영광을 돌리고 사람을 섬기기 위한 소명이라는 깨달음은 브라질 빈민 공동체 개발 사업을 하는 동안 내게 든든한 기초가 되어 주었다. 일하시는 하나님 안에서 내 일 또한 하늘의 소명이자 예배라는 사실을 개인적으로 깨달은 이후 나는 진정한 자유를 경험했다. 지역 공동체 차원에서, 이 영역에 관한 밀러의 가르침은 참되고 영속적인 발전의 기반이 되었다.

마우리치오 J. 추나 _ 브라질 통합 지원 개발 센터

대로우 밀러는 그리스도를 따르는 이들이 자신들의 삶을 그분의 주권 아래 놓을 때 그분이 모든 이들의 주가 되심을 설명한다.

비샬 망갈와디 _ 《변혁의 중심에 서라》 저자

라이프워크는 강력한 진리, 감동적인 경험, 그리고 삶의 모든 영역에서 하나님 나라를 선포하는 열정적인 호소로 가득하다. 이 책을 숙독하든 몇 장(章)만 들춰 보든 우리의 이야기를 실제적이고 구속사적인 방법으로 그분의 이야기에 잇는 과정을 통해, 우리의 일과 삶의 문제들을 감동적인 성경적 관점에서 돌아보는 기회를 얻게 될 것이다.

로베르토 리날디 주니어 _ 브라질 프로비즈니스 컨설팅 서비스 창업주

밀러의 책은 문화와 사회의 모든 부분을 향한 성경말씀에 관한 실제적인 지식을 교회에 전하여, 열방에 희망을 가져다준다. 중앙아시아에서 일하는 계발 사역자로서 나는 성경적 세계관을 가르치고 이해하고 이행하는 일이 활동에 미치는 영향을 직접 목격했다. 교회 리더와 평신도 모두 용기를 얻고 변화되었고, 신앙의 공동체는 교회 밖으로 나가 지역 공동체와 국가에 희망과 치유를 전하게 됐다. 개인적으로 나는 지난 십여 년 동안 밀러와 중앙아시아에서 동역하며 교제해 왔다. 이 책은 지금까지의 변화 사역 성공의 정점이다.

로버트 C. 헤들런드 _ 국제협력개발연합(JDAI) 대표 및 설립자

이 책은 예수님이 다시 오실 때까지 지상에서 무엇을 해야 할지에 대한 생각을 뒤흔든다. 자신 있게 일어나 배우자, 자녀, 부모, 사회, 그리고 하나님을 위해 잠재력을 최대한 발휘하는 삶을 향해 나아가게 한다. 이 책은 믿음과 행함은 상호 보완적이라고 설명한다. 그 둘이 함께할 때, 당신은 열정적인 삶을 살게 된다(열정적[enthusiastic]이란 말의 어원인 enthuse는 '하나님이 당신 안에 있다'는 뜻인 en-Theos에서 유래했다). 이 책을 읽고 또 읽으라. 그리고 당신의 사회를, 이 아름답고 풍요로운 세상을 변화시키라.

앤디 부디 잔토 수테자
_ 인도네시아 PT 성공동기부여 연구소 소장, DNA 인도네시아 대표

세속의 흙먼지 폭풍은 우리의 영적인 시야를 완전히 가렸다. 우리 눈을 멀게 해, 세속적인 지위를 추구하는 것이 하나님 나라를 추구하는 것과 양립할 수 있다고 믿게 만들어 버렸다. 우리는 우리의 소유만을 기뻐하며, 주님이 가지신 것은 거들떠보지도 않는다. 많은 사람이 남을 경멸하면서도 주님을 사랑한다고 주장한다. 이 흙먼지 폭풍은 우리 눈을 어둡게 해, 성경의 도덕적 윤리적 기준이 할리우드의 기준과는 다르다는 사실을 깨닫지 못하게 만들었다. 대로우 밀러의 책은 우리의 영적인 눈을 열어, 성경적 세계관을 통해 복음의 기쁜 소식을 분명히 보게 해준다.

존 드한 _ AERDO 대표(1998~2006)

이 책을 읽는 것은 신선한 공기를 들이마시는 것과도 같다. 크리스천들이 삶 속에서 무엇을 하도록 부름 받았는지에 관한 참된 비전을 상기시키고 일신하는 책이다. "내가 돌아올 때까지 점령하라"고 하신 예수님의 명령을 향해 가는 진실하고 강력한 길을 보여 주는 이 책은 복음을 위한 대로우의 오랜 헌신의 증거다.

행크 기섹키 _ 리치아웃 선교회 대표

대로우 밀러는 에너지와 열정, 그리스도와 사람을 향한 사랑, 이 세 가지 면에서 놀라운 사람이다. 그는 가르치는 대로 실천하고, 기회를 결코 놓치지 않으며, 언제 어디서든 다른 이들을 구속자께 더 가까이 이끌며 삶의 매 순간 주님을 영화롭게 하라고 독려한다. 이와 같은 때를 위해 대로우를 일으키신 하나님을 찬양한다.

페르난도 과라니 주니어
_ 브라질 인스티투토 데 에듀카카오 크리스타 이마고 데이, ESL 교사 및 번역가

1998년에 대로우 밀러를 알게 된 이후로 나는 그가 쓴 세계관과 계발 자료를 강의에 사용해 왔다. 나는 학생들에게 그의 책 《생각은 결과를 낳는다》를 꼭 읽으라고 한다. 밀러에게는, 청자와 독자에게 도전을 주고 변화를 일으키고 삶을 뒤흔드는 방식으로 주제를 논하는 특별한 은사가 있다. 나 역시 그의 저술과 강연에 큰 영향을 받고 변화를 경험한 수많은 사람 가운데 하나다. 학자만이 아니라 모든 목회자와 크리스천 리더들이 그의 책, 그중에서도 신간 《라이프워크》를 꼭 읽어야 한다.

레이날도 타니아주라 _ 국제 리더십 대학원, 아시아 개발 및 다문화 연구학교 교수

하나님의 꿈은 '전 세계적 변화'이며, 교회의 담이 무너지고 해묵은 패러다임이 철폐될 때 이 꿈이 실현된다. 모든 믿는 자가 날마다, 또 가는 곳마다 하나님 나라를 발할 준비가 되는 성도의 날이 오고 있다. 에스겔 37장의 군대처럼 믿는 자들이 일어나 문화 곳곳에서 변화를 일으킬 것이다. 하나님의 꿈에 동참하고 싶다면, 대로우 밀러의 책 《라이프워크》를 반드시 읽으라.

데이브 구스타프슨 _ YWAM LA 지부장, 글로벌 타겟 네트워크 이사

* **일 러 두 기**

이 책의 본문이나 인용문에 굵은 글씨로 되어 있는 강조 표시는
독자의 이해를 돕기 위해 저자가 임의로 붙인 것입니다.

프란시스 쉐퍼, 그리고 로렌과 달린 커닝햄에게 이 책을 바친다.
쉐퍼 박사님은 크리스천들이 복음을 들고 사회의 모든 영역으로
나아가도록 하는 일에 라브리 공동체가 쓰임 받기를 소망했다.
그의 설교 "내가 돌아올 때까지 점령하라!"는
내가 이 주제에 파고드는 계기가 되었다.
로렌과 달린 커닝햄은 비슷한 비전을 품고 YWAM을 설립했다.
두 분은 하나님 나라를 세울 자들로 온 땅을 채우기 위해
크리스천을 일으키는 일에 마음을 쏟아 왔다.

이분들의 소망과 유산에 이 책이 미력이나마 보탬이 되기를 소망한다!

목차

감사의 글 16
들어가는 글 18

제1부 잘못된 패러다임

제1장 세상을 지배하는 세계관들 37
제2장 우리가 어쩌다 여기까지 왔을까? 교회사를 관통하는 이원론 56
제3장 성속의 이분법: 포괄적 세계관 84
제4장 한 주님, 한 영역: 비유 102
제5장 코람데오: 하나님 앞에서 112

제2부 성경적 직업 신학을 향한 첫걸음

제6장 성경적 직업 신학의 필요성 137
제7장 성경의 큰 그림: 거대서사 145

제3부 문화적 사명

제8장 문화: 물질 영역과 영적 영역이 만나는 자리 163
제9장 문화적 사명의 요소 178
제10장 타락, 십자가, 문화 186

제4부 라이프워크

제11장 부르심: 라이프워크 203
제12장 일반적 부르심: 삶으로 213
제13장 특별한 부르심: 일터로 228
제14장 라이프워크의 특징 254

A BIBLICAL THEOLOGY FOR WHAT YOU DO EVERY DAY

제5부 라이프워크의 경제학
    제15장 청지기 정신: 개신교 윤리 281
    제16장 나눔의 경제학: 풍성한 긍휼 308

제6부 세상 속으로
    제17장 하나님 나라는 안에서 밖으로 확장된다 327
    제18장 성문 337
    제19장 사회 영역 361
    제20장 가장 큰 계명 420

제7부 담 없는 교회
    제21장 수문장으로 섬기라 459
    제22장 그리스도의 몸: 담 없는 교회 468
    제23장 내가 돌아올 때까지 점령하라 488

    주 499
    인명 색인 521
    주제 색인 525
    성구 색인 534
    적용과 심화를 위한 자료 539

감사의 글

이 책의 출발점은 누가복음 19장에 기록된 열 므나의 비유다(번역본에 따라 달란트, 금화, 동전으로 비유되기도 한다). 예루살렘을 향한 여정이 끝나갈 때쯤 제자들에게 하나님 나라를 가르치신 예수님은 "하나님의 나라가 당장에 나타날" 것(눅 19:11)이라는 그릇된 시각을 바로잡으려고 이 비유를 드셨다. 이를 통해 예수님은 그분이 누구이며 제자들이 누구인지, 하나님 나라에 비추어 보았을 때 제자들의 삶과 일의 목적은 무엇인지 완전히 새로운 방식으로 조명해 주셨다. 예수님은 이 비유를 통해 지금 우리를 가르치시며, 장차 오실 하나님 나라를 위해 능동적으로 살고 일하라고 독려하신다.

수십 년 전, 나의 멘토이자 전도자, 변증가, 우리 세대를 위한 선지자, 라브리의 설립자인 고(故) 프란시스 쉐퍼(Francis Schaeffer)와 스위스의 라브리 공동체에서 생활하며 연구하는 동안 나는 열 므나의 비유에 관심을 두게 됐다. 이 비유는 내게 큰 감동으로 다가왔다. 나는 이 비유에 등장하는 누가복음 19장 13절의 "내가 돌아올 때까지 장사하라!"는 말씀을 제목으로, 내가 받은 감동을 강의를 통해 나누어 왔다. YWAM(Youth With A Mission, 국제 예수전도단) 하와이 열방대학의 김모세(Moses Kim) 선교사와 미네소타 대학 맥로린 연구소의 로버트 오스번(Robert Osburn) 박사와 같은 친구들도 성경적 직업 신학을 주제로 성경공부 교재를 개발하고 저술하라며 내 의지를 북돋았다. 수십 년 동안 이 주제에 대해 가르치고 난 지금이 바로 그동안의 강의를 책으로 담아낼 때라는 생각이 들었다.

이 책을 쓰면서 가장 힘들었던 시기에 편집을 도와준 킹스 매도우 연구 센터 조지 그랜트(George Grant) 박사에게 감사한다. 그랜트 박사의 격려와 도움이 없었다면, 결코 이 프로젝트는 마무리되지 못했을 것이다.

연구와 데이터 입력, 문서 작업, 사실 관계 확인 및 편집을 위해 전력을 다해 준 신디 벤(Cindy Benn), 사라 개밀(Sarah Gammill), 린지 레이버리(Lindsay Lavery), 맨디 밀러(Mandie Miller)에게 고마움을 전한다.

이 책에 담긴 아이디어를 건설적으로 비판해 주고 다양한 아이디어를 개진해 준, 나의 협력자이자 친구인 스캇 앨런(Scott Allen)에게도 감사한다.

이 책의 편집을 담당해 준 매릿 뉴튼(Marit Newton)과 YWAM 출판사 편집자 워렌 월시(Warren Walsh)에게도 진심으로 감사의 말을 전한다. 두 사람은 내가 이 책을 통해 명확하고 강력하게 메시지를 전달하도록 돕겠다는 목표 아래 내 비전을 응원해 줬다. 또 두 사람은 이 책이 사람들에게 강한 울림을 줄 수 있길 간절히 바라며 그 목표를 현실로 만드는 과정에 직접 참여했다. 이 책이 성공을 거둔다면, 이 두 사람의 선견지명과 노고, 헌신과 동역 덕분이다. 두 사람은 《라이프워크》가 빛을 보도록 자신들이 맡은 영역을 넘어 이 책의 출간 과정에 온전히 헌신했다.

"라이프워크와 성경적 직업 신학"이라는 제목의 강의를 듣고 나서, 내가 이 주제로 책을 내도록 격려해 준 수많은 이에게 감사한다. 이 메시지의 중요성을 믿어 준 여러분이 있었기에 포기하고 않고 여기까지 올 수 있었다.

나를 사랑해 주고 이 책을 편집하는 데 아낌없이 시간을 쏟아 준 사랑하는 아내, 내 삶의 파트너 메릴린(Marilyn)에게 감사한다.

마지막으로 우리 삶에 목적을 주시고 이 작은 별 지구에 우리를 두셨으며, 그분의 영광을 위해 우리를 문화 창조자로 부르시는 우리 창조주께 모든 영광과 감사를 돌린다!

들어가는 글

꽤 오래전, 한 필리핀 선교사가 마오쩌둥주의(Maoism, 毛澤東主義)를 따르는 반군에 합류할 생각을 하고 있는 청년들을 만났다. 선교사는 그 무리의 리더에게 "마오쩌둥주의와 기독교가 다른 점이 대체 무엇이기에, 그토록 강하게 끌리는 것입니까?"라고 물었다. 그런데 그 청년의 대답은 오늘날 기독교의 실체와 관행을 향한 비판을 드러내고 있었다.

마오쩌둥주의(Maoism)는 우리에게 네 가지 필수 요소를 제공합니다. 첫째는 세계와 역사, 현실에 대한 통일되고 일관성 있는 관점이고, 둘째는 일과 삶, 죽음의 목적이 되는 분명한 목표이며, 셋째는 공동의 형제애를 위한 소명이고, 넷째는 절망하는 이들에게 희망이 있다는 좋은 소식을 전파하겠다는 결의와 사명입니다. 그런데 온갖 좋은 모습을 다 갖춘 듯한 기독교는 이런 비전을 우리에게 주지 못하는 것 같습니다.[1]

선교사는 기독교에 실망해서 등을 돌리고 결국 자신들을 파멸로 이끌 대상을 온몸으로 끌어안는 청년들의 모습을 슬프게 지켜보았다. 그들은 왜 그렇게 선택했을까? 복음의 기쁜 소식을 들었으나 복음을 눈으로 보지는 못했기 때문이다.

복음 선포에 총력을 기울이는데 비해 복음을 직접 보여 주지 못하는 교회가 허다하다. 입술로는 복음을 이야기하지만, 그 복음이 삶에 드러나지 않는다. 복음을 그저 내세에 영생을 얻기 위한 좋은 소식 정도로만 치부하고, 오늘을 위한 참 복음을 잊어버렸다. 그 결과 크리스천으로서의 삶이 무기력해지는 경우가 부지기수다. 많은 사람이 인생을 이분법적으로 생각한다. 영적인 부분과 그렇지 않은 부분, 종교적인 활동을 하는 시간과 공부를 하거나 일을 하는 시간으로 분리한다. 그래서 사적이고 개인적인 영역에만 기독교를 국한시키고, 나머지 영역에서는 우리 사회의 다른 이들과 별반 다르지 않은 삶을 하루하루 살아간다. 우리끼리는 안락하게 살지만 시장과 국내외 상황에 개의치 않는 교회를 만들어 냈다. 그 결과 다른 종교나 세속주의가 주는 답보다 더 나은 답이 절실히 필요한 이들에게 하나님 나라의 진리와 소망을 열어 보여 주는 데 실패하고 말았다.

하지만 일부 크리스천의 마음에 변화가 일어나면서 질문하기 시작했다. 복음이 삶의 모든 부분에 영향을 미치고, 더 나아가 내 나라의 향방을 결정하는 데 한몫을 해야 하지 않을까? 나의 일터에, 나의 직장에 복음이 영향을 끼쳐야 하지 않을까? 하나님 나라에서 인정받을 만한 삶을 살기 위해 반드시 직장을 그만두고 선교사가 되어야만 하는 것일까?

또한 이렇게 자문하는 목사도 늘고 있다. 건물이나 모임, 프로그램을 넘어서는 무언가가 교회에 필요하지 않을까? 교인들이 교회 건물에만 머물지 않고 헐벗고 주린 자들이 있는 세상으로 나아가게 하려면 어떻게 해야 할까? 교회가 사회에 영향을 미쳐야 하지는 않을까? 크리스천들이 이렇게 많은데 왜 우리 가정과 지역사회 그리고 사회 전체가 무너지고 깨지기만 할까? 역사상 그 어느 때보다 크리스천과 교회, 대형교회가 많은데 이 사회는 왜 이토록 상하고 깨져 있을까?

많은 크리스천과 교회가 안락한 삶과 교회 프로그램에 안주하며 자신들이 해오던 복음 전파 방식에 만족하고 있다. 그런데 그와 동시에 가난한 자, 회의론자, 21세기 포스트모던적인 사고방식을 가진 수많은 사람이 귀가 아닌 눈으로 복음을 '듣기 위해' 기다리고 있다. 말로는 부족하다! 그런데도 많은 교회가 삶으로 살아 내기보다는 입으로 설명하느라 분주하다!

필리핀 청년들과 세상의 수많은 다른 이들이 찾아 헤매는 그 대상, 세상에 대한 통합적 관점, 자신의 생애 또는 목숨까지 걸 수 있는 명확한 목적, 공동체 의식, 절망하는 이들에게 희망을 안겨 주는 사명, 그것이 바로 인간이 지음 받은 목적이자 그리스도가 자신을 내주신 이유, 즉 하나님 나라다. 이 세상은 우리가 살아가는 삶의 모습과 우리가 날마다 하는 일을 통해 하나님 나라가 나타나는 모습을 보고 싶어 한다. 이를 위해 세상은 지금 이 순간에도 기다리고 있는 것이다.

매력적인 비전, 하나님 나라

당신 역시 필리핀 청년들이 갈구하던 바로 그것을 위해 지음 받았다. 모든 인간은 하나님이 만드신 실체이자 현실인 하나님 나라 속에서 살아가도록 지음 받았다. 비전은 모든 인간의 가장 기본적인 필요다. 성경이 이를 확인해 준다. "묵시(비전 혹은 하나님의 계시 - 역주)가 없으면 백성이 방자히 행하거니와"(잠 29:18). 우리의 삶은 어떤 종류의 비전이든 그 비전에 따라 움직인다. 하지만 모든 비전이 진리인 것은 아니다. 모든 비전이 진정한 만족감을 주는 것은 아니다.

비전은 우리가 이 세계를 어떻게 이해하고 그 속에서 우리의 위치를 어떻게 파악하는지, 즉 세계관에서 비롯된다. 우리의 세계관은 우리의 가치관과 견해를 형성하고, 우리 삶에 무엇이 가장 중요한지를 결정한다. 세계관은 삶 속에서, 또는 우리를 둘러싼 세상에서 우리가 무엇을 어떻게 보는지를 결정한다. 그래서 종종 세계관은 '안경'에 비유된다. 세상을 보는 이 '안경'은 우리 삶의 비전과 우리 삶을 향한 관점을 규정한다.

그리스도는 우리 삶을 관통하는 이 세계관을 위해 사셨다. 또 이를 위해 죽으셨다. 이 세계관이 제공하는 매력적인 비전은 바로 하나님 나라다. 예수님은 이 비전을 불로 묘사하셨다. "내가 불을 땅에 던지러 왔노니 이 불이 이미 붙었으면 내가 무엇을 원하리요"(눅 12:49).

그렇다면 그리스도의 비전이 오늘날 교회를 움직이는 힘이 되고 있는가? 평생 인도를 섬긴 위대한 선교사 스탠리 존스(E. Stanley Jones, 1884-1973)는 "교회는 그것을 잃어버렸다. 교회는 하나님 나라(의 성경적 비전)를 상실해 버렸다"[2]라는 슬픈 고백을 했다. 존스는 이러한 비전의 상실에 대해 "우리 시대의 질병"[3]이라 칭했다.

21세기에 들어서면서 교회는 하나님 나라를 이해하는 방식에 따라 크게 두 그룹으로 나뉘는 양상을 보인다.

첫 번째 그룹은 하나님 나라를, 하늘의 신비하고 눈에 보이지 않는 존재로 먼 훗날에 실현될 실체로 생각한다. 그들은 그리스도가 만물의 주인임을 인정하지만, 역사의 마지막에 그리스도가 재림하신 후에야 그분의 나라가 이 땅에 영향력을 갖게 되리라고 믿는다. 이와는 대조적으로 두 번째 그룹은 하나님 나라를 지금 여기에 변화를 일구는 실체로 이해한다. 하지만 이들은 대개 사회, 정치적 사안에 초점을 맞추고, 전도나 하나님 나라의 미래적 측면을 배제한다. 그들은 지금 당장 하나님 나라를 세우기 위해 인간의 방법을 사용하려 한다. 이 두 가지 시각은 모두 결함이 있고 불완전하다.

가장 확실한 것은 하나님 나라는 그분이 통치하시는 곳이면 어디에나 존재한다는 것이다. **어디에나**라는 말은 시간, 공간, 영역의 제약이 전혀 없다는 의미다. 언제나 계셨고 지금도 계시며 영원히 계실 전능한 하나님은 하늘의 왕인 동시에 이 땅의 왕이시다. 하나님은 과거의 주인이자 영원의 주인이시다. 영적 영역과 물질 영역 어디에나 살아 계시며, 현존하시는 분이다. 무엇보다 하나님은 본질적으로 무엇이 참되고 선하며 아름다운지를 규정하시는 분이다. 근대 초기 과학자들이 인정했던 대로(후대를 사는 우리는 비록 잊어버리지만), 언뜻 보기에 인격이 전혀 개입되어 있는 것 같지 않은 '자연법칙'조차도 사실 하나님의 사고에서 나온 것으로 하나님이 정하신 대로 이 세계가 움직이는 방식이다.

안타깝게도 인간은 하나님께 반역했고, 창세기 3장에 기록된 대로 하나님이 정하신 틀 안에서 온전한 삶을 누릴 능력을 상실하고 말았다. 하나님 나라는 사라지지 않았지만 인간은 하나님 나라의 방식을 거부했다. 그래서 결국 그 나라를 보고 이해하는 능력, 그 나라 안에서 자신을 회복시킬 능력을 잃어버리고 말았다. 인간은 하나님 나라와 어긋나는 실체의 허상 위에 삶을 세웠다. 존재의 진리에서 완전히 동떨어진 거짓투성이 나라가 제시하는 죽음의 길을 따라갔다.

하지만 하나님은 결코 그분의 피조물을 실패의 자리에 버려두지 않으셨다. 성경을 보면, 우리에게 다가와 진리이신 자신을 우리에게 나타내시고 우리를 그분의 나라로, 또 그분과 함께하는 참된 풍성한 삶으로 다시금 부르시는 하나님을 발견할 수 있다. 하나님은 우리가 상상도 할 수 없는 일을 행하셔서 그분의 아들을 우리에게 선물로 주셨으며, 우리 존재의 심장부로 다가오신다. 예수님은 하나님의 본질을 완벽하게 드러내시는 분이다. 하나님과 연합하는 삶이란 어떤 것인지 보여 주시는 분이다. 또한 하나님 나라로 들어가는 문을 다시 한 번 활짝 열어 주시는 분이다. 하나님은 그런 예수님을 우리에게 주셨다. 공생애를 시작하면서 예수님이 갈릴리에서 가장 먼저 전하신 메시지는 "하나님의 나라가 가까이 왔으니 회개하고 복음을 믿으라"(막 1:15)였다. 하나님은 우리를 짓누르는 죄의 짐을 덜어 주셨으며, 나아가 죽음을 물리치셨다. 그리고 우리의 손을 잡아 우리 자신, 그리고 우리가 속한 사회와 가정을 하나님 나라로 가까이 이끌고 계시다. 하나님 나라는 우리가 영원히 거할 집이자 지금 여기서 우리가 안식을 얻는 집이다. 예수님은 그 집으로 가는 길을 우리에게 보여 주신다. 성령님은 우리에게 감동과 능력을 주신다.

"예수님은 이 비전을 위해 사셨고, 일하셨으며, 고난받으셨고 죽으셨다. 그리고 바로 이 비전을 제자들에게 (그리고 교회에게) 맡기셨다."[4] 이 비전은 곧 지금 이곳에 가까이 있으며, 역사의 끝 날에 모든 만물 가운데 온전히 실현될 하나님 나라의 비전이다. 이 비전이 바로 성경을 관통하는 핵심 주제이며, 인류 역사에서 "가장 강력한 희망"[5]을 서사한다. 이 비전은 믿는 자인 우리의 삶을 움직인다. 크리스천으로서 우리 삶의 목적은 하나님 나라의 시민으로 성장하는 것이며, 다른 이들도 이 나라에 들어올 수 있도록 문을 열어 두고 그들을 돕는 것이다. 또한 우리 삶을 무너뜨리고 하나님 나라를 보지 못하게 하는 비속한 것들, 즉 하나님에게서 오지 않은 것들을 대적하고 물리치는 것이다. 하나님 나라는 우리 삶의 목적, 우리 일의 목적, 우리 죽음의 목적이 될 가치가 충분하다.

무기력한 비전들

안타깝게도 대부분의 크리스천은 하나님 나라의 세계관이 제시하는 명확하고 분명하고 참된 비전을 따라 살기보다는 다른 세계관들이 보여 주는 어그러지고 무기력한 비전을 따라 살아간다. 이 어그러진 비전들은 우리를 둘러싼 문화가 만들어 낸 산물이다.

　서구인들의 삶을 규정하는 세계관은 대개 세속주의나 무신론적 유물론이다. 즉, 우주는 영적인 실체 없이 오직 물질로만 채워져 있다는 신념과 그로 말미암은 (끊임없는 소비에 대한) 유물론적 강박증의 틀 안에서 대부분의 서구인이 살아가고 있는 셈이다.

　개발도상국 사람들의 삶의 중심축을 이루는 세계관은 애니미즘(animism)에서 파생된 경우가 많다. 애니미즘이라는 신념 체계로 보면, 우주는 사물과 자연계의 모든 현상에 영이 깃들어 있는 영적 존재다. 이렇게 우주를 이해하면, 모든 사건을 운명으로 받아들이게 되고 만다. 모든 일을 결코 피할 수도, 바꿀 수도 없는 것으로 인식하는, 지극히 운명론적인 세계관이 대두되는 것이다. 이러한 세계관에서는 인생의 의미나 목적을 찾기가 힘들어서 나라 전체가 너무도 쉽게 도덕적, 영적, 물질적 극빈 상태에 빠져든다.

　21세기에 막 진입한, 이른바 선진국의 사람들은 세속적 세계관의 결과로 일을 생계수단으로 생각하며, 생활을 끊임없는 소비의 연속으로 여긴다. 그 결과 아무런 희망과 목적도 없이 살아가고, 일과 삶에서 그 어떤 의미도 찾을 수 없는 사람이 많다. 높은 자살률, 알코올 중독, 마약 중독, 포르노 중독, 섹스 중독, 이혼, 사람들이 빈틈없이 들어찬 아파트에서도 떨쳐 낼 수 없는 극심한 고독감은 모두 인간의 영혼이 죽어가고 있다는 증거다. 사람들의 삶과 일은 하나님이 계획하신 본연의 모습과는 비교할 수도 없을 만큼 초라하게 쪼그라들었다. 버는 돈에 따라, 또는 일터의 기준대로 자신의 가치를 인식하기 시작하면, 세상이 중시하는 목표(성공이나 명예, 명성, 권력 등)를 달성하는 데 급급하여 가정이나 친구, 배우자, 크리스천의 교제처럼 가장 중요한 것들을 희생하게 된다. 물질적으로 풍요해질수록 도덕적, 영적 빈곤은 더욱 극심해진다.

　개발도상국의 사람들 또한 하나님의 선하신 계획과는 사뭇 다르게 일과 삶을 바라본다. 강의를 위해 방문했던 한 개발도상국에서 애니미즘적 신념이 강한 국가의 사람들은 일을 저주로 여겼으며, 삶의 궤적을 운명의 결과로만 생각하고 있었다. 여기에는 육신적 고통과 경제적 빈곤의 영향도 크다. 이런 사고방식이 만연한 환경에서는 사람들이 하루에 15시간 이상 등이 휘도록 일해도 노동의 대가를 거의 받지 못한다. 더구나 이들의 노고나 그로 말미암은 사회적 기여의 가치 역시 제대로 인정받지 못한다.

　그 때문에 전 세계 모든 사람들의 삶과 일이 우리 일상 속에서 드러나야 할 하나님 나라의 실질적 가치관이나 목적에서 분리되고 말았다. 우리가 하는 일에 진정한 가치와 의미를 부여해 줄 뿌리에서 완전히 멀어진 것이다.

　이러한 현상은 크리스천들의 삶에서도 그대로 나타난다. 일과 예배를 구분하는 크리스천이 너무나 많다. 그들은 삶을 정확히 분리해 두 개의 구역으로 나눈다. 하나는 주일에 교회에서 일어나는, 영적이고 종교적인 삶이다. 이쪽의 삶을 사는 동안 크리스천은 적극적이고 의식적으로 '기독교 활동들'에 참여한다. 그리고 다른 하나의 구역은 월요일부터 토요일까지 지역사회에서 일하고 생활하는 삶이다. 이 시간에 크리스천은 상당히 수동적이다. 최악의 경우, 기독교는 영적인 부분에만 국한되고 하나님 나라는 현재에는 결코 존재하지 않으며 오직 미래에나 실현될 나라라고 굳게 믿는 수동성의 극한을 보여 준다. 이 두 구역 사이에는 어떠한 교감이나 소통도 없다. 수많은 크리스천이 삶의 영적인 부분에는 성경을 기둥으로 삼는 반면, 나머지 부분은 국가의 문화적 가치관에 그대로 순응하며 살아간다. 결국 개개인과 온 열방이 하나님이 주신 잠재력을 실현할 수 없는 형국에 이르게 되었다.

키르기스스탄에 임마누엘이 오신다!

영어권에서 가장 사랑받는 성탄절 찬송은 이사야 7장 14절에서 영감을 받은 "오, 오소서! 오, 오소서! 임마누엘"이다. 이는 하나님의 임재 그 자체로 우리 가운데 오셔서 다윗의 왕좌에서 통치하실 아기 예수 그리스도의 초림을 기리는 찬송이다. 이사야 9장 6-7절은 이렇게 선포한다. "그의 어깨에는 정사를 메었고…또 다윗의 왕좌와 그의 나라에 군림하여 그 나라를 굳게 세우고 지금 이후로 영원히 정의와 공의로 그것을 보존하실 것이라." 위에서 말한 찬송은 이사야 9장 6-7절의 감동을 다음의 가사로 담아낸다.

오, 오소서. 위에서 오신 지혜여.
가까이부터 멀리까지 모든 것을 명하사,
우리에게 지식의 길을 보이시며,
우리로 지혜의 길을 가게 하소서.

키르기스스탄에서 인도한 목회자 콘퍼런스에서 찬양과 경배의 시간에 있던 일이다. 이 찬양의 후렴구를 부르는 중이었는데, 갑자기 온몸에 전율이 흐를 정도로 집회장이 뜨거운 감동으로 가득 찼다. 러시아어를 전혀 못했던 나는 집회에 참석한 목사님들이 강한 확신을 갖고 부르는 찬양이 무엇인지 전혀 몰랐다. 그래서 통역사에게 그들이 부르는 찬양이 무엇인지 물었다. 그는 후렴구 가사에 "키르기스스탄에 임마누엘이 오신다"라는 내용이 담겨 있다고 말했다. 빈곤과 열악한 환경, 나라가 깨어진 그 상황 속에서 그들은 이사야의 예언이 진리임을 다시금 깨달았던 것이다. 장차 임마누엘이 통치하실 키르기스스탄의 장래는 밝다. 이들 크리스천 지도자들은 하나님 나라의 통치를 조국 키르기스스탄에 실현하는 데 자신들이 일익을 담당할 수 있음을 분명히 알고 있었다.

삶과 일을 하나님의 사명에 재통합하기

키르기스스탄의 목회자들은 우리가 종종 간과하는 주기도문의 의미를 분명하게 보았다. "나라가 임하시오며 뜻이 하늘에서 이루어진 것 같이 땅에서도 이루어지이다"(마 6:10). 사실 주기도문의 이 부분에 우리가 거의 신경을 쓰지 않는다는 사실이 오히려 더 놀랍다. 그럼에도 예수님은 우리에게 하나님 나라가 하늘에서와 같이 땅에서도 임하시기를 바로 지금 이 자리에서 기도하라고 가르치신다.

그 어디에도 그 과정이 쉬울 것이라고 말하지는 않는다. 그렇다. 하나님 나라는 **가까이** 왔고, 그 나라로 들어가는 길은 우리를 향해 열려 있으며, 예수님이 **길**이 되신다. 하지만 예수님도 제자들에게 "세례 요한의 때부터 지금까지 천국은 침노를 당하나니 침노하는 자는 빼앗느니라"(마 11:12)고 말씀하셨다. 오늘날 사람들은 침노를 물리력의 사용으로 보지만, 이 구절에서는 물리적 폭력을 의미하는 게 아니다. 물론 하나님 나라를 전파하는 데 대한 저항은 매우 거셀 수 있다. 그런데 그 저항은 실상 내부에서 시작된다. 오랜 습관, 해묵은 사고방식과 상황 대처 방식을 거스르고, 우리 안에 고착화된 '똑똑한' 행동과 '어리석은' 행동에 대한 인식을 타파하려 할 때 저항이 일어난다. 사회에 깊이 뿌리박힌 관습은 좀처럼 자리를 내주지 않는다. 오히려 구습을 타파하고 굳어 버린 현 상태에 도전하려는 이들이 때때로 강하게 비난받는다. 그러다 수많은 사람이 장기간에 걸쳐 끈질기게 힘을 합쳐 싸우면, 비로소 구습은 포기하고 권좌에서 물러난다.

그런 의미에서 하나님 나라의 침노는 전쟁이다. 오직 성령에 힘입어 신실하게 조금씩 영토를 취하고 '점령하여' 하나님 나라가 역사하시는 땅을 넓혀 가는 전쟁이다. 즉, 하나님 나라를 위해 자신의 삶을 변화시키고 다른 이들의 삶을 변화시키고 싶다면, 강한 크리스천이 되어야 한다는 말이다. 징징거리기만 해서는 아무 일도 못한다! 그런데 세상의 군인과 하나님 나라의 군인은 전혀 다르다. 세상 군대는 물리적 힘과 탱크, 총, 현대 군사 기술력에 의지하지만, 하나님 나라를 확장하는 크리스천들은 그리스도를 닮은 삶의 본, 성령의 능력, "하나님의 전신 갑주…진리…의…평안의 복음…믿음…구원…하나님의 말씀"(엡 6:13-17)을 의지한다. 우리는 내 의지를 다른 사람들에게 강요하는 것이 아니라 그리스도가 우리를 인도하셨듯 하나님 나라의 비전을 따라 본을 보여 주어야 한다. 우리 앞에 놓인 장애를 헤쳐 나가며, 하나님 나라를 확장해야 한다.

우리는 이 세상에서 교회로서, 그분의 '몸'으로서 그리스도의 일을 행하도록 부름받았다(고전 12:27 참고). 우리는 각자 그 몸 안에서 하나님 나라가 임하시도록 하는 일에 역할을 맡았다. 사도 바울은 이점을 명확히 한다.

몸은 한 지체뿐만 아니요 여럿이니 만일 발이 이르되 나는 손이 아니니 몸에 붙지 아니하였다 할지라도 이로써 몸에 붙지 아니한 것이 아니요 또 귀가 이르되 나는 눈이 아니니 몸에 붙지 아니하였다 할지라도 이로써 몸에 붙지 아니한 것이 아니니 만일 온몸이 눈이면 듣는 곳은 어디며 온몸이 듣는 곳이면 냄새 맡는 곳은 어디냐 그러나 이제 하나님이 그 원하시는 대로 지체를 각각 몸에 두셨으니 만일 다 한 지체뿐이면 몸은 어디냐 이제 지체는 많으나 몸은 하나라 고전 12:14-20

크리스천 개개인이 감당하는 역할은 다양하다. 그러나 모든 역할은 하나님 나라 확장이라는 큰 그림에 더할 나위 없이 중요하다. 사실 바울의 말처럼 하나님은 각 사람을 위해, 그리고 그리스도의 몸을 위해 각자의 역할을 독특하게 계획해 두셨다. (윤리적인 기준에 부합하는 이상) 모든 일에는 더 거룩하거나 덜 거룩한 일, 더 복되거나 덜 복된 일, 더 경건하거나 덜 경건한 일, 더 중요하거나 덜 중요한 일의 구분이 있을 수 없다. 사람도 마찬가지다. 목회자나 사역자, 선교사, 리더뿐만 아니라 모든 크리스천이 자신의 삶과 일의 중요성을 인식해야 하며, 자신이 그리스도의 몸을 완성하는 데 꼭 필요한 존재로 지음 받았음을 기억해야 한다.

우리의 일, 당신의 일은 이 땅에서 실현될 하나님의 사명의 일부다. 일이라고 했을 때는 단순히 '직업'만을 뜻하지 않는다. 물론 직업 역시 일의 중요한 부분이기는 하지만, 일은 삶의 모든 영역, 당신이 하는 모든 활동을 포괄한다.

하나님의 사명, 즉 장차 오실 그분의 나라에 우리의 삶과 우리의 일을 재통합하는 과정 그리고 부활하신 그리스도가 머리이신 진정한 그리스도의 몸이 되는 과정이 바로 우리의 출발점이자 기초다. 장차 그리스도가 다시 오실 때, 우리가 힘써 일하는 목적인 하나님 나라가 모든 영광 가운데 반드시 임할 것이다. 하지만 그 나라는 '가까이' 있으며, 오늘 이 시각 크리스천 개개인의 삶과 일을 통해 놀랍게 임하고 있다.

목적의식이 있는 크리스천을 위한 도구

이 책은 크리스천들이 자신의 삶과 일을 하나님 나라 확장에 재통합하도록 돕고자 쓰였다. 이를 달성하려면, 부르심이라는 관점에서 일을 이해하고 하나님께 끊임없이 영광 돌리는 기회라는 관점에서 삶을 이해하도록 도와주는 성경적 세계관이 반드시 필요하다. 그럴 때 우리의 삶과 일은 하나님과 하나님 나라의 임재와 연계되는 '라이프워크'로 변화한다.

라이프워크는 전 세계 크리스천들이 이러한 변화를 경험하도록 돕는 도구다. 변화를 경험한 크리스천들은 무슨 일이든 자기 일을 통해 '하나님 나라가 임하게'(kingdomize)[6] 하면서 자신이 속한 문화와 사회에 선한 영향을 끼치게 될 것이다.

누구보다 산업 현장에서 일하는 일터 크리스천(Marketplace Christian)이 되고 싶은데 과연 그 선택이 가치가 있고 올바른 것인지 자문하는 이들이 있다면, 이 책을 꼭 읽기를 바란다. 서구를 비롯한 전 세계에서 수많은 크리스천이 일터, 즉 이른바 세속적인 삶의 영역에서 일하라는 '부르심'을 받고 있다. 하지만 이들 가운데 상당수는 '사역'을 하지 않으면 이류 크리스천일 뿐이고 '영적'이지 못하다는 생각을 하도록 암묵적으로 교육을 받아 왔다. 그러다 보니, 어떤 일이든 세속적인 영역에 속한 일을 할 때면 죄책감을 느낀다. 사회인이 된 후에 주님을 영접하게 된 이들 중에는 그 일이 하나님이 주신 소명이라는 사실을 알지 못한 채 직장을 그만두는 이들도 있다. '더 영적'이라고 간주되는 일을 하기 위해 '세상'을 버리라는 가르침을 받는 것이다. 하지만 성경에는 이 같은 성속의 이분법이 존재하지 않는다. 오직 하나님께 헌신된 삶과 헌신하지 않은 삶의 두 부류가 있을 뿐이다.

또 세상의 가난한 이들 가운데 살며 일하도록 부름 받은 목회자나 사역자, 비정부기구(NGO) 관계자, 사회 활동가나 선교사들도 이 책을 꼭 접하기를 바란다. 개발도상국의 빈곤은 일이 아무런 의미가 없다는, 심지어 저주라는 거짓된 사고에서 비롯된 것이기도 하다. 하지만 기독교 세계관을 이루는 핵심 요소의 하나는 노동의 존엄성이다. 그리고 이는 사람들을 빈곤에서 건져 내는 데 긴요한 도구다. 빈곤층이 당면한 문제를 해결하려면, 돈보다는 그리스도와 세상을 바라보는 성경적 방법인 성경적 세계관을 심어 주는 것이 더 중요하다. 그 사실을 꼭 이 책을 통해 이해하게 되기를 소망한다.

그런데 한 가지 명확하게 짚고 넘어갈 것이 있다. 가난한 이들 중 상당수는 정말 근면하고 성실하다. 많은 사람이 하루 14시간에서 16시간을 일한다. 하지만 일에 대한 문화적 사고방식 때문에 두 가지 그릇된 결과가 나타난다. 첫째, 다른 이들이 부정, 부패를 저질러 노동의 열매를 빼앗아 가는 것이다. 결국 이들은 더 극심한 가난으로 내몰린다. 둘째, 일을 통해 지역사회에 기여를 하지만, 문화적으로 별다른 인정을 받지 못한다. 그 결과 일을 하는 사람은 바보 취급을 받는다. 이 둘 중 하나 때문에 결국 빈곤하게 되고 마는 것이다.

캘리포니아 남부에 있는 대학에서 공부를 하던 젊은 시절에 나는 여러 학생과 목사님 부부와 함께 멕시코시티를 여행하게 되었다. 멕시칼리에서 멕시코시티까지 가는 데 꼬박 2박 3일이 걸렸다. 멕시코로 깊이 들어갈수록 빈곤은 더욱 극심했다. 심지어 빈곤이 사회의 문화와 정신으로 자리 잡았다는 생각마저 들기 시작했다. 미국 중산층 가정에서 자라 해변에서 해상구조대까지 했던 나는 그토록 처절한 빈곤을 한 번도 직접 본 적이 없었다. 극심한 빈곤의 참상에 마음이 어려웠다.

기차가 멕시코시티에 거의 도착했을 무렵, 내가 본 광경을 평생 잊지 못할 것이다. 종착지가 가까워지면서 기차는 거대하고 무시무시한 빈민가를 느린 속도로 통과했다. 한눈에 빈민가가 내려다보이는 창가 자리에 앉은 나는 수많은 사람이 쓰레기 더미에서 사는 모습에 충격을 금치 못했다. 한참을 보고 있으니 쓰레기 더미 위에 사람들이 지어 놓은 '집들'이 보였다. 집에는 자동차 타이어로 만든 창문이 달려 있었으며, 깡통 수십 개를 편편하게 두드려 끈으로 이어 만든 문이 세워져 있었다. 쓰레기 더미를 뒤지는 아이들도 보였다. 아이들은 거리에 나가 팔 수 있을 만한 값나가는 물건을 찾고 있었다. 마치 누군가 나를 다른 세상으로 데려다 놓은 것만 같았다. 그날이 내 청년기의 전환점이 됐다. 찢어질 듯 아픈 가슴을 부여잡고 나는 울었다. 그날 나는 내 눈으로만 빈곤의 실상을 보지 않았다. 하나님이 마음으로 볼 수 있게 해주셨다. 그날 나는 앞으로 결코 내가 본 그 모습에 등을 돌리지 못하리라는 사실을 깨달았다. 죽는 날까지 세상에서 지금보다 빈곤이 줄어들도록 하겠다는 강한 열망이 내 안에 자라나기 시작했다. 훗날 내가 국제기아대책기구(Food for the Hungry International)[7]에서 일하게 되리라고는 상상도 못했다. 하지만 가난한 이들을 위해 무언가를 해야 한다는 결심만은 확고했다.

내 삶을 향한 하나님의 부르심은 서구의 크리스천들뿐 아니라 빈곤과 기아에 대한 지극히 실질적인 문제들과 세계관들이 서로 밀접하게 맞물려 있는 개발도상국에서도 실현되는 중이다. 나는 일터 크리스천들에 대해서도, 빈곤층을 섬기며 일하는 이들에 대해서도 마음의 부담이 크다. 이들도 모두 분명한 목적의식을 가지고 있는 크리스천이 되고자 힘쓰고 있기 때문이다.

이 책을 읽고 있다는 사실만으로도, 당신 안에 목적의식이 있는 크리스천으로 살아가고 싶은 열망이 있음을 방증할 수 있다. 이 책이 당신에게 격려가 되기를 소망한다. 과거 어느 시대라도 마찬가지겠지만, 안타깝게도 다수의 크리스천이 이름만 크리스천, 혹은 말로만 크리스천으로 살아가고 있다. 하지만 감사하게도 당신은 안일하고 적당한 삶에 만족하지 않는 사람이다. 쉽지 않은 질문을 던지고, 성경에서 그 답을 찾으려 하는 사람이다. 그리스도와 동행하겠다는 분명한 목적의식을 가지고 하나님 나라 안에서 당신의 삶과 일의 의미를 찾으려는 사람이다. 당신의 신앙을 생각하며, 그 신앙에 따라 의식적으로 행동하고자 하는 사람이다. 이 책은 그런 당신을 위한 도구다.

목적의식이 분명한 크리스천은 그 방식이 각기 다를지언정 모두 급진적 중간 지대에 살고 있다. 그들은 온 우주가 도덕적이며 열려 있다는 성경의 가르침을 인정한다.[8] 우주는 도덕적이다. 그래서 모든 사람에게는 하나님이 창조하신 것을 잘 관리하고 지키며 공동체, 특히 가난한 이들을 돌봐야 할 책임이 있다. 동시에 우주는 '열려 있는' 세계이기 때문에 하나님 나라 확장을 위해 이 땅의 자원을 개발하고 활용해야 한다. 목적의식이 분명한 크리스천은 하나님이 이 일을 이 땅에서 하라고 부르셨으며, 이를 위해 더 큰 도움과 지시가 필요하다는 사실을 직관적으로 인식하고 있다. 이 책에서 나는 그런 도움을 주고자 한다.

나는 또한 이 책이 이러한 부분을 고민하기 시작한 사람들, 그리스도의 가르침에 아직 순종으로 반응하지 않은 사람들에게 기독교적인 관점에서 삶과 일의 문제를 고찰해 보는 유익이 있기를 소망한다.

제 1 부

직업과
신앙이
하나 되는
삶의 능력

잘못된 패러다임

A BIBLICAL THEOLOGY FOR WHAT YOU DO EVERY DAY

제 1 장

세상을 지배하는 세계관들

서구 사회의 성인은 대부분 깨어 있는 시간의 절반을 일한다. 그리고 상당수의 개발도상국 성인은 더 많은 시간을 일하는 데 사용한다. 하지만 그렇게 많은 시간을 일에 투자하면서도 우리는 정작 중요한 질문은 좀처럼 생각해 보지 않는다.

일이란 무엇일까? 왜 일을 할까? 우리는 대개 별다른 반추나 반성 없이 산다. 일부 국가에서는 (심지어 몇 세대에 걸쳐) 아무런 의문도 품지 않고, 아무런 설명도 없이 부모가 했던 일을 그대로 물려받는다. 이런 질문들을 진지하게 고민하기만 해도 우리 삶의 질서가 완전히 새로워질 수 있을 텐데 말이다.

그런데 모든 질문이 그렇듯, 이 질문들에 대한 대답은 궁극적으로 세계관에 의해 결정된다.[1] 우리가 가지고 있는 세계관은 우리가 세상을 어떻게 보는지, 어떤 삶을 사는지, 어떤 사회를 만들어 내는지 결정한다. 세계관은 형이상학적 질문, 즉 실체의 본질에 대한 기본적인 질문에 어떤 식으로 답을 할지를 결정한다. 수많은 세계관 가운데 오직 성경의 세계관만이 객관적이다. 그 외의 모든 세계관은 (비록 정도의 차이는 있겠지만) 하나님이 만드신 실체를 왜곡한다.

이야기의 힘

　모든 인간은 사회적 존재다. 우리는 우리의 사고방식(즉, 세상을 바라보는 우리 나름의 방식)을 사회로부터 받아들여 흡수한다. 우리는 문화가 생각하는 방식대로 생각하고, 문화가 중시하는 것을 중시하는 경향이 있다. 이는 인간이라면 누구에게나 있는 습성이다. 하지만 그리스도께 나아갈 때 우리의 생각은 새로워져야 한다. '회개하다'(repent)의 헬라어 원어는 '메타노에오'(metanoeo)인데, 생각을 바꾼다는 뜻이다. 회개란 하나님이 만드신 방식에 따라 세상을 이해하고 그 틀 안에서 행동하고 산다는 의미다. 우리는 그리스도의 생각을 가져야 한다. 모든 생각을 사로잡아 그리스도께 복종하고, 더는 세상을 본받지 않고 우리 생각을 새롭게 함으로 변화를 받아야 한다(고전 2:16; 고후 10:5; 롬 12:2 참고). 그리스도께 나아가며 '크리스천답게' 생각하기 시작해야 한다. 문화로부터 물려받은 생각이 아닌, 그리스도의 생각이 우리 안에 커져야 한다.

　우리가 속한 문화의 세계관은 실체를 왜곡한다. 또한 하나님과 이 세상, 우리 자신의 모습을 있는 그대로 보여 주지 못한다. 하나님 나라의 세계관에 따라 우리 생각을 새롭게 하겠다는 분명한 의지와 목적의식이 없으면, 문화의 세계관이 (의식적으로든 무의식적으로든) 일에 대한 우리의 이해와 관념을 결정짓는다.

성경적 세계관 외에 두 가지 주요 세계관이 더 있다. 오직 눈에 보이는 물질만이 실체라고 믿는 '세속주의'와 우주는 궁극적으로 영적이라고 믿는 '애니미즘'이 그것이다. 안타깝게도 오늘날 많은 보수적인 크리스천들의 세계관(복음주의적이고 은사주의적이며 오순절적인)도 성경적 세계관이 아닌 애니미즘적 세계관의 지류인 경우가 많다. 실체를 물질과 영으로 나눈 뒤, 영적인 것이 더 중요하다고 가정하는 헬라 이원론의 영향이 강하다. 이러한 세계관들은 각기 다른 방식으로 우주를 빈약한 시각에서 이해하게 하고, 나아가 개개인과 온 나라, 사회를 빈곤에 빠뜨린다. 전개 방식은 다르나, 이른바 '선진국'과 '개발도상국'에서도 이와 같은 현상이 자주 발생한다. 그렇다면 이러한 세계관들은 삶과 일에 대한 우리의 생각을 어떻게 형성할까?

세속주의 : 소비를 위한 대가 지불

전 세계에서 물질적으로 가장 빈곤한 도시로 꼽히는 콜카타에서 빈민들을 섬기다 뉴욕 시(市)를 방문한 테레사 수녀는 뉴욕에서처럼 극심한 빈곤을 본 적은 없다고 했다. 테레사 수녀는 슬픈 진실을 깨달았다. 서구 사회는 물질적 발전을 얻는 대신, 도덕적이고 영적인 파산을 대가로 치렀다는 것을 말이다.

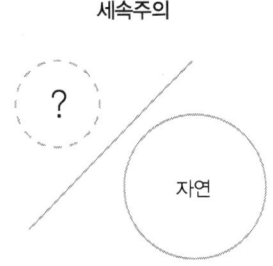

오늘날 미국과 캐나다를 포함한 대부분 서구 사회에서 일의 개념은 물질주의 혹은 세속주의 패러다임에 의해 형성됐다. 이 세계관에 영적 실체는 없다. 오직 물질적 실체만이 존재할 뿐이다. 이런 관점에서 봤을 때 일의 역할은 무엇일까? 물질을 얻게 해주는 역할이다. 일의 목적은 소비를 할 수 있는 수단을 얻기 위함이다. 인간은 고도로 진화한 동물이지만, 기본적으로는 소비자다. 이 패러다임에서는 인간에게 본질적인 가치란 없다. 우리를 창조하신 원형이자 우리 삶에 가치를 부여하시는 하나님도 없다. 인간으로서 우리의 가치는 오직 우리의 소유에 의해 결정된다. 이 세계관에 따르자면, 소비를 많이 할수록 삶이 더 좋아진다. 현대의 격언처럼 "가장 많은 장난감을 가지고 죽는 자가 이기는 자다!" 결국 일터의 성공은 더 많은 소비를 위해 승진을 거듭해 사다리 높이 올라가서, 얼마나 많은 돈과 권력을 축적하느냐에 따라 판가름 난다.

서구는 하나님의 계획이나 의도와는 완전히 동떨어진, 지극히 실용주의적이고 이기적인 개념으로 일을 이해하게 되었다. 그들이 일하는 목적은 돈이나 권력, 여가, 자기만족이다. 쾌락주의가 모든 것을 지배한다. "먹고, 마시고, 즐기라! 내일이면 죽으리니!"

소비를 위한 대가 지불

이런 관점으로 삶과 일을 바라보면, 개인적 차원에서나 사회 전체 차원에서 제도적으로 광범위한 여파를 가져올 수밖에 없다. 일을 하는 것이

주된 사회적 환경으로 자리 잡으면서 가정과 지역사회의 중요성이 줄어든다. 또한 삶이 물건의 소유로 전락하면서 사람들은 돈으로는 살 수 없는 영적 정체성이나 부부 관계, 자녀, 우정이나 가정을 일터에서의 성공을 위해 희생한다. 앞서가기 위해 무슨 일이든 마다하지 않는다. 진리와 덕이 실용주의에 밀려난다. 성품이 아닌 전문성을 주된 미덕으로 간주한다. 창의성이 자리 잡을 수 있는 형이상학적 기초란 존재하지 않는다. 현재의 소비를 위해 미래는 사라지고 만다. 자기 자신을 섬기느라 공동체를 섬길 여유가 없다. 청지기로서 피조물을 잘 다스리고 섬기는 대신 흥청망청 쓰기 위해 자원을 착취한다. 결국 사람들은 삶의 진정한 목적을 상실한 채 결코 자신의 영혼이 만족할 수 없는 것에 피땀 흘려 번 돈뿐 아니라 소중한 인생의 시간을 허비하게 된다.

사회 비평가 오스 기니스(Os Guineess)는 서구 사회가 성경적 세계관에서 멀어지는 이 같은 현상을 '소명 경제에서 상업 경제로의 이동'이라고 표현한다.[2] 하지만 중세시대 이래 교육의 목적은 부의 증대와 소비 수단의 확보보다 훨씬 더 포괄적이었다. 합리적이고 포괄적으로 삶에 대해 고찰할 수 있는 능력이나 신앙적인 면에서의 교육 목적은 속사람을 풍요하고 강건하게 해주며 겉모습뿐 아니라 지혜도 함께 자라게 하는 데 있었다. 사실상 유럽의 초기 대학들은 명백히 기독교적 관점에서 지식을 습득하고 연구를 수행하도록 설립된 교회 산하의 학교였다. 초기에만 해도 미국에서 학교는 읽기와 쓰기, 셈하기를 가르칠 목적과 더불어 하나님 나라의 선한 시민을 양성하기 위한 기관으로 세워졌다. 학과 과정은 성경적 정보와 명명백백한 도덕적 지침들을 중심으로 구성됐다. 이러한 학풍은 고등교육 기관들로까지 이어져, 유럽에서처럼 교회가 대학 설립의 주체가 됐다. 대학은 청년들이 다양한 분야로 진출하도록 양성하는 역할과 새로운 성직자를 훈련하는 역할을 두루 담당했다. 학생들이 졸업 후 진출할 분야는 각기 달랐지만, 가치 있는 방향으로 나아가는 데 도움이 될 만한 교과와 지성훈련은 공통으로 가르쳤다.

하지만 20세기에 이르면서, 인생의 목적과 일의 의미에 대한 사회 관념이 달라지기 시작했다. 개개인이 인식을 했든 그렇지 않든, 열심히 일하고 생산성을 증대해 소비를 위한 부를 축적하는 것이 삶의 목적이 되고 말았다. 일터가 한 사람의 가치를 결정하는 데 가장 중요한 기준이 됐다. 돈을 많이 버는 사람은 그렇지 못하는 사람보다 더 가치 있는 존재로 인식됐다. 결국 한 인간으로서 성장하기 위해서가 아니라, 졸업 후에 더 좋은 일자리를 얻기 위해 교육을 받는 지경에 이르렀다.

삶의 목적이 이런 식으로 변질되고, 얼마나 많은 돈을 버느냐(또는 얼마나 많은 월급을 받느냐)가 우리 가치의 기반이 되면, 우리는 정말 중요한 부분에서는 파산 상태가 되고 만다. 이런 패러다임 속에서는 일이 신이 되고, 우상이 된다. 일이 창조주와 하나님 나라에서 분리되면, 근면 성실히 일하려는 인간의 선한 본성이 어그러지고 만다. 일이 깨어진 삶, 무의미한 삶이 주는 압박으로부터의 도피처가 되는 것이다. 사람들은 공허하고 무의미하고 아무런 목적도 찾을 수 없는 삶에서, 도덕적으로 지적으로 영적으로 극빈한 사회에서 도망치려는 수단으로 일에 중독된다. 하지만 일 중독 사회의 가장 큰 비극은, 일이 하나님에게서 분리되었기 때문에 결국 일마저도 무의미해진다는 점이다. 우리에게 충족감을 주겠다고 약속했던 그 일이 결국은 또 다른 절망만 낳고 만다.

주변 문화에 얼마나 순응하는가에 따라 정도의 차이는 있겠지만, 서구 크리스천들은 새로운 상업 경제의 절망과 빈곤 속에서 헤매고 있다. 어쩌면 우리도 깨닫지 못하는 사이, 나 자신과 다른 이들을 소유의 정도에 따라 판단해 왔는지도 모른다. 돈으로 살 수 있는 물건에 필요 이상의 가치를 부여하며, 다른 이들과 전혀 다를 바 없이 살고 있는지도 모른다. 그럴듯한 직업이나 화려한 라이프스타일, 가족에게 가져다주는 두둑한 월급봉투로 다른 이들의 기대에 부응하려고 우리 자신을 몰아치고 있는지도 모른다. 내 집만 장만하면, 좀 더 집을 넓히면, 괜찮은 동네로 이사를 하면, 주택담보 대출금만 다 갚으면, 최고의 휴양지로 휴가를 가면, 노후자금을 일찍 마련하고 무사히 퇴직한다면 앞으로는 인생이 더 좋아질 거라고, 그렇게 되면 인생 한번 제대로 살아 볼 수 있을 거라고 기대하면서 어쩌면 우리는 끊임없는 불만족에 허덕이고 있는지도 모른다. 다시 말해 성경의 세계관과 사회의 세계관 사이에 존재하는, 해결할 수 없는 문화적 충돌을 외면한 채, 잘못된 가설 위에 우리의 목표와 우선순위, 계획을 수립하고 있는 것이다.

우리는 지금 불협화음을 경험하고 있다. 우리가 진리라고 믿는 것과 우리가 실제로 살아가는 방식 사이에 존재하는 커다란 간격에 경악하고 있는지도 모른다. "그러므로 내가 너희에게 이르노니 목숨을 위하여 무엇을 먹을까 무엇을 마실까 몸을 위하여 무엇을 입을까 염려하지 말라 목숨이 음식보다 중하지 아니하며 몸이 의복보다 중하지 아니하냐"(마 6:25)는 예수님의 말씀을 진정 따르려고 우리는 안간힘을 쓴다. 우리는 우리 자리가 어딘지 잘 알고, 또 그 자리에 있고 싶어 한다. 하지만 정작 우리는 세상에 있는 자일뿐 아니라 세상에 속한 자가 되고 말았다는 사실에 절망한다. 물질적 필요에 대해 예수님은 "이는 다 이방인들이 구하는 것이라"(마 6:32)고 하셨지만, 실제로 우리 자신의 모습은 이방인과 크게 다르지 않다. 물질적인 기대치가 끝없이 높은 문화 속에서, 우리 역시 가정이 흔들리고 공동체와의 교감이 약해지고 그리스도 안에서의 정체성이 불확실해지며 자아가 이리저리 얻어맞아 상처투성이인 삶을 산다. 우리가 바라는 삶의 모습과 현 상태 유지를 위해 기계적으로 반복하는 무의미한 일들 사이의 어마어마한 괴리에 좌절하기도 한다. 그리고 주위의 수많은 사람도 고통받고 괴로워하는 모습을 목격하며 우리에게, 그리고 이 세상에 전혀 다른 무언가가 필요하다는 사실을 깨닫는다.

굳이 크리스천이 아니더라도 많은 사람이 이런 불협화음을 느끼며 살아간다. 지역사회와 학교, 직장에서 만나는 많은 사람이 소비가 인생의 전부가 아님을 깨닫고 있다. 이들 역시 좀더 심오한 가치관을 따라 목적의식이 분명한 삶을 살고 싶어 한다. 많은 사람이 물질주의적 문화에 정면으로 반발하며, 보다 소박한 삶을 살겠다고 결심한다. 환경친화적인 삶을 모색하는 이들도 많다. 내가 사는 도시에, 나아가 전 세계에 건강한 공동체를 건설하려고 힘쓰는 사람들도 있다. 이들은 자원하는 마음을 가진 사람들이다. 활동가들이다. 관심이 있는 사람들이다. 열정이 있는 사람들이다. 하지만 이들은 하나님 나라가 자신의 바람을 실현시켜 주고 인간 삶의 모든 면을 관통하는 깨어짐을 해결할 수 있다는 사실은 알지 못한 채, 그저 결핍감만 절절히 느낀다.

이 결핍감이나 균열은 매우 실질적이다. 그래서 수많은 사람이 불협화음을 경험하고 있다. 하지만 하나님은 전혀 다른 삶을 위해 우리를 지으셨다. 우리가 경험하는 삶, 우리가 자신에 대해 아는 것은 세속적 물질주의의 패러다임에 전혀 들어맞지 않는다.

물질주의 문화 한복판에 서 있는 크리스천으로서 우리는 우리를 어떻게, 왜 만드셨는지 아시는 우주의 창조주가 보내시는 반(反) 문화적 초대를 간절히 갈망한다. "오호라 너희 모든 목마른 자들아 물로 나아오라 돈 없는 자도 오라 너희는 와서 사 먹되 돈 없이, 값없이 와서 포도주와 젖을 사라 너희가 어찌하여 양식이 아닌 것을 위하여 은을 달아 주며 배부르게 하지 못할 것을 위하여 수고하느냐 내게 듣고 들을지어다 그리하면 너희가 좋은 것을 먹을 것이며 너희 자신들이 기름진 것으로 즐거움을 얻으리라 너희는 귀를 기울이고 내게로 나아와 들으라 그리하면 너희의 영혼이 살리라"(사 55:1-3).

애니미즘 : 운명의 저주

개발도상국의 수십억 인구 역시 우주의 창조주이자 구세주가 이 초대의 소식을 들려주길 간절히 고대하고 있다. 자신의 진정한 정체성과 하나님의 참된 성품, 피조세계의 본질을 알지 못한 채, 이들의 영혼과 육신이 죽어가고 있다.

물질적으로 빈곤에 허덕이는 여러 국가에는 게으른 사람들이 있다. 그러나 게으른 사람은 어디에나 있다. 빈곤 국가의 많은 사람은 등이 휘고 몸이 부서져라 일하는 것에 비해 보잘것없는 보상을 받는다. 앞날이 창창한 대학 졸업생들 역시 경기 침체 때문에 일할 기회조차 얻지 못한다. 공공 기관에 취업하더라도 무궁무진한 재능을 썩히기 십상이다.

경기 침체는 탐욕과 부패에 찌든 정부 관료들과 경제를 통제하는 악덕 상인들과 부족장들의 탓이 크다. 부패하고 탐욕스런 행동이 법적으로, 구조적으로 제도화되어 자유를 억압하고 있으며, 가난한 이들에게서 노동의 결실을 빼앗아 가거나 아예 일할 기회를 박탈한다. 독재자 스타일의 지도층은 혁신과 주도성, 창의성을 말살한다. 통제 경제와 만연한 부패가 경제적 진취성의 싹을 잘라 버린다. 재산권과 저작권 보호에 취약해서, 근면한 사람들과 예술가들이 마땅히 받아야 할 보상이 차단된다.

이 모든 문제는 뇌물이 일상으로 자리 잡았고 도덕적이거나 본질적인 문제에 관심이 없는 부패의 문화에서 생겨난다. 이런 문화 이면에는 영이 자연을 움직인다고 믿는 전통적인 애니미즘적 신념 체계가 자리 잡고 있다. 이러한 관점은 인류에게 어떤 도덕적 책임이 없다고 본다. 사람들은 그저 '운명'을 받아들이거나 악한 영이 조종하는 대로 움직일 뿐이다. 이런 운명론적 관점에서는 자연 자원에 영향을 미치는 능력이나 자원을 사용하는 능력, 지식을 높이려는 노력이 별 의미가 없다. 이런 세계관 속에서 일은 운명의 저주일 뿐이며, 인간의 고통을 더욱 심화시킬 뿐이다. 일은 족쇄이고, 인간은 그저 살기 위해 일할 따름이라고 생각하는 것이다.

애니미즘: 신 이교주의

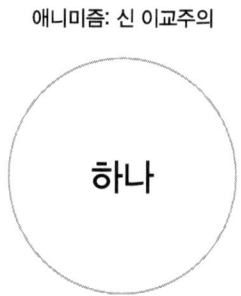

라이프워크를 주제로 하는 내 강의를 들은 서아프리카 출신의 청년이 나를 찾아왔다. "도움이 될 만한 예화를 하나 말씀드리겠습니다. 우리나라에서 청년들이 대학에 가는 이유는 모두 졸업을 하고 이른바 '넥타이 매는 직장'에 들어가기 위해섭니다." 넥타이 매는 직장이란, 시원하게 냉방이 되는 사무실에서 근무할 수 있고 에어컨이 달린 차를 몰 수 있으며 별로 열심히 일하지 않아도 때가 되면 월급이 나오는 정부 부처를 뜻한다. 그의 말은 결코 농담이 아니었다. 상당수의 개발도상국에 사는 사람들은 일을 회피해야 할 운명의 저주로 여긴다.

운명의 저주

일부 개발도상국에서는 일을 경멸한다는 표시로 새끼손톱을 길게 기르는 남성도 있다. 고된 육체노동을 하면서 길게 손톱을 기르기란 불가능하므로, 자신이 육체노동을 하는 사람보다 우월하며 엘리트 계층에 속해 있음을 그런 식으로 공표하는 것이다. 아직까지 많은 나라에 귀족들이 존재하는 것은 일을 천시(賤視)하기 때문이다. 일은 나쁘다고 믿기 때문에 귀족들은 자신들 대신 일을 할 노예와 종을 둔다. 이런 빈곤의 문화는 구(舊) 소련에도 팽배했다. 러시아 격언 두 개만 봐도 그 점이 분명히 드러난다. "노동은 바보들을 사랑한다", "똑똑한 사람은 일하지 않는다."[3]

베네수엘라에서 온 시오마라 수아레즈(Xiomara Suarez)라는 친구가 노래를 하나 알려 주었다. "대로우, 들려줄 노래가 있어요." 시오마라는 노래를 부르기 시작했다. 1년 후 함께 참석한 집회장에서 나는 시오마라에게 다시 한 번 그 노래를 불러 달라고 부탁했다. 일에 대한 베네수엘라의 관점을 여과 없이 보여 주는 노래였기 때문이다. 그런데 시오마라가 스페인어로 노래하기 시작하자, 스페인어 권에서 온 사람들이 이내 함께 노래하기 시작했다. 나는 베네수엘라 노래라고 생각했는데, 사실은 스페인어 권 전역에 알려진 노래였다. 노래의 제목은 "The Black Man of the Batei"(바테이의 흑인)이다.

나는 바테이의 흑인이라 불린다네

내게 '일'은 **원수와 같으니**

모든 일은 황소에게 맡기리라

하나님이 형벌로 일을 만들었기 때문이지.

남녀노소를 불문하고 항시 이 노래를 부르는 문화를 상상할 수 있겠는가? 일이 형벌이라고? 그들에게 일은 누구를 위해 존재하는가? 사람이 아닌 동물을 위해 존재한다.

나는 메렝게 리듬에 맞춰 춤추길 좋아하지

아름다운 흑인 여인과 춤추길 좋아하지

밤새도록 이 끝에서 저 끝까지

내 멋진 흑인 여인을 꼭 끌어안고 춤추길 좋아하지

나는 메렝게 리듬에 맞춰 춤추길 좋아하지

메렝게가 일보다 낫지

일해야 한다면

내게 큰 고통일 테니까.

왜 어떤 나라는 가난한가? 일이 저주라고 믿으면서 회피하려 들고, 다른 사람들의 일도 존중하지 않는다. 일과 노동을 천시한다. 온 나라가 일의 회피를 목표로 삼고, 권력을 쥔 자들은 부정부패를 저지르며, 부자들이 약자들의 노력을 착취해 먹고 산다면 결국 어떻게 될까? 그 결과는 생산성이 아닌 빈곤일 것이다. 이 빈곤의 뿌리에는 도덕적 영적 궁핍이 도사리고 있다. 이러한 영적 궁핍은 개발도상국이나 선진국이나 모두에게 비극적이다. 수백만이 자신과 세상에 대한 참된 이야기를 듣지 못한 채 살기 때문이다.

'나는 풍족한 삶을 영위하며 애니미즘과 아무런 상관이 없다'고 생각할지 모르지만, 사실 우리의 모습도 애니미즘적 세계관과 크게 다르지 않다. "바테이의 흑인" 가사 내용이나 그 가사에 공감하는 사람들의 모습이 우리에게도 그리 낯설지 않기 때문이다. 문화적으로 나타나는 양태만 다를 뿐, 금요일 오후면 우리 안에서도 동일한 정서가 음식점이나 술집, 패밀리 레스토랑의 테이블 위로 이리저리 바삐 움직이기 시작한다. 많은 사람이 TGIF(Thank God It's Friday, 하나님, 감사합니다. 드디어 금요일이네요 – 역주)라는 약어를 꽤 익숙하게 사용하고, 심지어 T.G.I. 프라이데이라는 패밀리 레스토랑도 있다. 식당에 모여 한 주의 근무가 끝나는 날을 즐거워한다. 수업을 마치는 종이 울리면 교실에서 뛰어나오는 아이들처럼, 금요일이 되어 일에서 놓이는 즉시 드디어 본연의 모습으로 돌아가 '진짜 인생'이 펼쳐질 수 있는 금요일이 됐다며 하나님께 감사한다. 물론 일을 잘 마무리하고 하나님이 뜻하신 대로 기뻐하며 안식을 취하는 게 나쁘다는 의미는 결코 아니다. 하지만 금요일을 반기는 오늘날의 정서는 대개 성격이 다르다.

미국 컨트리 뮤직의 전설인 조지 존스(George Jones)의 노래 "Finally Friday"(드디어 금요일)[4]는 몇 년 동안 주말마다 라디오에서 흘러나왔다. "바테이의 흑인"처럼 이 노래의 가사도 사람들이 일을 어떻게 생각하고 느끼는지 보여 준다. 가사는 죽지 않고 간신히 버티는 주중의 '노동의 우울함'과 불쏘시개로 쓰고도 남을 만큼 시간과 돈이 넘쳐 나는 자유롭고 '거침없는 주말'을 대조해서 보여 준다. 이 노래에서처럼 금요일에 업무가 끝나기가 무섭게 술과 여자, 자유를 만끽하려고 거리로 달려나가는 사람은 많지 않겠지만, 우리 모두 월요일과 화요일, 수요일, 목요일의 고단함을 잘 안다. 노동의 우울함과 대조적으로 자유에 대한 기대, 그 달콤함이 얼마나 다른지 누구나 충분히 공감한다. 중남미 민요의 가사에 담긴 이미지가 북미권 사람들에게는 사뭇 낯설지도 모르지만, 컨트리 뮤직의 고전이 된 이 노래는 서구 일중독 문화의 중심지에서도 큰 공명(共鳴)을 일으킨다. 어쩌면 그 노래의 가사를 국가(國歌)로 삼아야 할지 모르겠다. **'마침내 금요일. 나는 다시 자유라네.'**

크리스천도 이런 문화의 사고방식이나 정서적 지형에서 크게 벗어나 있지 않다. 자기 중심적이고 물질주의적인 일 숭배 문화와 줄다리기를 하면서, 기독교 신앙이 말하는 일의 신성함과 우리가 경험하는 일의 지리멸렬함 사이에서 극심한 괴리감을 사무치게 느낀다. 또 어떤 사람들은 머리로는 아니라고 생각하면서도 실제로는 일이 저주인 것처럼 행동한다. 일을 즐길 때도 있고 심지어 소명으로 느낄 때도 있지만, 시간이 오래 지속되면 마치 자신이 일의 노예인 듯이, 기회만 생기면 언제든 그만두겠다는 듯이, 원래 일에 본질적인 가치란 전혀 없고 우리의 정체성이나 존재 목적과는 아무런 상관이 없다는 듯이 생각하고 행동한다.

하나님이 일을 저주로 만드신 것이 아님을 알기는 안다. 하나님이 우리를 그분의 형상에 따라 만드셨으며, 따라서 그분이 위대한 목적 아래 보람을 느끼며 일하시듯 우리도 그렇게 일하게 하셨음을 알고는 있다. 하지만 실망스럽게도 실제로 살아가다 보면, 일은 하나님이 우리 안에 두신 꿈을 성취하는 과정이라기보다 단순한 생존수단이 될 때가 많다. 오직 나와 내 가족의 필요를 채우기 위해 일을 하기도 한다. 하지만 그런 때도 정작 의식주를 제외하고는 무엇이 필요하다고 할지 확신이 서지 않는다. 단순히 생계를 위해 일하기도 한다. 그러나 어느 순간 애니미즘의 신봉자처럼 제어할 수 없는 힘에 휘둘려 덫에 갇힌 듯 느껴진다. 먹고 살아야겠기에, 기본적인 필요를 채워야겠기에 우리는 삶의 시간을 희생해 일을 한다. 하지만 결코 그 이상을 나아가지 못한다. 일을 하지 않아도 되는 주말이 오면 달콤한 안도감을 만끽하며 주말을 맞이한다.

그런데 이 달콤함은 오래 가지 못한다. 불만에 가득 차 제대로 인생을 즐겨 볼 시간만 기다리며 한 주를 보내다가 정작 주말이 다가와도 판에 박힌 사고방식은 달라지지 않는다. 모든 희망을 걸고 기다렸던 주말도 실망스럽기는 마찬가지다. 일에 대한 관점은 삶에 대한 관점과 불가분이다. 행복하고 의미 있는 삶에 대한 기대감은 나머지 엿새의 삶을 배제하고는 결코 충족되지 못한다. 결국 진실에 맞닥뜨리게 된다. 일은 저주가 아니며, 생계수단도 아니다. 우리 정체성의 중심이자 목적의 근간이다.

비성경적 이원론 : 영적 활동을 위한 자리

현대의 복음주의적 교회는 사람들을 처참한 빈곤으로 몰아넣는 애니미즘적 패러다임과 물질주의 패러다임에 도전하는 세계관을 제시하기보다는, 공적 영역에서 물러나 문화와 일터를 유기해 버렸다. 세속적 세계관이 득세하기 시작하자, 20세기 초 교회 지도자들은 대부분 성경적 세계관을 버리고 고대의 이원론적 세계관을 기독교식으로 변형해 수용했다. 고대의 이원론적 세계관은 우주를 선하고 거룩한 영적 영역과 악하고 불경한 물질 영역으로 나누었다. (이 이원론적 사고가 교회에 어떤 영향을 미쳤는지는 2장에서 살펴보겠다.) 이것이 어떤 결과를 가져왔는지는 우리 모두 익히 안다.

하늘과 땅을 분리하고 영적인 세계와 물질적인 세계를 구분한 결과 크리스천의 사고방식은 일을 크게 두 가지 관점, 즉 '더 높은 부르심'과 '영적 활동을 위한 자리'로 바라보게 되었다.

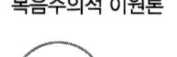

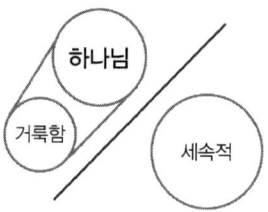

첫 번째 관점인 더 높은 부르심을 지향하는 형태로 나타나는 사고방식에 따르면, '전임 기독교 사역자'가 되는 최상의 길은 세속적 분야를 떠나 영적 분야로 가는 것이다. 이 시각에서는 오직 부흥강사, 교회 개척자, 목회자, 선교사, 신학자들만이 전임 사역자다. 이들이 하는 일만 영적으로 보기 때문이다. 사회복지 관계자나 자선단체 관계자, 상담가 등 '돕는 직업'에 종사하는 사람들은 비록 '전임 사역자'만은 못하지만, 그와 비슷하게 인정해 준다. 하지만 회계, 목공, 영화 제작, 예술, 농업, 가사 등은 세속적인 일이기 때문에 저급한 활동이다. 영성이 떨어지는 일이다. 그 때문에 크리스천은 더 영적인 사람이 되도록 일터를 떠나야 한다고 주장한다. 선교사로 나가지 않고 크리스천이 되기 전에 했던 '세속적' 일을 계속하며 지역사회에서 일하는 크리스천들은 종종 죄책감을 강요당한다.

두 번째 관점은 세속의 일터가 영적 활동을 위한 자리라는 식의 개념으로 표출된다. 전임 사역자가 되지 못한다면 일터에서 영적 활동을 해야 한다는 의미다. 선교지에 나가지 않는다면 직장에서 성경공부나 기도모임이라도 해야 크리스천으로서 그 존재가 정당화된다. 그런 사람은 더 높은 차원을 저급한 차원에 전파하는 역할을 담당하는 것이기에, 저급한 영역에서 일해도 합리화가 된다. 하지만 이 논리 역시 두 개의 세계에 살아가는 비성경적인 이분법을 바탕으로 한다.

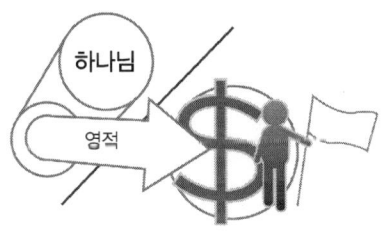

영적 활동을 위한 자리

그런데 직업의 형태뿐만 아니라 직업의 장소에 대해서도 두 개의 세계로 분리해서 보는 고충이 있다. 이른바 영적인 일과 세속적인 일을 나눌 때, 해외에서 일을 하면 더 높은 평가를 받고 본국에서 일을 하면 더 낮은 평가를 받는다. 많은 크리스천이 해외 선교사로 헌신하지 않는 데 대해 죄책감을 느낀다. 해외에서의 사역이 더 높은 부르심이라고 생각하기 때문이다. 본국에 머무는 사람은 이류 크리스천이라고 생각하는 것이다. 하지만 어떻게 해도 만족은 없다. 이런 비성경적인 사고를 하는 사람은 해외로 나가도 부족함을 느낀다. 어떤 이들은 10/40창이나 미전도 종족을 찾아가 섬기는 것이 가장 영적인 일이라고 생각하기 때문에, 다른 지역의 타문화 선교는 기껏해야 차선에 지나지 않는다고 주장한다.

비성경적 패러다임을 고스란히 반영한 이런 가르침 때문에 사람들은 하나님의 목적을 보지 못하고 그 그림자밖에 보지 못하게 되었다. 교회는 문화를 떠나 완전히 동떨어지게 되었으며, 지역사회는 빈곤에 허덕이고 민족들은 제자화를 경험하지 못하게 되었다. 지금처럼 전 세계에 크리스천과 교회가 많은 시대는 여태껏 없었다. 지난 50여 년 동안에는 전도와 교회 개척, 교회 성장을 위한 움직임이 유례 없이 많이 일어났다. 세계 많은 곳에서 영혼 구원이 꽤 성공적으로 일어났으며, 교회를 개척하고 초대형 교회를 일궈냈다. 하지만 무엇을 위해서인가? 복음을 받아들인 개발도상국에는 여전히 빈곤이 만연하고 **기독교화**된 서구에는 도덕적, 영적 빈곤이 범람한다.

세계 많은 곳에서의 교회 성장은 얄팍하기 그지없다. 교회는 사회의 소금과 빛으로서의 기능을 망각해 버렸다. 예언의 목소리가 되어 거리에서나 일터에서나, 필요한 곳이라면 어디서든 하나님 나라를 밝히 드러내고 삶을 통해 그분을 나타내는 역할을 상실했다. 그리고 그 과정에서 무기력한 존재로 전락했다.

우리는 이처럼 암울한 상황에 봉착하고 말았지만, 동시에 지금은 어마어마한 기회의 시대다. 전 세계적으로 공산주의가 붕괴했다. 또한 물질주의적 패러다임에는 비록 육신은 충족시키나 영혼은 만족시키지 못하는 심각한 결함이 있고, 결국 남들보다 풍요를 누리고 심지어 사치를 누리며 살지라도 인간의 괴로움이 더욱 커지고 있다는 사실이 서구에서 속속들이 드러났다. 오늘날 세상은 살아 숨 쉬는 기독교를 갈망하고 있다. 세계가 직면한 도덕적, 영적, 사회적, 경제적, 정치적 위기를 타개할 역동적 기독교를 갈구하고 있다.

그런데 왜 교회는 이 문제에 답할 준비가 되어 있지 않는가? 크리스천의 삶과 일이 기독교적 세계관의 기초이자 모든 생명이 지향하는 궁극적 목표인 하나님 나라로부터 분리됐기 때문이다. 삶의 모든 영역을 설명하는 거대한 틀이 없다면 우리 삶의 목표는 오직 천국에 가는 데만 국한될 수밖에 없다. 우리는 지금 우리의 삶과 일이 예배를 통해 하나님과 연결되어 있고, 섬김을 통해 다른 이들과 연결되어 있으며, 청지기 직분을 통해 피조물과 연결되어 있음을 일깨워 주는 거대한 틀을 상실했다. 그래서 우리의 삶과 일은 사명에서 분리되고 말았다. 근본적으로 성경적 세계관을 상실했기 때문이다. 이원론적 사고에 굴복했을 때 우리 삶의 대부분을 차지하는 '세속적' 영역은 성경이 증거하는 진리에서 벗어나, 우리를 궁핍하게 만드는 이 시대 문화의 세계관, 즉 물질주의와 애니미즘에 지배당하게 된다.

예수 그리스도의 교회와 수많은 크리스천이 어쩌다 이렇게 무력한 지경에 이르게 된 것일까? 다음 장에서는 기독교 유산 속에 스며든 이원론의 뿌리를 찾아보려 한다. 하나님이 우리를 향해, 온 인류를 향해 "너희는 **(내게)** 귀를 기울이고 **내게로** 나아와 들으라 그리하면 너희의 영혼이 살리라"(사 55:3)고 말씀하시는 것을 들으려면, 이원론의 파괴적 패러다임을 완전히 넘어서야 한다. 개인적으로서든 공동체로서든 우리 삶의 모든 측면과 모든 순간이 **하늘과 땅**과 그 안의 **모든 것**을 창조하고 지키시는 하나님 안에 있다는 사실을 되찾아야 한다.

다음 장과 이 책 전반에 걸쳐 살펴보겠지만, 이원론은 기독교 신앙에 정면으로 배치되며 현실에도 반(反)한다.

제 2 장

우리가 어쩌다 여기까지 왔을까?
교회사를 관통하는 이원론

성경은 존재를 자연과 초자연, 물질적인 영역과 영적인 영역으로 나누지 않는다. 따라서 현대 사회의 구분 방식은 성경적 세계관과는 판이한 것이다. 성경 속 인물들이 과연 지금 우리가 삶과 세계를 바라보는 방식을 이해할 수 있을지 의문이다. 성경은 하나님이 하늘과 땅 모두를 지으신 창조주라고 밝힌다. 하나님은 초월적이고 영원한 존재이신 동시에 역사의 세세한 부분까지 모두 간여하시는 분이다. 하늘의 통치자이시며, 일상의 활동들과 거대한 사건까지도 모두 관장하시는 주님이다. 하늘과 땅, 그 안의 모든 생명을 창조하신 분이며, 살아 역사함으로 이 모든 것을 유지하시는 분이다. 하나님은 예언의 성취와 기이한 역사 가운데 자신을 드러내시는 분이다. 그러나 그와 동시에 부슬부슬 내리는 비와 결실의 추수, 그분의 손으로 빚은 생명의 탄생을 통해서도 자신을 드러내신다. 예배는 전능하신 하나님 앞에 예의를 갖춰 드리는 격식에 맞춘 예식만을 일컫는 게 아니다. 예배는 그분과 친밀한 교감을 나누며 살아가는 삶 전체에서 나오는 '산 제사'를 통해 드리는 것이다.

삶이나 하나님과의 관계는 결코 분리된 것이 아니다. 그런데 왜 오늘날 사람들은 **영적인** 부분과 **물질적인** 부분, 혹은 **종교적인** 부분과 **세속적인** 부분으로 삶을 구분하는 시각을 갖게 된 것일까? 오늘날의 이원론과 우리가 각각의 영역에 부여하는 가치관은 수 세기에 걸쳐 기독교가 다른 철학과 세계관을 수용하면서 파생된 산물이다.

우리가 여기까지 어떻게 오게 됐는지를 이해하면, 우리 자신의 사고를 되돌아볼 수 있다. 또한 성경적 세계관과 동떨어진 개념을 바탕으로 세워진 우리 안의 이론과 습관은 무엇이 있는지 확인할 수 있다. 그렇게 할 때 우리는 더 온전히 예수님을 좇을 수 있고, 주님이 다시 오실 때까지 이 땅에서 하나님 나라를 확장하는 데 주님과 더욱 효과적으로 동역하게 된다.

고대의 출발점

기독교는 갈릴리 지역과 예루살렘 인근의 전통적 유대 공동체에서 태동했다. 하지만 이 지역적 배경을 벗어난 이후로, 특히 소아시아의 그리스 도시들과 유럽에 다다른 이후로 기독교는 이전과는 전혀 다른 사상계(思想界)를 접하게 됐다. 기독교에 영향을 끼친 종교는 매우 많았지만, 그중에서도 특히 그리스 사상이 많은 영향을 끼쳤다.

그리스 철학자 플라톤(기원전 428?-348?)은 수백 년에 걸쳐 후대에 상당한 영향을 끼쳤다. 그는 물질계는 영계의 **그림자**라고 설명했다. 유한하고 물질적인 세계는 영원하고 영속적인 진정한 세계의 어렴풋한 투사에 불과하다. 플라톤의 동굴 비유는 그의 생각을 잘 보여 준다. 동굴 속의 죄수들은 동굴 벽에 비친 인형의 그림자만을 본다. 실제 인형을 보지 못하는 죄수들은 인형의 그림자를 '진짜 인형'으로 생각한다. 우리가 감각으로 관찰하는 것들은 우리 눈에 보이지 않는 보편(universals)이라는 실체의 그림자일 따름이라는 것이 플라톤의 요지다.

플라톤의 동굴 비유

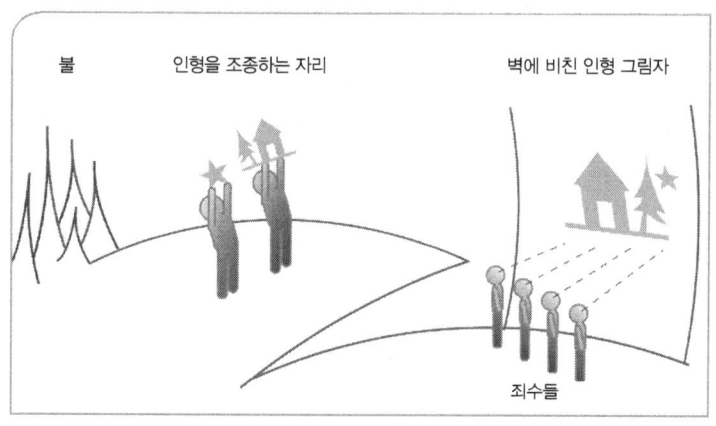

플라톤 이전에 이미 그리스 철학자 피타고라스(기원전 580?-500?)가 물질계의 가치를 제한했다. '피타고라스의 정리'로 가장 잘 알려진 그는 물질계, 더 나아가 추상적 개념의 본질도 수학을 통해 표현할 수 있다고 주장했다. 즉, 물질계가 아니라 숫자가 참되고 궁극적인 실체를 대표한다는 얘기다.

이러한 이원론적 개념과 여기에서 파생된 사상들은 우리가 매일 살아가는 물질계와 선하고 이상적이며 영속적인 세계를 분리해 버렸다. 이로 말미암아 본질의 영역에 속해 있는 생각만이 선(善)과 영원(永遠)과 교감할 수 있게 됐다. 그리고 물질세계는 순간적이고 덧없다는 부정적인 시각이 생겨났다. 인간의 육신은 참되고 가치 있는 요소를 잡아 두는 감옥으로 전락하고 말았다.

그러다 보니 육체노동도 아무런 궁극적 가치가 없는 활동으로 인식됐다. 상당한 재산을 소유한 사람만이 교육을 받고 '숭고한' 사고의 삶을 산다고 생각하고, 노예제도를 당연한 것으로 여기며 허드렛일이 필요하면 언제든 노예를 동원하는 사회에서는 육체노동을 천한 것으로 바라보기 쉽다. 진정한 '실체'에서 물질적인 부분을 분리하자, 육체노동의 가치는 더더욱 추락했다. 사실상 육체노동은 인간의 시간과 재능을 사용하는 방법 중에서도 열등한 방법으로 치부됐다. 플라톤이 세계를 이해한 방식에 따르면, 여성은 남성보다 낮은 존재라는 인식이 합리화된다. 여성은 출산이라는 '열등하고' 불경하고 제한적인 육체의 기능과 (물질적인) 가정을 꾸리기 위해 만들어진 '육체적' 존재이기 때문이다.

물론 이런 사상들이 난데없이 등장한 것은 아니었다. 그리스 로마제국의 반경이 넓어지면서, 사상도 함께 퍼져 나갔다. 그 과정에서 그리스인과 로마인은 이원론적 시각이 강한 종교와 철학을 접했다. 오늘날 힌두교와 불교에도 고스란히 남아 있지만, 당시 동방에는 영원한 영적 일원론에 따라 만물이 절대적인 영적 연합을 이루고 있다는 세계관이 만연했다. 이러한 세계관에서는 영계가 실체이며, 물질세계는 비합리적인 허상일 뿐이다.

성경은 영적 영역과 자연 영역을 총체적이고[1] 통합적으로 묘사하지만, 고대 그리스의 이원론적 세계관은 몇몇 초대 교부와 이후 교회사에 큰 영향을 끼쳤다.

영지주의

영지주의는 매우 다양한 형태의 사상운동으로, 기독교가 태동하기 전에 이미 널리 퍼졌고, 기독교와 함께 발전했다. 영지주의자들은 극도로 이원론적인 세계관을 견지하며, 물질세계는 악하고 불경하다고 믿었다. 또 플라톤이 주장했듯, 육신은 신성한 요소들로 이루어진 참된 자아를 가두는 감옥 같은 존재라고 믿었다. **'영지'**(靈知, gnostic)는 '비밀스럽고 신비한 지식'이란 뜻이다. 계시를 통해 영지를 얻어야만 인간은 물질세계를 벗어나 영원하고 영적인 세계를 향해 위로 올라갈 수 있다는 것이다.

영지주의는 2세기 무렵 영지주의 지류가 기독교와 혼합되면서, 교회 안에 비중 있는 요소로 자리 잡았다. 영지주의 사상을 받아들였으나 여전히 자신을 크리스천으로 여긴 대표적 인물로는 당대에 꼽히는 학자였던 발렌티누스(Valentinus, 100?-155?)가 있다. 영지주의적 기독교는 기독교와 그리스 동방의 이원론적 철학의 융합 또는 혼합이다.

영지주의 크리스천과 후에 정통 기독교 신앙을 고수하는 크리스천 사이에서 벌어진 논쟁의 주안점은 그리스도의 본질이었다. 영지주의자들은 그리스도 가현설로 알려진 교리를 믿었다. 즉, 물질세계는 악하므로, 순전하고 신성한 그리스도는 단지 진짜 육신을 가진 **듯이** 보였을 뿐이며 육신의 고통을 받은 **듯이** 보였을 뿐이라는 주장이었다. 영지주의 크리스천의 이러한 신념은 요한복음 1장(1-4, 14절)과 주후 110년에 안디옥의 이그나티우스가 보낸 편지, 325년 니케아 공의회에서 다루었다. 기독교는 말씀의 성육신 교리를 확립하여, 그리스도의 온전한 신성과 온전한 인성을 확인했다.

영지주의가 주요 종교나 철학으로써의 위치를 상실했다 해도 영지주의의 요소들은 후대 기독교 신앙이 발현되는 가운데 여기저기에서 그 모습을 다시 드러냈다.

오늘날의 예로는 복음주의적 개신교 안에서 영적인 영역과 육신의 영역, 혹은 세상적인 영역을 구분하는 이분법을 **복음주의적 영지주의**라고 부를 만하다. 영지주의의 잔재는 '영적인' 활동이나 '전문적인' 사역, 선교만이 신실하게 신앙생활을 하며 참된 만족을 누릴 수 있는 길이라고 유독 강조하는 크리스천들에게서 여실히 드러난다. 마찬가지로 물질세계(환경,

정부, 예술, 법, 보건 등)를 천시하거나 경시하면서, 물질세계에서 하는 일은 크리스천으로서의 부르심이라 하기에는 왠지 부족하다고 생각하는 것 또한 우리 안에 남아 있는 영지주의적 습성이다.

초기 기독교 주류의 왜곡

주류 교회마저도 주변 문화, 그리고 그 문화 저변의 철학과 운동의 영향을 받기 시작하여, 이원론적 사고방식을 형성하게 됐다.

이원론은 다양한 경로로 주류 기독교 사상에 스며들었는데, 수도 생활의 발달도 그중 하나였다. 수도 생활은 독거(獨居)하는 생활방식이다. 수도자를 뜻하는 영어 단어 'monk'는 '독거하는 사람'을 의미하는 헬라어에서 파생됐다. 성경의 인물들이 본이 되기는 했지만, 수도 생활은 성경 속 인물들이 광야에서 보냈던 단기간의 훈련보다 훨씬 더 극단적이었다. 수도사들의 과격한 '세상' 배격과 거룩한 영역과의 완벽한 연합을 추구하는 정신은 그리스와 동방의 이원론적 철학과 가장 잘 들어맞는다.

먼저 수도사는 '세상에 속한' 모든 존재를 최대한 버리고 '하나님의 것들'을 추구하기 위해 홀로(대개 말 그대로 광야나 사막으로) 떠나는 은자였다. 하지만 결국에는 비슷한 생각을 하는 사람들이 모이기 시작했고, 318년에 최초의 수도원 공동체가 세워졌다. 이내 수도원과 수도원의 종교 공동체는 교회의 주요 세력으로 자리 잡기 시작했다. 수도원은 처음에는 구별되고 거룩한 삶을 위한 장소였지만, 곧 성경을 비롯한 주요 문서들의 보존, 번역, 필사 작업과 더불어 연구와 저술, 교육 활동의 중심지가 됐다. 또한 선교 활동의 중심이 됐다. 유럽인들에게 기독교가 전파되기까지는 유럽 대륙을 여행하며 가는 곳마다 수도원을 세운 수도사들의 공이 컸다. 이후에 이러한 종교 공동체들은 전 세계에 복음을 전파했다.

하지만 초기 수도 생활 이면에 자리 잡고 있던 이원론적 철학은 다수의 초기 교회 저자들의 글에 고스란히 드러난다. 가이사랴의 감독이자 '교회사의 아버지'라고도 불린 유세비우스(Eusebius of Caesarea, 260-339?)도 마찬가지다. 《복음의 입증》(*Demonstration of the Gospel*)에서 그는 그리스도가 교회에 '두 가지 삶의 방식'을 주셨다고 기록했다.

> 그리스도의 법에 따라 교회에는 두 가지의 삶의 방식이 주어졌다. 첫째는 자연을 초월한, 평범한 인간의 삶을 초월한 방식이다.…평범하고 관습적인 인간의 삶에서 완전히 영구적으로 분리된 이 방식은 오직 하나님을 섬기는 데 자기 자신을 헌신하는 삶이다.…따라서 크리스천이 따를 완전한 삶의 방식이다. 둘째는 이보다 좀 떨어지고 더 인간적인 삶의 방식이다.…이것은 인간이 종교뿐 아니라 농사와 장사 등의 다른 세속적인 것에 관심을 갖도록 허용한다.…또한 하위 등급의 경건함이 이들에게 부여된다.²

삶의 두 가지 방식
가이사랴의 유세비우스

완전한 삶 관상하는 삶	허용된 삶 활동하는 삶
더 높고 거룩하며, 명상하는 삶	낮고, 세속적이며, 몸을 쓰는 삶
사회적으로, 영적으로 우월	사회적으로, 영적으로 열등
예) 사제, 수녀, 수도사, 귀족 등	예) 주부, 노동자, 농부 등

이 틀에서 보면 삶은 **완전한 삶**과 **허용된 삶**으로 나뉜다. 완전한 삶은 더 높고, 거룩한 **관상**의 삶이다. 사제나 수녀, 수도사나 신학자 같은 종교 사역자의 삶이다. 이들은 평신도나 평민들보다 사회적으로나 종교적으로 '우월'하다. 반면 허용된 삶은 천하고 세속적이며 **몸을 쓰는** 삶이다. 육체노동과 농부, 주부, 목수, 상인, 장인 등 평민들이 하는 일이 여기에 해당된다. 이들은 종교에 몸담은 이들보다 사회적으로, 영적으로 '열등'하다.

결국 이런 이원론적 분류로 인해 '교회'는 곧 성직자와 수도사라는 해석으로 이어졌다. 중세 시대의 평신도, 특히 구분된 '종교적인' 삶을 살지 않고 '세상에서' 사는 이들은 수동적이고 열등한 사람으로 간주됐고 하나님과의 관계에서, 하나님의 은혜와 영생의 구원을 받기 위해서 '교회'에 의지해야만 한다는 인식이 팽배했다.

성직자 - 평신도 이분법

성직자	하나님을 섬김	영적인 직업, 돕는 직업
평신도	제물을 섬김	세속적 직업, 육체노동

크리스천의 삶에 이원론적으로 접근하는 방식은 크리스천의 사고 속에 깊이 뿌리박혔고, 이후 천 년이 넘는 시간 동안 수많은 변화가 일어났음에도 아직까지 그 잔재가 남아 있다. 여전히 많은 평신도가 만인을 섬기는 크리스천의 삶은 목회자의 몫이라고 생각한다. '완전한' 삶과 '허용된' 삶에 대한 믿음의 연장 선상에서 '전임' 기독교 사역을 우월하게 여기며 크리스천의 일상과 믿음을 통합하지 못하는 태도에서 이런 사고방식이 가장 극명하게 표출된다.

종교개혁 : 16세기

16세기 유럽에서는 교회 안에 만연한 이원론과 14세기에 시작된 유럽 르네상스의 인본주의, 인간 본위 사상에 대응하기 위해 성경적 세계관을 재천명하며 종교개혁이 시작됐다. 종교개혁은 하나님의 임재 안에서 분명한 목적의식에 따라 살고 일하는 성경적 삶을 향한 열정에 불을 지폈다. 하나님은 종교개혁의 불씨를 당기는 데 로마 가톨릭 수도사였던 마르틴 루터(Martin Luther, 1483-1546)를 사용하셨고, 모든 크리스천이 '하나님 앞에', 궁극적으로 모든 것을 감찰하시는 하나님의 눈앞에 서 있음을 선포하게 하셨다. 하나님께 쓰임 받아 제네바에 종교개혁을 전파한 장 칼뱅(John Calvin, 1509-1564)은 삶의 모든 영역에서 '하나님의 일'³에 포함되지 않은 부분은 없다고 가르치며 종교개혁의 빛으로 온 유럽을 밝게 비췄다.

루터와 칼뱅, 울리히 츠빙글리(Ulrich Zwingli, 1484-1531)를 비롯한 주류 종교개혁자들은 교회에 소리 없이 스며든 이원론적 세계관을 비판했다. 성속의 이분법이 아닌, 하나님께 헌신한 삶과 헌신하지 않은 삶으로 분류될 뿐이라는 사실을 인식한 그들은 총체적이며 성경적인 세계관을 회복해야 한다고 외쳤다. 그 결과, 이전까지는 세속적으로 분류되던 일들이 이제는 거룩한 일로 연결되기 시작했다. 이런 태도의 변화는 종교개혁자들이 '소명'(call)이라는 단어를 어떻게 퍼뜨렸는지를 보면 확실히 나타난다. 알리스터 맥그래스(Alister McGrath)는 그의 저서 《종교 개혁 사상》(기독교문서선교회 역간)에서 이렇게 설명했다.

종교개혁은 (일터에서의 이원론적) 태도를 단호히, 그리고 완전히 바꾸어 놓았다. 이 같은 태도의 변화를 이해하려면 마르틴 루터가 사용한 독일어 베루프

(Beruf, '소명')라는 단어를 생각해 봐야 한다. 중세 시대에 베루프는 수도사나 성직자의 소명을 의미했다. 즉, 전문적 교회 사역 기능을 뜻하는 단어였다. 그런데 루터는 세상의 직업을 표현하는 데 동일한 단어를 사용했다. 루터는 일상 활동을 언급하는 데 베루프라는 단어를 사용함으로써, 수도사라는 직업을 대할 때의 종교적 진지함을 세상에서 이루어지는 활동에 적용했다. 세상에서 일하는 사람은 세상에서 나름의 특정한 방식으로 하나님을 섬기라고 부름 받은 것이다. 오늘날 우리가 사용하는 '천직'이나 '소명' 같은 단어의 의미도 일에 대한 새로운 접근 방식이 나타난 종교개혁 시기에 처음으로 소개됐다고 추정된다. 독일어(Beruf, 베루프), 영어(calling, 콜링), 네덜란드어(beroep, 베로에프), 덴마크어(kald, 칼드), 스웨덴어(kallelse, 칼렐스) 등 유럽 전역에서 종교개혁의 영향을 받아 그 의미가 달라진 언어들이 16세기 동안 일을 나타내는 단어의 의미에 얼마나 큰 변화가 일어났는지를 보여 준다.[4]

마르틴 루터는 이신칭의(以信稱義) 교리를 바탕으로 소명을 이해했다. 당시 크리스천들은 관상하는 삶이 더 높고 영적이며, 활동하는 삶은 평범하고 영성이 부족하다는 식으로 직업의 위계를 뒀다. 사제와 수녀 등 종교 사역자가 하는 일은 거룩하지만, 농부나 주부가 하는 일은 '세속적'이라고 규정했다. 사제들은 거룩한 일을 하기 때문에 의롭다고 여김을 받았지만, 평민들이 의롭다 하심을 얻기 위해서는 미사에 참석하고 면죄부를 사고 빈민을 구제하는 '영적인 일'을 해야 한다고 믿었다. 이런 신념은 가뜩이나 가난한 사람들을 더욱 극심한 빈곤의 사슬에 옭아맸다. 루터와 북유럽의 종교개혁자들은 외적 행위가 아니라 오직 믿음이라는 내적 행위만이 하나님 앞에서 사람을 의롭게 할 수 있다고 주장하며, '의로운 일'(work of righteousness)이라는 개념에 반기를 들었다.

종교개혁자들은 일의 개념에서 부르심의 의미를 복원했다. 루터는 만약 믿음으로 의롭다 하심을 받는다면 수도사와 사제의 관상하는 삶이 신실한 농부나 목수, 주부의 활동하는 삶보다 더 숭고하지도, 더 천하지도 않다고 판단했다. 수도사의 삶을 살다 수도회를 떠난 루터는 만일 우리가 믿음으로 말미암아 은혜로 구원을 받는다면 자신이 하는 일이 하나님께 헌신한 일인지 아닌지의 여부가 관건이라는 결론에 이르렀다. 그러자 도덕적으로 합당한 일, 즉 악한 일만 아니라면 모든 일이 거룩한 일이 됐다. 사제와 농부, 수녀와 주부, 신학자와 막노동꾼이 믿음 안에서 하나님 앞에 함께 서게 됐다. 인간의 직업관에 대한 루터의 도전을 디트리히 본회퍼(Dietrich Bonhoeffer, 1906-1945)는 이렇게 기록했다.

루터가 수도원에서 세상으로 복귀한 것은 초대교회 이래로 세상에 가장 큰 타격을 안겨 주었다. 세상으로 복귀하면서 치러야 할 희생과 포기에 비하면, 수도사 시절의 금욕 생활은 그저 어린아이 장난 수준이었다. 이제는 전면 공격이 시작됐다. **예수님을 따르려면 세상 속에서 사는 방법밖에 없었다.** 지금까지는 수도원이라는 완벽에 가까운 조건에서 탁월한 영성을 가진 소수만이 크리스천의 삶을 산다고 믿었지만, 이제는 그런 삶이 세상에 사는 모든 크리스천의 의무가 됐다. 일상의 직업 속에서 하루하루 소명을 감당하며 예수님의 명령을 온전히 순종해야 한다.[5]

종교개혁은 건물 안에만 머물던 교회를 세상으로 불러냈고, 중세 시대 교회의 이원론적 사고방식에 정면으로 도전했다. 종교개혁자들은 두 가지 점을 주장했다. 첫째, 종교 사역자들만이 아닌 모든 크리스천에게 부르심이 있다. 둘째, 영적인 일뿐 아니라 모든 일이 소명이다. 이 성경적 사고를 받아들이는 사람에게는 성속을 가르는 벽이 더는 존재하지 않는다.

경건주의 : 17세기

유럽을 완전히 뒤바꿔 놓은 신생 개신교회는 17세기 무렵에 이르러 갖가지 문제로 통제 불능 상태에 빠졌다. 첫 번째 문제는 루터교나 개혁교회와 같은 일부 교파에서 교리적, 신학적 정답을 찾아내는 데 집착하며, 살아 있는 믿음을 희생시키는 지경에 이르렀기 때문이다. 애당초 종교개혁에서 시작된 신학적 논쟁이 불운한 방향으로 흘러간 결과였다.

또다른 문제는 종교와 정부의 밀착된 관계였다. 종교개혁이 뿌리내리는 가운데 어느 특정 국가에서는 개인이나 회중이 아닌 나라 전체가 공식적인 개신교 국가가 되었으며, 새로운 형태의 제도적 국가교회가 생겨났다. 국가 체제로 자리 잡은 교회는 정부의 통치 아래 다양한 역할을 맡았고, 그 나라의 시민이라면 당연히 특정 교회의 교인이 돼야 한다는 생각이 팽배했다. 게다가 개신교를 국교로 받아들인 국가들은 이후 수백 년 동안 재침례파처럼 다른 교회를 지지하는 사람들을 탄압하고, 심지어 혹독하게 처벌했다. 폭력적인 처사도 일삼았다. 종교 운동이 정치 분쟁, 사회 소요와 만나면서, 실제로 다양한 지역 주민 사이에 전쟁이 일어났다.

제도화된 국가 교회의 문제점이 드러나면서 몇 세대도 지나지 않아 새로운 개혁과 영적 의미의 회복이 필요하다는 인식이 생겼다. 이에 대한 응답으로 태동한 경건주의 운동은 이후 장기간에 걸쳐 포괄적인 영향을 미쳤다.

경건주의 운동은 일반적으로 1600년대 말 독일 루터교 내에서 시작됐다고 본다. 야코프 뵈메(Jakob Böhme, 1575-1624), 요한 아른트(Johann Arndt, 1555-1621), 하인리히 뮬러(Heinrich Müller, 1631-1675) 등의 기독교 신비주의자들이 단초를 마련했다. 뮬러는 "세례대, 강단, 고해 성사, 제단을 루터 교회의 네 가지 어리석은 우상이라고 불렀다."[6]

대개 경건주의는 기독교 정통 교리의 확증보다 종교적 **경험**을 강조했다. 그러다 보니 자연스레 초점이 '개인적 경험'에 맞춰졌다. 초기 종교개혁자들이 성경을 이해하고 해석하며 이를 공적인 삶과 사적인 삶에 적용해야 한다고 역설하면서 영적 헌신과 이성(理性)의 기능을 강조한 반면, 경건주의자들은 합리적 사고를 차치하면서까지 마음과 감정에 역점을 뒀다. 이렇듯 경건주의가 교리보다 경험을 강조한 결과, 후일 개인적인 가치 평가에 따라 전통 교리를 수정하거나 유기하는 자유주의 신학 형성에 일조하게 되었다. 동시에 개인의 신앙생활에 초점을 맞추면서 수많은 크리스천의 삶에 각성이 일어났고, 덕분에 경건주의자들이 선교의 구심점이 됐다.

경건주의는 크리스천들이 영적 영역에 몰두하고 환경과 문화에 등을 돌리는 데 강력한 요인으로 작용하며 이원론을 부추겼다. 경건주의의 아버지로 알려진 필립 스페너(Philipp Spener, 1635-1705)의 삶과 가르침에서도 이원론적 사고가 여실히 드러난다. 스페너는 자신의 집에서 모임을 열며 가정교회 운동을 시작했다. 그는 교회의 회복을 위한 제안서를 발간하기도 했는데, 그 내용을 보면 개인적인 모임을 통한 열정적인 성경공부, 교회 내 평신도의 역할 증대, 경건 생활에 역점을 둔 신학 교육의 재편, 머리가 아닌 마음을 겨냥한 새로운 설교 스타일 등이 담겨 있다. 스페너는 거듭남의 영적 필요성을 재차 강조하며, 크리스천이 세상과 분리되어야 한다고 가르쳤다.

경건주의 운동은 1700년대 중후반에 막을 내렸지만 그 영향은 막강했다. 19세기와 20세기에 복음주의적 영지주의가 부상하면서 경건주의의 영향이 어떻게 위세를 떨치게 됐는지는 이번 장 후반부에서 다시 살펴보자.

계몽주의 : 17-18세기

이성의 시대로도 알려진 계몽주의는 영국과 프랑스, 독일 일각을 중심으로 일어난 철학 운동이다. 계몽주의는 성경적 유신론처럼 창조주 하나님이 존재한다고 가정하는 형이상학적 이신론을 바탕으로 한다. 하지만 성경과 달리 이신론의 하나님은 이 세상에 계신 분이 아니다. 이신론에서 하나님은 창조주이지만 구원자도, 주님도 아니다. 까마득히 멀리 계신 신일뿐이다. 우주를 창조하고 시작했지만 그 이후로는 방치해 버린 신이다. 인간에게 이야기하거나 기도에 응답하지도 않는다. 신의 존재가 천지창조를 설명해 주지만 인간에게 계시하지도, 인간과 소통하지도 않기 때문에 진(眞), 선(善), 미(美)를 규정하는 초월적 기초란 없다. 이신론은 우리가 흔히 무신론적 물질주의라고도 지칭하는 모너니즘의 원리 체계인 세속주의가 태동할 기초를 다졌다.

계몽주의와 함께 합리주의 시대도 열렸다. 합리주의는 계시가 없는 이성이다. 합리주의는 인간의 이성에 만물의 최종적인 권위를 부여한다. 계몽주의 세계관의 지배를 받으면, 하나님이 우주의 중심이 되시고 인간이 이성과 계시를 통해 피조물을 탐구하는 대신, 인간이 우주의 중심이 된다. 인간이 신인 것이다. 하나님과 천사, 사탄, 하나님의 형상을 따라 지음 받은 인간을 포함한 영적 영역은 모두 시대에 뒤처진 사상으로 치부됐다.

신흥 합리주의 사고와는 대조적으로, 근대 과학의 아버지들[7]은 "하나님의 생각을 따라 생각"하려는 성경적 유신론자들이었다. 이들은 하나님이 창조세계와 성경, 이 두 권의 '책'을 통해 자신을 계시하신다고 믿었다. 또 이 두 가지 계시 사이에는 구분이 없다고 생각했다. 인간은 자신의 지각과 이성을 사용해 하나님의 모든 계시를 탐구해야 한다. 이신론적 접근,

후일의 세속적이고 자연주의적인 과학은 초월적 실체의 존재를 부정했다. 인간이 홀로 우주에 존재한다고 믿었다. 그 때문에 인간이 우주를 이해할 수 있으려면 자신에게서 출발해야 하며, 오감을 이용해 생명의 기원과 의미를 발견해야 한다고 주장했다. 철학적 합리주의와 자연주의 과학이 유신론의 이성과 계시를 밀어낸 것이다.

초월적 존재라는 바탕이 없는 데다가 객관성을 확립해 줄 무한하고 인격적인 하나님이 없으니, 진선미는 주관적인 판단에 따라 달라졌다. 무엇이 참되고 선하고 아름다운지를 결정하는 주체는 인간이었다. 세속주의자들은 인간이 본디 선한 존재, 최소한 하얀 도화지 같은 존재로 태어났으며, 적절한 도구와 기회만 주어지면 위대한 잠재력을 충분히 발휘한다고 단언했다. 죄성을 가지고 태어난 인간은 개인적으로나 공동체적인 차원에서나 구원이 필요한 존재라는 성경적 이해와는 상당히 동떨어진 주장이다. 이런 사고방식은 점차 발전을 거듭했고, 이는 가정과 교육, 공공정책을 비롯해 삶의 전 영역에 어마어마한 영향을 끼쳤다.

유럽의 계몽운동이 발달하는 과정에서 많은 교인과 일부 성직자들도 이신론적 견해를 취하기 시작했다. 이신론자들은 전통적인 기독교를 이성에 입각한 종교로 바꾸려 했다. 영적인 영역을 완전히 부정하지는 않았지만 물질 영역과 상당히 동떨어진 영역으로 인식했다. 영성이 인간의 상상력에 비롯된 허구일 뿐 우리 삶과는 아무런 관계가 없다고 생각하는 이들까지 생겼다. 하나님은 여전히 우주의 창조주로 존재하지만 더는 역사의 하나님, 구원자, 생명의 주인으로 피조물에 간여하는 신은 아니었다. 우주를 자연법칙에 따라 움직이는 기계적인 존재로 인식하는 경향이 지배적이었다. 자연법칙도 창조주의 본질에 따라 결정되지만 이후로는 신과 아무런 관련 없이 별도로 움직이는 법칙으로만 간주됐다.

계몽주의는 인간의 이성을 높이고 영적인 영역을 평가절하하며 서구 문화의 방향을 바꿨다. 교회는 계몽주의 시대의 도래에 대응하기 위해 더욱 정통적이고 총체적인 신앙과 실천으로 회복될 필요가 있었다.

대각성운동 : 18-19세기

19세기 초, 기독교 부흥이 대서양 양쪽에서 일어났다. 성경적 신앙으로 돌아가자고 촉구한 이 부흥운동은 영적인 요소만 담는 데 그치지 않고, 근대 역사에 길이 남을 위대한 사회적 변혁을 일으켰다. 저명한 선교 전략가이자 윌리엄 캐리 국제대학의 설립자인 랄프 윈터(Ralph Winter) 박사의 표현을 인용하자면 '제1차 복음주의'(First Inheritance Evangelicalism)[8]가 이 부흥운동을 통해 탄생했다. 1차 복음주의는 개인의 구원과 사회 변혁, 해외 선교를 아우르며, 복음을 포괄적이고 총체적으로 이해했다. (이는 윈터 박사가 제2차 복음주의라 지칭한 것과 확연한 대조를 이룬다. 2차 복음주의는 개인의 구원, 휴거, 임박한 예수 그리스도의 재림에 주안점을 두고, 복음의 사회 변화 능력에는 거의 관심을 기울이지 않았다.)

영국에서는 1차 복음주의 전도자 존 웨슬리(John Wesley, 1703-1791)가 부흥운동의 불씨를 당겼다. 성공회 사역자였던 웨슬리는 열정적인 전도자이자 사회 개혁가, 감리교 운동의 창시자가 됐다. 그는 수십만 명에게 십자가에 못 박혀 돌아가신 그리스도를 선포했다. 빈부를 가리지 않고 모든 사람에게 복음을 전했다. 하지만 그는 회심하고 그리스도를 영접하여 천국에 가는 것으로 끝이 아니라고 생각했다. 구원 받으면 삶과 행동도 변화를 받아야 하며, 결과적으로 온 사회가 변혁을 경험해야 한다고 믿었다.

미국에서 대각성운동을 시작한 인물은 조나단 에드워즈(Jonathan

Edwards, 1703-1758)와 조지 휫필드(George Whitefield, 1714-1770)였다. 조나단 에드워즈는 회중교회의 설교자였으며, 신학자이자 미국 인디언 선교사였다. 그는 미국 역사상 가장 탁월한 전도자이자 철학적 신학자로 존경받는 인물이기도 하다. 장 칼뱅의 종교개혁 이상은 조나단 에드워즈의 사상과 가르침, 사역을 통해 미국으로 흘러들어 갔다. "진노하신 하나님 손안에 있는 죄인들"이라는 유명한 설교를 듣고 수만 명이 회개하고 그리스도의 십자가로 나아가 구원을 받은 적도 있었다.

조지 휫필드는 웨슬리가 주도한 영국 감리교 운동의 리더였다. 1738년 휫필드는 당시 영국 식민지였던 미국 조지아로 이주해 부흥 집회에서 말씀을 전했다. 그는 에드워즈와 함께 그리스도를 선포하고 구원받은 이들이 깊이 있는 성경적 신앙과 실천의 삶을 살도록 도왔다.

웨슬리와 에드워즈, 휫필드가 영국과 식민지 미국에서 각각 촉발시킨 대각성운동은 개인의 믿음이 시민 사회와 일터에서의 행동으로 이어지는 포괄적인 성경적 세계관에서 비롯됐다. 이 운동은 영적인 영역뿐 아니라 삶의 전 영역에서 하나님을 이해했다. 대각성에서 배출된 리더와 시민, 부흥 운동의 후손들은 자신들이 속한 사회와 세상을 변화시키기 위해 일어섰다.

하나님은 영국에서 웨슬리의 영적인 아들 윌리엄 윌버포스(William Wilberforce, 1759-1833)를 일으키셨다. 영국의 의원이자 자선 사업가, 사회 개혁가였던 윌버포스는 대영제국에서 노예제도를 폐지하고 거칠기 짝이 없는 영국 사회를 교화한 주역이다. 그는 노예제도가 도덕적으로 악하며, 교회는 노예제도 종식을 위해 힘써야 한다고 확신했다. 또 성경적 관점에 따라 일해야 하며, 하나님이 개인적인 영혼 구원뿐 아니라 윤리와 관습, 사회 정의에 마음을 쓰신다는 사실을 인지했다. 그는 하나님이 개개인의 변화뿐 아니라 사회의 변화도 바라신다는 사실을 알았다. 그래서 노예제도 폐지를 위해 일하면서 교회가 영국 사회에 만연한 알코올 중독과 마약 중독, 성적 문란, 노동 착취와 불의에 맞서 싸워야 한다고 촉구했다.

클라팜 공동체(Clapham Sect)로 불린 영국 단체는 당시 영국의 변혁에 중요한 역할을 했다. 부유하고 영향력 있는 복음주의자들로 구성된 이 단체는 1790년부터 1830년까지 사회적으로, 그리고 정치적으로 적극적인 활동을 펼쳤다. 구성원들의 면면을 보면 학자와 성직자, 정치인, 은행가, 작가, 화가, 경제학자, 사업가, 자선 사업가 등 다양한 직업을 망라했다. 이들은 공동의 목적을 품었다. 그것은 바로 영국 사회의 문화를 변화시키고, 더 나아가 법을 바꾸기 위해 정치적, 경제적 영향력을 제공하는 것이었다. 이들은 윌버포스 같은 이들이 당시 정체되어 있는 영국 사회에 도전할 수 있도록 발판을 마련해 줬다. 하나님은 이들의 순종을 사용해 영국을 변화시키셨다. 이 운동이 달성한 업적은 일일이 서론하기 이려올 정도지만, 그중에서도 노예무역을 법으로 금지한 1807년 노예무역금지법 통과는 실로 눈부시다. 1833년 윌버포스가 세상을 떠나기 사흘 전, 의회는 대영제국의 모든 노예를 해방시키는 노예제도 폐지법을 통과시켰다.

웨슬리의 또 다른 영적 아들은 윌리엄 캐리(William Carey, 1761-1834)다. 캐리는 중학교도 제대로 마치지 못한 영국의 가난한 구두 수선공이었다. 하지만 영국을 휩쓴 부흥을 통해 마음이 변화된 후 캐리는 선교사로 인도를 섬기라고 하나님이 부르신다는 감동을 받았다. 캐리는 당시 선교에 대한 모든 고정관념을 깨고 '현대 선교의 아버지'로 불리게 됐다. 1793년 신혼의 캐리는 아내와 함께 인도로 향했다. 캐리는 성경적 세계관의 소유자였다. 그는 십자가에 죽으신 그리스도를 선포했고, 사람들이 구원을 받고 교회가 세워졌다. 그런데 캐리는 여기에서 만족하지 않고, 그와 동시에 인도 반도의 문화적 뿌리 자체가 변화되기를 갈망했다. 루스와 비샬 망갈와디의 저서 《윌리엄 캐리의 유산: 문화 변혁의 모델》(*The Legacy of William Carey: A Model for the Transformation of a Culture*)[9]은 윌리엄 캐리의 삶을 잘 그려 낸다.

캐리는 구원의 복음을 전하고 교회를 개척하는 데 그치지 않았다. 인도인들이 사회 여러 부문에서 발전을 이루도록 도왔다. 일례로, 버려진 땅을 개간하는 법, 과잉 경작으로 황폐해진 삼림을 재건하는 법 등의 새로운 원예 기법을 크리스천들에게 가르치고, 토지 관리 방법을 도입했다. 또 여성의 권익을 위해 장기간 투쟁했다.

대서양 건너편, 식민지 미국에서는 제1차 복음주의자들이 건국의 기초를 다지는 데 한창이었다. 세속주의 학자들은 대개 미국의 건국이 로크나 볼테르, 몽테스키외 같은 이신론 계몽주의 사상가들의 사상을 바탕으로 한다고 주장한다. 또 이신론의 영향을 받은 제퍼슨과 프랭클린은 미국 정부와 공공 부문에 계몽주의가 들어오는 경로 역할을 했다고 역설한다. 하지만 이는 역사적 기록과 정면으로 배치된다.

미국의 정치 실험은 대각성운동의 결과였으며, 성경적 신앙에 기초한 것이었다. 크리스천들은 성경적 원칙에 입각한 정치 문화와 국가를 세우려 했다. 공립학교에서의 성경적 교과 과정을 개발하는 미국협의회는 1760년부터 1805년까지 발간된 방대한 양의 정치 문헌 1만 5천 건을 조사한 정치학 교수 찰스 루츠(Charles S. Lutz)와 도널드 하인만(Donald S. Hyneman)의 연구 결과를 인용한다. "미국의 건국을 다룬 문서 내용의 34%가 '성경을 직접 인용'한 것이다."[10] 건국의 아버지들보다 앞서 청교도들이 먼저 성경을 손에 들고 메이플라워호를 타고 대서양을 건넜다. 대각성은 건국의 아버지들에게 성경과 성경의 포괄적 세계관으로 돌아가라고 촉구했다. 〈뉴스위크〉(*Newsweek*) 지(紙)의 데이비드 게이츠(David Gates)

와 케네스 우드워드(Kenneth Woodward) 기자는 "역사가들은 어쩌면 헌법이 아니라 성경이 미국의 진정한 건국 문서라는 사실을 발견하고 있다"[11]고 기고했다.

대각성운동을 통해 복음주의자들은 총체적인 성경적 세계관의 회복에 참여하여 세상 속에서 행하시는 하나님의 일에 다시 합류함으로 대영제국을 변화시켰고, 인류 역사상 가장 자유롭고 정의로우며 경제적으로 풍요로운 나라라고도 할 수 있는 미합중국을 건설했다. 하지만 교회가 자신에게 주어진 유산을 방치하고 사회와 문화에서 발을 빼면서 근대 사회와 포스트모던 사회가 부상하기 시작했다. 과연 우리는 제1차 복음주의 선배들의 믿음을 다시 회복할 수 있을까?

근대 유물론 : 19-20세기

대각성운동의 영향이 확연하게 나타났음에도, 근대 물질주의, 즉 세속적 유물론은 영적 세계를 절대적으로 부인하며 그 세력을 확장했다. 세속적 유물론의 세계관은 계몽운동의 합리주의를 논리적으로 확장한 결과물로써, 1859년 찰스 다윈의 《종의 기원》이 발간되면서 더욱 공고해졌다. 다윈의 진화론은 생명의 기원에 대해 초자연적인 부분을 배제하고 지극히 자연적인 방식으로 설명하며, 무신론적 유물론의 기초를 다졌다.

유물론적 패러다임이 무신론과 만나면, 영적인 존재(또는 초월적 존재)가 들어올 틈 자체가 없어진다. '물질'만이 유일한 실체다. 하나님이 존재하지 않기에, 하나님의 존재라는 실체를 바탕으로 삼은 것은 전부 사라진다. 기적은 일어날 리 없고, 기도는 아무 소용이 없으며, 하늘나라도 없다.

결국 인간이나 사랑, 정의, 진리, 도덕, 은혜, 직업적 소명, 무엇이든 하나님의 존재에 기초한 것이라면 궁극적으로 모두 그 존재를 인정받지 못한다. 하나님이 없고 하나님 나라는 인간의 허상에 불과하니, 일 역시 하나님 나라의 관점에서 이해하지 못하는 것이다. 따라서 일은 오직 물질적 보상을 위한 것으로 전락하고 만다.

성속의 이분법에 대해서도 유물론은 세속적인 영역을 거룩한 영역보다 더 강조하는 정도에서 나아가, 오직 세속적인 부분만을 인정한다. 하지만 유물론의 발전은 기독교에도 중대한 영향을 미쳤다. 따라서 이제는 세속주의의 부상에 교회가 어떻게 대응했는지 살펴보도록 하겠다.

교회의 대응

무신론적 유물론은 유럽과 북미의 대학과 문화를 휩쓸면서, 이 지역 국가와 교회의 근간을 뒤흔들었다.

교회 안에서 세속주의의 물결을 거스르려고 분연히 일어나는 사람은 극소수에 불과했다. 그중 한 사람이 아브라함 카이퍼(Abraham Kuyper, 1837-1920)다. 목사이자 신학자, 탁월한 언론인, 교육자인 그는 후일 네덜란드의 총리로 재직했다. 1898년 카이퍼는 미국의 명문 신학 교육 기관인 프린스턴 신학교의 초청을 받아 저명한 스톤 강좌(Stone Lectures)를 진행했다. 그는 삶의 전 영역을 통치하시는 그리스도를 가르치며, 미국 교회로 유입되는 세속주의의 흐름을 끊고 성경적 기초를 회복하기를 바랐다. 하지만 역사가 보여 주듯, 많은 교회가 성경적 세계관을 유기하고 말았다.

그리스도의 주권

"인간 존재의 모든 영역에서 만물의 주권자이신 그리스도가 '내 것이다!'라고 외치지 않으시는 곳은 하나도 없다."

아브라함 카이퍼 _ 1880년 자유 대학(Free University) 취임사 교회는 세속주의에 크게 두 가지 방식으로 대응했다. 첫째, 새로운 세속적 패러다임을 수용하거나 둘째, 이 패러다임을 거부하고 고대 그리스의 패러다임을 채택했다. 그 결과 교회는 분열됐다.

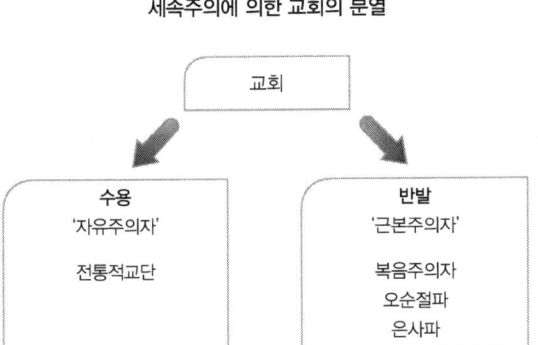

세속주의에 의한 교회의 분열

오늘날 흔히 '자유주의'로 분류되는 교회 일사에서는 (그 정도는 달랐지만) 현대의 세속적 패러다임을 수용했다. 절대적 진리의 개념은 상대주의로 대체됐다. 자연의 영역을 넘어서는 하나님의 역사, 기적의 존재를 더는 인정하지 않았다. 이들의 가르침이 무신론적 가설과 점점 닮아 가면서, 점차 개개인의 삶과 열방을 변화시키는 하나님 나라의 강력한 복음은 단순한 사회적 봉사주의로 전락했다.

세상의 물질적, 사회적 필요가 영적 필요보다 우선시됐고, 필요를 채우는 방식 역시 세상의 철학에 입각한 세상의 방법대로 이루어졌다. 교회는 만물보다 위에 계신, 공의와 치유의 근원이신 하나님을 인정하기보다는 그저 자신의 힘으로 물리적 정의와 사회 변혁을 실현하려고 안간힘을 쓰면서 그리스도 안에서의 총체적 구원에서 멀어졌다.

교회 일각에서 세속적 패러다임을 수용하는 동안 다른 쪽에서는 이 패러다임을 거부하며 교회를 장악하고 정통 기독교를 위협하는 '모더니즘'

혹은 '자유주의'에 반기를 들었다. 이들은 믿음의 근본 요소를 고수한다는 의미에서 자신들을 스스로 근본주의자로 규정했다. 하지만 이들 역시도 성경적 세계관에 등을 돌렸기 때문에, 복음에 사회 변화의 능력과 의미가 내포되어 있음을 간과하고 말았다. 그리고 랄프 윈터 박사가 말한 제2차 복음주의자들이 됐다.

이러한 근본주의자들은 성경적 세계관을 수호하는 대신 이번 장 초반에 언급한 고대 그리스의 세계관을 수용했다. 그리스인들은 영적 영역과 물질 영역을 분리했다. 은혜와 자연을 분리했다. 크리스천들이 이러한 영지주의적 이원론 패러다임을 수용함으로 말미암아 세속의 영역과 성스런 영역, 월요일과 일요일을 분리하고 말았다. 많은 사람이 이른바 '선데이 크리스천'이 됐고, 월요일에는 자신이 교회가 되어 일주일 내내 하루도 빠짐없이 하나님 나라가 자신의 라이프워크에 임하게 해야 한다는 개념을 폐기해 버렸다. 사실상 그리스도가 삶의 모든 영역의 주인이심을 부인하게 된 셈이다. 복음주의자, 오순절파, 은사주의 운동의 선조 격인 근본주의자들에게 영적 영역은 성스럽고, 세속적 영역은 불경한 것으로 간주되었다.

그리스식 이분법

상위영역	고귀함 더 중요함	은혜	영적 (신성한)	믿음 신학 윤리 선교 헌신된 삶 복음
하위영역	천함 덜 중요함	자연	물질적 (세속적)	이성 과학 비즈니스/경제 정치 미술/음악 물질적 사역 빵

이전 세대의 경건주의자들처럼 근본주의자들도 영적인 영역을 물질 영역보다 우위에 둔 결과, 개인적 신앙만을 추구하며 문화에 영향을 미치는 역동적 기독교를 포기하다시피 했다. 나는 이들을 복음주의적 영지주의자들이라고 부른다.

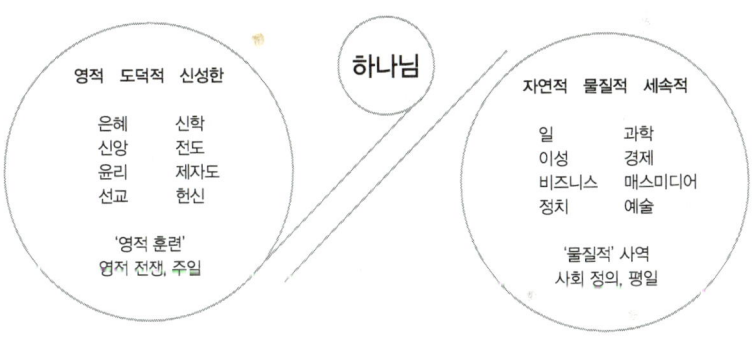

이러한 제2차 복음주의자들, 즉 복음주의적 영지주의자들은 세속적 영역의 중요성을 부인하며 휴거와 예수 그리스도의 조속한 재림 등 말세 종말론을 포함한 영적인 부분에만 초점을 맞췄다.

미국의 부흥강사이자 출판사와 무디 성경학교를 설립한 드와이트 무디(Dwight L. Moody, 1837-1899)는 교회 안에서 세속주의와 자유주의의 물결이 점차 거세지는 모습을 보면서, 그리스도의 재림이 임박했다고 결론 내렸다. 제2차 복음주의 운동을 주도한 또 다른 대표적 인물은 존 넬슨 다비(John Nelson Darby, 1800-1882)다. 그는 영국과 아일랜드에서 활약한 부흥강사였으며, 무엇보다 그리스도의 임박한 재림과 고난 전 교회의 휴거와 이 땅에서의 그리스도 천 년 왕국을 골자로 하는 현대 세대주의 운동의 창시자다.

사회 정치적 관점에서 보면 제1차와 제2차 세계대전 발발은 계몽주의의 낙관론에 큰 타격을 입혔고 사회 전반의 분위기에 그림자를 드리웠다. 이로 말미암아 크리스천들은 깨져 버린 세상을 떠나기 갈망하며, 다가올 세상에 집중하게 됐다. 유럽과 북미의 문화는 비관적으로 바뀌었다. 비관주의가 온 나라를 뒤덮자, 세상이 더욱 악해지고 있다는 관점과 그 악이 어느 수준에 도달하면 그리스도가 다시 오신다는 생각이 복음주의적 교회 안에서 공고해지게 되었다. 무디와 다비, 그리고 이들의 추종자들은 말세를 강조하는 세대주의적 종말론을 주창했다. 적극적으로 사회 개혁을 모색하기보다는 인간의 죄성과 현대 사회의 암울한 상황이 곧 그리스도가 이제 곧 오신다는 징후라고 주장했다. 이들은 사람들을 그리스도께로 인도하기 위해 애를 쓰면서도, 사회에 대해서는 수동적인 입장을 취하며 그리스도의 재림을 기다렸다.

1970년 세대주의 신학자 핼 린지(Hal Lindsey)는 종말을 다룬 논픽션 베스트셀러 《대혹성 지구의 종말》(The Late Great Planet Earth)을 출간했다. 린지의 책은 54개 언어로 번역되어 출간되었고, 지금까지 3천 5백만 권 이상이 팔렸다. 이 책은 말세 운동을 전 세계적인 차원으로 신속하게 확산시켰는데, 사실 이런 관점은 지난 3세대 동안 크리스천들이 교회의 본질과 선교, 크리스천의 신앙생활을 이해하는 데 지대한 영향을 미치며 크리스천의 사고를 형성했다.

대각성운동에서 보았던 사회 변혁의 역동성은 사라졌다. 제2차 복음주의자들이 주도한 운동은 개인의 구원과 신앙의 사유화에 중점을 뒀다. 묻지 말고 그냥 믿기만 하라는 반(反) 지성주의, 문화를 포기하고 세상에 등을 돌리는 태도 등이 이 운동의 특징이다.

복음주의적 영지주의자들은 종교개혁 이전의 이원론적 패러다임으로 회귀했다. 중세 시대처럼 목회자, 부흥강사, 선교사, 교회 개척 사역 같은 종교적인 직업이 세상의 직업보다 숭고한 부르심으로 간주됐다. 경건해지고 싶은 사람들은 '전임 기독교 사역'을 택했으며, 이렇듯 '영적인' 일을 하는 사람들은 '세속적인' 일을 종종 경멸하였다. 크리스천들이 직업 면에서 두 개의 세계에서 살아가는 상황이 재연됐다.

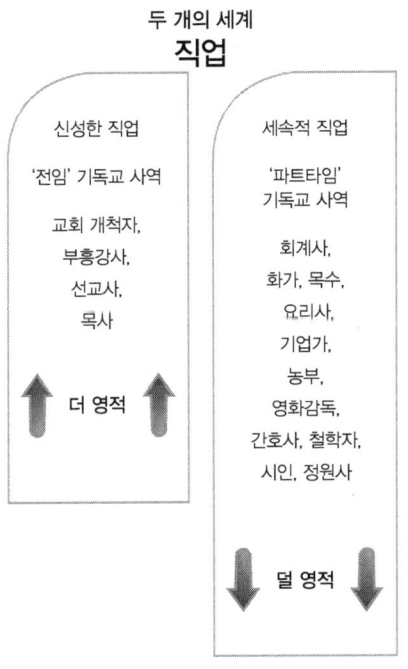

선교 전략 측면에서도 그러했다. 모든 크리스천이 선교에 동참하고 있다고 인식하는 게 아니라, 세상의 직업을 버리고 '영적인' 전임 사역에 헌신한 이들만 선교사로 인정했다. 지금까지도 모든 선교단체가 일터에서 크리스천들을 빼내어 자신들이 생각하기에 '더 중요한' 선교 사역을 하게끔 하려고 애쓰고 있다.

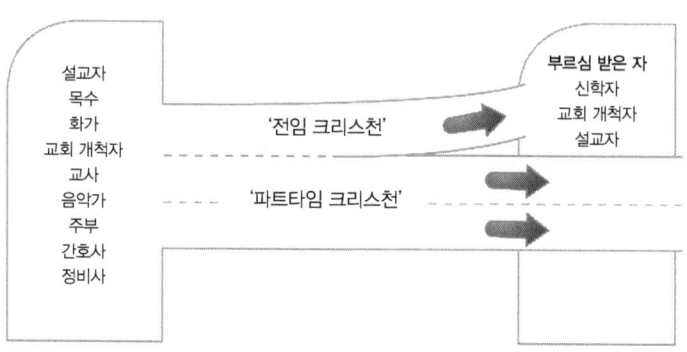

여기서 그치지 않고, 섬김의 지역 역시 영적 사역을 하는 이들 사이에서 문제가 됐다. 영지주의적 패러다임에 따르면 마태복음 28장 18-20절의 지상명령은 '평범한' 일상 환경에서 자신을 분리해 머나먼 곳에서 복음을 전하고자 기꺼이 해외로 나가 사역하려는 전문 종교 사역자들을 위한 말씀으로 재해석됐다. 영지주의적 관점에서 보면 본국보다는 타문화권에서 섬기는 것이 더 높은 부르심이라는 식이다. YWAM 북미 리더십 콘퍼런스에서 이 얘기를 했더니 모두 웃음을 터뜨렸다. 왜 웃느냐고 물었더니, '가장' 영적이고 싶으면 미전도 종족 선교를 해야겠다고 말하는 것이었다.

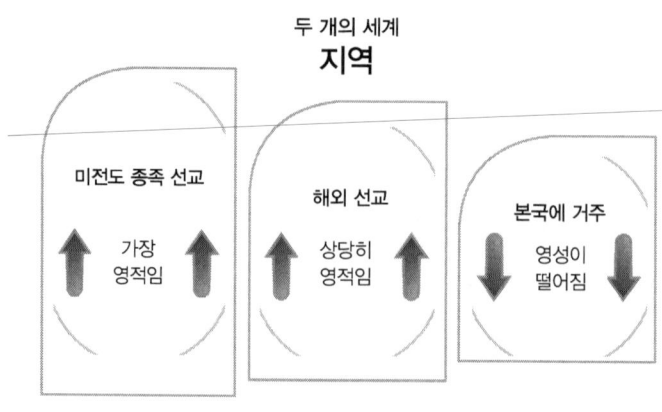

종교개혁 이래 처음으로 '전임 기독교 사역'을 하지 않는 다수의 크리스천이 평일과 주일로 나뉘는 분리된 세계에서 살기 시작했다. 성경적 세계관을 버리고 강력한 이원론적 세계관을 채택한 결과, 교회는 상당 부분 일터에서 발을 빼고 일터와의 관계를 단절했다. 이 모델을 따르면 기독교 신앙은 크리스천의 문화적 삶에 아무런 영향도 행사하지 못한다. 안타깝게도 크리스천들이 세속적인 영역을 거부한 탓에 자신의 삶과 공동체의 삶이 더욱 더 하나님에게서 멀어지고 세속화되는 결과를 낳고 말았다.

어디로 가야 하는가?

역사상 다양한 형태로 발현된 이원론적 사고는, 그것이 교회가 태동했을 때부터 교회를 떠나지 않은 해묵은 문제라는 사실을 보여 준다. 종교개혁을 통해 제거됐던 이원론적 사고는 이후 다양한 운동들을 통해 다시 이어지고 영구화됐다. 오늘날에도 성속의 이분법은 심각한 문제다.

교회사 속에서의 이원론을 살펴봤으니, 이제 다음 장에서는 이원론이 우리의 사고방식에 어떤 영향을 미쳤는지 구체적으로 밝혀 보자. 그리하여 끈질기고 거짓된 이원론 패러다임을 떨쳐내고 우리 삶과 일에 대한 진정한 성경적 관점을 회복하고 하나님께 온전히 헌신함으로 분열되지 않은 삶을 살아가자.

제 3 장

성속의 이분법
포괄적 세계관

이원론 혹은 성속의 이분법은 단순히 신앙을 인식하는 방법의 차이나 제자를 정의하는 방식의 차이 정도가 아니다. 이원론은 본질적으로 모든 것을 아우르는 포괄적 세계관이며, 우리가 만물을 바라보고 그 안에서 우리의 자리를 인식하는 안경 역할을 한다. 그렇기 때문에 삶과 일에 대한 우리의 기본적인 이해 역시 이원론에 따라 빚어진다고 해도 과언이 아니다.

거짓된 이분법

앞서 거짓된 이분법에 관해 이야기할 때, 이분법이 성직자와 평신도의 구분을 영속화함으로 말미암아 '세속적' 영역에서 일하는 대부분 크리스천을 이류 크리스천으로 만든다고 말했다. 또한 세상이 직면해 있는 심각한 문화적 위기에 교회가 동떨어져 있어서 아무 역할도 하지 못하게 한다고도 밝혔다.

이제 이분법이 우리 삶 전반에 어떤 영향을 끼치는지를 좀더 면밀히 이해하기 위해, 먼저 이원론이 삶의 주요 영역들을 바라보는 우리의 관점에 어떻게 영향을 미치는지 자세히 살펴보자.

성속의 이분법

영	몸
영원	시간
성직자	평신도
마음	지성
개인	공동체
목적	수단
십자가	창조명령

영 - 몸

이원론자에게 인간은 몸과 영혼으로 분리된 존재다. 이원론자는 하나님이 영적인 부분에 관심을 두시기 때문에, 인간의 영혼이 몸보다 더 중요하다고 믿는다. 구원을 받으면 영혼만 하늘나라에 간다고 생각하며, 하나님은 인간의 전 존재를 구하는 일에는 관심이 없으시다고 생각한다.

사람들의 육신적, 사회적 필요를 채우는 일과 관련해 한국의 형제자매들이 이러한 이분법을 표출했다. 오래전부터 나는 개발도상국의 빈민들을 섬기려는 크리스천 청년들을 훈련하기 위해 한국을 찾았다. 그런데 갈 때마다 똑같은 질문을 받는다. "대로우, 빵과 복음 중 무엇이 더 중요합니까?" 사실 이 질문 이면에 숨겨진 질문은 "인간의 영혼이 몸보다 더 중요하지 않을까?"라는 의문이다. 나는 단순명료하게 답하려고 무던히 노력했지만, 반응은 언제나 "대로우, 하지만 뭐가 더 중요합니까?"라는 질문으로 돌아왔다.

그러던 어느 날, 영지주의적 질문은 영지주의적 답을 기대한다는 깨달음이 왔다. 영지주의적 패러다임을 넘어설 수 있으려면, 사람들의 기저에 있는 가정을 먼저 점검해야 한다고 깨달은 것이다. 그래서 이제 그러한 질문을 받으면 나는, 이를 비성경적인 패러다임을 드러낼 기회로 여긴다. "그건 성경적인 질문이 아닙니다! 영지주의적 질문입니다!"라고 답한다.

성경은 포괄적이며 총체적이다. 성경은 온전한 메시지를 담고 있다. 각 사람의 전 존재를 향한(마음과 목숨, 뜻, 힘 - 막 12:30), 온 인류를 향한(모든 민족 - 마 28:19), 온 세상을 위한(만물과 화목하게 되기를 - 골 1:20) 하나님의 온전한 계획이 담긴 책이 성경이다.

말씀은 영육이 통합되어 있다. 하나님은 영적인 요소와 육적인 요소가 모두 담긴 우주를 창조하셨다. 그리고 보시기에 선하다고 말씀하셨다. 하나님의 형상을 따라 창조된 인간은 마음과 생각과 뜻과 힘을 갖춘 존재다. 하나님의 아들 예수 그리스도는 육신을 입고 이 땅의 시간과 공간 속에 사셨다. 그리스도가 다시 오실 때 우리 육신도 부활한다. 그분은 마지막 때에 육신을 입고 새 하늘과 새 땅을 여시며 다시 오신다(계 21:1-6 참고).

바베트의 만찬[1]

이자크 디네센 Isak Dinesen 의 동명 소설을 원작으로 한 아카데미 수상작 〈바베트의 만찬〉은 영과 몸, 책임과 즐거움이 어우러진 아름다운 이야기를 통해 하나님과 그분이 지으신 피조물의 풍성함과 선함을 우리 앞에 펼쳐 주는 만찬 그 자체다.

종교개혁의 후손이며, 마르틴 루터와 그의 친구 필리프 멜란히톤의 이름을 물려받은 영화 속 두 자매 마르티나와 필리파는 철저한 이원론적 세계관의 소유자다. 덴마크 저틀랜드 바닷가의 작은 마을에서 두 자매는 아버지가 세상을 떠나기 전에 세운 작은 개신교 공동체를 이끌며 살아간다. 이 마을 사람들은 철저한 자기 부인의 삶을 산다. '세상의 쾌락'을 불신하고 '지나친 기쁨'을 두려워한다. '영원한 상급'을 갈망한다고 말하는 그들은 언뜻 보기에 매우 경건해 보이지만, 사실 이들의 종교는 매일의 삶과 행동을 통해 드러나는 신앙이 아니라 추상적인 원칙과 교리에 불과하다. 두 자매는 옹졸하고 편협한 마을 사람들을 한데 묶으려 안간힘을 쓴다. 마르티나와 필리파는 신앙과 의무감에서 헌신적으로 마을 사람들을 섬기지만 '세상적인 만족'을 철저히 거부하며 살아간다.

하지만 그들의 삶에 바베트가 찾아온다. 프랑스 혁명을 피해 두 자매를 찾아온 바베트가

영원 – 시간

영지주의 패러다임은 공간적인 면과 시간적인 면에서 모두 실체의 통합을 배제한다. 공간적인 면에서는 하늘과 땅의 통합이 없고, 시간적인 면에서는 영원과 시간의 통합이 없다. 이원론자에게 영원한 것은 거룩하지만, 일시적인 것은 세속적이다. 하나님 나라는 역사를 넘어서 미래에 존재한다고 믿는다!

영지주의 관점에서 영적 영역은 물질 영역보다 우선하고, 영원(초월적 시간)은 연대기적 시간(물리적 시간)보다 우선한다. 이처럼 실체를 이분법적으로 바라보면 영원이 시간을 뚫고 들어오는 충만한 때, 즉 카이로스(kairos)[2]를 포착하기 어렵다.

함께 머물며 일하게 해 달라고 간청하자, 마르티나와 필리파는 마지못해 허락한다. 두 자매는 바베트를 따뜻하게 받아들였지만 동시에 무시하는 듯한 태도로 대했다. 배울 점이 하나도 없는 사람이라는 생각에서, 혹시나 당연스레 섬김을 받게 될까 두려운 마음에서였다. 사실 바베트는 파리 최고급 레스토랑의 유명 요리사였다. 하지만 이 사실을 숨기고, 두 자매가 지시하는 대로 소박하기만 하고 아무 맛이 없는 식사를 겸손히 준비한다.

십수 년 동안 하녀로 두 자매를 섬긴 후 바베트는 복권에 당첨되어 큰돈을 받게 되고, 공동체의 설립자인 두 자매의 아버지를 기리기 위해 마을 사람들에게 프랑스식 식사를 대접해도 될지 두 자매에게 묻는다. 두 자매는 내키지 않았지만 바베트가 지금까지 한 번도 무언가를 요구해 본 일이 없다는 사실을 떠올리고는 바베트의 제안을 수락한다.

거북이와 살아 있는 메추라기, 소머리, 값비싼 와인과 샴페인, 송로, 캐비아, 각양각색의 과일 자루가 담긴 수레가 프랑스에서 속속들이 도착하자 비로소 마을 사람들은 바베트가 정말 호사스럽고 성대한 만찬을 준비하고 있다는 사실을 깨닫는다. 그리고 '하늘의' 의무와 '세상의' 쾌락 사이의 경계를 결코 허물지 않겠다고 굳게 다짐한다. 혹시라도 '위험하고, 어쩌면 악하기까지 한 힘에 노출될까' 두려웠던 마을 사람들은 바베트를 생각해서 만찬에는 참석하지만 '혀는 오직 기도에만 사용하며 본디 미각味覺이 없었던 사람인 듯' 행동하겠다고 선언한다. 하지만 애니미즘적 세계에서처럼 영지주의적 크리스천들은 그리스도가 다시 오실 때 새 하늘과 새 땅이 열린다는 사실을 잊는다. 대신 이 세상이 사라진다고만 생각한다. 앞 장에서 언급한 드와이트 무디는 현대교회의 방향을 결정했다 해도 무방한 격언을 남겼다. "무엇하러 가라앉는 배에서 녹을 닦는가?" 무디에게 이 세상은 침몰하는 배나 다름없었다. 미래가 없었다. 오직 영혼만 중요했다. 그러니 배가 완전히 가라앉기 전에 최대한 많은 영혼을 구해야 한다.

이런 관점은 말세에 집중하는 수많은 이들의 생각 속에 여전히 남아 있으며, 인기 있는 종말 문학 서적을 통해 힘을 얻고 있다. 마지막 때가 이제 곧 닥친다고 생각하는 이들에게는 환경이나 빈곤, 불의와 같은 시대적

바베트가 정성껏 준비한 음식들이 식탁에 오르고 식사가 진행되면서 마을 사람들도 변화하기 시작한다. 해묵은 갈등을 뒤로하고 함께 식사를 하면서 따뜻함과 하나 됨을 만끽한다. 마을 사람들이 차마 인정하지 못한 사실을 한 사람이 고백한다. "바베트에게는 저녁 식사를 연인들의 사랑으로 변화시키는 능력이 있어요. 몸의 욕구와 영적인 욕구 사이에 구분이 없는 그런 사랑 말입니다."

마지막에 이르러, 바베트가 이 만찬을 위해 어떤 희생을 치렀는지 밝혀진다. 바베트는 복권 당첨금을 고향으로 돌아갈 여비로 사용하여 유명 요리사로 복귀할 수 있었지만, 그 기회를 영영 포기한 채 자신의 전 재산을 만찬에 사용했다. 두 자매는 바베트의 사랑과 나눔에 큰 감동을 받지만 요리 예술가 바베트는 자신의 소명에 대해 겸손히 이렇게 답한다. "내게 있는 최상의 것을 가지고 사람들을 섬겼을 때, 다들 행복해했어요." 이에 필리파는 바베트의 마음 깊은 곳에서부터 우러나온 선물이, 두 자매가 수십 년 동안 의무감에서 마을 사람들을 섬겼던 외적인 경건함보다, 은혜롭고 풍성한 하나님의 성품을 더 잘 드러냈음을 깨닫고 이렇게 선언한다. "바베트, 이건 끝이 아니에요. 낙원에 가면 당신은 하나님이 계획하신 대로 위대한 예술가가 될 겁니다. 아, 천사들이 당신 때문에 얼마나 기뻐할까요!"

문제에 대처해야 할 이유가 없다. 이 땅에서의 삶을 장기적인 안목에서 생각할 여유도 없다. 그러다 보니, 하나님께 때를 맡기기보다는 마지막이어서 다가오기를 바라는 사람들(특히나 휴거를 확신하는 이들)까지 생겨난다. 그들은 자신들의 생각이 얼마나 파괴적인지는 아랑곳하지 않는다.

이원론적 패러다임 속에서 교회는 하나님 나라의 현재적 측면을 포기하고, 미래적인 면에만 관심을 둔다. 산상수훈은 시간과 역사와는 무관한, 오직 영생만을 논하는 설교로 치부된다. "나라가 임하시오며 뜻이 하늘에서 이루어진 것 같이 땅에서도 이루어지이다"라는 주기도문의 구절은 사회 속에서 교회가 지금 어떤 모습이어야 하는가에 대해서는 아무런 반성이나 반추도 없이 그저 주일 아침에 기계적으로 암송하는 구절에 불과하다. "교회가 너무 천국만 생각하는 바람에 이 땅에서는 아무런 쓸모가 없다"라고 말하는 이들도 있다. 그리스도는 세상 사람들을 위하여 목숨을 내주셨지만 교회는 정반대의 모습을 보여 줄 때가 많다.

하지만 성경은 완벽한 균형을 갖추고 있다. 시간과 영원, 모두가 실체다. 카이로스의 순간에 영원이 시간 속으로 들어온다. 하나님의 백성이 하나님 나라를 건설하는 역할을 맡는다. 그리스도가 다시 오실 때, 이 땅은 크게 흔들리게 된다(사 30:28; 히 12:27-28; 계 16:18-19).

하나님 나라에서 온 모든 것은 굳건하게 서고, 하나님 나라에서 오지 않은 것은 모두 폐허가 된다. 마찬가지로 연단하는 불이 임한다. 하나님 나라와 연결된 모든 것은 그 불을 통과하지만, 그렇지 않은 것들은 그 불에 멸망한다(고전 3:10-15; 벧후 3:10). 그리스도가 오실 때 이 땅은 사라지지 않는다! 대신 연단되고 정결하게 된 땅, "새롭게 된" 땅이 된다. 하나님 나라는 지금 이곳에 있으나 아직 완전히 임하지 않았다!

마음 - 지성

교회사의 어느 한 시기, 교회가 정통 신앙이나 건전한 신학 등 기독교적인 지성에만 집중한 적이 있었다. 때로는 그로 말미암아 개인의 경험을 도외시하면서 진리를 추구하는 상황이 벌어졌다. 그 결과 경험과 감정을 묵살하는 기독교 지성주의에 반발해 개인의 경험, 즉 마음의 종교를 지나치게 강조하는 운동이 교회 안에서 일어나기도 했다. 여기서 시작된 반(反) 지성주의의 잔재는 아직도 현대교회에 남아 있다. 크리스천 리더와 목회자들이 수없이 하는 말이 있다. "질문은 그만 하고 그냥 믿으세요!" "굳이 생각하지 마세요. 하나님이 마음에 직접 말씀하시도록 하세요!"

하지만 성경은 균형을 강조한다. 우리는 우리 마음과 영혼과 생각을 다해 하나님을 사랑해야 한다(마 22:37; 막 12:30). 크리스천은 따뜻한 마음과 심오한 지성을 모두 갖춰야 한다.

개인 - 공동체

개인 중심적인 문화도 있고 공동체의 개념을 핵심으로 삼는 문화도 있다. 개인주의는 공동체에서 개인을 분리하지만, 공동체주의는 개인의 잠재력과 필요를 평가절하하고 무시하면서까지 공동체를 중시한다. 성경은 한 존재이자 세 분의 인격이신 하나님, 하나이자 여럿이신 하나님, 즉 삼위일체를 근본적인 균형의 모범으로 제시한다. 이원론적 사고는 양극단 중 한쪽으로 우리를 몰아가지만, 진정한 기독교 공동체는 개인과 공동체를 모두 기뻐한다.

목적 - 수단

이원론적 사고는 목적과 수단을 분리할 수 있다고 부추기지만, 실상은 그렇지 않다. 일의 목적은 그 일을 하는 이유이며, 수단은 그 목적을 달성하고자 사용하는 방법이다. 목적과 수단의 관계는 여러 가지로 설명된다. 실용주의자들은 목적에 주목한다. 목적만 괜찮다면 어떤 수단을 사용하든 개의치 않는다. 결과만 좋다면 부도덕하고 불의하고, 심지어 불법적인 방법을 사용해도 된다고 생각한다. 부패가 문화로 굳어진 많은 국가에서는 크리스천들이 사역 허가를 받거나 장비를 구입하기 위해 관료들에게 뇌물을 준다. 반면에 '전문성'만 중시하는 이들도 있다. 과정, 즉 수단에만 신경을 쓴다. 좋은 수단을 갖추면 결과는 상관없다고 믿는다. 이들은 '일을 제대로' 하고 싶어 한다. 심지어 '잘못된 일까지도 제대로' 한다! 전문성과 탁월성만을 강조하는 기업이나 사역 단체에서 이런 일이 일어난다. 물론 탁월성 자체야 좋지만 어떤 목적을 위함인가? 국제 자선단체가 탁월한 방법으로 원조를 배분한다 해도 그로 말미암아 의존도가 높아지고 빈곤이 더욱 심해진다면 무슨 소용이 있는가? 두 가지 경우 모두 수단이 결과를 결정짓기도 한다는 사실을 간과했기 때문에 나타난 결과다.

성경은 부르심에 합당한 의로운 목적을 위해 의로운 수단을 사용하라고 명한다. 프란시스 쉐퍼(Francis Schaeffer)는 "주님의 일은 주님의 방법으로 해야 한다!"라는 말을 즐겨 했다. 우리는 하나님이 지으신 세계, 도덕적인 세계에 살고 있다. 우리가 어떤 일을 할지는 도덕적 과정과 도덕적 결과를 바탕으로 결정해야 한다. 쉐퍼의 말을 인용하자면, 주님의 일을 주님의 방법으로 해야 한다!

십자가 – 창조 명령

이원론적 사고는 '양자택일'의 사고다. 그 때문에 어떤 이들은 십자가에 있는 능력이 영혼 구원의 능력뿐이라고 생각한다. 반면에 어떤 이들은 하나님이 우리에게 세상을 개발하라는 창조 명령을 주셨다고 주장한다. 이 명령에 대해서는 나중에 상세히 살펴보도록 하겠다. 성경은 예수님이 만물을 그에게로 회복시키기 위해 돌아가셨다고 가르치며 균형을 강조한다. 십자가는 우리에게 영생을 줄 뿐 아니라 이 땅에서 우리가 감당해야 할 목적을 회복시킴으로써 이 두 가지를 하나님의 온전한 영역으로 통합한다.

십자가와 창조 명령, 목적과 수단, 개인과 공동체, 마음과 지성, 영원과 시간, 영과 몸, 무엇이든 두 가지가 분리되어 있다고 생각하는 부분이 있다면 성경으로, 그리스도의 십자가로 돌아가서 이 둘을 하나님의 창조와 왕 되심을 인정하는 온전한 한 영역, 만물을 아우르는 하나님 나라의 관점으로 통합해 주시기를 구해야 한다.

마이클 배어 Michael Baer 의 이야기[3]

마이클 배어의 이력서는 실로 다채롭다. 목회자, 기업가, 비즈니스 컨설팅, 해외 소자본 창업 등 다양한 분야를 아우른다. 저서 《선교로서의 비즈니스: 하나님 나라에서 기업의 힘》 Business as Mission: The Power of Business in the Kingdom of God 에서 그는 자신의 모든 일이 한 부르심에 연결되어 있음을 깨달았다.

대학 시절 그리스도를 영접하고 난 후 나는 14년 동안 목회 사역에 헌신했다. 청소년 사역을 하고 2개의 교회를 개척하고 3개 교회를 섬겼으며, 기독교 학교를 설립했다. 지금도 나는 주님이 내 사역에 복 주셨고, 내가 진심으로 사역을 즐겼으며, 주님이 나를 사역으로 부르셨음을 확신한다고 분명히 말한다. 하지만 시간이 흐르면서 나는 하나님이 나를 다른 분야로 인도하신다는 감동이 들었다. '무보수로' 사역을 하고 싶은 열망이 생겨났고, 잃어버린 자들이 있는 비즈니스 세계로 가고 싶다는 소망이 자랐다. 특히 복음을 전하는 직업을 가진 사람이라는 인식 때문에 내가 전하는 복음이 평가절하되는 상황에서 벗어나고 싶었다.

1980년대 초부터 나는 목회를 하는 가운데 사업을 준비하기 시작했다. 이른바 온도를 확인하면서, 하나님은 내가 무엇을 하기 바라시는지 알고자 했던 시기였다. 결국 나는 공식 목회

진리를 대체하다

이원론은 단순히 영원과 시간, 마음과 지성과 같은 요소들을 구분하고 양극단으로 분류하는 데 그치지 않고 우리 존재 전반에 큰 영향을 끼친다. 이원론적 사고방식은 기독교 신앙을 우리 존재의 일부로만 국한하고 영적인 영역을 틀 안에 가둬 둔다. 그 결과 우리 삶과 실체의 많은 부분은 다른 세계관에 따라 결정된다. 1장에서 살펴본 대로 우리가 의식적으로 성경의 세계관에 따라 우리 생각을 새롭게 하지 않으면, 즉 하나님이 만드신 본연의 모습으로 실체를 인식하는 포괄적이고 객관적인 세계관을 갖추지 않으면, 무신론적 유물론과 애니미즘을 내포한 우리 주변 문화의 세

를 그만두고 이후 10년 동안 비즈니스에 투신했다. 지금 운영 중인 회사를 포함해 몇 개의 회사를 설립했고, 다른 회사의 운영을 맡아 부실기업 회생을 주도했다. 감사하게도 하나님은 목회와 비즈니스, 두 분야 모두에서 나를 기쁘게 사용하셨다. 그 과정에서 복음을 전하고 믿는 자들을 격려할 기회를 넘치도록 많이 만났다. 하나님이 나를 어떻게 목회의 길, 사업의 길이라는 전혀 다른 두 개의 분야로 인도하셨는지 나눌 때마다 마음에 기쁨이 넘쳤다.

하지만 하나님이 공식 목회에서 비즈니스로 나를 인도하신다는 감동을 받으면서 나는 단순히 일을 하며 복음을 증거하는 크리스천 이상이 될 거라는 확신이 들었다. 나는 14년 동안의 사역과 10년 동안의 기업 운영이라는 두 가지 서로 다른 분야가 실질적으로 하나가 되려면 어떻게 해야 할지 기도하며 하나님께 물었다. 상반된 두 개의 분야인가요, 아니면 하나님이 나를 위해 예비하신 '큰 그림'의 조각들인가요?

답은 내가 전혀 예상치 못한 곳에서 찾아왔다. 1993년 구舊 소련 연방의 무슬림 지역에 초청을 받아 의대생들에게 리더십 개발과 경영에 대해 강의를 할 기회가 생겼다. 그곳에 머무는 동안 '내가 이것을 위해 태어났다'는 확신이 들었다. 마침내 하나님이 나를 신학대학에 보내어 목회를 하게 하신 이유는 무엇인지, 비즈니스에 대한 열정 아래 성공적으로 사업체를 운영하게 하신 까닭은 무엇인지 깨닫게 되었다. 하나님은 이 두 분야를 한데 모아 그분을 섬기는 일에 사

계관이 삶과 일에 관한 우리의 관점을 결정하게 된다. 믿는 자가 이원론적 사고방식에 젖어 있을 때 생기는 세계관의 빈자리를 세상의 세계관들이 다음과 같은 방식으로 차지하게 된다.

우주의 본질

성경적으로 봤을 때 우주는 피조물이다. 우리는 무한하신 창조주가 규정하신 실체 안에서 살아가며 우주는 창조주의 예술성이 발현된 결과다. 하나님은 피조물 밖에 계시는 초월적 존재이지만, 동시에 피조물에 간여하시는 편재(遍在)하시는 하나님이다. 타락 전(前)이나 후(後)나 인간은 하나님의 청지기로서 피조물을 돌보는 역할을 맡았다. 다른 이의 재산을 위

용하도록 계획하셨다. 특히 다른 통로로는 절대 만날 수 없는 사람들을 비즈니스를 통해 만나고 섬기는 데 나를 사용하고자 하셨다. 비즈니스 교육이라는 일을 통해 상상조차 못했던 관계와 복음의 문이 열렸다. 하나님은 정말 내 일에 넘치도록 복을 주셨다. 이후 3년 동안 나는 크리스천 비즈니스 리더들을 이끌고 매년 구소련 연방 국가에 가서 비즈니스 세미나를 개최하고 참석자들에게 복음을 전했다.

그런데 하나님의 복을 경험하면서도 여전히 그림이 완성되지 않았다는 느낌이 들었다. 그러다 1997년, 그 지역에서 사역하는 선교사들이 요청해 온 것이 있었는데, 아무런 재산도 권리도 없는 크리스천들이 창업을 하도록 프로그램을 개발해 달라는 것이었다. 핍박받는 신자들이 실업자 신세를 면하고 한 국가에서는 기독교 공동체의 실업률이 90%가 넘었다 가족을 부양하며, 지역 교회를 뒷받침하고 외진 곳에 교회를 개척하는 데 사업체를 활용하자는 계획이었다. 우리는 1998년에 이 프로그램을 출범시켰고, 지금은 전 세계 20개 이상의 지역에서 핍박받는 크리스천 소수민족들이 창업을 통해 토착 교회 개척 운동에 필요한 경제적 수단을 확보하도록 돕고 있다. 동시에 이전까지 운영했던 회사를 떠나 지금 운영하고 있는 컨설팅 회사를 시작했다. 본국에서 기업 활동을 하면서 해외 비즈니스 선교에 동참하고자 하는 이들에게 탄력적인 근무 기회를 제공하겠다는 목적 하나로 시작한 회사다.

탁받아 관리하는 것이 청지기의 역할이니, 이 경우는 하나님의 가정 혹은 하나님의 영토를 관리하는 소임을 받았다 하겠다.

성경은 우주를 피조물로 이해하지만, 무신론적 유물론과 애니미즘적 세계관은 정반대의 신념을 고수한다. 전통적인 유물론자는 대개 자연을 하나님이 아닌 인간을 위한 존재로 인식한다. 그들에게 있어서 자연은 채굴해야 할 광산이자 벌목할 삼림일 뿐이다.

일부 애니미즘 세계관에서는 세상을 마야, 즉 허상으로 본다. 자연 세계는 스쳐 지나가기 때문에 전혀 중요치 않다고 보는 애니미즘적 세계관도 있다. 그런데 애니미즘 신봉자와 현대 서구의 신(新) 이교도들이 자연계를 숭배의 대상인 신으로 여기는 점은 모순이 아닐 수 없다. 각각의 관

이제 그 회사는 탄탄하게 수익을 창출해 내는 컨설팅 기업이자 국제 소자본 창업 개발 에이전시로 성장했다. 그리스도와 하나님 나라의 일에 헌신한 직원들은 다른 기업에 몸담고 있는 수백 명의 자원봉사자와 함께 전문지식을 활용해 미전도 종족 선교 및 교회 개척 사역을 돕는다.

이 모든 과정을 통해 나는 내 삶에 '조각들'이란 존재하지 않음을 깨달았다. 내 이야기는 여러 장으로 구성이 되어 있지만 모두 모여 한 권의 책을 이룬다. 하나님이 쓰신 통일된 이야기를 담은 책인 것이다.

이제 나는 하나님이 왜 내가 목회의 길을 떠나 사업을 하도록 인도하셨는지 의문을 품지 않는다. 이제는 사역을 떠났다고 생각하지도 않는다. 하나님이 그분의 나라에서 모든 것을 거룩하게 하시고 하나 되게 하신다는 진리를 깨달았기 때문이다. 크리스천 비즈니스 리더들에게 이것은 '비즈니스와 선교의 온전한 통합'을 뜻한다. 이러한 온전한 통합을 위해서는 우리 삶을 거룩한 영역과 세속적인 영역으로 나누고 비즈니스와 사역은 본질적으로 별개의 활동이라는 식으로 구분 짓는 비성경적 사고방식을 배격해야 한다. 성경은 그리스도의 모든 종들이 고상하고 거룩하며, 하나님을 똑같이 기쁘시게 하도록 부르심 받았다고 가르친다. 만일 하나님이 비즈니스를 하도록 우리를 부르셨다면, 그 이유를 발견하고 그 목적에 따라 행동해야 한다. 그럴 때 하나님의 피조물이 복을 누리게 되며, 하나님이 영광을 받으신다.

점은 삶과 일에 대해 사뭇 상이한 태도를 자아낸다.

인류의 근원

하나님은 인간을 만드실 때 주변을 참고하지 않으셨다. 하나님 자신을 들여다보셨다. 성경은 우리가 하나님의 형상을 따라 지음 받았다고 기록한다. 우리는 하나님의 피조물 중 하나로 창조된, 피조물과 연합된 존재다. 동시에 하나님의 형상을 따라 지음 받아 다른 피조물을 정복하고 다스리라는 목적을 부여받았다는 점에서 다른 피조물과 구분된다. 우리는 하나님의 형상을 따라 창조된 존재이기 때문에 모든 인간의 생명은 신성하고 중요하다. 가장 미약하고 깨어진 사람조차도 하나님의 형상을 담고 있는 존재이기에 존엄하다.

하지만 유물론과 애니미즘에 의해 창시된 인류학은 이와 전혀 다른 이야기를 한다.

무신론적 유물론에 따르면 인간은 동물에 불과하며, 희소한 자원을 소진하는 통제 불능의 소비자일 뿐이다. 이런 소비 지상주의적 사고방식은 서구에서 특히 도드라진다.

반대로 애니미즘 신봉자들은 인간을 육신에 아주 잠깐 머무는 영혼으로 본다. 육신은 덧없이 흘러가는 무의미한 존재다. 애니미즘 신봉자에게 물질세계는 아무런 가치가 없고 개발할 이유도 없다. 어느 쪽이 됐든 이 두 가지 거짓 관점이 우리 생각에 스며들면 우리 삶과 일은 우리가 하나님의 형상을 따라 지음 받았다는 근본적 진리에서 단절되고 만다.

타락한 세상과 그리스도의 십자가

성경은 우리가 하나님의 형상을 따라 창조됐지만, 창조주를 거절하고 그분의 피조물 안에서 우리가 있어야 할 자리를 거부했기 때문에 참담한 결과를 맞이했다고 가르친다. 인간의 생명은 존엄하고 한 사람, 한 사람이 모두 중요하다. 그러나 동시에 우리는 하늘의 높으신 왕을 따르지 않은 반역자이며, 모든 선한 것을 규정하시는 거룩하신 하나님을 거스른 죄인이다.

이사야 선지자는 "우리는 다 양 같아서 그릇 행하여 각기 제 길로 갔거늘"(사 53:6)이라고 했다. 그로 말미암은 결과는 이어지는 **간고, 질고, 슬픔, 징벌, 죄** 등의 단어에서 확인된다. 우리는 진리 대신 거짓을, 정의 대신 불의를 택했다. 온전한 길에서 벗어나 우리 자신과 피조물에 상처를 내고, 결국 우리 힘으로는 다시 돌이킬 수 없는 지경에 이르렀다. 문제의 뿌리는 인간 **내부**에 있다. 사실상 우리는 영적으로 죽어 있다. 하나님이 개입하지 않으시는 한 우리에게는 아무런 소망이 없다.

하지만 우리에게, 이 깨진 세상에 희망이 있다. 성경 전체가 하나님의 신실하신 구속의 사역을 증거한다는 사실이 바로 그렇다. 구속의 정점을 이루는 예수 그리스도의 삶과 죽음, 부활을 통해 그리스도 안에서 하나님은 우리와 **만물**을 그분 자신과 화목하게 하고 계시다(골 1:20).

성경은 이 세상이 타락했으며 그리스도의 십자가가 필요하다고 명백히 가르친다. 그러나 무신론적 유물론은 도덕적 틀이란 존재하지 않는다고 역설한다. 그러면서도 모순적으로 인간은 선하다고 주장한다. 그렇다면 이 세상에 수많은 문제가 발생하는 이유는 무엇일까? 고통과 갈등이 생기는 이유는 무엇일까?

무신론적 유물론은 모든 문제의 뿌리를 인간 내부가 아닌 인간 **외부**, 즉 환경에서 찾는다. 부패한 제도가 문제인 것이다. 그러니 구조를 개선하면 인간의 태생적 선(善)이 꽃을 피운다. 유물론에 따르면 타락도 없다.

그러니 구원이 애당초 필요치 않다. 교육을 통해 인간과 문화는 완벽해질 수 있다는 것이다.

두 차례의 세계대전, 캄보디아와 르완다의 인종 학살, 1990년대 발칸 반도의 인종 청소, 30년대 우크라이나의 계획된 기근과 마오쩌둥과 스탈린의 잔악무도함, 남아프리카 공화국의 인종분리정책, 낙태를 통한 수억 명의 태아 살해와 같은 지난 수백 년의 사건을 돌이켜보면, 유물론자의 유토피아적 관점은 설 자리가 없다.

한편, 애니미즘의 신들은 천연덕스럽게 악을 저지르고 변덕을 부린다. 그러다 보니 애니미즘적 문화에서는 운명론과 부패, 절망과 낙심이 지배적이다. 악과 맞서 싸워도 소용이 없다. 그저 신들을 달래며 재앙이 비껴가기만 바랄 뿐이다. 가뭄과 홍수, 질병과 기근이 당연하다. 인생은 기껏해야 이런 악(惡)을 견디는 고행에 불과하다.

애니미즘의 비관론은 세속적 유물론의 유토피아적 이상과 명백한 대조를 이룬다. 하지만 성경적 패러다임은 이 둘과는 완전히 다른 이야기를 들려준다. 타락은 실재(實在)하지만 그리스도의 십자가에 힘입어 우리는 그 실재에 맞서 싸운다. 즉 우리는 유물론과 같은 낭만적 이상주의자나 애니미즘과 같은 냉소적 현실주의자가 아닌, 현실적 이상주의자가 되기를 원한다.

인간의 자유

크리스천으로서 우리의 삶과 일은 하나님의 방법과 우리의 방법, 의존성과 독립성 사이를 오가며 형성된다. 성경은 팽팽한 긴장 관계를 이루는 두 가지 진리를 제시한다. 첫째, 하나님은 초월적이시며 우리는 피조물이다. 하나님은 피조물에 의존하지 않으시지만, 우리를 포함해 모든 피조물은 하나님께 의존한다. 동시에 인류는 나머지 피조물과는 구분된다. 하나님의 형상을 담은 자로서 우리는 자유로운 도덕적 존재로 나머지 피조물을 관리할 책임과 역사에 영향을 미치는 결정을 내릴 능력을 부여받았다. 이런 의미에서 우리는 독립적이다.

또 다른 각도에서 이 긴장 관계를 생각해 보자면, 성경은 하나님이 우리 개개인의 삶을 포함해 모든 피조물을 다스리는 주권자이시자 우리의 아버지라고 증거한다. 하나님의 주권은 그분의 절대적 권위와 최상의 능력을 표상한다. 하나님은 능력과 권위의 소유자이신 동시에 우리의 아버지로서 그분의 부드러운 자비와 사랑, 아버지로서의 보호, 훈계, 관계를 향한 바람을 보여 주신다. 이와 같은 하나님의 본질을 이해해야 우리가 부여받은 자유의 본질을 더 잘 이해하게 된다.

우리 문화를 통해 볼 수 있는 이야기는 이 중에 극히 일부다. 유 물론은 폐쇄된 체계 내에서 자연의 인과관계가 획일적이라고 가정하고, 우주가 기계적으로 움직인다고 본다. 유물론의 세계관 속에서 인간은 독자적이며 자생(自生)하는 존재다(하나님은 없다). 유물론의 세계관을 따르면 우리의 삶과 일을 실제와는 완전히 다른 두 가지 관점에서 보게 된다.

먼저 우리는 주체적인 존재이기 때문에 뭐든지 우리가 알아서 해야 한다. 무슨 일이든 일어날 수 있으려면 우리 힘으로, 오직 우리의 지성을 활용해야만 한다. 즉, 우리 삶과 이 세상을 움직일 능력이 우리에게 있으며, 인간 사회와 환경을 완벽하게 만드는 데 어떤 걸림돌이 있든 극복할 수 있다고 가정하는 셈이다. 동시에 인간이 온전한 자율성을 갖추었고 인간보다 더 높은 권위나 도덕적 창조주에게서 나오는 도덕률도 없기 때문에 우리가 어떤 행동을 하든 그 누구도 아무런 책임을 묻지 않는다. 이런 의미에서 무신론적 유물론의 사고는 인류를, 강력하고 자율적이지만 책임감에 얽매이지 않는 존재로 인식하는 선까지 나아간다.

다른 한편으로는 폐쇄된 우주가 자연의 인과관계에 따라 움직인다고 가정하기 때문에 유물론은 궁극적으로 우리의 행동과 의지가 무의미하고 헛되다는 결론에 도달한다. 결국 우리는 동물이고 오직 유전자와 화학물질, 외부의 힘에 의해 움직이는 자연의 일부일 뿐 우리에게 진정한 자유란 존재하지 않는다.

무신론적 유물론과 출발점은 다르나, 애니미즘의 종착지도 결국 운명론이다. 인간에게서 도덕적 기능이 배제되고, 운명과 변덕스런 신들이 모든 결과를 좌우한다. 그렇기 때문에 일관성 있게 선한 목적을 향해 일하시는 주권자 하나님은 존재하지 않으며, 사람들도 무력하기만 하다. 어떤 일을 하든 그 일에 진정한 의미는 없다는 얘기다.

크리스천인 우리는 하나님의 주권과 인간의 자유를 믿는다. 의존적인 동시에 독립적인 우리 인간은 삶과 일의 목적을 찾는다는 점에서 다른 피조물과 구분된다. 우리는 타락으로 말미암아 깨진 인류와 자연의 관계를 회복시키는 화목의 대사로 섬기도록 부름 받았다. 하나님은 그분의 피조물을 움직이는 원칙의 틀 안에서 거룩한 결정을 내릴 수 있는 능력을 우리에게 부여하셨고, 우리가 그 능력을 사용하기를 기대하신다.

거대한 단절

하나님과 우주, 인류의 본질에 대한 성경의 가르침을 부분적으로나마 살펴본 까닭은 다음의 난제를 해결하기 위해서다. 크리스천으로서 우리는 근본적인 성경의 진리에 동의한다. 하지만 많은 사람이 이 진리와 우리가 실제로 살아가는 삶 사이에 거대한 단절을 경험한다.

이원론자의 머릿속을 한번 그려 보라. 좌뇌와 우뇌, 몇 개의 엽으로 구성된 뇌가 아니라 90%와 10%로 영역이 나뉜 뇌를 상상해 보라. 실체에 대한 근본적 진리에 동의하는 부분이 10%에 들어가 있고, 몸의 나머지 부분을 연결하는 신경회로는 절단됐다고 생각해 보자. 그러면 학습된 특정 신호에 의해 자극이 들어올 때만 불안정하게 신경 물질을 전달하게 된다. 주일 아침에 자극을 받았을 때나 우리가 제대로 살고 있는지 확인하고 묻는 친구들이 함께 있을 때에만 아주 미약하게 작동한다. 우리의 모든 행동, 우리의 삶과 일에 연결되는 회로는 아직 개발되지 않았다. 대신 뇌의 90%를 채우고 있는 비성경적 생각들이 거리낌 없이 신호를 보내며 우리가 무슨 말을 하고 어떤 행동을 할지 결정하며 우리 삶의 대부분을 지배한다.

우리는 대체로 이런 부분에 대해서는 신체에서 일어나는 신경 자극처럼 의식적인 차원에서 생각하지는 않는다. 하지만 우리는 깊이 숙고하지 않은 우리 시대 문화의 영향을 받아 이분법적으로 쪼개진 사고를 하며 산다. 실체를 영과 몸, 성직자와 평신도, 영원과 시간으로 나누며 흑백논리, 이분법에 따라 인식하는 것이다. 영적 영역과 물질 영역, 거룩한 영역과 세속적 영역으로 나누는 거짓된 구분법에 따라 실체를 인식한다.

이런 사고 상태로는 예수님이 하나님 나라라고 부르시는 실체의 참된 본질을 보지 못한다. 다음 장에서는 예수님이 하나님 나라에 대해 들려주시는 말씀에 귀를 기울여, 거짓된 패러다임 너머 하나님이 우리를 위해 창조하신 실체를 향해 나아가는 길을 함께 모색해 보고자 한다.

제 4 장

한 주님, 한 영역
비유

성경적 세계관을 통해 실체를 볼 때 우리는 하나님이 한 분이시며, 세계도 하나임을 깨닫는다.

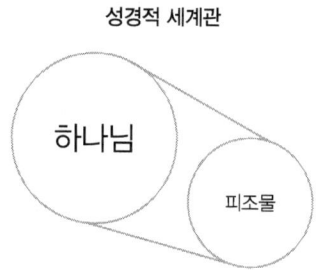

성경적 세계관

하지만 우리가 누리고 살아가도록 하나님이 만들어 주신 실체의 참된 본질을 어두운 눈 때문에 보지 못하는 크리스천의 비극은 비단 이 시대에 국한되지 않는다. 교회사를 관통하는 이원론의 흐름을 살펴보면서 분명히 확인했듯, 이전 세대들 또한 하나님 나라의 본질을 오해하고 이 세상에서 하나님이 역사하시는 범주를 과소평가했다. "흔들리지 않는 하나님 나라"(God's Unshakable Kingdom)라는 글에서 공저자들과 나는 이렇게 썼다.

하나님 나라는 성경에서 가장 헷갈리고 논란이 되며 가장 오해를 많이 사는 개념이다. 어떤 이들은 하나님 나라를 이 땅에 건설한다는 명목 아래 폭력적인 혁명을 일으켰다. 하나님 나라를 확장한다는 명계로 사회 공학과 부의 재분배를 정교하게 계획하자고 주장하는 이들도 있다. 반면에 이단적인 기독교 분파에서 하는 얘기라고 치부하고 하나님 나라라는 개념 자체를 무시하는 크리스천도 많다. 또 다른 사람들은 하나님 나라를 천국이나 그리스도의 재림을 고대하는 정도로 생각하면서도 하나님 나라의 본질이나 이 땅에서 그 나라가 자신의 삶에 어떤 의미를 주는지 명확히 알지 못한다. 그렇기 때문에 불신자들에게 하나님 나라를 설명하기가 쉽지 않다.

하지만 하나님 나라가 예수님의 가르침의 핵심 주제였다는 데는 이론의 여지가 없다. '하나님 나라'나 '천국'이라는 단어가 신약에 98번이나 등장한다!…그리스도의 마음을 그토록 뜨겁게 타오르게 한 이 개념은 무엇이었을까? 우리에게 예수님은 무엇을 가르치고자 하셨을까?[1]

이 시대를 사는 우리가 하나님 나라에 대한 그리스도의 메시지를 이해하지 못해 고전하듯, 2천 년 전 예수님과 함께 거했던 이들조차도 하나님 나라를 제대로 이해하지 못했다. 예수님과 가장 가까이 지냈던 제자들 역시, 예수님이 그분 자신에 대해 그리고 하나님 나라에 대해 몇 번씩이나 일러주셨음에도, 그 의미를 포착하지 못했다. 예수님과 3년이나 함께 지냈으며 예루살렘으로 가시는 마지막 여정에 동행했음에도, 제자들은 여전히 오리무중이었다. 이 시간에는 그 여정에 동참해 보면서, 하나님 나라에 대한 제자들의 오해를 바로잡으시려는 예수님 말씀에 귀 기울여 보자.

가까이 온 하나님 나라

예수님과 열두 제자가 예루살렘으로 가는 마지막 여정에는 갈릴리에서부터 좇아온 다른 이들이 함께했다. 신실한 유대인이라면 누구나 유월절을 기념하러 예루살렘으로 향하고 있었기 때문에 길은 무척 붐볐다. 힘든 여정이었지만, 연중 가장 특별한 절기를 대성전에서 예배하며 보낼 생각에 사람들은 들떴다. 게다가 예루살렘 경관도 즐기고 오랜만에 친구와 친지들도 만날 좋은 기회였다.

또한 많은 이에게 올해는 예년 같은 유월절 순례가 아니었다. 흥분이, 그리고 긴장감이 감돌았다. 그중에서 일부 군중은 마침내 메시아가 모든 영광 가운데 자신을 드러내어 로마제국 점령군을 물리치고 불의한 통치자를 몰아낸 후 온전하신 하나님의 통치를 이 땅에 확립하리라고 믿고 있었다. 마침내 하나님의 백성이 자유를 얻게 될 것이며, 말씀에 기록된 그 시온의 영광이 실현되리라고 생각했다. 예수님 주위에도 예수님이 바로 그토록 기다리던 하늘에서 온 메시아, 새 왕이라고 확신하는 이들이 적지 않았다.

예수님과 가장 가까이 있던 이들은 이 긴장감을 피부로 느꼈다. 예수님을 향한 위협의 목소리를 들었고 예수님이 사람들에게서, 특히 특권층에게서 어떤 분노를 자아낼 수 있는지 직접 보았기 때문이다. 게다가 유대 저항 세력을 두려워한 로마인들은 군중이 예루살렘으로 밀려 들어오자, 더욱 삼엄하게 경비를 강화했다. 로마인들의 치안에 위협이 된다고 간주하는 요인이라면 충분히 강력하게 진압을 할 만한 상황이었다. 동시에 열두 제자도 메시아를 확신하는 군중의 분위기에 함께 휩쓸렸다. 예수님이 하나님의 능력으로 충만한 분이심을 알았고 하나님 나라가 '가까이' 왔다는 예수님의 설교를 들은 터라 어쩌면 군중보다 더 들떠 있었는지도 모른다.

열 므나의 비유

여정이 끝나갈 무렵 예수님은 그분과 제자들을 둘러싼 무리에게 진정한 하나님 나라의 경험이란 무엇인지 다시 한 번 명확히 설명하려 하셨다. 세리이자 로마의 부역자였던 삭개오의 집에 잠시 머무시면서 예수님은 이 땅에 오신 목적을 재차 확인해 주셨다. "인자가 온 것은 잃어버린 자를 찾아 구원하려 함이니라"(눅 19:10). 그러고 나서 비유를 들려주신다. 저자 누가는 이 비유를 기록하면서 예수님이 장차 오실 하나님 나라에 대한 오해를 바로잡으려 하셨다고 지적한다. "그들이 이 말씀을 듣고 있을 때에 비유를 더하여 말씀하시니 이는 자기가 예루살렘에 가까이 오셨고 그들은 하나님의 나라가 당장에 나타날 줄로 생각함이더라"(11절). 유대인의 메시아를 기대하던 사람들이 오늘날의 우리처럼 잘못된 패러다임을 수용했음을 밝힌 셈이다. 그렇기 때문에 예수님은 사람들에게 열 므나의 비유를 들려주셨다.

이르시되 어떤 귀인이 왕위를 받아가지고 오려고 먼 나라로 갈 때에 그 종 열을 불러 은화 열 므나를 주며 이르되 내가 돌아올 때까지 장사하라 하니라 그런데 그 백성이 그를 미워하여 사자를 뒤로 보내어 이르되 우리는 이 사람이 우리의 왕 됨을 원하지 아니하나이다 하였더라 귀인이 왕위를 받아가지고 돌아와서 은화를 준 종들이 각각 어떻게 장사하였는지를 알고자 하여 그들을 부르니 그 첫째가 나아와 이르되 주인이여 당신의 한 므나로 열 므나를 남겼나이다 주인이 이르되 잘하였다 착한 종이여 네가 지극히 작은 것에 충성하였으니 열 고을 권세를 차지하라 하고 그 둘째가 와서 이르되 주인이여 당신의 한 므나로 다섯 므나를 만들었나이다 주인이 그에게도 이르되 너도 다섯 고을을 차지하라 하고 또 한 사람이 와서 이르되 주인이여 보소서 당신의 한 므나가 여기 있나이다 내가 수건으로 싸 두었었나이다 이는 당신이 엄한 사람인 것을 내가 무서워함이라 당신은 두지 않은 것을 취하고 심지 않은 것을 거두나이다 주인이 이르되 악한 종아 내가 네 말로 너를 심판하노니 너는 내가 두지 않은 것을 취하고 심지 않은 것을 거두는 엄한 사람인 줄로 알았느냐 그러면 어찌하여 내 돈을 은행에 맡기지 아니하였느냐 그리하였으면 내가 와서 그 이자와 함께 그 돈을 찾았으리라 하고 곁에 섰는 자들에게 이르되 그 한 므나를 빼앗아 열 므나 있는 자에게 주라 하니 그들이 이르되 주여 그에게 이미 열 므나가 있나이다 주인이 이르되 내가 너희에게 말하노니 무릇 있는 자는 받겠고 없는 자는 그 있는 것도 빼앗기리라 그리고 내가 왕 됨을 원하지 아니하던 저 원수들을 이리로 끌어다가 내 앞에서 죽이라 하였느니라 눅 19:12-27

하나님 나라에 대한 오해

예수님은 가까이 온 하나님 나라와 왕이신 예수님, 그리고 그분의 종인 제자의 역할에 대한 제자들의 오해를 바로잡으려고 이 비유를 말씀하셨다. 길을 떠난 지 얼마 되지 않아 옛 여리고 성에 가까워졌을 무렵, 예수님은 제자들에게 자신의 죽음이 임박했다고 세 번째로 말씀하셨다(눅 18:31-33 참고). 하지만 누가는 제자들이 "이것을 하나도 깨닫지 못하였으니"(눅 18:34)라고 기록한다. 몇 가지 오해 때문에 눈이 가려져 있던 제자들은 예수님의 말씀을 올바로 이해하지 못했다.

첫째, 이들은 그리스도가 예루살렘에 들어가시면, 즉시 왕으로 올라 **정치적인 나라**를 건설하시리라고 믿었다. 이들은 당장 눈에 보이는 나라를 기대했다. 세상의 권력과 권세를 생각했고, 마가복음 10장 35-44절에 기록된 대로 권력의 일부를 차지하고 싶어 했다. 그저 달라고만 하면 받겠거니 생각했다.

둘째로 이 구절의 맥락과 누가복음 19장 11절의 **"당장"**이라는 단어로 보건대, 제자들은 그저 하나님 나라를 기다리기만 하면 되고, 아무 일도 할 필요가 없다고 생각한 것 같다. 이제 곧 예수님이 하나님 나라를 세우실 테니 제자들은 **기다리기만** 하면 된다고 생각한 것이다.

예수님의 말씀을 직접 들은 이들이 간절히 고대하던 재림 혹은 주의 날이 성취되지 않고 그토록 오랜 시간이 흘렀지만, 크리스천은 제자들과 같은 '기다림의 신학' 때문에 옴짝달싹하지 못한 채 허송세월한다. '나는 구원받았으니 이제 그리스도가 다시 오실 날을 기다려야지!'라는 식의 사고에서도 이런 신학이 엿보인다. 그런데 이런 생각을 가지면 구원의 **칭의**(justification)와 **영화**(glorification)라는 요소만 눈에 들어온다. 수많은 교회가 신앙생활에서 **성화**(sanctification)라는 요소는 존재하지 않는 듯한 태도를 보인다. '구원을 받아 천국에 갈 테니, 이제 됐다!'는 식으로 행동한다. 그리스도를 섬기고 지금 이곳에 하나님 나라가 임하는데 한몫을 하겠다는 생각은 좀처럼 하지 않는다.

수동적인 태도가 만연하게 된 데는 두 가지 거짓 신학 조류가 큰 역할을 했다. 첫째는 운명론이다. 이는 애니미즘 신봉자들의 운명론과도 크게 다르지 않은데, 크리스천들은 삶에서 일어나는 모든 일이 하나님의 뜻이라고 믿는다. 예기치 못한 죽음이나 질병, 장애 모두 하나님의 뜻이라고 믿는 것이다. 그래서 빈곤과 기근, 불의한 상황을 맞닥뜨려도 '내가 할 수 있는 일은 없어!'라고 믿고 그렇게 행동한다. "가난은 나라님도 구제 못한다"는 속담이나 들먹일 뿐, 그 상황에서 자신을 향한 부르심은 무엇인지 보지 못한다. 이 세상의 기아는 불가피하다고 얘기하면서, 5천 명을 먹이시고 죽음을 정복하신 그분은 간과한다(마 26:11 참고).

교회 내에서 수동적인 태도를 조장하는 두 번째 조류는 기독교 사상 초기부터 발현된 사악한 이원론이다. 이원론은 실체를 물질적 부분과 영적인 부분으로 나누고, 영적인 부분이 더 중요하다는 식의 이분법을 부추겼다. 그런데 크리스천이 오직 '영적인' 문제에만 천착하면 자신도 모르는 사이 우리가 사는 이 세상과 삶에 대한 그리스도의 가르침과 그의 육신의 부활, 그분의 수많은 가르침과 기적의 실체를 부인하는 셈이다. 예수님은 병든 자를 고치시고 주린 자를 먹이셨다. 하지만 복음주의적 영지주의의 영향을 받은 크리스천들은 예수님의 본을 따르기보다 수동적인 자세만 취한다. 이원론적 사고에 가로막혀 일상 속에서 믿음에 살을 입히지 못하고, 믿음이 이 세상을 위해 아무것도 해주지 못하고 이 시대에 아무런 힘도, 의미도 없다는 듯이 자신의 믿음을 사적이고 무력한 존재로 만든다.

행동의 신학

하지만 우리 주님은 십자가의 고통을 목전에 두고 인류 타락의 결과를 바꾸기 위해 역사 속에서 결연히 행동하고 실체의 두 가지 영역을 한데 묶으시며, 제자들에게 기다림의 신학과 정면으로 배치되는 비유를 들려주셨다. 하나님 나라의 현재와 미래를 하나이자 지속적이며 계속되는 삶으로 설명하시며, 동시에 전(全) 과정에서 주인의 종된 자들이 해야 할 중요한 일을 제시하셨다. 또 주님은 이 비유에서 주인이 나라를 받아 돌아오시기 전, 아직 떠나 계신 때를 의미하는 하나님 나라의 '그러나 아직'의 측면을 인정하면서도 행동의 신학과 그분의 다시 오심을 고대하는 시간인 현재 속에서의 확장을 제시하셨다.

이 비유에서 그리스도가 적극적인 역할을 수행하신다는 점에 주목하자. '귀인'으로 묘사되는 그리스도는 "왕위를 받아가지고 오려고 먼 나라로"(눅 19:12) 간다. 종 혹은 하인으로 표현되는 제자들의 적극적인 역할도 눈여겨봐야 한다. "그 종 열을 불러 은화 열 므나를 주며 이르되 내가 돌아올 때까지 장사하라 하니라"(눅 19:13).

열 므나는 그리스도가 믿는 자 한 사람 한 사람의 삶에 투자하시는 '자본'[2]을 나타낸다. 믿는 자들에게 그리스도는 타고난 재능과 능력, 관심과 기질 외에도 그분의 영과 영적 은사(고전 12장), 그리고 "모든 신령한 복"(엡 1:3)을 부어 주신다. 낭비하거나 쌓아 두거나 우리 자신의 영욕을 위해 사용하라고 주시는 선물이 아니다. 그분의 나라를 확장하는 데 투자하고 사용하라고 주시는 자원이다.

'자본'을 주신 후에 그리스도는 명령을 내리셨다. 헬라어로 이 명령은 '교역', '거래하다', '점령하다'라는 뜻을 지닌 프라그마테우오마이(*pragmateuomai*)다. 이 단어는 신약에서 누가복음 본문에 유일하게 등장한다. '실용적'이라는 뜻의 영어 단어 pragmatic이 이 헬라어에서 파생했다. 다양한 번역본을 비교해 보면, 이 단어가 본질적으로 실용적이고 실질적인 단어임을 확인하게 된다. "장사하라"(do business, NKJV), "이 돈을 굴리라"(put this money to work, NIV), "이것으로 거래하라"(trade with these, RSV), "이것으로 사업하라"(do business with this, NASB), "이것으로 사고팔라"(buy and sell with these, AMP). 그리스도는 제자들에게 지극히 기본적인 임무를 맡기셨다. 우리에게 주신 자연적, 영적 자본을 **실용적으로** 사용해 그리스도와 하나님 나라를 위해 우리 문화와 세계에 간여하라는 임무를 맡기셨다. 예수님은 그분의 나라를 확장하는 데 우리가 우리만의 독특한 기여를 하도록 우리 각자에게 자본을 투자하셨다. 우리는 부르심에 따라 그분이 주신

'자본'을 이용해 창조적, 실질적, 적극적, 열정적으로 근면성실하게 소임을 감당해야 한다.

독특한 기여

열 므나의 비유는 성도의 기본적인 부르심과 임무를 전하는 데 머물지 않고, 더 나아가 하나님 나라에 대한 또 다른 진리를 일깨워 준다. 흠정역은 프라그마테우오마이를 '점령하라'(occupy)로 번역한다. 누가복음 19장 13절에 기록된 그리스도의 명령은 "내가 돌아올 때까지 점령하라"가 된다. 현대인들은 '점령하다'라는 단어를 군사적인 의미로 해석한다. 하지만 여기서 이 단어는 그렇게 호전적인 뜻이 아니다. 이 단어는 그리스도의 명령과 우리의 임무가 역사적 영적 전투의 한복판에 적용됨을 정확하게 함축한다. 사실상 전 우주적인 전투가 일어나고 있다. 하나님 나라 확장은 수천 년 동안 계속되어 온 어둠의 나라와의 전쟁 한복판에서 성취된다.

하지만 영적 전쟁은 극히 가시적인 방식으로 이 땅에서 일어난다. 이 전쟁은 개개인과 문화 모두에 영향을 끼친다. 비록 우리의 대적이 이 땅을 차지하고 있지만, 그것은 일시적인 통치일 뿐이다. 왕이신 주님이 이미 오셔서 적을 물리치셨고, 장차 다시 오신다. 주님은 그분의 군대인 교회를 먼저 보내셔서 교두보를 마련하시고 적의 영토를 침공하고 그가 다시 오실 때까지 그 영토를 점령하게 하셨다. 진리를 위한 전투, 생명존중을 위한 전투, 정의를 위한 전투, 기아와의 전투, 빈곤과의 전투, 무지와의 전투. 사방에서 전투가 전개되고 있다. 왕의 종들은 악의 세력과 맞서 싸우고 적의 영토를 '점령'하기 위해 먼저 자기 자신을 점령해야 한다. 자신의 타고난 은사와 달란트, 능력과 영적 은사를 활용할 수 있어야 한다는 것이다. 이런 맥락에서 '점령'이라는 단어는(우리가 영토를 '점령해야' 하는) 실질적인 영적 전투 한복판에서 적극적으로 하나님을 섬긴다는(하나님의 일에 '점령당한다') 두 가지 의미를 내포한다. 이것이 우리 주님이 우리 앞에 두신 통일된 임무다.

요약하자면 우리는 한 주님께 속했고 한 주님을 섬기며 지금부터 영원까지 한 나라의 시민이다. 비유에 등장하는 귀인의 영토는 그가 떠나 있는 동안에도 변함없이 그의 소유다. 귀인은 자신의 영토를 중요치 않다거나 가치가 떨어진다며 포기하지도 않는다. 게다가 귀인의 종들이 지금 하는 일은 그의 귀환을 기뻐하고 그를 섬기는 일만큼이나 귀인에게, 그의 목적에 중요하다.

예수님은 제자들처럼 우리의 눈을 열어, 삶과 일의 전 영역을 아우르는 하나님 나라의 광대함을 보여 주기 원하신다. 예수님은 그분의 임재 안에 충만한 삶을 누리는 새 길로 우리를 부르신다.

제 5 장

코람데오:
하나님 앞에서

열 므나의 비유는 하나님 나라를 이 땅에서 드러내는 데 중요한 역할을 하도록 주님이 모든 크리스천을 부르셨다는 진리를 알려 준다. 이원론이나 영지주의 패러다임과는 달리 성경은 통합적이고 총체적인 하나님 나라의 세계관을 보여 주며 그 세계관을 전하라고 명한다. 하나님은 삶의 일부가 아닌 모든 영역의 주님이시다. 믿음의 주요, 선교와 교회 개척의 주시며, 동시에 비즈니스와 과학과 예술의 주시다. 하나님은 **만물의 주인**이시다.

코람데오
하나님 앞에서

하나님

믿음	윤리
과학	이성
비즈니스	정치
신앙생활	신학
미술, 음악	전도
선교	공동체 봉사
정의	복음
빵	자연

창조주, 구속자, 유지자

하나님의 포괄적인 주 되심은 세 가지 이유에서 진리다.

첫째, 하나님은 세상과 모든 만물을 지으신 **창조주**다. 창세기는 선하고 아름다운 하나님의 예술성이 그분과 완벽한 조화를 이루는 모습을 보여 준다. 물질 영역도 영적 영역처럼 신성하다. 모두 하나님의 지으신 바이기 때문이다.

둘째, 하나님은 지금 그분의 모든 피조물을 **유지**하고 계신다. 골로새서 1장 17절에는 "그가 만물보다 먼저 계시고 만물이 그 안에 함께 섰느니라"고 기록되어 있다. 히브리서 1장 3절은 "이(아들)는 하나님의 영광의 광채시오 그 본체의 형상이시라 그의 능력의 말씀으로 만물을 붙드시며"라고 밝힌다.

셋째, 그리스도 안에서 하나님은 모든 피조물을 **구속**하는 일을 하신다. 사도 바울은 골로새서 1장 19-20절에 이렇게 기록했다. "아버지께서는 모든 충만으로 예수 안에 거하게 하시고 그의 십자가의 피로 화평을 이루사 만물 곧 땅에 있는 것들이나 하늘에 있는 것들이 그로 말미암아 자기와 화목하게 되기를 기뻐하심이라." 하나님은 마지막 때에 그리스도가 이 땅에 다시 오실 때까지 그리스도를 통해 화목의 사역을 계속하신다 (엡 1:7-10 참고).

이 세 가지 이유를 근거로 볼 때 영지주의 패러다임은 실체를 그대로 담지 못한다. 하나님의 생각에는 이분법이 없다. 하나님은 두 개가 아닌 한 세계를 지으셨고, 이를 유지하며 구속하고 계시다. 크리스천은 한 세계에 살도록 부름 받은 자들이다.

코람데오의 삶

믿음의 선조들은 이러한 삶의 자세를 **코람데오**(Coram Deo)라는 라틴어 구절로 표현했다. 코람(coram)이라는 단어는 '눈동자'를 뜻하는 라틴어 코라(cora)에서 나왔다. 이는 '직접', '대면하여', '함께한 가운데', '눈앞에서', '-가 있는 자리에서', '앞에서'로 번역된다.[1] 두 번째 단어인 데오(Deo)는 하나님을 뜻하는 라틴어다. 이 구절의 핵심은 친밀하고 개인적인 관계다. 이 관계 안에서 하나님은 나를 친밀하게 아신다. 숨김이 없다. 나도 하나님의 임재 안에서, '하나님 앞에서' 모든 삶을 살기 위해 의식적으로 힘쓴다. 이런 삶의 방식을 '유일한 청중'이라는 개념으로 표현하기도 한다.

코람데오의 삶으로 부르심 받다

> **삶 전체를**
> 하나님의 임재 안에서, 하나님의 권위 아래서,
> 하나님의 존귀와 영광을 위해 사는 것이 우리의 소명이다.

교회 안의 이원론의 역사를 살펴보면서 확인했듯이(2장), 유럽에서는 16세기 종교개혁이 코람데오라는 성경적 사고에 다시 불을 지폈다. 후일 청교도 목사 코튼 매더(Cotton Mather, 1663-1728)는 "모든 크리스천은 부르심에 따라 일할 때 하나님과 동행하며 하나님께 시선을 고정하고 직업을 수행하고 하나님의 눈 아래서 행동해야 한다."[2]라고 말했다. 위대한 영국의 시인인 존 밀턴(John Milton, 1608-1674) 역시 천상의 고용주의 시선 아래 산다는 개념을 이렇게 표현했다.

내게 그렇게 사용할 은혜만 있다면 모든 일은

언제나 내 크신 주인의 눈 앞에 있으리라.³

리랜드 라이큰(Leland Ryken)은 밀턴의 일곱 번째 소네트의 이 두 행을 이렇게 해석한다. "가장 중요한 것은 언제나 내 위대한 감독자의 임재 안에서 살듯 내 시간을 사용할 수 있는 은혜를 입는 것이다."⁴

하나님의 임재 가운데 살도록 지음 받은 자

믿음의 선배들은 인간이 하나님의 임재 가운데 거하도록 지음 받은 존재임을 인식했다. 프란시스 쉐퍼의 표현을 빌자면, 창세기부터 요한계시록까지 하나님은 "무한하시고 인격적인 하나님"으로 자신을 계시하신다. 창세기 1장 26절에서 하나님은 인격적인 하나님이자 공동체로서 자신을 드러내신다. "우리의 형상을 따라 우리의 모양대로 우리가 사람을 만들고." 천지 창조 전에 한 분이자 여럿이셨던 삼위일체 하나님 사이에는 공동체의 친밀함과 소통이 있었다.

하나님은 인간이 다른 인간과 관계를 맺고 창조주이신 하나님과 교제할 수 있도록 그분의 형상을 따라 인간을 지으셨다. 하나님이 뜻하신 친밀함은 창세기 3장 8-9절에 기록되어 있다. "그들이 그날 바람이 불 때 동산에 거니시는 여호와 하나님의 소리를 듣고 아담과 그의 아내가 여호와 하나님의 낯을 피하여 동산 나무 사이에 숨은지라 여호와 하나님이 아담을 부르시며 그에게 이르시되 네가 어디 있느냐."

이러한 교제의 모습은 이스라엘 백성이 광야를 헤매던 때에 초월적인 하나님의 임재가 이스라엘 진영 가운데 거하시도록 장막을 지으라고 하나님이 모세에게 명하신 말씀을 통해서도 엿볼 수 있다. 이스라엘 백성은 당시 장막에서 생활했다. 하나님은 백성처럼 '장막'에 거하시기를, 그 장막에서 살기를 바라실 만큼 그분의 백성과 하나 되기를 원하셨다. "내가 그들 중에 거할 성소를 그들이 나를 위하여 짓되 무릇 내가 네게 보이는 모양대로 장막을 짓고 기구들도 그 모양을 따라 지을지니라"(출 25:8-9).

인간이 그분의 임재 가운데 거하기를 바라시는 하나님의 마음은 그분이 연약한 아기의 몸으로 역사 가운데 들어오셨다는 사실에서 가장 확연히 드러난다. 하나님의 아들이 인간 그리스도 예수가 되었다는 점에서 성육신은 인간과의 교제를 바라시는 하나님의 갈망의 정점이다. YLT(Young's Literal Translation) 번역본을 보면, 성육신의 친밀함이 얼마나 짜릿한지를 다음과 같이 담아내고 있다.[5]

> 말씀이 육신이 되어 우리 가운데 '장막을 치시니' 우리가 그의 영광을 보니 아버지의 독생자의 영광이요 은혜와 진리가 충만하더라 요 1:14

70인역(헬라어 역 구약성경)에서 출애굽기 25장 8-9절에 등장하는 '장막'(tabernacle)으로 번역된 헬라 원어는 스케누(*skenoo*)로 요한복음 1장 14절에 등장하는 단어와 같다. '장막을 고치고, 장막을 치고, 장막(혹은 천막)에 머물다' 혹은 '거하다'[6]라는 뜻이다. 우리가 그분의 임재 가운데 '하나님 앞에서' 거하기를 뜻하시고 갈망하시는 하나님의 모습을 그대로 그려낸다.

하나님은 지금도 그분의 아들 예수 그리스도를 통해 우리와 친밀함을 회복하고, 회복의 일을 시작하고자 하신다. 사도 바울은 이렇게 기록한다. "전에 악한 행실로 멀리 떠나 마음으로 원수가 되었던 너희를 이제는 그의 육체의 죽음으로 말미암아 화목하게 하사 너희를 거룩하고 흠 없고 책망할 것이 없는 자로 그 앞에 세우고자 하셨으니 만일 너희가 믿음에 거하고 터 위에 굳게 서서 너희 들은 바 복음의 소망에서 흔들리지 아니하면 그리하리라 이 복음은 천하 만민에게 전파된 바요 나 바울은 이 복음의 일꾼이 되었노라"(골 1:21-23).

창조와 마찬가지로 구속에도 그분의 임재 가운데 백성이 머물기를 바라시는 하나님의 마음이 담겨 있다.

노동으로 예배하기

종교개혁의 주된 주제 중 하나는 우리가 믿음으로 의롭다 하심을 받으며 하나님 앞에서 믿음으로 살아야 한다는 진리였다.

사도 바울은 우리가 믿음으로 의롭다 하심을 받는다는 이신칭의에 대해 에베소서 2장 8-9절에서 이렇게 기록했다. "너희는 그 은혜에 의하여 믿음으로 말미암아 구원을 받았으니 이것은 너희에게서 난 것이 아니요 하나님의 선물이라 행위에서 난 것이 아니니 이는 누구든지 자랑하지 못하게 함이라." 우리는 믿음 가운데 빈손으로 하나님께 나아간다. 선한 행위로는 구원을 얻지 못한다. 우리는 오직 하나님의 은혜만 의지하여, 유일한 통로이신 예수 그리스도 안에서 믿음으로 하나님 앞에 서야 한다(요일 2:1 참고).

성경은 믿음으로 하나님 앞에서 구원을 받듯이 우리가 **날마다** 하나님 앞에서 믿음으로 살아야 한다고 전한다. 전에는 죽었던 우리가 이제는 **그리스도 안에서** 살아 있다. 바울은 서신서를 통해, 그중에서도 갈라디아서를 통해 가장 명확하고 분명하게 이 진리를 설명한다. "내가 그리스도와 함께 십자가에 못 박혔나니 그런즉 이제는 내가 사는 것이 아니요 오직 내 안에 그리스도께서 사시는 것이라 이제 내가 육체 가운데 사는 것은 나를 사랑하사 나를 위하여 자기 자신을 버리신 하나님의 아들을 믿는 믿음 안에서 사는 것이라"(갈 2:20). 실로 "더욱 은혜와 의의 선물을 넘치게 받는 자들은 한 분 예수 그리스도를 통하여 생명 안에서 왕 노릇 하리로다"(롬 5:17).

은혜로 말미암아 믿음으로 구원받았다는 사실을 이해하는 크리스천들에게는 일의 개념 자체가 예배의 개념으로 바뀐다. 바울은 로마의 성도들에게 이렇게 권면했다.

> 그러므로 형제들아 내가 **하나님의 모든 자비하심으로** 너희를 권하노니 너희 몸을 하나님이 기뻐하시는 거룩한 산 제물로 드리라 이는 너희가 드릴 영적 예배니라 롬 12:1

스코틀랜드의 역사가이자 사회 비평가인 토머스 칼라일(Thomas Carlyle, 1795-1881)은 우리 선조가 이해했던 신비를 이렇게 포착했다.

> 노동은 예배다.…모든 참된 노동은 신성하다. 육체노동에 불과할지라도 모든 참된 노동에는 신성함이 있다.…가난한 품꾼, 당신이 입은 겉옷을 꿰맨 직공, 당신의 구두를 만든 재봉사라 하더라도 종교성 없이 일하는 사람은, 그렇게 일할 수 있는 사람은 아무도 없다.[7]

1520년 마르틴 루터는 《교회의 바벨론 포로생활》(*The Babylonian Captivity of the Church*)이라는 소논문을 발표했다. 이 논문이 유럽에 회자되면서, 삶과 일에 대한 사람들의 생각에 거대한 불을 일으켰고 당시의 문화 전체를 뒤흔들었다. 네덜란드의 두 사제도 이 논문을 접하게 되었고, 논문의 한 구절이 이들의 사고방식을 완전히 바꿔 놓았다.

> 수도사와 사제의 일이 아무리 고되고 거룩하다 한들 하나님 보시기에는 밭에서 일하는 시골 농부의 일이나 집안을 돌보는 주부의 일과 조금도 다르지 않다. 하나님 앞에서 모든 일은 오직 믿음으로만 평가된다.…사실 하인이나 하녀의 허드렛일이 수도사나 사제의 금식과 다른 모든 일보다 하나님이 받으시기에 더 합당한 일인 경우가 많다. 수도사와 사제가 믿음 없이 행했기 때문이다.[8]

이 논문은 두 사제가 구원의 본질과 교회의 본질, 일의 본질에 대해 그동안 품고 있던 생각을 완전히 뒤흔들었다. 그때까지 교회는 성도들이 매일 와서 예배드리도록 일주일 내내 문을 열어 두었다. 하지만 이 논문을 읽은 후 두 사제는 오직 주일에만 문을 열고 주중에는 문을 닫겠다고 선언했다.

충격적인 변화였다. 대체 무슨 생각에서 그랬을까? 루터의 논문을 읽고 두 사제는 교구 성도들이 주중 엿새 동안 하는 일이 **믿음으로 행하는** 일이라면, 사제로서 자신들이 하는 일보다 결코 덜 거룩하지 않다는 사실을 깨달았다. 그렇기 때문에 주중에 하는 일에 거룩함을 더하기 위해, 혹은 '영적인' 봉사를 하기 위해 매일 교회 건물을 찾을 필요가 없다고 결론을 내렸다. 성직자와 '평신도' 모두 월요일부터 주일에 이르기까지 일주일의 하루하루를, 그 하루의 매시간을 하나님 앞에서, 코람데오의 삶을 살아야 한다고 확신했다. 교회에서 일하는 자나 논밭, 가정, 상점에서 일하는 자나 모두 자신의 일을 통해 하나님을 예배할 기회를 부여받은 자들이다. 어떤 일을 하느냐가 아니라, 그 일을 믿음으로 하느냐가 중요했다.

솔리데오 글로리아 Soli Deo Gloria

16세기와 마찬가지로 우리도 직업이 무엇이든 상관없이 하루 24시간, 1년 365일 하나님 앞에서 살며 일하며 삶의 모든 영역에서 하나님을 예배하라고 부름받았다. 하나님은 만물의 시작이자 중심이시다. 인간이 하나님께 반역한 창세기 3장 사건 이후로 인간은 '하나님과 같이' 되겠다고 결심했다. 자신을 우주의 중심으로 삼았다. 이러한 인간의 선택과 습성은 기독교에 등을 돌린 서구 사회의 세속적 유물론에서 가장 극명하게 드러난다. 이제 우리는 가정과 교회, 시민 사회에서 솔리데오 글로리아, 즉 '오직 하나님의 영광을 위하여'라는 종교개혁자들의 위대한 선언을 삶의 중심으로 삼아야 한다.

애나 산토스 Ana Santos 의 이야기[9]

애나 산토스는 세계 여성과 어린이들을 위한 정의를 실현하는 데 일익을 담당하겠다는 목표로 국제법을 공부하는 법대생이다. 다음은 애나 산토스의 글이다.

라이프워크의 성경적 세계관을 확립하는 것은 하나님의 최선最善을 끌어내는 아이디어를 마구 샘솟게 하고 우리가 하나님의 형상대로 지으심 받았다는 말씀이 무슨 의미인지 진정 이해하게 되는 놀라운 경험이다!

내게는 이 경험이 15년 전 텍사스 동부 한 목장에서 대로우 밀러의 "내가 올 때까지 점령하라"는 메시지를 처음 듣는 순간 찾아왔다. 그 메시지는 내 삶의 행로를 완전히 바꾸어 놓았다. 좋은 크리스천이 되기 위해, 나아가 사회 모든 영역에서 하나님의 영토를 되찾기 위해 내 모든 능력과 재능을 하나님 나라에 연결해야 한다는 사실을 나는 비로소 깨달았다.

또 무슬림 국가 정부에서 일을 하면서 하나님이 내 직업의 중심이자 핵심이심을 깨닫고 적

하나님의 영광이란 무엇인가? 하나님의 영광을 높이며 그 영광을 위하는 삶이란 무슨 뜻일까? 왜 그렇게 살아야 하는가? 성경은 신구약을 아울러 하나님의 영광의 본질을 증거한다.

먼저 성경은 하나님의 영광이 실체의 본질이자 핵심이라고 계시한다. 하나님의 영광은 하나님의 하나님 되심의 결과이며 우리가 도저히 초월할 수 없는 무한한 위대함과 선하심의 실상이다. 사도 요한은 하나님의 영광을 이렇게 표현했다. "하나님은 빛이시라 그에게는 어둠이 조금도 없으시다는 것이니라"(요일 1:5). 하나님은 우리가 만물을 보도록 비추는 빛이시다. 그래서 요한은 예수님에 대해 이렇게 기록했다. "그 안에 생명이 있었으니 이 생명은 사람들의 빛이라 빛이 어둠에 비치되 어둠이 깨닫지 못하더라"(요 1:4-5). 구약은 우리에게 이렇게 이야기한다. "다시는 낮에

용하기 시작했다. 기독교 원칙을 종교적인 틀 내에서만 적용하는 대신 내 삶 전체에 적용하는 편이 훨씬 쉽다는 사실을 그때 깨달았다. 환경과 사법 제도, 공중보건과 위생 등 내가 날마다 맞닥뜨리는 모든 상황을 바로 내 문제로 인식하게 됐다. 천국의 황금 길을 걷게 될 생각만 하던 내가 물론 이런 생각만으로 행복해지기는 하지만 기독교는 이런 꿈보다 훨씬 크다는 사실을 깨닫게 됐다. 이 세상 나라의 시민들처럼 나도 하나님 나라의 시민으로서 책임감을 가지고 내 주변을 돌보는 청지기가 되겠다고 결심했다.

이 계시를 받은 후로 내 인생은 한시도 지루할 틈이 없었다. 내가 참여해야 할 일, 하나님 앞으로 가져가야 할 일이 산적했기 때문이다. 정부와 사법 분야에서 내 소명을 발견한 나는 법을 공부하기로 결심했다. 공부를 하면서 인본주의적 대학이 이 시대의 최대 과제임을 깨달았다. 하나님이 지으신 모든 피조물에서 하나님을 배제하는 교육제도가 주도하는 현 상황에서 우리가 준비 태세를 제대로 갖추지 않으면 결과는 실패뿐이다. 하나님의 공의를 배제하면서 어떻게 법을 이해하겠는가? 인간을 지으신 분을 아는 지식 없이 어떻게 생리학을 이해하겠는가? 인간이 어떻게 기능하는지 하나님보다 더 잘 아는 존재가 어디 있겠는가? 하나님의 통치 패턴

해가 네 빛이 되지 아니하며 달도 네게 빛을 비추지 않을 것이요 오직 여호와가 네게 영원한 빛이 되며 네 하나님이 네 영광이 되리니"(사 60:19). 신약은 이를 다시 한 번 확증한다. "그 성은 해나 달의 비침이 쓸데없으니 이는 하나님의 영광이 비치고 어린 양이 그 등불이 되심이라"(계 21:23). 하나님은 생명이요 빛이시다. 하나님을 떠나서는 죽음과 어둠뿐이다. 이것이 진리다. 하나님의 영광은 **우리의** 빛이다.

둘째, 성경 전체는 우리가 하나님에 대한 진리를 다른 이들에게도 알려 줄 때 하나님께 영광을 돌린다고 밝힌다. 하나님이 직접 '나는 위대하다!' 혹은 '나는 선하다!'라고 말씀하신다는 의미가 아니다. 온 세상이 하나님의 위대하심과 선하심을 경험하고, 그로 말미암아 온 피조물이 그분의 본래 계획대로 회복된다는 의미다. 하나님이 통치하시는 곳에는 생명과 빛이

을 모르면서 어떻게 정치학을 이해하겠는가? 하나님을 배제하면서 어떻게 사물을, 현상을 이해하겠는가?

오직 **하나님을 알 때** 이 세상에서 우리의 삶이 납득 가능해진다. 기독교가 라이프워크와 연계될 때 우리의 능력이 실체가 된다. 오지에 선교사로 가는 방법도 있겠지만, 여성 감옥처럼 어두운 곳에 하나님 나라가 임하시는 데 동참하는 방법도 있다. 하나님은 사람의 영혼뿐 아니라 전인, 全人 사회 전체에 마음을 쏟으시기 때문이다. 그렇게 확신했기 때문에 이곳에 내 이야기를 나누게 됐고 하나님의 긍휼이 개개인뿐 아니라 나라의 법 제도까지도 어루만지시리라 믿게 됐다.

우리 앞에는 거대한 도전 과제가 있다! 주님께 속한 것을 되찾을 텐가, 아니면 방어에만 급급할 텐가? 하나님 나라의 애국자인 우리는 운명론의 거짓과 인생이 흘러가는 대로 내버려 둬야 한다는 비겁한 변명을 배제해야 한다. 하나님 나라는 확장되고 있다! 하나님의 영토 점령이 진정 어떤 의미인지 확고히 이해하기 위해 우리의 고정관념을 뒤흔들고 점검하는 과정이 필요하다.

있다. 하나님이 통치하시는 곳에는 그분의 진리와 공의, 아름다움이 나타난다. 우리는 "이는 물이 바다를 덮음 같이 여호와의 영광을 인정하는 것이 세상에 가득함이니라"(합 2:14)는 말씀이 실현될 그날을 바라며 일한다.

신비로 가득한 성경에서 우리는 위대하고 영광으로 충만하신 하나님, 그 누구도 눈으로는 직접 보지 못할 하나님을 발견한다(출 33:20 참고). 인간을 압도하고 감동시키셔서, 산과 바위를 향해 "우리 위에 떨어져 보좌에 앉으신 이의 얼굴에서와 그 어린양의 진노에서 우리를 가리라"(계 6:16)고 외치게 하시는 하나님을 발견한다. 하지만 그분은 우리를 위해 "오히려 자기를 비워 종의 형체를 가지사 사람들과 같이"(빌 2:7) 되신 하나님이다. 이 진리를 기억하며, 성경이 하나님의 영광에 대해 또 무엇이라 기록하는지 살펴보자.

만물이 하나님께 속했기 때문에 모든 영광이 하나님 안에 있다.

여호와여 위대하심과 권능과 영광과 승리와 위엄이 다 주께 속하였사오니 천지에 있는 것이 다 주의 것이로소이다 여호와여 주권도 주께 속하였사오니 주는 높으사 만물의 머리이심이니이다 대상 29:11

이는 만물이 주에게서 나오고 주로 말미암고 주에게로 돌아감이라 그에게 영광이 세세에 있을지어다 아멘 롬 11:36

하나님의 영광은 그분의 본질과 성품에서 비롯된다. 영원부터 오직 하나이신 하나님은 선함과 사랑, 신실함과 지혜를 현시하신다.

모세가 이르되 원하건대 주의 영광을 내게 보이소서 여호와께서 이르시되 내가 내 모든 선한 것을 네 앞으로 지나가게 하고 여호와의 이름을 네 앞에 선포하리라 나는 은혜 베풀 자에게 은혜를 베풀고 긍휼히 여길 자에게 긍휼을 베푸느니라 출 33:18-19

이스라엘 모든 자손은 불이 내리는 것과 여호와의 영광이 성전 위에 있는 것을 보고 돌을 깐 땅에 엎드려 경배하며 여호와께 감사하여 이르되 선하시도다 그의 인자하심이 영원하도다 하니라 대하 7:3

여호와여 영광을 우리에게 돌리지 마옵소서 우리에게 돌리지 마옵소서 오직 주는 인자하시고 진실하시므로 주의 이름에만 영광을 돌리소서 시 115:1

지혜로우신 하나님께 예수 그리스도로 말미암아 영광이 세세무궁하도록 있을지어다 아멘 롬 16:27

영원하신 왕 곧 썩지 아니하고 보이지 아니하고 홀로 하나이신 하나님께 존귀와 영광이 영원무궁하도록 있을지어다 아멘 딤전 1:17

하나님의 영광의 본질은 창조와 구속 사역에서 드러난다.

하늘이 하나님의 영광을 선포하고 궁창이 그의 손으로 하신 일을 나타내는도다 시 19:1

그의 영광을 백성들 가운데에, 그의 기이한 행적을 만민 가운데에 선포할

지어다 시 96:3

우리를 사랑하사 그의 피로 우리 죄에서 우리를 해방하시고 그의 아버지 하나님을 위하여 우리를 나라와 제사장으로 삼으신 그에게 영광과 능력이 세세토록 있기를 원하노라 아멘 계 1:5-6

무한하신 하나님의 영광이 인간의 형체로 드러나는 불가능해 보이는 일이 현실이 됐다. 예수 그리스도의 삶은 한 분이신 영원하신 하나님의 영광을 가시적으로 완벽하게 드러낸다.

이는 하나님의 영광의 광채시요 그 본체의 형상이시라 히 1:3

말씀이 육신이 되어 우리 가운데 거하시매 우리가 그의 영광을 보니 아버지의 독생자의 영광이요 은혜와 진리가 충만하더라 요 1:14

어두운 데에 빛이 비치라 말씀하셨던 그 하나님께서 예수 그리스도의 얼굴에 있는 하나님의 영광을 아는 빛을 우리 마음에 비추셨느니라 고후 4:6

하나님의 영광을 이해하려면 그리스도의 얼굴을 봐야 한다. 하나님의 임재에 머무는 삶과 오직 하나님의 영광을 위하여 하는 일의 의미를 생각하면서 우리는 이기적인 야망이나 허황된 자만심이 아닌 온전한 겸손으로 자신보다 남을 낮게 여기신 그리스도를 묵상해야 한다(빌 2:1-11 참고). 이분이 우리와 함께 거하기를 갈망하시는 하나님, 자신의 임재 안에 친밀하게 거하라고 우리를 초대하시는 하나님이다. 이분이 바로 그분과 함께 일하자고, 우리를 **솔리데오 글로리아**의 삶으로 부르시는 하나님이다.

이원론을 넘어 구별된 삶으로

바울은 "무슨 일을 하든지 마음을 다하여 주께 하듯 하고 사람에게 하듯 하지 말라"(골 3:23)고 권면한다. 말 그대로 '무슨 일을 하든지'다. 제라드 맨리 홉킨스(Gerard Manley Hopkins)는 설교에서 이런 말을 했다.

> 두 손을 높이 들고 하는 '기도는 하나님께 영광을 돌린다. 하지만 거름 쇠스랑을 손에 든 남자, 오물통을 든 여자도 그분께 영광을 돌린다. 그분은 너무나 크시기 때문에 당신이 진심으로 모든 것이 그분께 영광을 돌려야 한다고 생각하면 실제로 그렇게 된다.[10]

테레사 수녀는 이렇게 말했다. "우리는 큰일을 하지 않습니다. 큰 사랑으로 작은 일을 할 따름입니다."[11]

이는 마르틴 루터와 종교개혁이 남긴 성경적 직업 신학의 위대한 회복이다. 오늘날 우리의 삶과 일을 변화시킬 놀라운 발견이다.

네덜란드의 위대한 신학자이자 목사, 교육자이자 총리였던 아브라함 카이퍼는 부르심의 비전을 회복하고 첫사랑으로 돌아가라고 서구 교회에 열정적으로 촉구했다. 현대의 세속적인 유물론 문화가 태동하던 시기에 기록된 카이퍼의 명료한 메시지는 오늘을 사는 우리에게도 똑같은 깊은 울림을 준다.

하나님이 찬양받으셔야 하며 하나님의 계율이 지켜져야 하며 열정적이고 섬없는 기도 가운데 모든 '라보라'(labora, 일)에 '오라'(ora, 기도/예배)가 스며들어야 한다고 종교가 요구하지 않는 영역은 인간의 삶 그 어디에도 없다. 인간이 어느 지역에서 무엇을 하든, 농업이나 상업, 산업이나 지성, 예술이나 과학, 어느 분야에 자신의 손을 사용하든 그는 끊임없이 그의 하나님 앞에 서 있으며 그의 하나님을 섬기는 일에 쓰임을 받으며, 그의 하나님께 철저히 순종해야 하며 무엇보다 그의 하나님의 영광을 목적으로 삼아야 한다.[12]

세계는 두 개로 분리되지 않는다. 삶 또한 두 개로 쪼갤 수 없다. 우리가 일하는 시간을 포함해 우리 삶 전체가 코람데오의 삶이 되어야 한다. 하나님 나라 확장을 위해, 하늘과 땅의 주인이신 그분의 영광을 위해 사는 삶이 돼야 한다.

하나의 세계에서 사는 삶

구별		직업	지역	
성화되지 않은	성화된	시인 요리사 화가 목수 부흥강사 주부 회계사 철학자 정원사 교회 개척자 기업가 영화감독 선교사 농부 목사 간호사	본국	타문화권

코람데오의 삶은 성과 속을 분리하지 않는다. 속(俗)이 성(聖)의 임재 안에 거한다. 성이 속에 스며든다.

하지만 종교개혁자들이 이해한 바대로 우리가 선을 그어야 하는 영역도 있다.

구별된 삶과 **구별되지 않은** 삶을 가르는 선은 분명히 해야 한다. 구별된 삶은 예배 가운데 오직 하나님의 영광을 위하여 하나님 앞에서 사는 삶이다. 하나님께 영광을 돌리는 삶이다. 이 땅에서 하나님의 영광을 대변하신 그리스도의 주 되심에 복종하며, 한 사람으로서 하나님의 영광을 나타내는 삶이다. 구별된 삶은 삶 전체가 하나님께 드려진 삶이다. 성화된 삶이다! 구별되지 않은 삶은 종교적인 부분에서만, 자기가 편할 때만 크리스

찰스 택스턴 Charles Thaxton **의 이야기**

찰스 택스턴 박사는 스위스 위에모에 위치한 라브리 공동체 L'Abri Fellowship 내 內 샬레 베다니의 우리 집에 누워 있었다. 아이오와 주립 대학에서 물리화학 박사학위를 마친 그는 저명한 기독교 전도자이자 변증가, 신학자인 프란시스 쉐퍼 박사 문하에서 공부하려고 라브리로 왔다.

어느 날 점심을 먹은 후에 그가 머무는 방에 들어갔을 때, 그는 침대에 누워 천장을 보고 있었다. 무슨 생각을 하는지 묻자, 자신은 대학과 대학원 생활을 하는 내내 성경공부를 가르쳤노라고 답했다.

"내내 저한테는 '답'이 있었어요. 하지만 '질문'은 없었습니다."

라브리에서 생활하고 공부하면서 그는 성경이 사람들이 던지는 질문에 답을 준다는 사실을 깨달았다.

20세기 후반의 수많은 크리스천처럼 나도, 택스턴 박사도 복음주의적 영지주의의 영향을 받았다. 일과 연구는 '세속적 영역'에 두고 기독교 신앙은 '영적 영역'으로 분류했다. 프란시스 쉐퍼는 이러한 이분법을 비판하면서, 교회가 성경적 세계관으로 돌아가야 한다고 촉구했다. 택스턴 박사는 과학자로서 일과 신앙을 분리해서 인식했던 자신의 사고방식과 대면하는 중이었

천으로서 기능하는 삶이다. 경건한 자동차 정비공이 있는 반면 타락한 부흥강사도 있다. 경건한 농부가 있는 반면 부패한 목사도 있다.

구별됨이란 "하나님을 섬기고 예배하는 데 헌신되며 자신을 드린다"[13]는 의미다. 우리는 하나님의 거룩한 목적, 즉 성경 전체에서 하나님 나라로 표현되는 구속의 목적에 우리 삶 전체를 연결해야 하며 일 가운데서 그분을 예배해야 한다. 일을 성경적 관점을 바탕으로 이해하게 되면, 일은 하나님 나라를 위한 그 사람만의 독특한 기여라고 생각할 수 있다. 앞 장에서 살펴보았듯, 우리의 직업은 우리가 그리스도와 그분의 나라를 위해 '영토를 점령'하겠다는 목표 아래 우리 자신을 내드리는 자리다. 이것이 우리의 본업이다.

다. 그리고 라브리에서 이러한 '이중인격'이 치유되기 시작했다.

라브리를 떠난 후 택스턴 박사는 박사 이후 과정으로 하버드 대학에서 과학사를, 브랜다이스 대학에서 분자 생물학을 연구했다. 후에 그는 지적 설계를 처음으로 비중 있게 언급한 1989년 고교 생물 교과서 《판다와 사람: 생물학적 기원에 관한 핵심 질문》 Pandas and People: The Central Question of Biological Origins 의 편집자가 됐다. 그리고 지금은 진화론의 바탕이 된 근본적 가설에 도전하기 위해 설립된 디스커버리 연구소 산하 과학 문화 센터의 연구원으로 재직 중이다.

꽤 오래전 택스턴 박사는 친구들에게 보낸 편지에서 공산주의가 붕괴된 후 루마니아에서 과학 분야 교수들을 대상으로 강의를 했던 때의 경험을 나눴다. 강의가 끝나고 한 교수가 택스턴 박사의 호텔까지 뒤따라왔다. 그는 박사에게 자신이 그날 기적을 경험했노라고 했다. "난생 처음으로 크리스천이면서 과학자인 분을 만났습니다!"

택스턴 박사와 같은 경우가 이토록 드물다니 얼마나 큰 비극인가. 과학을 연구하는 크리스천들 중에는 두 개의 세계에 사는 이들이 너무나도 많다. 택스턴 박사와 동료들의 연구를 통해, 구 소련 붕괴 후 동유럽에서 그랬던 것처럼 서구에서도 자연 주의적인 과학의 기초에 틈이 생기리라 믿는다.

우리의 삶과 일에서 **어떻게** 그리스도와 그분의 나라를 위해 영토를 차지할지는 참된 성경적 직업 신학을 발전시켜 가면서 앞으로 함께 고찰할 문제다. 미국의 테디 루스벨트(Teddy Roosevelt) 전 대통령은 '미가의 사명'을 환기시켰다. 크리스천의 삶과 일의 모토가 되기에 부족함이 없는 미가서의 이 말씀은 우리 자신이 맡은 영역을 어떤 수단으로 그리스도를 위해 점령해야 할지를 재확인시켜 준다.

> 사람아 주께서 선한 것이 무엇임을 네게 보이셨나니
> 여호와께서 네게 구하시는 것은
> 오직 정의를 행하며 인자를 사랑하며
> 겸손하게 네 하나님과 함께 행하는 것이 아니냐 미 6:8

타락한 세상 한복판에서 우리는 도덕적인 삶을 추구해야 한다. 부정부패가 판을 치는 세상에서 정의를 구해야 한다. 잔혹하고 매정한 문화의 소용돌이 속에서 자비를 사랑해야 한다. 권력과 오만의 태풍 속에서 하나님과 겸손히 동행해야 한다. 이 깨진 세상에서, 삶의 아주 작은 부분에서부터 그리스도의 성육신이 되어야 한다. 우리가 일하는 자리는 우리의 기도가 육신을 입는 자리가 되어야 한다.

> 주의 영광이 온 세계 위에 높아지기를 원하나이다 시 57:5

> 나라가 임하시오며 뜻이 하늘에서 이루어진 것 같이 땅에서도 이루어지이다
> 마 6:10

하나님 나라의 삶과 원칙이 우리 삶과 우리가 일하는 사회 영역의 한가운데로 들어와야 한다.

리랜드 라이큰은 《시간을 구속하라》(*Redeeming the Time*)에서 이 같은 성경적 직업관이 얼마나 어마어마한 영향을 끼치는지 밝힌다.

분명 이러한 직업관은 모든 업무에 본질적인 가치를 부여하며 모든 합법적인

존 베케트 John Beckett 의 이야기[14]

존 베케트는 오하이오 주(州) 엘리리아에서 어린 시절을 보냈다. MIT 학부에서 경제학과 기계공학을 전공한 후 베케트는 가족이 운영하는 작은 공장에 합류했다. 몇 년 후 아버지가 세상을 떠나자 베케트는 공장을 직접 운영하기 시작했고, 그 공장을 식원이 600명에 달하는 글로벌 기업으로 키워 냈다. 이 기업은 상업용, 주거용 난방 기기 판매와 제조 부문에서 글로벌 시장을 주도하고 있다.

1998년 베케트는 첫 책 《즐거운 월요일 신나는 일주일》 CUP 역간 을 출간했다. 이 책에서 베케트는 자신의 삶의 여정을 풀어낸다. 서두에서 그는 그리스도 안에서의 자신의 삶과 경건한 크리스천이자 동시에 경건한 남편, 아버지로서 성장하려는 열망이 있었지만 영지주의적 틀에서 벗어나지 못하던 시절을 회고한다. 그리스도와의 동행이 개인적인 삶에는 영향을 미쳤지만 사업에는 아무런 영향력이 없던 때의 경험을 나눈다. 이 시기에 그는 경건함을 추구하다가 사업체를 매각하고 해외에 선교사로 나가야겠다는 생각까지 했다.

이어 베케트는 프란시스 쉐퍼의 삶과 일이 그에게 어떤 영향을 끼쳤는지 설명한다. 쉐퍼는 일에서 신앙을 떼어내는 이원론적 사고에 의문을 표했다. 쉐퍼의 말이 베케트에게는 하나님 앞에서, 한 세계에서 살라는 부르심의 말씀이었다. 베케트의 사업체는 신앙에서 분리해 내야 할 존재가 아니라 신앙을 삶으로 나타낼 자리였다. 《즐거운 월요일 신나는 일주일》 마지막 부분에서 베케트는 자신이 기업의 성경적 원칙을 통해 어떻게 회사 운영 방식을 바꾸었는지 설명한다. 존 베케트는 주님이 사업체를 포함해 삶의 모든 영역의 주인이시며 성경이 글로벌 기업 운영 방식에 대해 훨씬 많은 이야기를 담고 있다는 진리를 깨달았다.

직업이나 임무를 크리스천의 영적 생활과 통합시킨다. 모든 직업을 하나님께 영광 돌리기 위한 영역으로 선포함으로써 모든 직업을 중요하게 만든다. 또한 근로자들이 세상에서 일을 하는 가운데 하나님을 섬길 뿐 아니라 **그 일을 통해** 하나님을 섬기는 방법을 제시한다.[15]

세상에서 우리는 하는 일을 통해 하나님을 섬길 수 있고, 가치와 목적이 통합된 삶을 분명히 살 수 있다. 이는 오늘을 사는 우리가 귀 기울여 할 부르심이다. 분리가 아닌 구별됨의 삶이 가능하다.

인도 선교사 스탠리 존스는 《흔들리지 않는 하나님 나라와 변치 않는 인격》(The Unshakable Kingdom and the Unchanging Person)에서 우리가 어떤 사람으로 부름 받았는지, 우리가 어떤 존재가 되기를 갈망하는지를 잘 담아냈다. 그는 우리의 직업이 하나님 나라의 신비 속에 빚어진다고 기록한다.

그런 사람은 하나님을 본다. 환상 속에서가 아니라 자신과 함께 일하며 자신 안에서 일하고 자신을 든든히 받쳐 주시는 하나님을 본다. 어디서나 일하시는 하나님을 본다. 온 우주가 하나님으로 살아 숨 쉬게 된다. 나뭇잎마다 하나님으로 타오르고, 삶에서 일어나는 모든 일이 생명과 목적으로 가득한 하나님과의 짜릿한 모험이 된다. 내 안에서, 크고 작은 사건 속에서, 우주 속에서 일하시는 하나님이 보인다. 하나님이 나와 이야기하시고 나를 인도하신다. 우리 모두 하나님 나라라는 같은 **직종**, 같은 **직업**에 종사한다. 세상에서 가장 짜릿하고 흥미진진한 직업이다. 다른 직업은 모두 재미없고 무의미하고 지루하다. 이 직업에 종사하면서 우리는 가장 가치 있는 임무를 수행하고 가장 큰일을 하며, 가장 위대한 결과(이 땅에 임하시는 하나님 나라)를 위해 힘쓴다.[16]

모든 크리스천이 코람데오의 총체적 삶으로 부름 받았다는 사실을 깨달을 때, 우리 모두 그리스도의 선교 군단의 일원임을 알게 된다. 우리는 모두 선교사다! 2장 끝에서 살펴본 일의 중요성을 구분하는 영지주의적 다리 그림과는 대조적으로, 성경은 모든 사람이 선교로 부름받아 일의 중요성을 확신할 수 있도록 새로운 다리를 세운다.

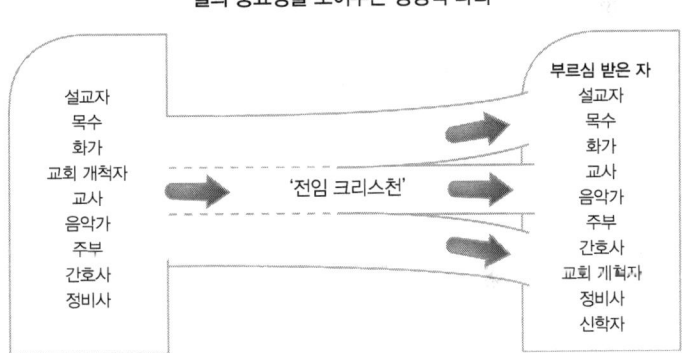

제 2 부

직업과
신앙이
하나 되는
삶의 능력

성경적 직업 신학을 향한 첫걸음

A Biblical Theology for What You Do Every Day

제 6 장

성경적 직업 신학의 필요성

"왜 일하는가?"(Why Work?)라는 연설에서 영국 작가 도로시 세이어즈(Dorothy Sayers)는 이렇게 말했다.

> 현실에 대한 교회의 영향력 중에서 가장 많이 상실된 영역은 다름 아닌 세속적 직업(vocation)에 대한 이해와 존중이다. 교회는 일과 종교가 별개의 부분이 되도록 방치했으며, 그 결과 세상의 세속적 직업이 이기적이고 파괴적인 수단으로 완전히 변질되고 세상의 지적 근로자의 상당수가 반(反)종교적이거나 종교에 관심을 잃어버린 상황에 처했다. 하지만 이것이 놀랄 일인가? 우리 삶의 9/10에 전혀 신경 쓰지 않는 종교에 누가 관심을 두겠는가?[1]

세이어즈가 이 말을 남긴 때는 1940년대였다. 서글프게도 이 말 속에는 이 시대 하나님 교회의 모습이 거울에 비친 듯 그대로 나타난다.

그렇다면 세이어즈를 번민하게 하고 우리의 마음을 어렵게 하는, 일과 종교의 분리를 어떻게 해결할 수 있을까? 종교개혁자들의 마음을 밝히신 성령께서 능력있는 답을 전(前) 교황을 통해 우리에게 주셨다. 제35차 성소주일(World Day of Prayer for Vocations, 착한 목자 주일이라고도 부른다. 성소란 하느님의 부르심을 의미하며 각자의 은사에 따라 우리는 다양한 직무를 수행하게 된다. -

가톨릭 용어 해설에서 발췌) 메시지에서 교황 요한 바오로 2세(Pope John Paul II)
는 가톨릭 청년들을 향해 새로운 직업 문화의 맥락 안에서 각자의 독특한
임무를 이해하라고 촉구했다.

> 성령 하나님은 세례 받은 모든 신자의 마음과 삶 속에 **사랑과 은혜를 실천하
> 는 어떤 임무(project)**를 기록해 주십니다. 이것은 우리의 존재에 온전한 의미
> 를 부여하고, 하나님의 자녀들이 자유를 누릴 길을 열어주고, 우리의 독특하고
> 개인적인 기여를 통해 정의와 진리의 길에서 인류를 더욱 발전시키는 유일한
> 방법입니다. 나는 어디서 왔는가? 나는 어디로 가고 있는가? 나는 누구인가?
> 인생의 목적은 무엇인가? 시간을 어떻게 사용해야 하는가? 성령은 이처럼 중
> 차대한 마음의 질문들을 신실하게 직면하도록 우리를 도우실 뿐만 아니라, 용
> 기 있게 반응하도록 도우십니다. 한 사람, 한 사람이 하나님의 마음과 인류의
> 역사에서 자신만의 독특한 자리가 있다는 진리를 발견하는 것이 새로운 직업
> (vocation) 문화를 세우는 출발점이 됩니다.[2]

우리가 당면한 문제를 세이어즈가 조명해 주었다면, 요한 바오로 2세
의 마음에 하나님이 주신 이 아름다운 비전은 해법을 밝혀준다. '(우리) 삶
의 9/10에 전혀 신경을 쓰지 않는 종교'의 비극과 '새로운 직업 문화'의
비전에 공감한다면, 이제 우리는 어떻게 해야 할까?

모두가 신학자

우리는 신학자로서의 우리의 역할을 받아들이고 좋은 신학자가 돼야 한
다. 새로운 직업 문화에 대한 교황 요한 바오로 2세의 촉구에 담긴 정신은

크리스천에게 삶 전체를 하나님 앞에서 살라고 독려하며 이 시대 우리에게 절실하게 필요한 성경적 직업 신학을 회복시켜 주었던 종교개혁자들의 정신과 동일하다. '나는 신학자가 아닌데'라고 생각하는 사람도 분명히 있을 테지만, 아무리 부인해도 우리는 모두 신학자다.

하나님은 분명하게 존재하시며 주권자이시기 때문에 모든 사람이 그분과 어떤 방식으로든 관계를 맺는다. 살아 계신 하나님과 직접적인 관계를 맺는 사람도 있고 하나님의 존재를 부정하며 적대적인 관계를 형성하는 사람도 있다. 하지만 하나님이 없다고 주장하는 무신론자마저도 그렇게 말하면서 자기 삶의 신학적 기초를 놓는다. 무신론자든 신앙이 있는 사람이건 나름의 신학이 있는 것이다. 의식적으로 형성된 신학도 있고, 무의식적으로 형성된 경우도 있다. 좋은 신학인 경우도 있고, 나쁜 신학인 경우도 있다. 하지만 누구나 자신의 삶을 규정하는 신학을 가지고 있다.

크리스천은 불가피하게 상당한 일관성을 가지고 자신의 진정한 신학을 삶으로 드러내게 된다. 의식적으로 그리스도의 방식을 따라 살려고 작정한 사람들도 있다. 이들은 의도적으로 자신의 신학에 대해 생각하고 그대로 살려고 노력하며 생활 속에서, 지역사회 속에서, 직장에서 살아 계신 그리스도의 영과 가르침에 따라 성육신의 삶을 살고자 하는 사람들이다.

반대로 입으로는 그리스도를 고백하지만 삶과 언어, 생활 속의 선택을 보면 사실상 무신론자인 사람들도 있다. 자신의 신념에 대해 그럴싸하게 말하고 교회 활동도 열심히 하지만, 삶과 실질적 가치관은 살아 계신 그리스도의 영이나 성경의 개념보다 이 세대의 세속적 개념의 영향을 더 많이 받는 사람들이다.

예수님을 따르는 우리는 예수님처럼 우리 삶을 일관성 있는 성경적 신학의 틀, 하나님 나라의 세계관이라는 틀 안에서 세워야 한다. 예수님은 자신의 삶과 일을 이 틀 안에서 이해하셨고 그에 따라 살며 일하셨다. 우리도 그래야 한다. 예수님을 따르기 위해 우리는 우리가 누구인지, 우리가 무엇을 위해 창조되고 부름 받았는지 이해하도록, 살아 계신 하나님과 관계를 맺고 성경적 세계관을 이해해야 한다.

성찰하는 삶

철학자 리처드 위버(Richard Weaver)는 생각에는 결과가 따른다는 사실을 일깨워 준다. 우리가 우주와 우리의 세계, 우리 자신의 삶을 보는 기본 틀은 우리가 무엇을 보고 어떤 존재가 되며 어떤 삶을 살게 될지를 결정한다. 지금까지 살펴보았듯이 거짓된 이원론적 세계관이 교회와 신앙생활에 대한 우리의 생각을 많은 부분 형성하게 되면서, 도로시 세이어즈가 언급한 상황이 초래됐다. '복음주의적 영지주의'는 우리 삶의 여정, 이 사회와 교회의 형편, 하나님 나라의 건설에 큰 영향을 끼쳤다.

이 거짓된 세계관에서 벗어날 수 있으려면 새로운 직업 신학을 발전시켜야 한다. 이 말은 성경적 세계관에 따라 우리 삶을 성찰하는 법을 재발견해야 한다는 뜻이다.

성찰하지 못했을 때의 대가는 어마어마하다. 달라스 윌라드(Dallas Willard)의 말대로 "한 개인의 실질적 신학은 그 사람의 삶의 향방에 결정적인 영향을 끼친다.…아무 생각 없이, 또 아무런 지식도 없이 형성된 신학이 깊은 생각과 지식을 바탕으로 형성된 신학만큼이나 큰 힘으로 우리 삶을 쥐고 흔든다."[3]

하지만 대부분 사람은 아무런 성찰 없이 살아간다. 우리 삶의 바탕이 되는 신학을 거의 생각하지 않는다. 리모컨으로 조작되기라도 하듯이 습관에 따라 움직인다. 사고(思考)에 대해서도 생각하지 않는다. 우리가 이 땅에 살아가는 이유를 전혀 성찰하지 않는다. 우리는 깨어 있는 시간의 50-75%, 수명의 60-90%를 일하는 데 사용한다. 하지만 '인생의 목적이 무엇인가, 왜 일하는가, 일의 목적이 무엇인가'와 같은 질문의 답을 찾는 데는 좀처럼 시간을 할애하지 않는다.

개인적인 차원에서도 반성이나 성찰이 없지만, 현대교회 역시 화려하고 자극적이거나 위안을 주는 일들에 매여 있느라 평범한 삶이나 일터에는 신경을 쓸 겨를이 없다.

하지만 교회는 선교 군단인 '그리스도의 몸'이 일터와 공공 영역, 지역사회에서 제 역할을 하도록 준비시킬 능력이 있다. 성경적 직업 신학은 교회가 전하는 메시지의 일부가 되어야 한다. 교인들이 삶에서 일하는 시간에 일터를 제자 삼고 점령하도록 이들을 준비시키는 과정이 개설되어야 한다.

하지만 일에 대한 설교 시리즈를 마지막으로 들어본 때가 언제인가? 자유와 기업 활동, 기업 윤리에 대한 성경적 원칙은 언제 들어보았는가? 일터에 초점을 맞춘 주일학교 모임이나 소그룹 모임은 언제가 마지막이었는가? 기독교 공동체 내에서 이 분야에 대한 생각이나 가르침이 없다는 사실은 거짓된 성속의 이분법에 우리의 실질적 신학이 얼마나 감염됐는지를 반영한다.

정사와 권세와 악의 세력은 어둠의 나라를 키우는 데 일을 이용한다. 동시에 하나님도 빛의 나라를 확장하는 데 일을 사용하신다. 일은 경건하고 합당하게 사용할 수도 있고, 불경하고 부당하게 사용할 수도 있다. 우리는 그리스도를 주로 고백하는 크리스천과 불신자 모두가 빛의 나라 혹은 어둠의 나라를 확장하는데 기여한다는 점을 생각해 봐야 한다. 의식적인 차원이든, 직관적이든, 혹은 부지불식간이든 둘 중 어느 나라에 기여할지 선택을 한다. 세상은 타락했지만 본질적으로 우주는 도덕적이며 인류는 도덕적 행동을 하도록 지어졌기 때문에 불신자들도 때로는 빛의 나라에 기여하기도 한다. 반대로 죄는 크리스천과 불신자를 가리지 않고 어둠의 나라에 기여하게 만든다. 일은 인류를 향한 하나님의 선하신 계획의 한 부분이지만, 죄는 일의 목적과 수단을 모두 타락시키기 때문이다.

크리스천으로서 우리가 의식적으로 하나님 나라의 편에 서서 행동하지 않는다면 우리도 어느새 어둠의 나라에 기여하게 될지 모른다. 우리 개인의 실질적 신학이 진정 무엇인지 인식하지 못한다면, 하나님이 우리를 위해 예비하고 부르신 삶을 살기는커녕 우리가 원하지 않는 삶을 살았다는 사실마저 뒤늦게 깨닫는 우를 범할지도 모른다. 우리 마음과 생각이 하나님께 변화를 받지 않고 거짓된 세계관과 우리의 죄성에 휘둘리면, 진리와 공의를 나타내기 어렵다. 하나님의 임재 가운데 거하지 않으면 이 깨어진 세상에서 그분을 알리기 어렵다.

포괄적 틀

그래서 우리는 개인적으로나 공동체 차원에서, 직업 신학을 계발하기 위한 포괄적 틀을 수립해야 한다. 이런 틀이 있어야 우리 삶과 일을 통합적으로 이해하고 라이프워크에 도달하게 된다. 그러려면 성경을 색다른 각도에서 읽어야 한다. 대부분 사람은 성경을 영적인 생활을 위한 경건 훈련의 용도로 읽는다. 물론 그 자체로도 나쁘지는 않다. 하지만 우리는 성경을 하나님이 주신 사용 설명서(인생 메뉴얼)로 인식해야 한다. 성경은 우리 삶의 전 영역을 향해 (제한적이 아니라) 포괄적인 메시지를 전한다. 우리는 특정 주제에 관한 구절을 이리저리 꿰기보다는 총체적 세계관을 분별하며, 성경을 전체적으로 읽어야 한다.

다시 말해, 성경은 숲과 같다. 성경을 이루는 구절들을 나무 한 그루 한 그루에 비유하자면, 이 나무들을 살펴보며 숲 안에서 숲을 연구하는 방법도 가능하다. 하지만 밖에서부터 연구하는 방법도 있다. 산 꼭대기에 올라 숲 전체를 내려다보는 식이다. 이것이 성경이 제시하는 세계관의 관점이다.

성경을 세계관의 관점에서 접근할 때, 이해하는 데 도움이 되는 세 가지 개념이 있다. 성경의 너비와 성경의 깊이, 마지막으로 성경이 사용 설명서(인생 매뉴얼)라는 개념이다.

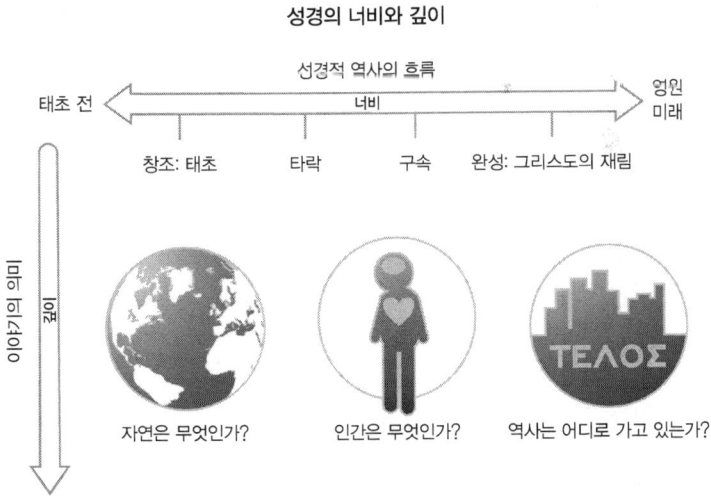

성경의 너비와 깊이

먼저 성경에는 너비가 있다. 성경은 이야기다. 그분의 이야기(HIS-story)다. 이 이야기는 창세기에서 시작해 요한계시록으로 끝난다. 이 서사는 네 가지 부분으로 구성된다. 창조, 타락, 구속(그리스도의 십자가), 완성(그리스도와 그의 나라의 재림)이다.

둘째, 성경에는 깊이가 있다. 성경은 하나님이 실체를 만드신 방식을 드러내고, '무엇이 참된가?', '무엇이 선한가?', '무엇이 아름다운가?'와 같은 질문에 답한다. 성경은 기본적인 철학적 질문에 답한다. 인간의 질문은 크게 세 가지 종류로 나눌 수 있다. 첫째, **지식**에 대한 인식론적 질문이다. '내가 무엇을 알 수 있을까? 내가 어떻게 알 수 있을까? 무엇이 진리인가? 진리가 과연 있는가?' 둘째, **실체**의 본질에 대한 형이상학적 질문이다. '무엇이 실제인가? 신이 있는가? 인간은 무엇인가? 피조물의 본질은 무엇인가? 역사는 어디로 가는가? 내 인생의 목적은 무엇인가?' 그리고 마지막으로 **도덕적** 질문이다. '옳고 그름이 있는가? 무엇이 옳고 그른가? 하나님이 선하시다면 악은 어디서 비롯됐는가? 아름다움이란 무엇인가?' 성경의 깊이는 성경적 세계관을 드러낸다.

셋째, 성경은 사용 설명서다. 가전제품이나 기기를 사면 사용 설명서가 딸려 온다. 그 사용 설명서는 누가 썼을까? 그 제품을 설계하고 만든 사람이다. 왜 썼을까? 제품을 구입한 주인이 제품의 목적과 작동 방법을 알도록 하기 위해서다. 성경은 하나님이 우리를 위해 쓰신 사용 설명서다. 성경은 우리가 삶의 목적을 이해하도록 도와주며 라이프워크의 틀을 계시한다.

성경적 직업 신학을 개발하고 우리 각자에게 주신 '사랑과 은혜의 임무'(project)를 발견하기 위해 성경을 위에서 제시한 세계관의 관점에서 살펴보고자 한다. 먼저 성경을 하나님의 변화시키는 이야기(Transforming Story)라는 하나의 이야기로 살펴보려 한다. 성경은 창세기에서 요한계시록을 아우르며 나아가, 우리의 삶과 일까지 포괄하는 서사다.

제 7 장

성경의 큰 그림
중요한 거대서사

각 문화는 개인의 삶과 일이 정의되고 전개되도록 맥락을 제공하는데, 이 맥락은 해당 문화에 영향을 끼치는 수많은 이야기에서 파생된다. 바로 이 이야기들이 한데 모여 거대한 이야기, 즉 거대서사를 형성한다. 이 거대서사는 그 문화가 실체를 인식하는 틀이 된다. 즉, 개인은 이 거대서사에 따라 자신의 삶을 들여다본다. 다시 말해, 자신이 그 '큰 그림' 안에서 어떤 역할을 하는가에 따라 자신의 삶과 일의 의미를 판단한다는 뜻이다.

크리스천으로서 우리의 거대서사는 우리 문화뿐 아니라 우리 신앙에서 비롯되며, 또 마땅히 그래야 한다. 더욱 구체적으로 말하자면 우리의 거대서사는 세상과 인류, 우주를 향한 하나님의 계획에 비추어 역사를 인식하는 방법을 알려 주는 성경에서 나온다. 성경 이야기에는 변화시키는 힘이 있다. 문화 안에 성경적 거대서사의 요소가 많이 반영되어 있을수록 삶이 건강해지고 일에 더 큰 의미가 담긴다. 이 틀이 부족하면 삶과 일은 하나님의 선한 뜻에서 벗어나 어그러진다. 성경적 역사의 흐름에 따라 빚어진 실체는 우리의 삶과 일이 하나님의 충만하신 뜻을 향해 성숙해 가는 전경(全景)을 만들어 낸다. 우리 삶과 일은 성경적 역사의 맥락, 창조와 타락, 구속과 완성이라는 맥락에 따라 전개되어야 한다.

역사(history)는 그분의 이야기(HIS-story)다! 하나님은 독생자 예수 그리스도가 십자가에서 행하신 일을 통해 잃어버린 자들을 구속하시며, 깨진 것들을 회복하신다. 하나님은 역사를 통해 구속의 목적을 나타내시는 데, 가장 많이 쓰이는 이미지가 하나님 나라다. 하나님 나라는 이 땅과 이 땅에 거하는 모든 생명을 향한 하나님의 뜻을 투영한다. 인간의 죄성은 이 뜻을 가로막았지만, 하나님은 그분의 나라를 재건하고 계신다.

성경적 서사는 변화의 이야기라고도 부를 만하다. 삶의 모든 영역에서 우리 생각과 행동을 새롭게 해 삶과 공동체와 나라를 변화시키는 능력이 성경에 있기 때문이다. 누에고치가 나비로 탈바꿈하듯 하나님께는 어둠을 빛으로, 죽음을 생명으로, 노예를 자유인으로, 부정을 정의로, 잔악무도함을 긍휼로, 탐욕을 자족으로, 빈곤을 풍요로 바꾸시는 능력이 있다. 이 과정에서 하나님은 한 사람, 한 사람을 구하시고 그들의 삶과 관계를 놀랍게 치유하신다. 성경의 이야기에는 사회를 빈곤에서 건져 내는 능력이 있다. 자유롭고 정의롭고 따뜻한 나라를 만드는 능력이 있다.

성경의 이야기는 창세기에서 시작해 요한계시록으로 끝난다. 정원인 에덴동산에서 시작해 하나님의 성, 새 예루살렘에서 끝이 난다. 첫 부부 아담과 하와에서 시작해 어린양의 혼인 예식으로 끝난다. 이야기의 마지막 장면에서 예수님은 신부인 교회와 결혼하려고 다시 오신다. 이 이야기는 능력의 이야기, 모든 이야기를 아우르는 거대한 이야기다. 진리다. 세상 모든 사람이 이 이야기를 위해 지음 받았고, 이 이야기를 갈망한다.

이 놀라운 서사를 함께 살펴보자.

창조 : 태초에 하나님이!

영원의 적막은 성경의 서사가 천둥처럼 울리면서 깨졌다. 태초에 하나님이 천지를 창조하시니라! 모든 문화에는 이야기가 있다. 그리고 그 이야기의 첫 구절은 이후의 줄거리 전개를 결정한다. 힌두교에서는 영원한 존재의 파괴로 이야기를 시작하고 세속주의는 지저분한 물웅덩이를 서막으로 삼는다. 하나님은 모세에게 모든 문화와 모든 시대를 향한 참된 이야기의 첫 구절이 "태초에 하나님이 천지를 창조하시니라"라고 알려 주셨다.

'태초', 즉 시작이 있다면, 프란시스 쉐퍼의 말대로 '태초 전'도 있다. 만약 태초에 하나님이 창조하셨다면, 하나님은 그전부터 존재하셨다. 우주는 영원하신 하나님의 성품과 본질을 바탕으로 창조됐다. 창세기 1장 26절이 그 예를 보여 준다. "하나님이 가라사대 우리의 형상을 따라 우리의 모양대로 우리가 사람을 만들고 그로…다스리게 하자." 하나님은 하나이자 여럿이신 하나님으로 자신을 계시하신다. 천지창조 전부터 삼위일체 하나님 간에 교제와 소통과 공동체가 존재했다. 공동체와 의미 있는 소통을 갈망하는 인간의 본성은 결국 영원 전에 이미 기초가 놓였다. 요한복음 17장 24절에서 예수님은 우리에게 놀라운 말씀을 들려주신다. "아버지여 내게 주신 자도 나 있는 곳에 나와 함께 있어 아버지께서 창세전부터 나를 사랑하시므로 내게 주신 나의 영광을 저희로 보게 하시기를 원하옵나이다." 이 구절을 통해 우리는 창조 전에 이미 사랑이 존재했음을 확인할 수 있다. 사랑하고 사랑받기 원하는 인간의 모든 갈망의 근거가 이미 창세전부터 있었던 셈이다. 우리 생명과 우리가 지음 받은 틀은 '창세전'에 이미 그 정체성을 확립했다.

창세기 1장은 하나님이 완전한 무(無)에서 우주를 창조하셨다고 기록한다. 하나님은 말씀으로 창조하셨다. 그리고 창조를 하실 때마다 피조물에 이름을 붙이셨는데, 그때도 말씀을 사용하셨다. 하나님은 말씀으로 피조물을 지으셨다. 창조의 각 단계가 끝날 때마다 하나님은 그분이 지으신 것이 "선하다" 혹은 "좋다"고 선포하시며 기쁨을 표현하셨다(창 1:4, 10, 12, 18, 21, 25 참고). 마찬가지로 하나님은 창조의 명령을 발하신 후에 굳건하고 안전하다는 의미에서 "그대로 되니라", "합당하다", "참되다", "공의롭다"라고 말씀하셨다(창 1:7, 9, 11, 15, 24, 30 참고). 인간을 지으시고 창조를 모두 마치신 후에 하나님은 그가 지으신 모든 것이 "심히 좋았더라"(창 1:31)고 선언하셨다. 영적 영역과 물질 영역 모두에서 하나님이 지으신 모든 것이 선하다. 하나님과 조화를 이루었고, 피조 세계 내에서도 서로 조화를 이루었다. 창조 때 인간과 창조주, 그리고 나머지 피조물과의 관계는 흠이 없었다.

하나님이 만드신 것은 모두 온전하고 완벽했지만, 그 잠재력이 완전히 실현된 모습은 아니었다. 3부에서 살펴보겠지만 하나님은 피조물에 내재된 잠재력을 개발하도록 인간을 지으셨다. 이는 우리의 라이프워크에 큰 의미를 부여한다.

타락 : 인간이 하늘의 높으신 왕께 반역하다

인간은 하나님의 청지기로 그분의 권속인 세상을 돌보고 관리하도록 피조물 중에 지음 받았다. 하지만 뱀, 즉 사탄은 자신의 재주를 살려 진리를 왜곡했고, 창조주를 거스르고 죄를 지으라고 아담과 하와를 유혹했다. 아담과 하와는 하나님의 진리를 믿기보다 사탄의 거짓을 믿었고, 결국 하늘의 높으신 왕께 반역했다. 이로 말미암아 하나님과 인간 사이의 주된 관계가 깨져 버렸고, 이 주된 관계를 바탕으로 하는 모든 부차적인 관계도 깨지고 말았다. 이러한 영적, 도덕적 사건의 결과는 물질세계에도 투영된다.

인간과 자아. 인간의 죄는 사망을 불러왔다. 최초의 영적 사망, 그리고 이어지는 육신의 사망이다. 인간의 정체성은 산산이 조각났다. 인간 안에 있던 하나님의 형상이 어그러졌고, 생명의 닻이 되는 영원하신 주님과의 관계도 부서졌다. "나는 누구인가?" "내 삶에 목적이 있는가?" "나는 동물에 불과한가?" "나는 죽으면 어떻게 되는가?" 질문이 꼬리에 꼬리를 물었다.

인간과 타인. 인간 사이의 관계도 망가졌다. 나 자신이 누구인지 더는 알지 못하니, 내 이웃이 누구인지도 알지 못한다. 증오와 시기, 탐욕, 타인과 타인의 재산에 대한 무례함이 자리를 잡는다. 인종차별, 부족주의, 남성 우월주의, 계급제도가 판을 치기 시작한다. 타인과 함께 일하기보다 타인을 배제하기 위한 거짓된 위계질서가 생겨난다. 살인과 전쟁이 횡행한다. 부모를 공경하지 않고, 자신의 행동에 책임을 지기보다 다른 사람에게 책임을 전가하는 '남 탓 문화'가 공고해진다. "누가 내 이웃인가?" "다른 이들에게 내가 무슨 책임이 있는가?" "가족이란 무엇인가?" 사회적 관계를 지탱하는 닻이 망가지고 말았다.

인간과 물질세계. 창세기 3장의 기록처럼 동산에 잡초가 자라고 출산에 고통이 따른다. 이런 불가피한 고통과 재앙 외에도 인간이 피조물을 무시하고 경시하게 됐다. 피조물을 돌보고 청지기로서 관리하기보다 소비의 향락에 빠져 피조물을 학대하고 유린한다. 인간은 다른 피조물처럼 자신도 창조주의 우주 속에 지음 받은 존재이며 피조물을 돌봐야 할 책임이 있다는 사실을 망각한다. 아시아에서는 "이 세상이 과연 존재하기는 하는가?"라는 질문이 대두했다. 세계 각지에서 다양한 질문이 터져 나왔다. "우주는 어디서 왔는가?" "우주의 본질은 무엇인가?" "자연과 나의 관계는 무엇이며 나는 자연에 어떤 책임이 있는가?"

인간과 형이상학적 세계. 물질세계와의 관계와 더불어 인간은 비(非)물질적 세계, 즉 천사와 마귀로 대변되는 영적 영역과 관계를 맺는다. 인간의 반역은 크게 네 가지 영역에서 왜곡을 일으켰다. 우리 삶에서 영적 영역과 물질 영역을 잇는 다리 역할을 하는 지식, 도덕, 심미(審美), 문화다.

지식의 영역에서 인간은 우매함을 택하고 지혜를 버리고 거짓으로 진리를 대체하며 거짓으로 생각의 견고한 진을 구축했다. 도덕의 영역에서는 선이 악이 되고 악이 선이 됐다. 부패가 정의를 밀어내고 누구나 자기가 옳다고 생각하는 대로 행동하기 시작했다. 마찬가지로 심미의 영역에서는 실리가 미(美)를 대체하고, 메마름이 사랑스러움을 대신하고, 황량함이 영광을 대신하게 됐다. 진리와 공의, 아름다움을 반영하는 문화를 창조하는 대신 인간은 거짓과 부패, 사악함이 번창하는 문화를 만든다. "진리가 과연 있는가?" "무엇이 진리인가?" "왜 세상은 이처럼 불공평한가?" "아름다움이란 무엇인가?" 인류의 타락 이래로 인간이 고심해 온 형이상학적 질문들이다.

하나님을 거스르는 반역은 광범위하고 전체적인 영향을 끼쳤다. 모든 인간과 인간의 모든 관계, 모든 피조물이 타락으로 망가지고 말았다. 그 때문에 구원 또한 주된 관계뿐 아니라 부차적인 관계까지 아우르는 포괄적인 구원이어야 한다. 하나님이 역사 가운데 피조물을 구속하시고 세상에서 그분의 통치를 세우시며 행하시는 일의 완성이자 정점인 그리스도의 십자가가 바로 우리에게 이러한 구원을 준다.

구속 : 십자가

타락의 여파는 극심했다. 하지만 하나님은 피조물을 그대로 버려두지 않으셨다. 창세기 3장에서 하나님은 뱀을 저주하신다.

네가 모든 가축과

들의 모든 짐승보다 더욱 저주를 받아

배로 다니고

살아 있는 동안

흙을 먹을지니라

내가 너로 여자와 원수가 되게 하고

네 후손도 여자의 후손과 원수가 되게 하리니

여자의 후손은 네 머리를 상하게 할 것이요

너는 그의 발꿈치를 상하게 할 것이니라 창 3:14-15

여기서 다시 한 번 하나님의 구속의 약속을 확인하게 된다. 하나님은 여자의 후손을 통해 뱀의 머리를 상하게 하신다고 신포하셨다. 이 구절 속의 후손인 그리스도는 아브람이라는 사람의 가계를 통해 세상에 오게 된다. 창세기 12장에서 하나님은 아브람과 언약을 맺으신다(창세기 17장에서는 이 언약을 다시 확증해 주시면서 그에게 아브라함이라는 새 이름을 주신다).

여호와께서 아브람에게 이르시되 너는 너의 고향과 친척과 아버지의 집을 떠나 내게 네게 보여 줄 땅으로 가라

내가 너로 큰 민족을 이루고

네게 복을 주어

네 이름을 창대하게 하리니

너는 복이 될지라

너를 축복하는 자에게는 내가 복을 내리고

너를 저주하는 자에게는 내가 저주하리니

땅의 모든 족속이

너로 말미암아 복을 얻을 것이라 창 12:1-3

땅의 **모든 족속**에게 복을 주시겠다는 하나님의 계획은 아브라함을 부르시면서 시작됐다. 하나님은 약속대로 아브라함이 큰 민족, 하나님의 택하신 백성, 이스라엘을 이루도록 하셨다.

창세기 12장 이후부터 구약은 하나님의 백성 이야기를 들려주며, 신약과 함께 성경의 거대서사를 구성한다. 그런데 사실 이 부분은 단순히 하나님의 백성 이야기가 아니다. **하나님**의 이야기, 역사 속에 나타난 하나님의 역사 이야기다. 하나님은 (몇 번이고 거듭해서) 백성을 종살이에서 건져내어 그들에게 율법을 주셨으며, 선지자들을 통해 그들에게 말씀하셨다. 하나님의 백성은 승리와 실패를 거듭하며 하나님이 구속자를 일으키실 구원의 때를 고대한다. 이사야 선지자는 그때에 대해 이렇게 말했다.

이새의 줄기에서 한 싹이 나며

그 뿌리에서 한 가지가 나서 결실할 것이요

그의 위에 여호와의 영

곧 지혜와 총명의 영이요

모략과 재능의 영이요

지식과 여호와를 경외하는 영이 강림하시리니 사 11:1-2

이 이스라엘의 종을 통해 하나님은 모든 피조물, 온 우주를 구속하신다. 구약은 장차 오실 구속자 그리스도를 간절히 기대하며 끝나고, 신약은 그분이 오시면서 시작된다. 궁극적인 카이로스의 순간, 때가 무르익는 순간, 영원이 시간을 뚫고 들어오는 그 순간에 하나님이 인간의 몸을 입으셨다. 그리스도의 초림은 하늘과 땅의 전투에 전환점이 된 사건이었다. 완전한 하나님이자 완전한 인간이신 예수 그리스도가 우리를 위해 완전한 삶을 사셨다. 그리고 죽어 마땅한 우리 대신 돌아가셨다. 죽음을 정복하고 사흘 만에 다시 살아나시어, 내게 새 생명을 주셨다. 이것이 복음이다.

타락은 온 우주에 영향을 끼쳤다. 하지만 그리스도가 행하신 일 또한 온 우주에 영향을 끼쳤다. 골로새서에서 바울은 그리스도가 만물을 자신과 화목하게 하려 돌아가셨다고 기록한다(골 1:20 참고). 예수님의 십자가 죽음은 인간과 하나님의 주된 관계가 온전히 회복되고, 인간과 세상의 부차적인 관계가 놀라운 치유를 경험하는 초석이 됐다. 인간 내부에서, 사회적 관계에서, 인간과 자연의 관계에서, 형이상학적 영역에서 놀라운 치유가 일어난다. 그리스도가 영광 가운데 다시 오실 때 갈보리에서 시작된 이 과정이 완성될 것이다.

완성 : 영광스러운 재림!

예수님이 말세에 다시 오실 때 만물이 그분과 화목케 되는 과정이 완성된다. 우리는 이사야 선지자를 통해 이 그림을 그려 본다.

> 그때에 이리가 어린 양과 함께 살며
> 표범이 어린 염소와 함께 누우며
> 송아지와 어린 사자와 살진 짐승이 함께 있어
> 어린아이에게 끌리며
> 암소와 곰이 함께 먹으며

그것들의 새끼가 함께 엎드리며

사자가 소처럼 풀을 먹을 것이며

젖 먹는 아이가 독사의 구멍에서 장난하며

젖 뗀 어린아이가 독사의 굴에 손을 넣을 것이라

내 거룩한 산 모든 곳에서

해 됨도 없고 상함도 없을 것이니

이는 물이 바다를 덮음 같이

여호와를 아는 지식이 세상에 충만할 것임이니라

그날에 이새의 뿌리에서 한 싹이 나서 만민의 기치로 설 것이요 열방이 그에게로 돌아오리니 그가 거한 곳이 영화로우리라 사 11:6-10

이사야 선지자는 또 그날에 대해 이렇게 말한다.

만군의 여호와께서 이 산에서

만민을 위하여 기름진 것과

오래 저장하였던 포도주로 연회를 베푸시리니

곧 골수가 가득한 기름진 것과

오래 저장하였던 맑은 포도주로 하실 것이며

또 이 산에서 모든 민족의 얼굴을 가린

가리개와 열방 위에 덮인 덮개를 제하시며

사망을 영원히 멸하실 것이라

주 여호와께서 모든 얼굴에서

눈물을 씻기시며

자기 백성의 수치를

온 천하에서 제하시리라

여호와께서 이같이 말씀하셨느니라 사 25:6-8

    그날에는 타락 이전에 존재했던 전 우주적 조화가 회복된다. 그리스도가 목숨을 내어 이루려 하신 포괄적 평강, 샬롬의 평강이 성취된다.

    그날에 그리스도가 신부인 교회와 결혼하려고 다시 오신다.

또 내가 들으니 허다한 무리의 음성과도 같고 많은 물소리와도 같고 큰 우렛소리와도 같은 소리로 이르되

할렐루야 주 우리 하나님 곧 전능하신 이가 통치하시도다

우리가 즐거워하고 크게 기뻐하며

그에게 영광을 돌리세

어린 양의 혼인 기약이 이르렀고

그의 아내가 자신을 준비하였으므로

그에게 빛나고 깨끗한

세마포 옷을 입도록 허락하셨으니

이 세마포 옷은 성도들의 옳은 행실이로다 계 19:6-8

    그날에 그리스도가 그분의 나라, 그분의 성, 새 예루살렘을 완성하신다.

또 내가 새 하늘과 새 땅을 보니 처음 하늘과 처음 땅이 없어졌고 바다도 다시 있지 않더라 또 내가 보매 거룩한 성 새 예루살렘이 하나님께로부터 하늘에서 내려오니 계 21:1-2

그날에 이 땅의 왕들은 자기 나라의 영광과 영예를 하나님의 성으로 가져간다.

그 성은 해나 달의 비침이 쓸데없으니 이는 하나님의 영광이 비치고 어린양이 그 등불이 되심이라 만국이 그 빛 가운데로 다니고 땅의 왕들이 자기 영광을 가지고 그리로 들어가리라 낮에 성문들을 도무지 닫지 아니하리니 거기에는 밤이 없음이라 사람들이 만국의 영광과 존귀를 가지고 그리로 들어가겠고
계 21:23-26

그날에 그리스도가 양과 염소를 구분해 양에게는 영생을, 염소에게는 영원한 죽음을 주신다.

인자가 자기 영광으로 모든 천사와 함께 올 때에 자기 영광의 보좌에 앉으리니 모든 민족을 그 앞에 모으고 각각 구분하기를 목자가 양과 염소를 구분하는 것 같이 하여 양은 그 오른편에 염소는 왼편에 두리라
    그때에 임금이 그 오른편에 있는 자들에게 이르시되 내 아버지께 복 받을 자들이여 나아와 창세로부터 너희를 위하여 예비된 나라를 상속받으라 내가 주릴 때에 너희가 먹을 것을 주었고 목마를 때에 마시게 하였고 나그네 되었을 때에 영접하였고 헐벗었을 때에 옷을 입혔고 병들었을 때에 돌보았고 옥에 갇혔을 때에 와서 보았느니라
    이에 의인들이 대답하여 이르되 주여 우리가 어느 때에 주께서 주리신 것을 보고 음식을 대접하였으며 목마르신 것을 보고 마시게 하였나이까 어느 때에 나그네 되신 것을 보고 영접하였으며 헐벗으신 것을 보고 옷 입혔나이까 어느 때에 병드신 것이나 옥에 갇히신 것을 보고 가서 뵈었나이까 하리니

임금이 대답하여 이르시되 내가 진실로 너희에게 이르노니 너희가 여기 내 형제 중에 지극히 작은 자 하나에게 한 것이 곧 내게 한 것이니라 하시고

또 왼편에 있는 자들에게 이르시되 저주를 받은 자들아 나를 떠나 마귀와 그 사자들을 위하여 예비된 영원한 불에 들어가라 내가 주릴 때에 너희가 먹을 것을 주지 아니하였고 목마를 때에 마시게 하지 아니하였고 나그네 되었을 때에 영접하지 아니하였고 헐벗었을 때에 옷 입히지 아니하였고 병들었을 때와 옥에 갇혔을 때에 돌보지 아니하였느니라 하시니

그들도 대답하여 이르되 주여 우리가 어느 때에 주께서 주리신 것이나 목마르신 것이나 나그네 되신 것이나 헐벗으신 것이나 병드신 것이나 옥에 갇히신 것을 보고 공양하지 아니하더이까

이에 임금이 대답하여 이르시되 내가 진실로 너희에게 이르노니 이 지극히 작은 자 하나에게 하지 아니한 것이 곧 내게 하지 아니한 것이니라 하시리니 그들은 영벌에, 의인들은 영생에 들어가리라 하시니라 마 25:31-46

라이프워크의 의미

우리 삶의 줄거리는 하나님 나라의 거대한 이야기에서 비롯된다. 세속주의와 애니미즘은 영향력 있는 세계관으로서 죽음과 상함, 허무함으로 이어지는 이야기를 만들어 낸다. 성경의 서사는 "태초에 하나님이 천지를 창조하시니라"는 서두와 함께 우리가 동참하는 줄거리를 제시한다. 바울은 우리 삶의 중요성을 서신서에서 세밀하게 풀어낸다. 그는 에베소서 2장 10절에서 우리가 그리스도의 작품이라 말한다.[1] 고린도후서 3장 2-3절에서는 우리를 그리스도의 편지로 묘사한다. "너희는 우리의 편지라 우리 마음에 썼고 뭇 사람이 알고 읽는 바라 너희는 우리로 말미암아 나타난 그리

스도의 편지니 이는 먹으로 쓴 것이 아니요 오직 살아 계신 하나님의 영으로 쓴 것이며 또 돌판에 쓴 것이 아니요 오직 육의 마음판에 쓴 것이라."

하나님이 그분의 이야기를 쓰고 계시고 그 변화의 이야기에 우리 삶이 연결될 때, 우리 삶에 줄거리가 잡힌다. 오스 기니스는 이 진리를 이렇게 표현했다. "시대 상황이 불확실하고 혼란스러워도 그리스도의 부르심을 따르라. 그러면 당신의 인생에 줄거리가 잡힌다."[2]

우리의 라이프워크는 성경적 역사의 틀 안에서, 특히 십자가로 대표되는 그리스도의 초림부터 말세에 역사가 완성되는 그리스도의 재림 사이의 시간과 공간을 담은 성경의 역사 속에서 그 의미를 얻는다. 타락과 재림 사이에는 두 가지 중대한 사건이 있다. 첫째는 우리를 구속하시기 위해 이 땅에 오신 그리스도의 초림이다. 그리고 둘째는 당신의 삶이다!

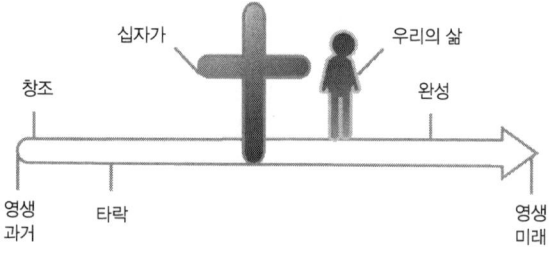

두 가지 중대한 사건

당신은 하나님 나라의 전개에서 당신만의 자리를 지키도록 지음 받았다. 그 자리는 역사 속 그 누구도 대신하지 못한다. 에스더를 향한 모르드개의 말은 하나님 나라가 전개되는 데 우리 각자의 삶이 얼마나 독특한 역할을 하는지 잘 보여 준다. "네가 왕후의 자리를 얻은 것이 이때를 위함이 아닌지 누가 알겠느냐"(에 4:14).

하나님의 이야기에서 당신의 역할은 무엇인가? 당신의 삶과 일을 하나님 나라와 연결하는 접점, 당신의 라이프워크는 무엇인가? 다음 장에서는 성경적 직업 신학을 세워 가면서 변화의 이야기의 핵심 요소들을 면밀히 살펴보겠다. 먼저 피조물 가운데 우리를 향한 하나님의 부르심, 그리스도의 십자가로 새롭게 된 부르심, 우리의 마음과 생각과 목숨과 힘을 다 바치고 우리의 전 존재와 우리 삶의 모든 나날을 드리기에 합당한 그 부르심을 생각해 보자.

제 3 부

직업과
신앙이
하나 되는
삶의 능력

문화적 사명

A BIBLICAL THEOLOGY FOR WHAT YOU DO EVERY DAY

제 8 장

문화
물질 영역과 영적 영역이 만나는 자리

두 살배기 하카니가 말도 못하고 걷지도 못하자, 지도자들은 부모에게 하카니를 죽이라고 명령했다. 아마존의 몇몇 인디언 부족은 신체적 결함이 있는 아이에게는 영혼이 없으니 병들었거나 기형인 동물들처럼 죽여야 한다고 믿었다. 이는 하카니의 부족 지도자들도 예외가 아니었다.

하카니의 부모는 딸을 죽이는 대신 자살을 택했다. 결국 당시 십대였던 하카니의 오빠가 부모 대신 지도자들의 잔혹한 명령을 수행해야 했고, 큰 칼로 동생을 내리쳤다. 하지만 땅에 묻으려는 순간 하카니가 다시 깨어났고, 오빠는 차마 동생을 다시 해하지 못했다. 하는 수없이 할아버지가 손녀에게 활을 당겼고, 이내 할아버지는 괴로움을 견디지 못하고 자살을 기도했다.

할아버지의 화살에 맞아 부상을 당한 하카니는 정글로 도망쳤고, 오빠가 몰래 가져다주는 음식으로 연명하며 3년 동안 짐승처럼 살았다. 마침내 마르샤와 에드슨 수주키(Marcia and Edson Suzuki) 부부에게 입양이 됐지만, 위험은 여전했다. 브라질 당국은 '부족의 문화를 존중한다'는 미명 아래 20년 동안 수루와하 부족을 섬기며 사역해 온 브라질 출신 수주키 부부가 다섯 살 난 하카니를 도와달라는 요청 자체를 하지 못하도록 막으려 했다. 전모를 알면서도 정부가 아이들의 살해를 방치하고 있다는 얘기다.

아마존에서는 매년 하카니와 같은 아이들이 수십 명씩 살해를 당한다. 출생 자체가 저주라고 믿는 쌍둥이나 세쌍둥이도 마찬가지다.

수주키 부부와 같은 활동가들은 무고한 생명을 앗아가는 부족의 신념뿐 아니라 관료와 학자들의 시각에도 맞서 싸우고 있다. 정부의 공식적인 반응을 반복하는 듯한 아마존의 한 대학 인류학 교수의 말은 인류학자들의 일반적인 시각을 전형적으로 보여 준다. "이것이 그들 삶의 방식이며, 우리는 우리의 가치관을 근거로 그들을 판단해서는 안 됩니다. 문화적 차이는 존중되어야 합니다."[1]

정말 그런가? 문화가 정말로 중립적인가? 한 문화의 신념이나 관습을 평가할 기준이 되는 객관적 실체란 진정 존재하지 않는가? 진정 아이들은 하나님의 형상에 따라 창조되었는가? 그렇다면 우리는 문화적 상대주의를 거스르며 분연히 일어나야 한다. 문화와 맞서 싸워야 한다. 무고한 인명을 앗아가도록 방치하고, 피부색을 이유로 사람을 노예로 삼는 법에 반기를 들어야 한다. 문화가 상대적이라면, 누가 살고 누가 죽어야 할지도 결국 힘에 따라 결정된다. 힘 있는 자가 자신과는 피부색이 다른 사람이나 발달이 느린 사람을 죽이고 싶어 한다면, 무엇이 그들을 막을 수 있겠는가?

하카니의 부모는 문화를 맹목적으로 좇지 않았다. 하카니의 오빠와 할아버지는 문화가 제시하는 삶의 방식을 판단하고 나름의 결론에 도달했다. 외부 문화의 가치관을 찾아다니지 않았다.

외부인으로서 우리는 **우리의** 가치관을 바탕으로 그들을 판단해서는 안 된다. 하지만 진정한 실체에서 흘러나오는 가치관을 근거로 삼아 그들도, 우리도 판단을 내릴 수 있는 것이다.

문화 창조자

앞 장에서 언급했듯이 성경의 거대서사가 증거하는 객관적 실체가 분명 존재한다. 우리는 인간의 정체성과 우주의 정체성이 '창세 전'부터 창조주이신 하나님의 성품과 본질에 뿌리를 둔다는 사실을 발견했다. 창조의 서사를 더 깊이 살펴보면 우리의 본질과 궁극적인 목표를 바로 이해하는 데 필수적인 일련의 진리와 맞닥뜨리게 된다. 하나님이 인간을 **문화** 창조자로 만드셨으며, 우리가 어떤 문화를 만드느냐가 심히 중요하다는 진리다. 부르심이 무엇이든 어느 곳에서 섬기든 크리스천으로서 우리가 하는 일은 궁극적으로 하나님 나라의 문화를 만드는 일이다. 하나님의 참된 본질과 성품을 그대로 보여 주는 문화를 만드는 일이다.

문화 창조자로서 우리의 임무는 창조 명령 혹은 문화 명령이리 불린다. 창세기 1장 26-28절의 창조 서사에 이 임무가 등장한다.

하나님이 이르시되 우리의 형상을 따라 우리의 모양대로 우리가 사람을 만들고 그들로 바다의 물고기와 하늘의 새와 가축과 온 땅과 땅에 기는 모든 것을 다스리게 하자 하시고

하나님이 자기 형상
곧 하나님의 형상대로 사람을 창조하시되
남자와 여자를 창조하시고

하나님이 그들에게 복을 주시며 하나님이 그들에게 이르시되 생육하고 번성하여 땅에 충만하라, 땅을 정복하라, 바다의 물고기와 하늘의 새와 땅에 움직

이는 모든 생물을 다스리라 하시니라.

이 구절에서 하나님의 창조 활동의 정점을 발견할 수 있다. 하나님은 "우리의 형상을 따라…우리가 사람을 만들고"라고 말씀하셨다. 이 말씀을 통해 인간의 정체성이 확립됐다. 인간은 하나님의 형상대로 지음 받았다. 하나님은 또한 "다스리게 하자"라고 말씀하셨다. 이 말씀으로 인간의 목적이 확립됐다. 인간은 하나님 권속의 청지기로서, 하나님을 대신해 이 땅을 다스릴 자로 지음 받았다.

하나님이 만드신 것은 완벽했지만 아직 완성작은 아니었다. 하나님은 주된 창조자이시고, J. R. R. 톨킨의 표현을 빌자면 인간은 '보조 창조자'(sub-creator)다.[2] 하나님이 주된 피조물을 만드셨다. 그리고 인류는 주된 창조주와 주된 피조물을 드러내고 영화롭게 하는 부차적 피조물인 문화를 만드는 소임을 받았다. 인간은 하나님의 청지기로서 적극 창조하는 존재로 지음 받았다. 인간이 하나님의 형상을 담은 자들로 이 땅을 채우면, 다음으로는 이들이 나아가 이 땅을 개간한다. 도토리 한 알이 자라나 거대한 떡갈나무가 되듯이, 하나님의 손으로 지음 받은 피조물은 완벽하고 그 자체로 완전했지만 그 잠재력의 문은 인간이 열어야 한다는 의미다.

시편 중에서도 가장 아름답다고 말해도 전혀 손색이 없는 시편 8편은 이렇게 묻는다. "사람이 무엇이기에 주께서 그를…생각하시나이까." 그리고 이어 "하나님보다 조금 못하게 하신" 인간이 하나님을 대신해 통치하리라고 계시한다. 시편 8편 3-8절의 말씀이다.

주의 손가락으로 만드신
주의 하늘과

주께서 베풀어 두신

달과 별을 내가 보오니

사람이 무엇이기에 주께서 그를 생각하시며

인자가 무엇이기에 주께서 그를 돌보시나이까

그를 하나님보다 조금 못하게 하시고

영화와 존귀로 관을 씌우셨나이다

주의 손으로 만드신 것을 다스리게 하시고

만물을 그의 발 아래 두셨으니

곧 모든 소와 양과 들짐승이며

공중의 새와

바다의 물고기와

바닷길에 다니는 것이니이다.

당혹스럽지 않은가? 하나님이 인간으로 하여금 "주의 손으로 만드신 것을 다스리게" 하셨다니! 커다란 이권이 달렸거나 상당한 금액이 투자된 프로젝트의 통제권을 조금이나마 다른 사람에게 넘겨주려는 사람이 얼마나 되겠는가? 하지만 비교하기도 민망할 만큼 작은 영역을 다스리는 우리와 달리 모든 능력의 하나님은 지배광이 아니시다. 하나님은 권한 위임의 대가시다. 말단, 그것도 인턴에 불과한 우리를 동역자로 부르시며 이사회실로 초대하신다. 중요하지 않은 임무는 맡기지도 않으신다. 무게를 감당할 수 있는 존재로 우리를 지으시고, 준비시키셨다. 그분의 형상을 따라 우리를 지으시고 창조자가 되도록 우리를 창조하시면서, 하나님은 우리 한 사람 한 사람에게 어마어마한 책임과 더불어 기회를 주셨다. 인도의 학자이자 작가인 비샬 망갈와디(Vishal Mangalwadi)는 합당한 경외감을 표출했다. "하나님은 입을 열어 우주를 창조하셨다. 인간은 입을 열어 그 우주를 형성하는 문화를 창조한다."³

문화 : 외연화된 예배

왜 창세기의 말씀을 문화 명령, 혹은 **문화적** 사명이라 부를까? 대체 문화란 무엇인가? 문화를 창조한다는 것이란 무엇일까?

하카니의 이야기를 통해 인간이 문화란 무엇인지, 문화가 과연 '만들어진' 것인지에 대해 합의점을 찾지 못했다는 사실을 확인했지만, 사실 **문**

캐틀린 노리스 Kathleen Norris **의 이야기**

할머니가 유산으로 남기신 집에 잠시 머물기 위해 뉴욕의 예술계를 떠나 사우스다코타로 갈 때만 해도 시인 캐틀린 노리스는 그 여정이 어떤 길로 이어질지 전혀 알지 못했다. '잠시'로 예정했던 여행은 노리스와 남편이 뉴욕과는 판이한 평원 마을에 정착하면서 25년이나 연장됐다.

조부모님의 집에서 사는 동안 노리스는 할머니가 다니시던 장로교 교회의 성도이자 평신도 설교자가 됐다. 노리스는 이 여정을 첫 논픽션 《다코타: 영적 지형도》 Dakota: Spiritual Geography 에서 회고한다. 노리스는 베네딕트 수도원 수도사들의 영향을 받으며 기독교에 마음을 열게 됐다. 수많은 작가처럼 노리스에게도 시詩가 곧 종교였다. 수도원에서 개최하는 문학 강독에 참석하는 동안 노리스는 수도사들과의 우정에 힘입어 여정에서 몇 발 앞으로 나아갔다. 오래 고민하고 씨름한 끝에 노리스는 그리스도를 따르기로 했다.

한때는 크리스천인 동시에 작가이기는 불가능하다고 다른 작가 친구들과 함께 이야기하고 두려워하던 그였지만, 이후로 자신의 분야에서 계속 왕성하게 활동하며 이전의 생각이 틀렸음을 입증했다. 노리스는 시 외에도 《다코타》나 《수도원 산책》 생활성서사 역간 을 포함해 뉴욕 타임즈 베스트셀러를 다수 집필했다.

화는 정의 내리기가 쉽다. 신학자 헨리 반 틸(Henry Van Til)은 간단명료하게 문화를 정의했다. "문화란 외연화된 종교다."[4]

문화(culture), 경작하다(cultivate), 컬트(cult)는 서로 밀접한 관계가 있는데, 이 단어들을 살펴보면 문화와 종교의 관계가 파악된다. 연예인들을 광적으로 쫓아다니는 집단에서 엇나간 종교 단체에 이르기까지 다양한 의미에 컬트가 사용된다는 점은 다들 익히 알고 있을 것이다. 하지만 이들의 경우 예배의 대상이 잘못됐다. 컬트라는 단어의 어원은 "신적인 존재에게 바치는 예배 또는 경의"[5]이기 때문이다. 문화(culture)나 경작하다(cultivate)처럼 컬트라는 단어도 라틴어 동사 콜레레(colere)의 과거 분사형인 컬투스(cultus)에서 파생됐다. 콜레레는 '일구다, 돌보다, 경작하다'라는 뜻이다.

특히 《놀라운 은혜: 믿음의 단어》 Amazing Grace: A Vocabulary of Faith 는 기독교 신앙에 중요한 단어를 하나하나 고찰하는 에세이 묶음인데, 노리스가 성인이 되어 교회로 돌아올 때만 해도 무시무시하고 부담스럽다고만 여겼던 단어들이 이 책의 상당 부분을 차지하게 됐다는 점이 놀랍다. 이 책에서 노리스가 무엇을 의도했고 달성했는지는 바클레이 에이전시 Barclay Agency 의 글을 보면 잘 알 수 있다.

노리스의 책 《놀라운 은혜》는 영적인 세계가 일상의 격랑에 뿌리내리고 있다는 그녀의 주제를 이어간다. 이 책에서 노리스는 은혜, 회개, 신조, 믿음과 같은 매우 난해한 신학적 개념을 조명한다. 우리가 살아가는 세상에서 이러한 종교적 개념들의 근거를 찾아 제시함으로써 이들에 관한 이야기를 들려주고자 함이다.[6]

〈샌프란시스코 선데이 이그재미너 앤드 크로니클〉 지紙 는 노리스를 "이 시대에 가장 유려하면서도 현실적인 영적 작가 중 한 사람"[7]이라고 평했다.

〈호밀레틱스〉 지紙 는 노리스와의 인터뷰에서, 이전에 그토록 오랫동안 기독교와 저술 활동을 양립하기 어렵다고 생각해 온 이유가 무엇이었는지 물었다.

세 단어의 어원인 컬투스의 사전적 정의는 '보살핌, 경외, 경의, 예배'다.

얼기설기 얽혀 있는 이 세 단어는 문화의 어원이 예배라는 진실을 보여 준다. 《소망으로 밭을 갈며: 성경적 문화 신학을 향하여》(*Plowing in Hope: Toward a Biblical Theology of Culture*)에서 데이비드 헤게만(David B. Hegeman)은 이런 글을 썼다.

(문화라는) 단어는 종교적인 맥락에서 예배를 의미하는 단어로 사용할 수 있었다. 농부가 자신의 작물에 온 신경과 마음을 쏟듯, 예배자도 자신이 섬기는 신에게 완전히 몰두한다는 의미로 보인다. 따라서 이 단어는 경배, 숭배를 뜻하는 라틴어 컬투스와 긴밀한 관계가 있다. 영어 단어(culture)에는 컬트(cult),

---

노리스 교육의 영향이 컸어요. 전 오륙십 년대에 학창 시절을 보냈죠. 심리학도 한몫을 했고요. 제2차 세계대전 이후로 많은 작가가 심리학의 발전에 관심을 쏟게 됐는데, 프로이트의 관점에서 종교는 유아기적이고 그 단계를 뛰어넘어야 한다는 식이었죠. 그런 면이 제가 받은 교육이나 문화에 흘러들어 왔다고 봅니다. 종교는 아이들이나 노인들에게나 필요하고, 정말 수준이 있는 성인이라면 종교가 필요 없다고 생각했어요. 이런 태도는 아직도 우리 사회에 남아 있어요. 제가 좋아하는 현대 작가들 중에는 크리스천이거나 크리스천으로서의 생각을 작품을 통해 표현하는 사람이 거의 없어요. 하지만 이런 추세가 바뀌는 중입니다. 제 세대의 작가들과 젊은 작가들 상당수가 작품을 통해 자신의 신앙을 표현하는 데 전혀 거리낌이 없습니다. 저 역시도 전혀 어려움이 없고요. 하지만 전에는 결코 쉽지 않았어요. 제 생각을 포기해야 한다고 생각했어요. 작품이 아무래도….

호밀레틱스 질이 떨어질지 모른다는 말씀이신 거죠?

노리스 예. 저와 똑같은 고민을 안고 있었던 작가들은 "이제 어떻게 글을 쓰시겠어요?"라고 묻기도 했어요. 그러던 어느 날 강독회에 갔을 때였어요. 성경적인 주제로 시를 몇 편 썼는데, '봐, 할 수 있잖아!' 하는 생각이 들었어요. 신앙과 시를 한데 묶는 일

컬트적인(cultic), 주술(occult) 등의 단어와의 관계가 남아 있다.[8]

본질적으로 문화는 사람들의 숭배(cult)의 산물 혹은 종교의 산물이다. 문화는 사람들이 예배하는 신을 반영한다.

이는 문화가 특정 집단의 생활방식의 합에 불과하다는 현대 유물론자들의 가정에 정면으로 배치된다. 목사이자 교육자인 조지 그랜트(George Grant)는 《미가의 사명》(The Micah Mandate)에서, 아우구스티누스가 문화의 본질을 어떻게 이해했는지 지적한다.

아우구스티누스에 따르면 문화는 인종, 민족, 민속, 정치, 언어, 유산을 그대로

이 즐거웠어요. "이 둘은 양 극단이 아니에요. 하나가 다른 하나에게 힘을 줘요. 그리고 다시 서로에게서 영감을 받아요. 이 둘은 협력관계에요"라고 말하는 게 즐거웠어요.[9]

노리스가 깨닫고 작품을 통해 생생하게 입증하듯이 기독교 신앙은 정직함이나 창조성, 기술을 저해하지 않는다. 오히려 우리 안에 이런 재능들을 더 많이 불러일으킨다. 노리스가 다루는 다양한 주제는 재능이 신앙에 얽매이기보다 오히려 신앙으로 지식이 더해져 풍성하게 살 수 있음을 잘 보여 준다.

격동의 육칠십 년대 대학과 뉴욕 예술계에서 노리스가 자신을 찾아갔던 경험, 베네딕트 수도원에서 머문 몇 개월의 시간, 다코타 전역의 초등학교에서 객원 예술가로 아이들과 함께 했던 기억, 영적 유산을 거머쥐기 위해 씨름했던 시간, 정체성을 찾고 우울증을 떨쳐내기 위해 고군분투했던 경험, 30년의 결혼 생활 동안의 부침 등 노리스의 글은 다양한 경험과 기억을 아우른다. 지역사회에서 작가로서 한 개인으로서 자신의 일을 통해 문화를 창조해 내고 있는 캐틀린 노리스는 창의력과 절제를 체화하며 교회와 문화에 하나님의 본질과 그분의 피조물인 우리의 본질을 보여 준다.

반영하는 것이 아니라 사람들의 종교적 신념을 표출하는 것이다. 다시 말해 문화는 사람들의 신앙의 가시적 표현이다. 문화가 바뀌기 시작한다면 유행이나 변덕, 세월이 바뀌었기 때문이 아니라, 세계관이 바뀌었기 때문이다. 신앙이 바뀌었기 때문이다. 따라서 인종과 민족, 민속과 정치, 언어나 유산은 한 사회를 지탱하는 종교적, 영적 뿌리를 중심으로 한 깊은 차원의 패러다임을 표현하는 것이다.

아우구스티누스는 이교도의 철학을 비판하고 교회의 왜곡된 신학을 폭로하는 데 자신의 삶과 사역을 아낌없이 쏟아 부었다. 그 이유는 이러한 철학과 신학이 인류의 영적 운명을 결정하기 때문에 영원의 관점에서 매우 중요할 뿐 아니라 동시에 이들은 현시대에 모든 문명의 방향성을 결정짓는다는 점에서 '지금 이곳'에서도 매우 중요하기 때문이다. 그는 이 사실을 잘 알았다.

(생략) 아우구스티누스는 한 민족의 지배적인 세계관이 (불가피하게) 그들이 살아가는 세상을 형성한다는 사실을 정확히 인식했다.[10]

현대 사회에서도 쉽사리 이런 모습을 발견할 수 있다. 아프가니스탄의 탈레반은 자신들의 예배 대상을 그대로 반영하는 사회를 만들었다. 마찬가지로 미국의 대중문화도 세속적 신념 체계에 입각한 유물론적 사상을 고스란히 반영한다.

유물론적 사상에서 기원한 현대 인류학은 문화를 중립적으로 본다. 신이 존재하지 않는다고 믿는 유물론의 패러다임에서는 객관적 진리란 없다. 따라서 만사가 상대적이다. 이런 가정을 받아들이면 어떤 개인이나 문화가 다른 개인이나 문화를 비평해서는 안 된다. 그 어떤 문화나 문화적 양상도 우월하거나 열등하지 않다. 그렇기에 모든 문화가 그 자체로 가치가 있다. 이런 관점을 그대로 수용한다면 어떻게 독일의 나치 수용소와 테레사 수녀 병원, 이 시대 미국 대중문화의 차이를 구분할 수 있겠는가?

문화는 그 뿌리가 예배, 혹은 숭배에 있기 때문에 결코 중립적이지 않다. 문화는 영적 영역과 물질 영역의 교차점에 있다. 영적 영역이 문화라는 지점에서 물질 영역에 영향을 끼친다는 표현이 적절하겠다. 생각에는 결과가 따르듯 우리의 예배, 숭배에도 결과가 따른다.

컬트는 문화로 이어진다. 그리고 그 문화는 우리가 어떤 사회, 어떤 나라를 만들지를 결정한다. 만약 사람들이 동방의 애니미즘처럼 변덕스럽고 뇌물에 부화뇌동하는 신을 예배한다면 뇌물이 일상이 되는 부패의 문화가 구축된다. 이 문화는 재계와 경제, 정치, 사법 제도에 고스란히 반영된다. 결국 한 국가가 영적, 물질적 빈곤에 빠질 수밖에 없다.

문화 비평

문화는 결코 중립적이지 않다. 살아 계신 하나님은 창조하신 우주 속에 살고 계신다. 포스트모더니스트들의 주장과는 달리 객관적 실체가 존재한다. 따라서 문화는 비평하고 평가할 수 있을 뿐만 아니라, 비평하고 평가해야 한다. 열방이 건강하기를 바란다면 정의를 일으키는 문화, 그리고 부패를 조장하는 문화를 각각 구분할 수 있어야 한다. 자유와 긍휼, 경제적 안녕을 도모하는 문화와 잔혹과 빈곤, 노예화를 부추기는 문화를 점검하고 비교해야 한다.

문화 비평의 지침이 되는 주된 문화적 틀은 하나님 나라의 문화, 거짓 문화, 자연적 문화, 이 세 가지다.[11] 정도는 다소 다르나, 이 세 가지는 어느 나라에나 존재한다. 어느 나라에나 어느 정도의 하나님 나라 문화와 어느 정도의 거짓 문화가 혼재한다. 이 관점은 하나님이 존재하며, 그분이 진리와 거짓, 선과 악, 아름다움과 어둠이 공존할 수 있는 실질적이고 객관적인 우주를 만드셨다고 가정한다.

하나님 나라 문화

하나님 나라 문화는 하나님이 만드신 실체에 입각한다. 살아 계신 하나님의 본질과 성품을 반영하는 문화다. 하나님 나라 문화는 하나님 성품의 현현(顯現)인 하나님의 법에 사람들이 의식적으로든 무의식적으로든 순종할 때 생겨난다. 하나님이 참되고, 공의롭고, 아름다우시듯이 하나님의 피조물과 그 피조물을 관장하는 법도 참되고 공의롭고 아름답다.

예수님이 제자들에게 "내가 너희에게 분부한 모든 것을 가르쳐 지키게 하라"(마 28:20)고 하시며 열방을 제자 삼으라고 말씀하셨을 때 "내가 너희에게 분부한 모든 것"을 한데 묶어 주는 공동의 축은 무엇이었을까? 그것은 바로 하나님의 형이상학적이고 물리적인 법칙을 반영하는 진리, 하나님의 도덕률을 반영하는 정의, 하나님의 심미적 법칙을 반영하는 아름다움이었다.

더글러스 존스(Douglas Jones)와 더글러스 윌슨(Douglas Wilson)은 이 삼중주를 "문화의 세 가지 얼굴"[12]로 표현했다. 이 세 가지가 하나님 나라 문화의 기초이며 생명과 건강, 발전으로 이어지는 길이다.

하나님 나라의 문화: 실체에 입각

> 진리: 하나님의 형이상학적이고 물리적인 법칙을 반영
> 정의: 하나님의 도덕률을 반영
> 아름다움: 하나님의 심미적 법칙을 반영

하나님 나라 문화는 하나님 나라의 현현이다. 예수님은 하나님 나라가 이 세상 나라에 영향을 끼치게 하라며 제자들을 부르신다. 주님의 기도(마 6:9-13 참고)는 두 나라의 상호작용을 인정한다. "나라가 임하시오며 뜻이 하늘에서 이루어진 것 같이 땅에서도 이루어지이다." 하나님의 뜻이 이루어지고 그분의 명령에 사람들이 순종하는 곳이라면 어디나 하나님 나라다. 하나님 나라의 본질은 지금이나 미래에나, 이 땅에서나 하늘에서나 동일하다. 성취의 정도만 다를 뿐이다.

하나님 나라 문화는 각 민족과 나라를 예수님의 통치를 향해 "더 높이…더 깊이 들어"[13] 오라고 부른다. 살아 계신 하나님을 예배하는 행위로써 영혼뿐 아니라 땅을 경작하고 이 땅을 개발하라고 촉구한다. 교회는 이 세상이 볼 수 있도록 살아 계신 하나님의 본질과 성품을 드러내는 문화를 창조해야 한다. 우리가 성경적인 형이상학적 진리와 성경적인 윤리적 정의, 성경적인 심미적 아름다움을 삶의 모든 영역에 제시해야 한다는 뜻이다.

하나님 나라 문화를 살아 내며 선포하기

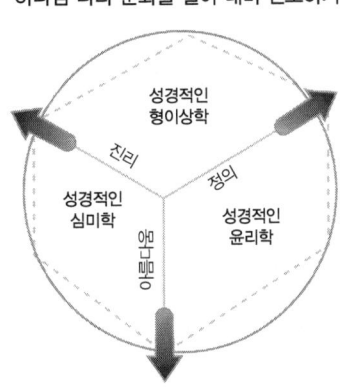

어느 나라에나 하나님 나라 문화의 요소가 있다. 그 요소를 발견하는 곳마다 더욱 육성하고 북돋아 줘야 한다.

거짓 문화

거짓 문화는 진리와 정의, 아름다움에 관한 사탄의 거짓을 믿은 결과물이다. 사탄은 개인과 국가에 모두 거짓말을 한다. 나라에 하는 거짓말은 문화적인 차원에서 나타난다. 이사야는 실체를 왜곡한 이스라엘에 이렇게 경고한다.

> 악을 선하다 하며 선을 악하다 하며 흑암으로 광명을 삼으며 광명으로 흑암을 삼으며 쓴 것으로 단 것을 삼으며 단 것으로 쓴 것을 삼는 자들은 화 있을진저
> 사 5:20

사탄의 거짓을 믿으면, 나라 전체가 죽음과 빈곤에 허덕이며 노예의 삶을 살게 된다. 어느 나라에나 약간의 거짓 문화가 있다. 어떤 아이를 살려 두고 어떤 아이를 죽일지 결정하는 수루와하 부족의 문화나 신이 없다고 믿는 미국 문화, 세계 여러 지역에 여전히 팽배한 남녀 차별 문화가 그러한 예다. 한 나라가 건강하게 성장할 수 있으려면 먼저 그 안의 파괴적인 요소들을 식별하고 근절하며, 그 자리를 하나님 나라의 원칙들로 채워야 한다.

자연적 문화

문화의 자연적 요소들은 선하지도 악하지도 않은 도덕적 중립성의 영역에 해당된다. 한 민족의 독특한 색과 소리, 맛과 촉감 등이 여기에 포함된

다. 이러한 요소들은 도덕적으로 중립적이지만, 해당 민족에게는 풍미와 생명을 더해 주고 다른 문화권에서 온 이들에게는 즐거움이 된다. 자연적 요소들은 우리가 기뻐하고 즐거워할 대상이다.

문화가 중요하다

음악과 미술, 문학과 같은 창구를 통해 주된 창조자이신 하나님과 그 하나님이 만드신 실체, 피조 세계를 더 많이 드러낼수록 선한 문화가 된다. 생명을 도모하는 문화라 얘기해도 무방하겠다. 문화가 실체를 왜곡하고 하나님을 부인하면 할수록 국민은 더욱 극심한 빈곤과 속박, 죽음에 허덕이게 된다. 우리 자신의 삶, 지역 일간지 기사 제목, 폭정에 시달리는 국민이 몰래 전송한 휴대전화 사진과 동영상만 봐도 문화가 중립적이고 추상적인 주제가 아니라는 점을 이해하게 된다. 하카니의 사례와 같은 이야기만 들어도 문화가 얼마나 중요한지를 인식하게 된다.

하나님은 우리를 문화 창조자로 지으셨다. 크리스천으로서 우리는 분명한 목적의식 아래 **하나님 나라** 문화를 창조하도록 지음 받았다. 다음에 이어지는 9장 "문화적 사명의 요소"에서는 인류의 중차대한 소명인 문화적 사명의 핵심 요소들을 살펴보겠다.

제 9 장

문화적 사명의 요소

어떤 직업이 됐든 크리스천이 하는 일은 궁극적으로 **하나님 나라**의 문화를 창조하는 것이다. 하나님의 참된 성품과 본질을 반영하는 문화 창조가 우리의 사명이다. 창조 서사는 우리가 하나님의 지식으로 온 땅을 채우며 이 부르심을 따라 살아가는 데 필요한 핵심 원칙을 제시한다.

문화적 사명의 두 부분

첫째, 창세기에 기록된 문화적 사명(문화 명령)에는 사회적 사명과 개발의 사명이라는 두 가지 주된 부분이 있음을 인식해야 한다.

사회적 사명

하나님은 자기 형상을 따라 인간을 창조하시고 "그들에게 복을 주시며 하나님이 그들에게 이르시되 생육하고 번성하여 땅에 충만하라"(창 1:28)고 말씀하셨다. 인간은 공동체를 지향하도록 지음 받았다. 가장 기본적인 공동체는 가정이다. 하나님은 아담과 하와가 자녀를 낳고, 그 자녀들이 장차 자라나 또 자녀를 낳고 생육하고 번성하여 땅에 충만하도록 계획하셨다. 그런데 땅에 충만하게 할 것은 무엇일까? 유물론자들은 인간을 하나의 동물이나 자원의 소비자, 먹여 살려야 할 입 이상으로 보지 않는다. 번성하여 땅에 충만하라는 하나님의 명령은 유물론의 입장에서는 먹여 살려야 할 입이 늘어난다는 얘기다.

하지만 성경의 모델은 인간이 하나님의 형상임을 이해한다. 인간은 생각과 마음이 있고, 혁신과 창조의 능력이 있는 존재다. "땅에 충만"하라는 하나님의 명령은 자원을 소비할 입을 늘리라는 의미가 아니라, 이 세상이 그 아름다움과 풍성함을 드러내도록 경작하고 관리할 하나님의 형상을 담은 자를 늘리라는 뜻이다.

문화 창조자는 하나님을 아는 지식으로 이 땅을 가득 채우려고 세상 사방으로 나아가는 자들이다.

개발의 사명

문화적 사명의 두 번째 부분은 개발의 사명이다. 인간을 만드시면서 하나님은 "그들로 바다의 물고기와 하늘의 새와 가축과 온 땅과 땅에 기는 모든 것을 다스리게 하자"(창 1:26)라고 말씀하셨다. 앞 장에서 살펴보았듯이 인간은 하나님을 대신해 다스릴 자로 지음 받았다. 하나님은 우리를 그분의 권속을 관리할 청지기로 지으셨다.

인류가 청지기가 되는 길은 두 가지가 있다. 첫째, 손과 발로 섬기고 둘째, 영과 혼으로 섬긴다. 창세기 2장 15절은 이렇게 기록한다. "하나님이 그 사람을 이끌어 에덴동산에 두어 그것을 경작하며 지키게 하시고." 그리고 19-20절에는 개발의 사명이라는 두 번째 측면이 다음과 같이 드러난다. "여호와 하나님이 흙으로 각종 들짐승과 공중의 각종 새를 지으시고 아담이 무엇이라고 부르나 보시려고 그것들을 그에게로 이끌어 가시니 아담이 각 생물을 부르는 것이 곧 그 이름이 되었더라 아담이 모든 가축과 공중의 새와 들의 모든 짐승에게 이름을 주니라."

이 두 절의 말씀에 하나님이 문화 창조자인 인간에게 주신 사명의 두 측면이 모두 담겨 있다. 첫째, 인간은 손을 사용해 일하고 동산을 돌보며 땅을 경작한다. 둘째, 생각과 마음을 사용해 생물에 이름을 붙이며 자신의 영혼을 경작한다. 이 부분에서 인간은 관찰하고 사유하며 분류하는 데 생각을 사용하고, 창조성과 열정으로 마음에 불을 지핀다.

흥미롭게도 '경작하다'(cultivate)와 '문화(culture)라는 단어의 의미에는 문화적 사명을 띤 인간의 일의 두 측면이 그대로 나타난다. '경작하다'와 '문화'는 각각 두 가지 의미가 있다. 씨를 뿌리기 위해 물리적 땅을 준비한다는 의미와 성숙과 성장을 위해 개인과 사회의 생각을 준비한다는 의미다. 문자 그대로 '경작하다'라는 단어는 "곡물을 재배하기 위해 갈거나 비료를 주어 (토지를) 개량하고 준비하다"[1]라는 뜻이다. 이 의미에서 "생각을 일구다"라는 표현까지 등장했고, 일부 사전에서는 '경작'(cultivation)을 '세련'(refinement)이나 '함양'(culture)으로도 정의한다.

한편 문화를 의미하는 culture는 영어에서 경작지의 일부를 나타내는 단어가 됐다. 토지를 경작한다는 의미에서 생각과 능력, 태도를 일구고 함양한다는 의미까지 띠게 됐다. 1차적인 의미로 문화를 뜻하는 culture는 "생각, 기호, 양식의 훈련, 개발, 함양 또는 이렇게 훈련되고 함양된 상태, 문명의 지적 측면"[2]이라는 정의가 나온다. 사전적 정의는 culture의 어원과 용법을 잘 보여 준다. "토지의 경작," "사회적으로 전파된 행동 양식, 예술, 신념, 제도 및 인간의 일과 사고의 모든 산물의 총합."[3]

청지기로서 받은 사명의 두 측면인 토지 경작과 영혼의 함양이 우리 몸을 사용함으로써 성취되고, (일하고 정원을 돌보는) 일(창 2:15 참고)과 (생물의 이름을 짓는) 사고(창 2:19 참고)가 균형을 이루고 있다는 점에 주목하자.

하나님은 이 세상에 육체적으로 참여하도록 우리에게 손과 발을 주셨다. 또 사고하고 창조하도록 생각과 마음을 주셨다. 그렇기에 우리는 기계적으로 몸만 움직여 일만 할 것이 아니라 일에 대해 생각도 해야 한다.

하나님은 인간을, 말을 짓는 자로 만들어 자연을 다스리게 하셨다. 우리 안에 있는 하나님의 형상에는 사유(思惟)하고, 단어를 만들고, 하나님이 만드신 피조물 사이의 차이를 이해하는 능력도 포함된다. 인간은 하나님처럼 언어를 사용한다는 점에서 문화의 창조자이며, 다른 피조물과 구분된다. 아담과 하와는 예배(컬트)가 이끄는 대로 땅과 영혼을 일구고 경작함으로써 문화를 창조하는 사명을 받았다.

문화적 사명의 핵심적 특징

창세기는 하나님이 우리에게 맡기신 이 일의 특징을 규정하는 몇 가지 진리를 밝힌다.

공동체 프로젝트

먼저 문화적 사명은 공동체 프로젝트다. 이 사명과 그 안에 담긴 사회적 요소와 개발의 요소에는 남녀가 모두 필요하다. 여성과 남성은 똑같이 하나님의 형상을 담은 자이며, 똑같이 피조물을 관리하는 임무를 맡은 자들이다(창 1:26-28 참고).

창세기의 기록은 문화 창조가 남자 홀로 달성할 임무가 아니었음을 보여 준다. 공동체가 생길 수 있으려면 남녀 모두 필요했다. "여호와 하나님이 이르시되 사람이 혼자 사는 것이 좋지 아니하니 내가 그를 위하여 돕는 배필을 지으리라 하시니라…여호와 하나님이 아담을 깊이 잠들게 하시니 잠들매 그가 그 갈빗대 하나를 취하고 살로 대신 채우시고 여호와 하나님이 아담에게서 취하신 그 갈빗대로 여자를 만드시고 그를 아담에게로 이끌어 오시니"(창 2:18, 21-22).

문화 창조의 임무는 남성과 여성 모두에게 주어졌다는 사실을 기억하라. 문화적 사명 이행은 가정과 공동체의 사회적 책임이다.

발전과 보존

둘째, 문화적 사명은 발전과 보존을 **모두** 요구한다. 창세기 2장 15절을 보면, 에덴동산에서는 '일'(경작)과 '보존'(지키다)이 균형을 이루고 있다.

'경작'이라는 의미로 사용된 단어는 아바드(abad)다. '일하다' 혹은 '섬기다'라는 뜻으로 번역되는 이 단어는 구약에 290번 등장한다.[4] '지키다'라는 단어는 '보호하다, '방어하다', '보존하다'라는 의미의 샤마르(shamar)로 구약에 568번 등장한다.[5] 아바드는 에덴동산이 소출을 내고, 소출을 증대시키도록 관리하라는 의미다. 샤마르는 훼손되지 않도록 보존하고 보호하라는 의미다. 이처럼 발전을 이루라는 임무와 이미 존재하고 있는 것을 보존하라는 임무가 균형을 이뤘다.

장 칼뱅은 창세기 주석에서 이렇게 썼다.

이런 조건으로 모세는, 인간이 이 땅을 받았으니 최선을 다해 경작해야 한다고 덧붙인다. 인간은 가만히 누워 게으름을 부리기 위해서가 아니라 일을 하는데 자신을 사용하도록 창조됐다.…따라서 아무 일도 하지 않으면서 먹고 마시고 잠자는 데 인생을 소비하는 일 만큼 자연의 질서에 어긋나는 것은 없다. 모세는 에덴동산의 관리가 아담의 책임이 됐다고 덧붙이며, 하나님이 우리 손에 무언가를 맡기셔서 우리가 그것을 소유하게 됐을 때는 겸허하고 소박하게 그것을 사용하고 나머지를 잘 관리해야 한다는 조건이 붙는다는 사실을 보여 준다. 밭을 소유한 자는 매해 그 밭의 소출을 먹고 나태함으로 밭을 손상시키지 않도록 해야 한다. 하지만 동시에 자신이 받은 그대로, 아니 어쩌면 더 잘 일궈진 상태로 후손에게 물려주어야 한다. 밭에서 얻은 결실을 먹고, 사치로 탕진하거나 나태하게 방치하지 말아야 한다.[6]

타락 이후 인간은 '경작하라. 동시에 지키라'는 두 권면 사이의 균형을 이루지 못했다. 청지기 정신의 도덕적, 신학적 틀이 없으면, 인간은 자연을 보호하지는 않고 오직 개발만 하려 하면서 갈기갈기 찢어 놓거나 오직 보호만 하려 들고 자연을 충분히 개발하지 않을 것이다. 유물론적 사회는 전자와 같은 양상을, 애니미즘적 사회는 후자와 같은 양상을 보인다.[7]

역동적 과정

셋째, 하나님이 피조물 안에 두신 잠재력은 활동과 진보라는 역동적인 과정을 통해 실현될 수 있다. 하나님의 피조물은 정적으로 머물러 있기보다 적극적으로 발전해야 한다. 하나님은 인간에게 땅과 영혼, 문화를 탐구하고 개발하고 경작하라는 임무를 주셨다. 인간은 자원을 발견하고 창조해야 한다. 하나님의 문화를 천명하고 문명화된 사회를 건설해야 한다. 예술과 과학, 기업이 꽃을 피우는 도시를 세워야 한다. 그리고 이 땅이 주님을 아는 지식으로 충만하게 해야 한다(사 11:9; 합 2:14 참고).

성경 전체를 하나로 묶는 주제가 있다. 성경의 서사와 인류의 모든 역사는 에덴동산인 정원(창 1-2장 참고)에서 시작되어 새 예루살렘인 도성(계 21-22장)에서 끝난다. 사실 거룩한 성, 새 예루살렘은 전원도시다(계 22:1-5 참고). 데이비드 헤게만은 창세기의 서두에서부터 요한계시록 마지막 절까지 성경이 얼마나 아름다운 통일성을 보이는지 이렇게 묘사했다. "최초의 정원에서 하늘의 예루살렘까지 성경 전체를 아우르는 심오한 흐름이 있다. 하늘의 예루살렘은 정원 paradeisos(파라데이소스)이자 도시 polis(폴리스)로 묘사되어, 전형적인 전원도시를 이룬다."[8]

창세기에서 인류에게 주어진 문화 창조의 사명은 청지기로서 아름다운 정원부터 전원도시의 영광스런 도성까지 피조물을 관리하는 것이다. 타락 이전에 존재한 인간과 피조물, 하나님 간의 조화는 장차 회복되어야 한다. 또 이는 인간의 피조물(도성)과 하나님의 피조물(자연)이 목적과 수단 모두에서 조화를 이룰 말세의 목표다.

도토리에서 떡갈나무까지

넷째, 문화적 사명을 이행하면서 우리는 도토리가 떡갈나무가 되듯 점진적인 발전을 이루게 된다. 도토리의 잠재력이 실현되어 거대한 떡갈나무가 되듯, 인류는 하나님이 피조물 안에 심어 두신 잠재력이 발휘되도록 도와야 한다. 작고 소박한 동시에 복잡하고 아름다운 도토리를 잘 일구고 보호하면, 거대한 떡갈나무가 된다. 그러면 떡갈나무는 수많은 새와 다람쥐가 깃드는 곳이 된다. 지친 여행자에게 그늘이 되어 주고, 연인들의 나들이 장소가 된다. 시인에게 시상을 불어넣고 화가에게 영감을 준다. 또한 새로운 숲을 수없이 만들어 낼 씨앗의 원칙을 보여 주며 도토리 열매를 맺는다.

하나님은 피조물 안에 제1원칙(first principles)의 신비를 심어 두셨다. 작디작은 도토리가 거대한 떡갈나무가 된다. 떡갈나무에는 수많은 숲의 기원이 될 씨앗을 맺을 잠재력이 있다. 처음 창조된 개의 DNA에는 이 세상의 수많은 종자로 발전할 다양한 '개의 성질과 특성'이 담겨 있었다. 최초의 들장미의 DNA가 오늘날의 모든 장미를 만들어 냈고, 지금까지 인류가 그린 모든 작품, 앞으로 그려낼 모든 작품이 삼원색에서 나왔다. 음표와 화음에서 교향곡과 발라드, 연인들의 사랑 노래가 나왔다. 수(數)의 기본 원칙을 통해 수학이 생겨났고, 지금까지 발견되고 앞으로 발견될 모든 과학적 진리가 풀린다. 세상 모든 언어의 모든 시와 노래와 소네트와 잠언, 《반지의 제왕》과 《나니아 연대기》 같은 책이 최초의 언어 원칙에서 나왔다. 실로 아담이 생물의 이름을 붙이면서부터 지금까지, 우리가 언제든 얻을 수 있는 방대한 지식의 세계는 날마다 기하급수적으로 커지고 있다.

최초의 기본 원칙 위에 세우면서, 숨겨진 비밀과 진리를 발견하고, 우주와 인간 내부를 탐구하고, 글을 쓰고 그림을 그리고 음악을 만들 때, 인간은 하나님이 인간에게 뜻하신 바를 행하게 된다. 그것이 바로 정원을 돌보는 문화적 사명을 완수하는 일이다.

생사가 달린 문제

분명 인간은 문화를 창조하도록 지음 받았다. 이것이 인간의 주된 임무다. 문제는 '인간이 문화를 창조하게 될까?'가 아니라 '좋은 문화를 만들게 될까, 아니면 나쁜 문화를 만들게 될까?'다. 하나님 나라의 원칙에 입각한 문화가 될까, 아니면 거짓 원칙에 입각한 문화가 될까? 진리와 정의, 아름다움에 기여하는 문화가 될까, 아니면 무지와 부패, 추악함을 부추기는 문화가 될까?

이번 장에서는 문화 창조자인 우리를 향한 하나님의 풍요한 뜻의 일부만 살펴봤다. 다음 장에서는 타락한 세상 속에서 문화 창조자로서 산다는 것이 어떤 의미인지 생각해 보기로 하자.

제 10 장

타락, 십자가, 문화

하나님은 그분의 형상을 따라 인간을 지어, 그분의 청지기가 되는 막중한 책임과 기쁨을 주셨다. 그러나 인간은 자신의 정체성과 목적을 모두 거부했다. 타락 이후 인간은 모든 선(善)의 기준이 되는 하늘의 높으신 왕에게 반역했다. 그분의 온전한 선하심에 참여하지 않기로 했다. 타락의 결과로 인간은 하나님의 본질을 반영하지 않는 문화를 만들었다. 온전한 문화의 토대가 파괴되고, 관계에는 상처와 깨어짐만 남았다. 하나님과 인간의 관계, 인간 사이의 관계, 인간과 피조물의 관계 모두 그러했다. 이 깨어짐에는 일과 우리의 관계, 문화 창조자로서 우리의 기능도 포함된다.

하지만 이야기는 타락에서 끝나지 않았다! 하나님은 그분의 나라를 확장하시며, 지금도 이 세상에서 일하고 계시다. 예수님은 잃어버린 자를 구속하고 깨진 것을 회복하려 십자가에서 돌아가셨다. 바울은 모든 피조물이 구속을 고대하고 있으며(롬 8:18-23), 만물과 하나님의 화목을 위해 예수님이 십자가에서 돌아가셨다고 말한다(골 1:20). 십자가는 하나님과 각 개인의 관계를 회복시키는 데서 나아가, 모든 관계 회복의 기초를 놓는다. 창세기 1-2장에 기록된 문화적 사명 역시 새롭게 된다는 의미다. 예수님의 죽음은 우리에게 주어진 문화 창조자로서의 사명을 회복하고 확증했다. 달라스 윌라드는 《하나님의 모략》(복있는 사람 역간)에서 이렇게 말했다.

예수는 인간 본연의 삶을 보이시고 가르치시고자 우리 가운데 오셨다. 그분은 아주 조용히 오셔서 하나님의 통치에 다가가는 길을 열어 주셨으며, 인간들 안에서 진리로 자유함을 얻도록 당신의 모략을 실행에 옮기셨다. 죽음을 이기신 그분은 지금도 우리 안에 계신다. 우리는 그분의 말씀과 임재를 믿음으로써 우리 삶을 구성하는 작은 영역을 하나님의 무한한 통치 속으로 다시 통합시킬 수 있다. 영원한 삶이란 그런 것이다. 하나님의 능동적 통치에 사로잡힐 때, 우리의 행위는 그분의 영원한 역사의 한 요소가 된다. 우리의 행위 속에 하나님이 우리와 함께하시며, 우리는 그분의 삶의 일부가 되고 그분은 우리의 삶의 일부가 되는 것이다.[1]

윌라드는 우리의 삶과 일, 그리고 하나님의 삶과 일 사이의 신비한 유기적 관계를 설명한다. 인간이 타락함으로, 하나님의 통치를 거부하는 분리된 나라가 생겼고 이는 무질서와 죽음이 세상을 지배하는 결과를 낳았다. 하지만 예수님은 죽음을 이기셔서, 어떻게 **살아야** 할지를 우리에게 보여 주셨다. 또한 하나님과 함께 일하며 타락으로 생겨난 어그러진 나라들을 고쳐서, 하나님 나라와 다시 연합시킬 능력을 우리에게 주셨다. 타락으로 우리는 청지기 직분을 감당하기가 더 어려워졌다. 문화적 사명을 생각하는 크리스천들은 이 점을 꼭 기억해야 한다. 하지만 인간에게는 예수님의 발자취를 좇으며 타락의 결과에 분연히 맞서 일어설 능력이 있다.

어그러진 세상 속의 일

걸작 《침묵의 행성 밖에서》(홍성사 역간)에서 C. S. 루이스는 우주의 창조주에게 반역한 행성을 '침묵하는 행성'이자 '어그러진 자들'의 거처로 묘사한다.² 아담과 하와의 반역 이후 우리는 타락한 세상에서 살고 있으며, 우리가 바로 어그러진 자들이다.

반역으로 야기된 당연한 결과들도 있었다. 하나님의 질서를 거부함으로써 **무질서**가 들어왔다. 모세는 하나님의 질서에 따라 살며 하나님의 명령에 순종하는 삶을 선택하든지, 무질서와 죽음 가운데 살며 죄의 결과를 감내하는 삶을 선택하든지 결정해야 한다고 설명한다.

> 내가 오늘 네게 명령한 이 명령은 네게 어려운 것도 아니요 먼 것도 아니라 하늘에 있는 것이 아니니 네가 이르기를 누가 우리를 위하여 하늘에 올라가 그의 명령을 우리에게로 가지고 와서 우리에게 들려 행하게 하랴 할 것이 아니요 이것이 바다 밖에 있는 것이 아니니 네가 이르기를 누가 우리를 위하여 바다를 건너가서 그의 명령을 우리에게로 가지고 와서 우리에게 들려 행하게 하랴 할 것도 아니라 오직 그 말씀이 네게 매우 가까워서 네 입에 있으며 네 마음에 있은즉 네가 이를 행할 수 있느니라 보라 내가 오늘 생명과 복과 사망과 화를 네 앞에 두었나니 곧 내가 오늘 네게 명령하여 네 하나님 여호와를 사랑하고 그 모든 길로 행하며 그의 명령과 규례와 법도를 지키라 하는 것이라 그리하면 네가 생존하며 번성할 것이요 또 네 하나님 여호와께서 네가 가서 차지할 땅에서 네게 복을 주실 것임이니라…
>
> 내가 오늘 하늘과 땅을 불러 너희에게 증거를 삼노라 내가 생명과 사망과 복과 저주를 네 앞에 두었은즉 너와 네 자손이 살기 위하여 생명을 택하고 네 하나님 여호와를 사랑하고 그의 말씀을 청종하며 또 그를 의지하라 그는 네 생명이시요 네 장수이시니 여호와께서 네 조상 아브라함과 이삭과 야곱에게 주리라고 맹세하신 땅에 네가 거주하리라 신 30:11-16, 19-20

스탠리 존스는 하나님의 법에 순종하는 것이 얼마나 중요한지 여러 글을 통해 거듭 이야기했다. 하나님의 법과 규례는 불변하기 때문에 결코 깰 수 없다. 그래서 우리가 하나님의 법을 깨려 하면 오히려 우리가 깨지고 만다. 고층 건물에서 뛰어내려 중력의 법칙을 깨려고 하면 법칙이 깨지는 대신 우리가 깨지고 상처를 입는다. 예를 들어 "간음하지 말라"는 도덕률을 깨려 하면 그 법이 깨지는 대신 우리 자신과 가정이 깨지고 만다.

우리 죄는 우리를 깨뜨리고 상처를 내며 피조물을 상하게 했다. 하지만 이 세상에서 우리의 일을 제대로 이해할 수 있으려면, 무엇이 깨졌고 무엇이 깨지지 않았는지 정확히 파악할 수 있어야 한다. 일이라는 사안을 대할 때 많은 크리스천이 일은 곧 저주라고 주장한다. 하지만 앞서 밝혔듯이 일은 타락 이전부터 존재했다. 즉, 일이 저주를 받은 게 아니라, 땅이 저주를 받았다. 선한 것만 내던 땅이 저주를 받아, 가시와 엉겅퀴까지 내기 시작했다(창 3:17-18). 가뭄과 홍수와 지진과 기근이 일어났다. 우리 선조의 표현을 빌리자면, 자연의 영역에 '자연악'이라는 존재가 나타났다. 인간의 노동은 ("얼굴에 땀"이 흐를 만큼) 전보다 힘들어졌다. 하지만 노동 그 자체는 악하지 않다.

그렇다면 우리는 그저 수동적으로 잡초가 땅을 덮는 모습을 지켜보기만 해야 할까, 아니면 잡초에 맞서야 할까? 우리 선조처럼 우리도 적극적으로 자연악에 맞서야 싸워야 한다. 위대한 영국 찬송 작가이자 목사인 아이작 와츠(Isaac Watts, 1674-1748)는 위대한 크리스마스 캐럴 "기쁘다 구주 오셨네"에서 크리스천들에게 어떠한 정서가 필요한지 잘 담아냈다. 특히 다음 부분은 자연악과 그에 대한 우리의 반응을 노래한다.

더는 죄와 슬픔이 자라지 않으리

더는 가시가 땅을 덮지 못하리
그가 축복을 넘치게 하려 이 땅에 오셨으니
저주가 있는 곳까지 은혜가 흘러가리라
저주가 있는 곳까지 은혜가 흘러가리라
저주가 있는 곳까지, 거기까지 은혜가 흘러가리라.

성경적 직업(vocation) 신학을 계발하려면 무엇보다, 일 역시 하나님이 "심히 좋았더라"(창 1:31)고 선포하신 피조물의 한 부분임을 기억해야 한다. 일은 인간 존엄성의 한 부분이자 인간 본질의 일부로, 인간은 일하시는 하나님의 형상에 참여하기 위해 일하도록 지음 받았다. 요한 바오로 2세 교황의 글처럼 "인간은 눈에 보이는 이 세상에서 하나님을 보여 주는 형상과 모양이 되도록 지음 받았다. 하나님은 땅을 정복하라며 인간을 이 땅에 두셨다. 그 때문에 태초부터 인간은 일하라고 부름 받았다."³

일뿐 아니라 인간도 저주받지 않았다. 하나님은 영적 전쟁의 승패를 가르는 전투에서 사탄이 십자가에서 그리스도를 상하게 함과 동시에 여자의 후손이 사탄을 물리치게 하셨다(창 3:14-15 참고). 우리 인간은 하나님 구속의 약속을 직접 받은 당사자이며, 우리가 하나님과 함께 일할 때 우리의 일은 이 세상에서 구속의 매체가 된다.

하지만 우리를 향한 하나님의 뜻에서 큰 부분을 차지하는 우리 삶과 일 전체는 죄가 가져온 타락 때문에 힘들 수밖에 없다. 죄로 말미암아 상할 대로 상한 세상에서 우리에게 맡겨진 역할을 감당하기란 결코 쉽지 않다. 그런 상황에서 일 자체가 하나님으로부터, 나아가 신학적 닻과 의미에서 떨어져 나와 표류하는 상황에 봉착하기도 한다. 청지기 직분, 소명, 진취성, 문화적 사명의 한 부분으로서의 일에 갖가지 의문이 제기되면서 일을 지루하고 답답하고 기계적이고 반복적이며 힘들고, 심지어 허무하다고 생각하게 되는 지경에 이르기도 한다.

더 큰 그림에서 보면 타락의 결과로 경제 시스템이 하나님 나라의 원칙에서 분리되고 말았다. 하나님 나라를 거스르는 원칙들이 득세하면서 경제 시스템은 탐욕과 부패의 지배를 받는다. 이러한 시스템들은 하나님의 형상을 담은 자들이 능력과 재능을 마음껏 펼치는 환경을 만들기는커녕 공산주의, 유물론의 세계관에서처럼 일을 톱니바퀴가 돌 듯하는 기계적 움직임으로 제한하거나 중상주의 제도에서처럼 봉건 군주의 뜻에 따라 움직이는 농노 수준으로 치부한다.

죄는 이처럼 제도적 악을 낳거나 개인적인 차원에서 우리의 삶과 일이 하나님의 뜻에서 벗어나게 한다. 하지만 그때마다 하나님은 타락의 영향을 뒤집기 위해 일하시며, 함께 일하자며 우리를 부르신다.

현실주의 - 이상주의

타락한 세상에서 산다는 말은 곧 윤리적 악, 자연악과 맞서 싸울 책임이 우리에게 주어졌다는 뜻이다. 타락의 영향에서 모든 피조물을 구속하기 위한 싸움이 지금도 전개되고 있다(롬 8:18-23 참고). 하나님은 우주를 보존하기 위해 일반 은총 가운데서 계속 일하신다. 인간은 하나님과 협력하여 과학과 기술을 통해 자연악의 영향과 맞서고 경제적 기업 활동과 도전을 통해 빈곤의 영역을 좁혀 간다. 복음이 확산되어 인간의 마음과 삶을 변화시키고 인간 본연의 형상인 그리스도의 형상을 본받아 가도록 할 때, 일의 존엄성이 확립되고 인간의 라이프워크가 굳건히 서서 하나님 나라와 통합된다.

타락한 세상에서 일에 대해 우리는 두 가지 태도를 갖춰야 한다. 바로 현실주의와 이상주의다. 현실주의는 상황을 있는 그대로 보게 해준다. 부패한 경제 구조, 죄악 된 인간, 자연악 등…. 완벽한 일, 완벽한 삶이란 없다. 그리스도가 다시 오시기 전까지는 땀 흘리며 고되게 살아야 한다. 그러니 낭만적 몽상가가 돼서는 안 된다. 쉐퍼는 "완벽 이외에는 아무것도 안 된다고 생각하면 언제나 아무것도 얻지 못한다!"라고 말했다.

하지만 우리는 현실주의적이면서도 이상주의적이어야 한다. 그리스도가 십자가에서 결정적인 승리를 거두셨으며, 이 승리로 도덕적 악, 자연악과의 전 우주적 싸움에서 전기가 마련됐다는 사실을 우리는 분명히 안다(골 2:15 참고). 또한 이 전쟁의 최종 결과도 안다. 그리스도는 그분의 깃발을 따라 전장 한복판으로 들어가자며 우리를 부르셨다. 하나님은 이 세상에서 그분의 피조물을 구속하시고 그분의 나라를 건설하시며, 지금도 일하고 계시다. 우리도 여기에 동참해야 한다. 그리스도의 목적이 우리의 목적이다. 이상주의는 "나라가 임하시오며 뜻이 하늘에서 이루어진 것 같이 땅에서도 이루어지이다"(마 6:10)라는 기도가 실현되는 만물의 온전한 상태를 보라고 우리를 초청한다. 하나님은 한구석에 가만히 앉아 있으라고 우리를 부르지 않으셨다. 하나님 나라 확장을 위한 전투에 참여하라고 부르셨다. 왕을 섬기는 자로서 우리는 이곳, 이 세상에서 아주 구체적인 방법으로 싸워야 한다. 모든 자연적, 영적 은사로 무장하고 진리와 생명, 정의를 위해 빈곤과 기아, 무지에 맞서야 한다.

상하고 깨진 세상 한복판에서 구속받은 인간이 문화를 구속하고 열방을 변화시켜야 한다. 데이비드 헤게만은 이 명제를 다음과 같이 요약한다.

이처럼 하나님은 모든 선한 일을 행할 능력을 갖춘 구속받은 이들로 공동체를 만들고자 하신다. 우리는 일하기 위해 구속받았다! 인류는 땅을 개발해('일') 영광스런 전원도시로 일구고 궁극적으로 그토록 고대하던 유업을 차지하라는 에덴의 부르심으로 돌아가기 위해 다시 의로움을 입게 된 것이다.[4]

구속받은 사람은 단순히 기존 문화가 가는 대로 흘러가서는 안 된다. 문화의 부정적인 면을 공격하는 데 그쳐서도 안 된다. 나아가 하나님 나라의 문화를 발전시켜야 한다. 언제나 세상의 제도에 맞서서 '대안의 문화를 제시하는' 자가 되어야 한다. 어둠을 저주하는 정도로는 부족하다. 우리는 어둠 가운데 촛불을 켜는 자가 되어야 한다.

타락은 부인할 수 없는 현실이다. 하지만 우리는 그 현실에 맞서 싸워야 한다. 문화가 변화되고 열방이 새로워지는 날이 분명히 온다. 열방을 축복하라는 아브라함의 언약(창 12:1-3)은 열방을 제자 삼고 "내가 너희에게 분부한 모든 것을 가르쳐 지키게 하라"(마 28:20)는 그리스도의 지상명령과 연결되어 있다.

그렇게 할 때 삶의 모든 영역에서 거대한 치유가 일어나고 어마어마한 변화가 일어날 것이다. 그 과정은 점진적이고 역동적이다. 하지만 이 세상에서의 '완성 가능성'에 환상을 품어서는 안 된다. 그리스도가 다시 오시기 전까지 그 어디에도 완벽은 없다. 또한 진보는 육이 아닌 성령 안에서 이루어진다. 이 과정은 마치 춤을 추듯 전개된다. 그리스도가 이끄시고, 우리는 거기에 반응하며 따라간다. 그리스도가 맡으신 역할이 있고, 우리에게는 우리의 역할이 있다.

우리가 "내가 돌아올 때까지 점령(장사)하라"(눅 19:13)는 그분의 명령을 좇아가면, 언젠가 그리스도가 그분의 나라와 함께 다시 오신다. 그리고 그분이 다시 오실 때 모든 것이 완성된다.

문화의 최종 목표

문화의 최종 목표는 무엇인가? 문화는 궁극적으로 무엇을 위함인가? 우리는 무엇을 향해 일하는 것인가? 역사의 종말 때, 그리스도가 다시 오셔서 그분의 신부인 교회와 혼인하실 것이다(계 19:6-9). 그분은 거룩한 성, 새 예루살렘과 함께 오실 것이다(계 21:2). 그때 이 땅의 왕들이 예물을 들고 혼인 잔치에 나아올 것이다. 이 놀라운 장면이 요한계시록 21장 22-26절에 담겨 있다.

> 성 안에서 내가 성전을 보지 못하였으니 이는 주 하나님 곧 전능하신 이와 및 어린양이 그 성전이심이라 그 성은 해나 달의 비침이 쓸데없으니 이는 하나님의 영광이 비치고 어린양이 그 등불이 되심이라 만국이 그 빛 가운데로 다니고 땅의 왕들이 자기 영광을 가지고 그리로 들어가리라 낮에 성문들을 도무지 닫지 아니하리니 거기에는 밤이 없음이라 사람들이 만국의 영광과 존귀를 가지고 그리로 들어가겠고.

얼마나 놀라운 장면인가? 이 땅의 왕들이 열방의 영광과 존귀를 들고 하나님의 성으로 들어간다! 마지막 때에 열방의 축복이 성취되고 열방은 주님의 제자가 된다. 그리하여 각 나라의 특별한 영광이 하나님 영광의 빛 가운데 드러나게 된다. 동방박사들이 황금과 유약과 몰약을(마 2:11) 아기 예수님께 드렸듯이, 이 땅의 왕들도 자기 나라의 영광과 영화를 그리스도의 혼인날에 그리스도께 돌려드릴 것이다.

요한계시록 21장에 나타난 모습은 이미 시편 47편과 72편 10-17절, 117편, 그리고 이사야 60장 1-20절, 62장 1-3절, 66장 18-21절에서 예언한 것이었다. 헤게만은 두 환상 사이의 네 가지 유사점을 지적한다.[5] 첫째, 열방이 예배하기 위해 한곳으로 모인다(사 60:1-3; 계 21:24). 둘째, 더는 고통이 없다(사 60:18; 계 21:4). 셋째, 성문이 다시 닫히지 않는다(사 60:11; 계 21:25). 넷째, 열방이 예물을 드린다(사 60:6-7, 9, 13, 17; 계 21:24, 26).

이사야서 60장 4-14절 말씀에 기록된 예물들을 살펴보자.

네 눈을 들어 사방을 보라 무리가 다 모여 네게로 오느니라 네 아들들은 먼 곳에서 오겠고 네 딸들은 안기어 올 것이라 그때에 네가 보고 기쁜 빛을 내며 네 마음이 놀라고 또 화창하리니 이는 바다의 부가 네게로 돌아오며 이방 나라들의 재물이 네게로 옴이라 허다한 낙타, 미디안과 에바의 어린 낙타가 네 가운데에 가득할 것이며 스바 사람들은 다 금과 유향을 가지고 와서 여호와의 찬송을 전파할 것이며 게달의 양 무리는 다 네게로 모일 것이요 느바욧의 숫양은 네게 공급되고 내 제단에 올라 기꺼이 받음이 되리니 내가 내 영광의 집을 영화롭게 하리라

저 구름같이, 비둘기들이 그 보금자리로 날아가는 것 같이 날아오는 자들이 누구냐 곧 섬들이 나를 앙망하고 다시스의 배들이 먼저 이르되 먼 곳에서 네 자손과 그들의 은금을 아울러 싣고 와서 네 하나님의 여호와의 이름에 드리려 하며 이스라엘의 거룩한 이에게 드리려 하는 자들이라 이는 내가 너를 영화롭게 하였음이라

내가 노하여 너를 쳤으나 이제는 나의 은혜로 너를 불쌍히 여겼은즉 이방인들이 네 성벽을 쌓을 것이요 그들의 왕들이 너를 섬길 것이며 네 성문이 항상 열려 주야로 닫지 아니하리니 이는 사람들이 네게로 이방 나라들의 재물을 가져오며 그들의 왕들을 포로로 이끌어 옴이라 너를 섬기지 아니하는 백성과 나라는 파멸하리니 그 백성들은 반드시 진멸되리라

레바논의 영광 곧 잣나무와 소나무와 황양목이 함께 네게 이르러 내 거룩한 곳을 아름답게 할 것이며 내가 나의 발 둘 곳을 영화롭게 할 것이라 너를 괴롭히던 자의 자손이 몸을 굽혀 네게 나아오며 너를 멸시하던 모든 자가 네 발 아래에 엎드려 너를 일컬어 여호와의 성읍이라, 거룩한 이의 시온이라 하리라.

앞서 언급한 대로 이 말씀에서 열방이 살아 계신 하나님을 예배하고 어린양의 혼인을 축하하기 위해 모인다. 그분의 이야기가 끝날 때 그리스도가 그분의 나라를 완성하시며 다시 오신다. 그때 하나님께 영광이 되는 우리 삶과 일의 모든 부분이 그리스도께 선물로 드려진다. 각 나라만의 독특한 천연자원들도 선물 목록에 들어가리라 짐작해 본다. 하지만 이뿐이 아니다. 사람들의 손으로 행한 일, 공예품, 예술, 각자의 재능으로 빚은 작품들을 그리스도께 선물로 드린다.

내 친구 밥 모팻과 존 우드(John Wood)는 목회자 집회 참석차 르완다에 가면서 수도 키갈리 빈민가 교회 성가대를 위해 티셔츠를 선물로 사 갔다. 선물을 받은 후 성가대는 아프리카의 흥겹고 진한 리듬과 화음에 맞춰 복음성가를 부르기 시작했다. 성가대의 찬양을 들으면서 두 친구는 마치 천국 문까지 올라간 듯한 느낌을 받았다. 아름다운 찬양과 경배에 눈물을 주체하지 못하면서 두 사람은 르완다의 왕들이 영광스런 그리스도께 드릴 선물 중에 하나를 지금 경험하고 있음을 깨달았다.

각 나라가 공예, 음악, 미술, 연극, 춤 등 아름다운 문화와 다양한 천연자원을 그리스도께 선물로 드린다. 하나님의 영광의 빛 가운데 드러나는 각 나라의 독특한 영광이 그리스도께 예물로 바쳐져 영원토록 빛난다. 신학자 앤서니 후크마(Anthony Hoekema, 1913-1988)는 《개혁주의 종말론》(*The*

Bible and the Future, 부흥과 개혁사 역간)에서 문화의 최종 목표를 고찰한다.

이 땅의 거민에는 탁월한 업적을 달성하고 현세에서 대단한 권력을 휘두른 왕과 지도자와 같은 이들도 포함된다. 이 땅에서 하나님께 영광을 돌리는 일을 행한 것들은 (그 일이 어떤 일이든지) 내세에서도 기억될 것이다(계 14:13 참고)고 말해도 무방하리라. 하지만 그뿐이 아니다. 이 말씀에 따르면 각 나라가 현세의 삶에 각자 독특하게 기여한 바가 새 땅에서의 삶을 풍요롭게 한다고 해석하면 너무 지나칠까? 그렇다면 지금 이 땅에서 일군 최고의 문화와 예술을 우리가 물려받게 되지 않을까?[6]

성경은 이렇게 기록한다. "또 내가 들으니 하늘에서 음성이 나서 이르되 기록하라 지금 이후로 주 안에서 죽는 자들은 복이 있도다 하시매 성령이 이르시되 그러하다 그들이 수고를 그치고 쉬리니 이는 그들의 행한 일(ergon, 에르곤)이 따름이라 하시더라"(계 14:13). 헤게만은 이 말씀을 이렇게 묵상한다. "여기서 우리는 인간이, 위하여 지음 받고(창 2:15) 후에는 위하여 구속받은(엡 2:10) 일이 영원까지 이어짐을 보게 된다!"[7]

G. B. 케어드(G. B. Caird)는 요한계시록 주석에서 열방의 영광과 존귀를 이렇게 표현한다.

옛 질서 가운데 하나님 보시기에 가치가 있는 것은 모두 새 질서로 들어갈 자격을 얻는다. 요한의 하늘은 인간이 현세의 불치병으로부터 도피하기 위해 찾는, 세상을 부인하는 열반의 하늘이 아니라 하나님의 피조물의 선함을 확증하는 인장이다. 열방이 이 땅에서 알고 사랑한 최상의 보화와 보물이 하나님의 광채로 모든 결함이 사라지고 변화받아 하늘의 보화로 천국에 쌓인다.[8]

C. S. 루이스는 《마지막 전투》(시공 주니어 역간)에서 같은 그림을 그린다.[9] 루이스는 우리가 지금 거하는 이 타락한 세상을 '그림자 나라'(Shadowlands)로, '새 하늘과 새 땅'을 '아슬란의 나라'(Aslan's country)로 부른다. 사자 아슬란은 하늘과 땅의 왕이신 그리스도를 상징하는 캐릭터다. 《마지막 전투》의 영웅들이 그림자 나라에서 아슬란의 나라로 들어갈 때 아슬란은 "더 높이…더 깊이"[10] 들어오라고 부르며 이들을 반긴다. 아이들은 더 깊이 더 높이 들어가면서 점진적인 계시를 발견한다. 더 깊이 들어갈수록 그들이 그림자 나라에서 벗어나 더 자유로운 곳에 있다는 사실을 더 확실하게 깨닫는다. 그들이 갈망했던 곳, 그들이 원래 있어야 할 곳에 왔다는 사실을 깨닫게 된다. 루이스는 이렇게 기록한다. "마침내 집에 왔다! 여기가 진짜 내 나라야! 여기가 내가 있어야 할 곳이야. 지금까지 깨닫지 못했지만 바로 여기가 내가 평생 찾던 땅이야." 이야기 속의 영국 아이들은 "더 높이 더 깊이" 들어가면서 마침내 집에 다다랐을 뿐 아니라 자신들이 "전에 그곳에 온 적이 있다"는 느낌을 받는다. 그리고 여정을 계속하면서 그 땅이 바로 모든 영광으로 빛나고 있는 영국임을 깨닫는다. 불순물와 찌꺼기는 모두 태워 없어지고 오직 고유한 아름다움만 남은 영국인 것이다.[11] 이 그림에서 루이스는 구속받고 하나님의 영광의 빛 가운데 정결해진 각 문화의 진정한 선(善)을 아름답게 그려낸다.

본연의, 궁극의 목적

당신은, 당신의 공동체는 어떤 문화를 만들기 위해 힘쓰는가? 이 문제는 지금 이 순간에도, 영원에도 말로 표현하지 못할 만큼 중요하다. 하나님의 형상을 담은 자로서 인간은 문화 창조자다. 문화적 사명을 통해 하나님이 명하신 인간 본연의 목적은 거룩한 문화 창조다. 하나님의 모든 진리와 아름다움, 공의 가운데 그분의 본질과 성품을 구현하는 문화를 창조하는 일이다. 반역과 무지로 인간은 이 세상의 깨어짐과 상함을 더 증폭시켰다. 하지만 하나님은 만물을 그분과 화목하게 하시려고 지금도 일하신다. 하나님은 화목자로서 그의 나라를 확장하시며, 우리 또한 화목자로서 하나님과 함께 일하면서 이 땅에 진정 하늘의 모습을 닮은 하나님 나라의 문화를 드러내고자 한다.

네덜란드의 신학자 헤르만 바빙크(Herman Bavinck, 1854-1921)는 이런 글을 남겼다.

> 가장 넓은 의미에서 문화는 하나님이 자신의 형상으로 인간을 지으신 목적이다.…(여기에는) 사냥이나 고기잡이, 농업, 목축 같은 가장 오래된 직업뿐만 아니라, 상업과 무역, 과학과 예술이 포함된다.[12]

의사나 요리사, 조경사, 목사, 소프트웨어 개발자 등 어떤 직업에 종사하든 우리는 모두 문화 창조자로 일한다. 성경적 직업 신학은 문화적 사명을 바탕으로 우리의 일을 이해할 때 구축된다. 성경의 거대서사 전체가 창조에서부터 완성까지 전 과정을 증언하듯이, 우리는 궁극적으로 사람들이 그리스도께 나아가고 하나님 나라의 삶에 가까이 가며 자신의 라이프워크를 하나님 나라 문화 확장에 드리는 모습을 보기 위해 일한다. 그리고 바로 이렇게 일할 때 우리를 향한 부르심, 우리의 삶과 일이 하나님 나라와 연결되는 것을 발견한다. 다음 장에서는 하나님의 변화의 이야기를 계속 살펴보면서 라이프워크를 향한 우리 각자의 부르심이 무엇을 의미하는지 함께 답을 찾아보도록 하자.

제 4 부

직업과
신앙이
하나 되는
삶의 능력

라이프워크

A BIBLICAL THEOLOGY FOR WHAT YOU DO EVERY DAY

제11장

부르심
라이프워크

오스 기니스는 《소명》(IVP 역간)에서 "부르는 자(Caller)가 없다면 소명(또는 부르심, calling - 역주)은 없이 오직 일만 있을 뿐이다"[1]라고 했다. 무의미한 일만 있을 뿐이다. 모더니스트들이 주장하는 대로 우주가 침묵한다면 삶에는 오직 어둠뿐 아무런 목적도 없고 답은 없이 질문뿐이다.

하지만 사실 우주는 침묵하지 않는다. 세상이 창조되기 전부터 삼위일체의 공동체가 존재했다. 관계는 우주의 기본 법칙이다. 하나님은 인간이 그분과의 깊은 교제 가운데 살아가게 하셨다. 하나님과 인간의 관계에서 하나님은 부르시는 자, 인간은 부름 받은 자다. 따라서 우리의 소명, 우리의 부르심은 만물의 질서를 세우며 그 질서 안에서 특별히 '나'를 위해 자리를 마련하신 주권자 하나님, 삼위일체와의 교제에서 발견된다.

우리의 이중 부르심

만유의 하나님은 에덴동산의 아담과 하와에서부터, 족장들, 사도와 이 시대 전 세계의 남녀에 이르기까지 그분과 개인적인 관계로 사람들을 부르시며 그분의 나라를 확장하는 데 각자에게 주어진 임무를 감당하라고 명하신다.

우리는 무엇보다 먼저 구원으로 부름 받았다. 이는 모든 믿는 자가 반드시 응답하며 나아가야 하는 **1차적** 부르심이다. 하지만 모든 믿는 자에게 각기 다르게 주시는 **2차적** 부르심은 직업으로의 부르심이다. 그리스도 안에서 우리 각자가 하나님 나라를 확장하는 데 나름의 역할을 수행하도록 부름 받았다. 하나님이 별마다 다른 이름을 붙이신 것과 같은 이치다. 주님은 "나라가 임하시오며 뜻이 하늘에서 이루어진 것 같이 땅에서도 이루어지이다"(마 6:10)라고 기도하셨다. 하나님 나라의 왕족인 우리는 이 기도를 진중하게 받아들여야 한다. 우리는 하나님 나라에 들어오라는 부르심을 받았다. 그리고 그다음으로는 성경적인 형이상학적 진리와 성경적인 윤리적 정의, 성경적인 심미적 아름다움을 우리의 믿음과 직업을 통해 삶의 모든 영역에 적용함으로써 이 세상에까지 하나님 나라를 확장하라는 부르심을 받았다.

'천직, 직업'을 뜻하는 영어 단어 vocation은 라틴어 '보카티오'(vocatio)에서 왔다. 소명, 소환, "하나님으로부터 온 부르심"과 같은 의미의 초대를 뜻한다. 보카티오는 '부르다'라는 뜻의 '보카레'(vocare)에서 왔다. 노아 웹스터는 1828년 판 웹스터 사전에서 vocation을 이렇게 정의했다.

1. 성도들 가운데 하나님의 뜻에 의한 소명 또는 하나님의 특별한 은혜가 개인 또는 나라에 임하여, 그 결과 개인이나 나라가 구원의 길에 들어서게 하는 것
2. 소환, 호출, 유인
3. 특정 국가나 직업으로 명하거나 보냄
4. 고용, 소명, 직업, 직종. 기계적인 직업과 더불어 전문 직종까지 아우르는 단어. 모든 성도, 모든 의사, 모든 변호사, 모든 기능인은 자신의 직업에 성심을 다하고 근면해야 하리라.[2]

최초의 미국 영어 사전 편찬자인 웹스터는 성경적 세계관을 바탕으로 일했다. 그는 성경적 언어와 사고에 뿌리를 두고 단어를 정의했다. 웹스터 사전에 따르면 직업에 대한 성경적 정의에는 구원으로의 부르심과 직업으로의 부르심이 모두 포함된다. 우리는 대개 우리가 종사하는 특정 분야를 지칭하는 데 직업이라는 단어를 사용하지만, 더 큰 의미에서 직업에는 우리의 라이프워크 전체가 포함된다. 1차적 직업뿐 아니라 하나님이 이 땅에서 행하게 하시는 모든 봉사가 우리의 직업이다. 다시 말해, 믿는 자를 향한 하나님의 부르심은 그리스도께로 나아가라는 부르심이며, 믿는 자 **개개인**을 향한 부르심은 이 세상에서 하나님 나라의 도구가 되라는 부르심이다. 생명으로 나아가라는 일반적 부르심과 일하라는 특별하고 독특한 부르심, 그것이 바로 라이프워크로의 부르심이다.

하나님의 포괄적 부르심

우리의 삶과 일 전체를 하나님의 부르심이라는 맥락에서 이해해야 성경적 직업 신학이 구축된다. 종교개혁자들은 부르심이라는 개념을 삶의 더 넓은 영역까지 확장, 적용하고 수도사와 성직자들뿐만 아니라 모든 크리스천이 합법적인 직업으로 부르심을 받은 이들이라고 가르쳤다. 종교개혁 사상에 감동을 받은 크리스천들이 총체적인 성경적 세계관을 회복하면서, 이 가르침은 유럽 전역으로 퍼졌다.

종교개혁자들이 이해했던 대로 하나님의 부르심은 조각조각 나뉘어 있지 않다. 총체적이고 통합적이며 포괄적이다. 우리 존재 전체와 실체 전체를 아우른다. 안타깝게도 오늘날의 교회는 대개 분절되고 편협하며 영적으로 편향된 부르심을 제시한다. 오직 영혼이 영생을 얻기 위한 구원으로의 부르심만을 이야기한다. 그리스 철학의 개념을 그대로 답습한 이 부르심은 지금부터 영원까지 우리의 전 존재를 움직이는 그 무언가를 이 세상에 주지 못한다.

서두에서 나는 마오쩌둥주의(Maoism) 반군에 합류할 생각을 하는 필리핀 청년들의 이야기를 나누며 직업에 대한 논의를 시작했다. 마오쩌둥 주의의 어떤 부분이 기독교와 다르다고 생각하는지 선교사가 묻자, 그 그룹의 리더 격인 청년이 이렇게 답했다.

"마오쩌둥 주의는 우리에게 네 가지 필수 요소를 제시합니다. 첫째, 세계와 역사, 현실에 대한 통일되고 일관성 있는 관점. 둘째, 일과 삶, 죽음의 목적이 되는 분명한 목표. 셋째, 공동의 형제애를 위한 소명. 그리고 넷째, 절망하는 이들에게 희망이 있다는 좋은 소식을 전파하겠다는 결의와 사명. 그런데 온갖 좋은 모습을 다 갖춘 듯한 기독교는 이런 비전을 우리에게 주지 못하는 것 같습니다."[3]

아, 우리는 통곡해야 한다. 비록 이 청년들은 깨닫지 못했지만, 실상 이들은 왕이신 하나님과 그분의 나라를 찾고 있었던 것이다. 인간의 영혼과 문화의 영혼은 자신들이 지음 받은 목적을 갈망하고 있는 것이다. 기독교 신앙은 진리와 정의, 아름다움뿐만 아니라 세상이 간절히 고대하는 '네 가지 필수 요소'를 제공한다. 그것은 세상에 대한 통합적 관점, 삶과 죽음의 목적이 되는 명확한 목표, 공동체 의식, 절망하는 이들에게 희망을 가져다주는 사명이다. 하지만 안타깝게도 교회는 자신이 받은 영광의 그림자만 제시하고 있다.

그리스도 몸의 지체로서 우리는 하나님의 부르심이 전인(全人)과 모든 관계를 포괄한다는 사실을 기억해야 한다. 인간의 마음과 생각과 영혼과 힘, 하나님과의 관계, 이웃과의 관계, 피조물과의 관계를 모두 아우른다.

오스 기니스의 말처럼 "소명이란 그리스도인의 존재 기반이다. 모든 사람이, 모든 곳에서, 모든 순간에 하나님의 (일차적인) 부르심에 반응함으로 자신의 (이차적인) 부르심을 성취하는 것이다."[4]

'부르심'이라는 단어에 대한 고찰

성경에서 '부르심'을 뜻하는 히브리어와 헬라어는 총 700번 이상 등장한다.[5] 부르심을 뜻하는 영어 단어 call에 다양한 의미가 내포됐듯이 히브리어와 헬라어도 다양한 의미와 색채를 담고 있다. 신약에서 사용된 헬라어 켈레오(keleo)는 '부르다' 또는 '호명하다'라는 뜻이다. 이 단어는 부르다(call)와 명하다(bid)로 번역된다. 어원은 켈레우오(keleuo)로, '명령하다' 또는 '지시하다'로 번역된다. 두 번째 헬라어인 클레시스(klesis)는 소명(calling)과 천직(vocation)으로 번역된다. 만찬에의 초대나 구원으로 부르시는 하나님의 초청 같은 의미로 사용할 수 있다. 구약에서는 카라(qara)라는 단어를 사용하는데, '부르다'와 '부르짖다'로 번역된다. '소환하다, 초대하다, 임명하다, 요청하다, 부르다, 맡기다, 호명하다, 부여하다' 등 다양한 의미로 사용된다.

다시 1828년 웹스터 사전을 보면, 영어 단어 call을 정의하면서 성경적 의미의 부르심의 개념을 상당 부분 차용한다.

call [히브리어 붙들다 또는 제어하다] 일반적인 의미로 몰아가다, 잡아당기다 또는 소리를 발하다, 따라서 명명하다, 명칭을 부여하다 또는 이름을 붙이다. 하나님이 빛을 낮이라 부르시고 어둠을 밤이라 부르시니(창 1장)…소집하다, 소환하다, 모임을 지시하다 또는 명하다. 명령 또는 공고에 따라 모이다.…권위를 가지고 오도록 통보하다, 종을 부르는 것처럼 오도록 명하다,…직임, 임무 또는 업무에 임명하다 혹은 지명하다, (내가 브살렐을 지명하여 부르고: 출 31장, 바울은 사도로 부르심을 받아: 롬 1장)…그리스도와의 연합으로 초대하다 또는 이끌다, 복음을 알고 믿고 순종하도록 이끌다(롬 8:28),…모든 정신력을 촉구하다에서처럼 촉구하다, 행동을 청하다 또는 요청하다,…호출하다, 싸움을 위해 부르다, 도전하다, 또한 민병대를 소집하다에서처럼 복무를 위해 소집하다.[6]

하나님이 우리를 부르셨다고 생각해 보라! 말씀으로 온 우주를 명하사 창조하신 그 하나님, 이름을 붙이며 창조하신 만물에 정체성을 부여하신 그 하나님이 우리를 창조하시고 우리의 이름을 부르셨다. 우리를 초대하셨고, 우리를 가까이하셨다.

부르시는 자가 부름 받은 자를 준비시키신다

하나님은 우리를 부르실 뿐 아니라 우리를 부르심에 합당한 자로 준비시키신다. 이는 첫 사람인 아담과 하와를 통해 확인할 수 있다. 문화적 사명을 주실 때 "하나님이 그들에게 복을 주시며"(창 1:28-29)라고 성경은 기록한다. 구약에서 복 주다(bless, 히브리어로 barak[바락])라는 단어는 330번 등장한다. 그 뜻은 "성공과 번영, 다산, 장수하도록 능력을 부여하다"[7]라는 것이다. 하나님은 아담과 하와가 하나님께 받은 목적을 성취하도록 복을 주셨고, 이들이 천직을 실현하도록 세상을 주셨다. 마찬가지로 하나님은 아브라함이 열방이 복을 받는 통로가 되도록, 그가 열방의 본이 되는 나라를 이루는 과업을 달성하도록 그에게 복을 주셨다. "내가…네게 복을 주어"(창 12:2). 또한 하나님은 장막을 짓도록 모세를 부르셨다. 그리고 모세가 그 과업을 감당하도록 백성에게 물질과 기술을 드리라고 명하셨다(출 35:4-5, 10). 예수님은 지상명령을 내리시며 열방을 제자 삼으라고 제자들을 부르셨다(마 28:18-20). 그리고 그 소임을 감당하도록 그들을 준비시키셨다(마 25:14-17; 눅 19:12-13).

준비시킨다는 것이란 무슨 의미일까? 신약에서 준비시키다(equip)라는 단어는 카타르티스모스(katartismos)다.[8] 이는 에베소서 4장 12절 말씀에서 "온전하게 하여"라고 번역되는 단어다. 이 말씀에서 주님은 봉사의 일을 위하여 '온전하게 하기 위해' 혹은 '준비시키기 위해' 교회에 사도와 선지자와 복음 전하는 자와 목사와 교사를 주신다. 본래 이 단어는 '정돈하다', '대비시키다', '강하게 하다', '마땅히 되어야 할 존재로 만들다'[9]라는 뜻의 카타르티조(katartizo)에서 파생됐다. 이 단어는 히브리서 13장 20-21절에 사용됐다. "평강의 하나님이 모든 선한 일에 너희를 온전하게 하사 자기 뜻을 행하게 하시고."

구약과 신약은 하나님이 우리 삶을 향한 목적을 갖고 계시며, 그 목적을 위해 우리를 준비시키신다는 주제를 공통적으로 다룬다. 시편 기자는 개인적인 차원에서 이 진리를 아름답게 풀어냈다.

주께서 내 내장을 지으시며
나의 모태에서 나를 만드셨나이다
내가 주께 감사하옴은 나를 지으심이 심히 기묘하심이라
주께서 하시는 일이 기이함을
내 영혼이 잘 아나이다
내가 은밀한 데서 지음을 받고
땅의 깊은 곳에서 기이하게 지음을 받은 때에

나의 형체가 주의 앞에 숨겨지지 못하였나이다

내 형질이 이루어지기 전에 주의 눈이 보셨으며

나를 위하여 정한 날이

하루도 되기 전에

주의 책에 다 기록이 되었나이다 시 139:13-16

우리는 특별한 목적을 위해 심히 기묘하게 지음 받았다. 하나님은 그 목적을 이루도록 우리를 만들고 준비시키고 은사를 주셨다. 우리 유전자의 DNA는 우리의 신체적 자질을 결정한다. 마찬가지로 나만을 위한 부르심을 결정하는 형이상학적 DNA도 있다. 다른 누구도 나처럼 할 수 없는 그 일을 위해 우리는 지음 받았다. 경제철학자 마이클 노박(Michael Novak)은 이를 탁월하게 표현했다. "역사의 밤하늘을 지나는 유성처럼 개개인은 그 사람이 추구하는 부르심의 궤도로 구분된다."[10]

부르시는 자를 위해 지음 받은 우리

하나님은 그분과 함께 일하며 역사의 향방을 결정하는 자로 인간을 지으셨다. 각 사람의 말과 행동은 다른 사람, 공동체, 나아가 나라의 역사에 영향을 끼친다. 프란시스 쉐퍼 박사는 한 사람, 한 사람이 조약돌과 같다고 했다. 그 조약돌을 연못에 던지면 '영원히 계속되는' 파문이 생긴다. 하비스트 재단 설립자이자 가까운 친구인 밥 모핏 박사는 "우리는 모두 이 우주에 자신의 서명을 남기기 위해 지음 받았다"고 했다.

우리는 목적과 의미, 성취를 갈망한다. 우리는 분명한 목적을 위해 지음 받았기 때문이다. 우리는 우리를 부르시는 영원하신 분을 위해 지음 받았가 그 과업을 감당하도록 백성에게 물질과 기술을 드리라고 명하셨다(출 35:4-5, 10). 예수님은 지상명령을 내리시며 열방을 제자 삼으라고 제자들을 부르셨다(마 28:18-20). 그리고 그 소임을 감당하도록 그들을 준비시키셨다(마 25:14-17; 눅 19:12-13).

준비시킨다는 것이란 무슨 의미일까? 신약에서 준비시키다(equip)라는 단어는 카타르티스모스(katartismos)다.[8] 이는 에베소서 4장 12절 말씀에서 "온전하게 하여"라고 번역되는 단어다. 이 말씀에서 주님은 봉사의 일을 위하여 '온전하게 하기 위해' 혹은 '준비시키기 위해' 교회에 사도와 선지자와 복음 전하는 자와 목사와 교사를 주신다. 본래 이 단어는 '정돈하다', '대비시키다', '강하게 하다', '마땅히 되어야 할 존재로 만들다'[9]라는 뜻의 카타르티조(katartizo)에서 파생됐다. 이 단어는 히브리서 13장 20-21절에 사용됐다. "평강의 하나님이 모든 선한 일에 너희를 온전하게 하사 자기 뜻을 행하게 하시고."

구약과 신약은 하나님이 우리 삶을 향한 목적을 갖고 계시며, 그 목적을 위해 우리를 준비시키신다는 주제를 공통적으로 다룬다. 시편 기자는 개인적인 차원에서 이 진리를 아름답게 풀어냈다.

주께서 내 내장을 지으시며
나의 모태에서 나를 만드셨나이다
내가 주께 감사하옴은 나를 지으심이 심히 기묘하심이라
주께서 하시는 일이 기이함을
내 영혼이 잘 아나이다
내가 은밀한 데서 지음을 받고
땅의 깊은 곳에서 기이하게 지음을 받은 때에

나의 형체가 주의 앞에 숨겨지지 못하였나이다

내 형질이 이루어지기 전에 주의 눈이 보셨으며

나를 위하여 정한 날이

하루도 되기 전에

주의 책에 다 기록이 되었나이다 시 139:13-16

우리는 특별한 목적을 위해 심히 기묘하게 지음 받았다. 하나님은 그 목적을 이루도록 우리를 만들고 준비시키고 은사를 주셨다. 우리 유전자의 DNA는 우리의 신체적 자질을 결정한다. 마찬가지로 나만을 위한 부르심을 결정하는 형이상학적 DNA도 있다. 다른 누구도 나처럼 할 수 없는 그 일을 위해 우리는 지음 받았다. 경제철학자 마이클 노박(Michael Novak)은 이를 탁월하게 표현했다. "역사의 밤하늘을 지나는 유성처럼 개개인은 그 사람이 추구하는 부르심의 궤도로 구분된다."[10]

부르시는 자를 위해 지음 받은 우리

하나님은 그분과 함께 일하며 역사의 향방을 결정하는 자로 인간을 지으셨다. 각 사람의 말과 행동은 다른 사람, 공동체, 나아가 나라의 역사에 영향을 끼친다. 프란시스 쉐퍼 박사는 한 사람, 한 사람이 조약돌과 같다고 했다. 그 조약돌을 연못에 던지면 '영원히 계속되는' 파문이 생긴다. 하비스트 재단 설립자이자 가까운 친구인 밥 모핏 박사는 "우리는 모두 이 우주에 자신의 서명을 남기기 위해 지음 받았다"고 했다.

우리는 목적과 의미, 성취를 갈망한다. 우리는 분명한 목적을 위해 지음 받았기 때문이다. 우리는 우리를 부르시는 영원하신 분을 위해 지음 받았다. 오스 기니스는 이를 정확하게 표현했다. "우리 인간이 욕망을 느낀다는 사실 자체가 우리가 피조물임을 입증한다. 우리 스스로는 불완전하기 때문에 우리를 완성시켜 주리라고 생각되는 것이면 무엇이든 원하게 되는 것이다."[11]

우리는 믿음으로 갈대아 우르의 고향과 문화를 떠나 광야로 들어가라고 부르심 받은 아브라함과 같은 사람들이다(창 11:31, 12:1, 4). 아브라함은 익숙하고 안락했던 모든 것을 떠나 하나님 나라를 향한 여정에 올랐다. 광야에서 헤매면서 아브라함은 무엇을 찾아다녔을까? 바로 하나님의 성이었다(히 11:10). 옛적의 모든 성도도 그랬다. 그들도 하나님의 성을 찾아 광야를 헤맸다. 그들은 모두 약속된 것을 받지 못하고 믿음 가운데 죽었다(히 11:12-16). 아브라함과 구름같이 둘러싼 허다한 증인들처럼 우리도 하나님 나라를 고대하며 우주 속에서 우리의 자리를 찾아 헤매는 '여행길의 순례자'이자 '낯선 땅의 이방인'이다.

기니스는 이런 글을 썼다.

만유의 창조주에게 개인적으로 부름 받은 우리는 우리 삶의 1분, 1초를 우리가 하는 일 속에서 의미를 부여받는다.…언제나 더 높이, 더 깊이, 더 멀리 가라고 부르신다.

내면 깊은 곳에 숨겨진 은사와 열망을 발견한 우리는 직업을 생각하기 전에 언제나 소명을 먼저 생각해야 하며, 소명 안에서만 일의 진정한 만족을 누릴 수 있다는 사실을 깨닫는다.

…하나님은 우리를 부르셨다. 그리고 우리가 그 부르심에 답하며 우리 자신의 잠재력을 완전히 발휘할 때만큼 진정한 자신이 드러나는 때는 없다.[12]

우리는 익숙하고 안락한 우리의 갈대아 우르를 떠나, 조금만 더 가면 닿을 수 있는 "하나님이 계획하시고 지으실 터가 있는 성"(히 11:10)에 시선을 고정하고 광야를 헤매야 한다.

라이프워크로의 부르심

하나님의 성을 향한 여정은 우리가 잉태되는 순간부터 시작된다. 우리는 생명으로 부르심 받았다. 우리는 한 가정, 한 지역 사회, 한 민족, 한 나라의 일원으로 태어난다. 우리는 모두 특정한 관계의 거미줄 속에서 태어난다. 여정이 진행되면서 우리는 구원을 향한 부르심을 맞닥뜨린다. 그리고 이 만남을 통해 하나님의 가정에 입양이 되어 새로운 가족의 일원이 된다. 시간과 공간을 아우르는 형제자매들이 이룬 새로운 가정이다. 히브리서 11장에 기록된 구름같이 허다하게 둘러싼 증인들과 연결되어 지금까지 이어지는 가정이다. 모든 민족과 나라를 이어주는 가정이다(계 5:9-10). 우리의 부르심은 하나님 나라에 들어가는 것이다.

여정은 일을 하고, 그 일을 하는 자리로 가라는 하나님의 부르심으로 이어진다. 하나님은 이렇게 우리를 부르시며 그 직업을 감당하고 라이프워크를 이루는 자리에 나아가도록 우리를 준비시키신다. 이 자리에서 우리는 하나님이 우리에게 맡기시고 부르신 그 일이 완수될 때까지 성장하고 성숙해 간다.

어떤 라이프워크든 하나님의 목적, 그분의 이야기를 바탕으로 이해해야 한다. 하나님은 그분의 나라를 확장하시고 만물을 그분과 화목하게 하려고 일하고 계시다. 그리고 그분과 함께 일하자고 우리를 부르신다.

제 1 2 장

일반적 부르심(The General Call)
삶으로

구원으로의 일반적인 부르심, 하나님 나라에 들어오라는 부르심은 일하라는 특별한 부르심, 하나님 나라를 확장하라는 부르심의 근간을 형성한다. 일반적인 부르심은 도덕적으로, 영적으로 특별한 부르심의 틀을 규정한다.

하나님의 이중 부르심에 응답하여 우리 삶과 일 전체를 하나님 나라에 연결하고자 할 때 우리는 실체 위에 굳게 선다. 이렇게 응답하는 삶은 실제로 가능하고 매우 중요하다. 왜냐하면 화목하게 하시는 하나님의 일이 **모든** 시간과 모든 **만물**을 아우르기 때문이다. 삶으로의 부르심, 구원을 향한 하나님의 부르심은 포괄적이다.

큰 계획의 필요성

앞서 확인했듯이 인간이 하나님께 반역하기 전까지는 모든 피조물이 조화를 이루며 살았다. 창세기 1장을 보면, 하나님은 창조의 단계마다 자신이 창조한 피조물들을 보시고 "좋다"거나 "뛰어나다"(창 1:4, 10, 12, 18, 21, 25)거나 "합하다"거나 "옳다"거나 "참되다"(창 1:7, 9, 11, 15, 30)라고 선포하셨다. 임의적이고 독단적인 판단이 아니라, 하늘의 창조주가 자신이 짓고 붙드는 피조물을 보고 내리신 결단이다. 창세기 1장 31절에서 하나님은 피조물의 정점인 인간을 만드셨으며, 이에 "심히"("넘치도록" 또는 "매우") 좋다고 선포하셨다. 모든 피조물이 하나님, 그리고 자신의 본질과 조화를 이룬 상태였다.

하지만 인간이 하나님께 반역하면서 이 조화는 산산이 조각났다. 하나님과 인간의 주된 관계가 깨어졌다. 주된 관계가 다른 모든 관계의 기초이기 때문에 인류의 모든 부차적인 관계 역시 깨지고 말았다. 반역의 파문은 **모든** 관계, **모든** 피조물로 확대됐다. 인간이 자신의 존재를 반추하는 독특한 능력인 **내적** 관계와 타인을 비롯한 다른 피조물과의 **외적** 관계가 영향을 받았다. 하나님과의 관계가 깨지면서 인간은 정체성을 상실했다. 그 결과 나는 누구인가, 내 삶의 목적은 무엇인가, 내게 어떤 의미가 있는가 등의 정체성에 관한 온갖 질문들이 터져 나왔다.

인간은 자신이 누구인지 알지 못할 뿐만 아니라, 다른 피조물이 무엇인지도 알지 못한다. 타인과의 관계 중에서도 가장 친밀한 관계인 가족 사이의 관계가 깨어졌다. 일터와 개인의 편의를 위해 부부생활과 자녀를 희생하는 이 시대 미국은 이 사실을 가장 극명하게 보여 준다. 전 세계 많은 사람이 여성은 하나님의 형상을 따라 지음 받은 존재라는 사실을 망각한다. 여성을 가정의 노예나 남편의 재산, 성적 대상으로 대하는 경우가 많다. 결혼의 신성함과 신비를 간음과 덧없는 하룻밤 불장난과 맞바꾼다. 아름다운 사랑을 파괴적인 증오와 살인으로 대체한다. 가족 간에, 부족 간에, 나라 간에 싸움이 끊이지 않는다. 탐욕과 부패, 눈앞의 이익을 위해 정의의 경이를 희생한다. 다른 피조물의 청지기가 되기는커녕 하나님이 살고 일하라고 주신 소중한 삶의 자리를 짓밟고 파괴한다. 피조물을 돌보는 일의 가치를 인식하지 못하고 라이프워크의 자리를 더럽힌다. 인간은 반역의 결과로 자신의 존재와 일을 그 본연의 의미에서 끊어내 버렸다.

하나님의 포괄적인 공급

타락이 포괄적인 영향을 끼쳤기 때문에 구원 역시 포괄적이어야 한다. 구약에서 이러한 구원을 가장 잘 표현하는 단어는 '평강'(peace)이다. 신약에서는 '구원'이다. 《새 성경 사전》(*The New Bible Dictionary*)은 구약에서 사용된 '평강'이라는 단어가 얼마나 포괄적인 의미가 있는지 잘 설명해 준다.

> '온전함', '건전함', '안녕'…. 한 사람이 다른 사람의 안녕(welfare)을 구하거나 위하여 기도할 때(창 43:27; 출 4:18; 삿 19:20), 한 사람이 다른 사람과 조화나 화합을 이룰 때(수 9:15; 왕상 5:12), 한 사람이 성이나 나라가 잘되기를 구할 때(시 122:6; 렘 29:7) 사용된다. 물질적 번영(시 73:3)이나 육신의 안전(시 4:8)을 의미하기도 한다. 반면에 영적인 안녕을 뜻하기도 한다. 이 같은 평강은 악을 멀리하며, 의와 진리와 함께한다(시 85:10; 사 48:18, 57:19-21).[1]

신약에서 보듯이 '평강'을 뜻하는 헬라어는 구약의 의미를 충분히 담고 있으며, "대부분 영적인 함의를 지닌다. 그 의미가 얼마나 광범위한지는 은혜(롬 1:7 등), 생명(롬 8:6), 의(롬 14:17) 등의 핵심 단어와의 관계와 데살로니가전서 5장 23절과 히브리서 13장 21절의 축도에서의 쓰임에서 확인된다."[2]

성경의 용례처럼 평강은 타락으로 말미암아 깨어진 모든 관계를 치유하시는 하나님의 구속의 계획이 얼마나 풍성한지 표현한다.

죄악 된 인간에게는 먼저 그리스도의 희생을 통해 죄의 적의를 제거하는 하나님의 평강이 필요하다(롬 5:1; 골 1:20). 그럴 때 세상 문제에 얽매이지 않는(요

14:27, 16:33) 내적 평강이 찾아온다(빌 4:7). 인간 사이의 평강은 그리스도께서 죽으신 목적(엡 2장)의 일부이자 성령이 하시는 일의 한 부분이다(갈 5:22). 하지만 인간은 평강을 도모하고자 적극적으로 힘써야 한다(엡 4:3; 히 12:14). 단순히 불화를 제거하는 수준의 평강이 아니라 그리스도의 몸이 조화를 이루고 제대로 역할을 감당하는 평강을 도모해야 한다(롬 14:19; 고전 14:33).[3]

죄의 문제와 그 결과에 대한 하나님의 해법은 모든 것을 아우른다. 골로새 교인들에게 보내는 편지에서 사도 바울은 놀라운 말씀을 전한다.

> 아버지께서는 모든 충만으로 예수 안에 거하게 하시고 그의 십자가의 피로 화평을 이루사 만물 곧 땅에 있는 것들이나 하늘에 있는 것들이 그로 말미암아 자기와 화목하게 되기를 기뻐하심이라 골 1:19-20

사람들은 "왜 그리스도가 십자가에서 죽으셨나요?"라는 질문을 받으면 대개 "제 영혼을 구하시려고요!" 또는 "제가 천국에 가도록 하시려고요!"라고 답한다. 물론 맞는 말이다. 하지만 십자가에서 흘리신 그리스도의 보혈의 능력을 개개인의 영혼의 차원에만 묶어 두는 답이다. 골로새서의 말씀을 통해 하나님은 그분께 큰 계획이 있고, 그 큰 계획이 바로 만물을 자신과 화목하게 하시는 일임을 알려 주신다. 만물에는 인간의 영혼도 포함된다. 개개인의 전인(全人)이 포함된다. 하지만 이 계획은 단순히 인류에만 국한되지 않는다. 인간의 반역으로 만물이 영향을 받게 됐기 때문에 화목도 만물을 대상으로 해야 한다. 그리스도는 죄 사함만을 위해서가 아니라 인간 간의 관계, 인간과 피조물의 관계를 회복하기 위해 돌아가셨다.

바울은 로마서에서 하나님의 큰 계획을 명확하게 설명한다.

피조물이 고대하는 바는 하나님의 아들들이 나타나는 것이니 피조물이 허무한 데 굴복하는 것은 자기 뜻이 아니요 오직 굴복하게 하시는 이로 말미암음이라 그 바라는 것은 피조물도 썩어짐의 종노릇 한 데서 해방되어 하나님의 자녀들의 영광의 자유에 이르는 것이니라 피조물이 다 이제까지 함께 탄식하며 함께 고통을 겪고 있는 것을 우리가 아느니라 롬 8:19-22

바울은 "허무", "썩어짐의 종", "탄식하며 함께 고통" 같은 표현을 사용하여, 죄가 피조물에 미치는 영향의 밑바닥까지 다룬다. 그리고 "고대하는바", "해방되어", "영광의 자유에 이르는"과 같은 표현을 통해, 장차 올 구속의 고지까지 날아오른다. 이렇듯 하나님의 큰 계획은 모든 피조물을 아우른다.

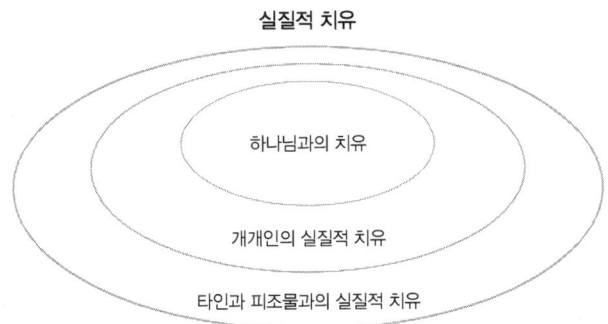

이를 동심원으로 표현할 수 있다. 가장 안에 있는 원은 인간과 하늘 아버지의 주된 관계의 회복, 거듭남을 상징한다. 두 번째 원은 주된 내적 관계가 회복된 결과 개인의 삶에서 일어나는 실질적 치유로[4] 신체, 심리, 지성, 성품(도덕)의 발달을 나타낸다. 세 번째 원은 외부 세계에서 타인과 피조물과 맺는 부차적 외적 관계에서 일어나는 실질적 치유를 의미한다.

'구원받은'이라는 단어의 고찰

에베소서 2장 1-9절에서 바울은 인간이 처한 곤경과 이에 대한 하나님의 해법, 구원에 대해 설명한다. "그는 허물과 죄로 죽었던 너희를 살리셨도다 그때에 너희는 그 가운데서 행하여 이 세상 풍조를 따르고 공중의 권세 잡은 자를 따랐으니 곧 지금 불순종의 아들들 가운데서 역사하는 영이라…긍휼이 풍성하신 하나님이 우리를 사랑하신 그 큰 사랑을 인하여 허물로 죽은 우리를 그리스도와 함께 살리셨고(너희는 은혜로 구원을 받은 것이라)…너희는 그 은혜에 의하여 믿음으로 말미암아 구원을 받았으니 이것은 너희에게서 난 것이 아니요 하나님의 선물이라 행위에서 난 것이 아니니 이는 누구든지 자랑하지 못하게 함이라."

바울이 구속받지 못한 인간의 상태를 어떻게 묘사하는지 주목하라. "허물과 죄로 죽었던 너희"와 "죽은 자"처럼 결코 자신을 다시 살릴 수 없는 절망적인 상황에 "(그러나) 긍휼이 풍성하신 하나님이…그 큰 사랑을 인하여"처럼 경이로운 단어가 등장한다. 우리가 영적으로 죽어 자신을 구할 능력이 전혀 없을 때도 하나님은 우리를 지극히 사랑하사 그분의 아들을 보내어 우리를 위하여 죽게 하셨고, 우리를 위하여 부활하게 하셨다. 따라서 우리의 구원은 그리스도가 십자가에서 이미 완성하신 일이다.

하지만 대체 '구원받은'(saved)이라는 단어는 무슨 의미일까? '구원받은'이라는 단어는 일반적으로 개인의 영혼 구원을 뜻하는, 전형적인 영적 의미로 많이 사용되지만 실제로 이 단어의 의미는 훨씬 더 포괄적이다. 신약에서 이 단어는 상한 것을 치유하고 더러운 것을 정결하게 한다는 의미로 사용되기도 한다. 우리가 지금 읽은 에베소서 말씀에서 '구원을 받은'으로 번역된 헬라어는 신약에 100번 이상 등장한다. 이 단어의 의미는 안전하고 건강하게 지켜 준다는 의미와 위험과 파멸에서 건져 준다는 의미, 질병으로 고통받는 사람을 건강하게 회복시킨다는 의미를 모두 담고 있다. '온전하게 만들다', '치유하다', '온전하게 되다'[5]로도 번역된다. 야고보 사도는 인내하며 시련을 견디는 자가 "온전하고 구비하여 조금도 부족함이 없게"(약 1:4) 된다고 말한다. 구원받는다는 것은 온전하고 거룩하게(도덕적으로 의롭게) 된다는 의미를 내포한다. 칭의를 통해 우리는 거룩한 자로 선포된다. 성화를 통해 우리는 거룩한 삶을 살게 된다. 구원은 포괄적 함의를 담고 있다. 따라서 전부를 아우르는 구원은 실로 '**총체적**'이다.

'구원받은'이라는 단어 분석

구원의 성의뿐 아니라 믿는 자의 삶과 하나님 나라의 전개에서 구원의 시간 또한 포괄적이다. 신약 전체에 걸쳐 믿는 자와 관련해 등장하는 구원의 개념은 과거와 현재, 미래 시제로 모두 표현된다. 크리스천으로서 우리는 "나는 구원받았다!", "나는 구원받고 있다!", "나는 구원받을 것이다!"라고 이야기한다. 하나님은 의롭게 하신 자를 거룩하게 하고 계시며, 장차 영화롭게 하신다.

과거 – 나는 구원받았다! (칭의)

모든 크리스천이 "나는 구원받았다!"라고 이야기할 수 있다. 신학 용어로는 이를 '칭의'라 한다. 회개의 시간, 죄인이 '거듭나는' 시간을 의미한다. 달리 표현하면, 십자가로의 부르심이다! 예수님은 "모세가 광야에서 뱀을 든 것 같이 인자도 들려야 하리니 이는 그를 믿는 자마다 영생을 얻게 하려 하심이니라 하나님이 세상을 이처럼 사랑하사 독생자를 주셨으니 이는 그를 믿는 자마다 멸망하지 않고 영생을 얻게 하려 하심이라"(요 3:14-16)고 말씀하셨다. 믿음으로 자신에게서 시선을 떼고 장대에 달린 뱀을 본 이스라엘 백성이 육신의 치유를 받았듯이, 십자가 그늘 아래 설 때 믿는 자에게 구원이 임한다.

치유

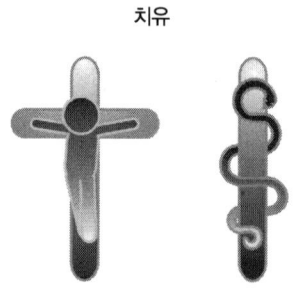

칭의는 그리스도의 의로 믿는 자가 자신의 죄에 대해 책망을 받지 않고 믿는 자가 치러야 할 죄의 대가를 그리스도가 십자가에서 대신 지셨다는 사실을 뜻하는 법률 용어다. 고린도후서 5장 21절이 이 사실을 분명히 밝힌다. "하나님이 죄를 알지도 못하신 이를 우리를 대신하여 죄로 삼으신 것은 우리로 하여금 그 안에서 하나님의 의가 되게 하려 하심이라." 죄가 없으신 예수님이 우리를 위해 죄가 되셨다. 원죄 때문에 또 선택에 의한 죄 때문에 죄인이 된 우리에게 하나님의 의가 부여됐다. 그 의를 받은 우리에게 무죄가 선고된다. "이제 그리스도 예수 안에 있는 자에게는 결코 정죄함이 없나니"(롬 8:1). 얼마나 놀라운 소식인가. 이것이 진정 기쁜 소식이다.

현재 – 나는 구원받고 있다! (성화)

믿는 자는 "나는 구원받았다!"라는 고백처럼 "나는 구원받고 있다"라고 말할 수 있다. 칭의가 한 시점에 일어나는 사건이라면, '성화'는 그리스도 안에서 실현된 우리의 모습을 현실에서도 이루어 가는 평생에 걸친 과정을 표현하는 신학 용어다. 한 생명이 태어나기 위해 정자와 난자가 수정이 되고 이후로 성장의 과정을 평생 밟아가듯, 영적인 탄생과 성장도 비슷한 과정을 거친다. 칭의가 십자가 그늘 아래 서 있으라는 부르심이라면, 성화는 자기를 부인하고 날마다 자기 십자가를 지고 예수님을 좇으라는 부르심이다(마 16:24).

칭의의 단계에서 우리는 거룩하고 의로운 자로 선포된다. 성화의 단계에서 우리는 실제로 하나님이 선포하신 대로 거룩하고 의로운 자가 된다! 우리는 이 사실을 에베소서 2장 1-9절의 말씀에 대한 반응인 10절에서 확인할 수 있다. 성화는 칭의에 대한 반응이다. "우리는 그가 만드신 바라 그리스도 예수 안에서 선한 일을 위하여 지으심을 받은 자니 이 일은 하나님이 전에 예비하사 우리로 그 가운데서 행하게 하려 하심이니라." 우리가 믿음으로 구원을 받은 데는 목적이 있다. 우리는 하나님이 이 세상의 기초를 놓으실 때부터 우리를 위해 예비하신 선한 일을 행하기 위해 구원받았다. 우리가 행하는 일은 우리를 의롭게 해주지 못한다. 하지만 그 일들은 성령님이 우리 안에서 행하시는 성화 과정의 한 부분이다.

마찬가지로 빌립보서 2장 12-13절도 성화에 두 주체가 있음을 보여준다. 오직 우리는 하나님의 역사를 통해서만 의롭다 하심을 받을 수 있지만, 성화의 과정에서는 하나님과 인간이 모두 일한다. "그러므로 나의 사랑하는 자들아 너희가 나 있을 때뿐 아니라 더욱 지금 나 없을 때에도 항상 복종하여 두렵고 떨림으로 너희 구원을 이루라 너희 안에서 행하시는 이는 하나님이시니 자기의 기쁘신 뜻을 위하여 너희에게 소원을 두고 행하게 하시나니."

'구원'에는 크리스천이 순간순간 살아가는 일상의 시간도 포함된다.

의인은 믿음으로 말미암아 살아야 한다(롬 1:17). 성화란 우리 삶의 모든 영역, 관계의 모든 부분을 하나님 앞에 내놓고 성령님의 역사에 힘입어 그리스도의 형상으로 회복되어 가며, 하나님 앞에서 사는 삶이다. 현대교회는 내적이고 개인적인 차원에 국한시켜 성화를 이야기할 때가 많다. 개인의 경건만 이야기하는 것이다. 물론 이것도 성화의 과정에서 매우 중요하지만, 이를 과정 전체로 보기는 어렵다.

개인적 경건을 통해 도덕적으로나 성품 면에서 발전을 모색하면서, 반드시 사고방식을 전환할 수 있어야 한다(롬 12:2; 고전 2:16). 자연인은 영적으로 죽어 있을 뿐 아니라 성장 과정에서 가정과 문화에 대해 형이상학적 사고방식을 구축한다. 문화에 적응하는 가운데 모든 사람은 세상을 보는 방식, 즉 삶의 모든 부분을 형성하는 세계관을 갖게 된다. 하나님은 성경적 세계관을 바탕으로 하는 세계에서 살도록 우리를 지으셨다. 하지만 살아 계신 하나님을 예배하는 문화를 제외하고는 모든 문화가 "하나님의 진리를 거짓 것으로 바꾸어"(롬 1:25) 버렸다. 개인적 성화의 과정 중에는 그리스도의 생각을 입어 성경적 세계관, 실체를 반영하는 세계관에 대한 이해를 넓히는 단계도 포함된다.

성화의 과정에는 사회적 책임과 청지기로서의 책임도 뒤따른다. 이 시대에 발을 붙이고 살면서 인간의 모든 부차적인 관계를 실질적으로 치유한다는 의미다. 믿는 자는 미움이 있는 곳에 사랑을, 갈등이 있는 곳에 평화를, 황량한 곳에 아름다움을, 거짓이 있는 곳에 진리를, 악이 있는 곳에 선을 전해야 한다. 하나님과 함께 자연악과 가뭄, 홍수, 지진, 기근, 질병에 맞서고 낭비와 과소비를 통한 인간의 피조물 파괴와 자연환경 유린을 막아야 한다. 성화 과정의 한 부분으로써 피조물의 청지기가 되어야 한다. 사도 바울이 상기시켜 주듯, 피조물은 하나님의 아들들이 나타나기를 고대하고 있다(롬 8:19-22). 칭의의 단계에서 하나님의 자녀로 선포된 자들이 성화의 단계에서 하나님의 아들처럼 행동해 주기를 기다린다는 의미다.

성화는 광범위하고 점진적이다. 성화의 과정은 믿는 자와 하나님이 함께 춤을 추듯 전개된다. 하나님이 춤을 리드해 가실 때 믿는 자는 적극적으로 반응하며 함께 춤을 춰야 한다. 구원이라는 긴 과정 중, 성화의 단계에서 믿는 자는 분명한 목적의식을 가지고 적극적으로 임해야 한다.

우리는 먼저 어둠에서 빛으로 부르심 받았고, 다음으로는 "빛 가운데 행하라"고 부르심 받았다. 우리가 자주 듣는 문구처럼 "언행이 일치해야 한다!" 하나님은 사랑이시다. 그러니 우리도 우리 친구와 이웃, 심지어 원수까지도 사랑해야 한다. 하나님은 공의로우시다. 우리도 부정부패가 만연한 세상에서 정의를 추구해야 한다. 하나님은 긍휼이 많으시다. 우리도 상한 세상에 긍휼의 손길을 뻗어야 한다. 하나님은 참되시다. 우리도 거짓을 맞닥뜨렸을 때 진리를 말하고 헛된 약속이 난무하는 세상에서 진실한 삶을 살아야 한다. 하나님은 아름다우시다. 우리도 건축과 조경, 미술과 음악을 통해 지역사회와 공동체에 아름다움을 전해야 한다.

하나님의 구원이 포괄적이듯이 우리의 섬김도 포괄적이어야 한다. 왕이신 하나님을 예배하고 타인을 사랑하며 청지기로서 피조물을 섬겨, 우리의 섬김을 표현해야 한다.

미래 – 나는 구원받을 것이다! (영화)

구원은 칭의로 시작되고 성화의 과정을 통해 계속되어, 그리스도가 역사의 마지막에 다시 오실 때 완성된다. 우리는 그리스도가 다시 오실 때까지 점령하라는 소임을 받았고, 그리스도는 그분의 나라와 함께 다시 오시는 과업을 맡으셨다(눅 19:12-13 참고). 역사의 마지막에 하나님의 모든 계획과 목적이 성취된다. 십자가에서 시작하신 과정의 완수를 위해 말세에 그리스도가 다시 오시는 것을 신학 용어로 '영화'라고 한다. 따라서 우리는 "나는 구원받았다!", "나는 구원받고 있다!"라고 외치는 동시에 기쁨으로 "나는 구원받을 것이다!"라고 고백할 수 있다. 예수님은 영광 가운데 다시 오신다. 그때 현세의 고통과 괴로움이 모두 사라진다. 이미 시작된 구원의 과정이 영화롭게 완성된다.

시간과 공간에서, 개인과 하나님 나라가 구원의 성취를 누리는 이 상태를 가장 잘 표현하는 단어가 '완성'(consummation, 성경에는 종말로 번역됨, 참고 단 9:27; 히 9:26 - 역주)이다. 이 단어는 충만, 영원한 목적과 영광의 성취를 뜻한다. 바울은 이에 대해 "우리가 지금은 거울로 보는 것 같이 희미하나 그때에는 얼굴과 얼굴을 대하여 볼 것이요 지금은 내가 부분적으로 아나 그때에는 주께서 나를 아신 것 같이 내가 온전히 알리라"(고전 13:12)고 말한다. 지금 우리는 장차 올 것을 희미하고 흐릿하게만 보고 있다. C. S. 루이스는 지금의 우리 존재를 '그림자 나라'로 표현한다. 하지만 그리스도가 다시 오실 때, 만물은 본연의 상태를 회복할 수 있다.

칭의의 단계에서 우리가 선 자리가 거룩하고 의롭다고 선포되고, 성화의 단계에서 우리가 실제로 거룩하고 의로운 삶을 살고자 힘쓴다면, 영화의 단계에서는 우리가 온전히 거룩하고 의로운 자가 된다. 우리를 향한 하나님의 선포가 최종적으로 완전히 실현되는 것이다. 이 과정이 완성되리라는 약속의 예가 바울이 에베소 교회에 보낸 편지다.

> 그 안에서 너희도 진리의 말씀 곧 너희의 구원의 복음을 듣고 그 안에서 또한 믿어 약속의 성령으로 인치심을 받았으니 이는 우리 기업의 보증이 되사 그 얻으신 것을 속량하시고 그의 영광을 찬송하게 하려 하심이라 엡 1:13-14

여기서 바울은 구원의 과정이 완성된다는 약속을 두 가지로 표현한다. 첫째는 '인치심'이다. 당시에는 중요한 문서나 귀중품을 다른 곳으로 운반하거나 전달할 때, 왕이 그 물건에 인장을 찍었다. 인장은 귀한 물건이 안전하게 도착한다는 증명이었다. 둘째는 보증이다. 많은 문화권에서 물건을 사고 싶으나 돈이 부족할 때면 보증금을 낸다. 부동산의 경우에는 계약금을 지불한다. 보증금은 최종 계약까지 완성하겠다는 약속인 셈이다. 바울은 이 말씀에서, 아버지 하나님이 성령의 인장 혹은 보증으로 우리 구원의 최종적 완성을 확정하셨다고 이야기한다.

빌립보서 1장 6절은 같은 메시지를 다른 그림으로 전달한다. "너희 안에서 착한 일을 시작하신 이가 그리스도 예수의 날까지 이루실 줄을 우리는 확신하노라." 바울은 우리 구원의 착한 일을 시작하신 하나님께 (예수 그리스도가 다시 오셔서 그 구원이 완성될 때까지) 그 일을 계속하실 능력과 의지가 있다고 확신한다.

개개인의 구원은 포괄적이다. 하나님은 우리 한 사람, 한 사람 안에 시작하신 선한 일을 완성하고 우리를 거룩하게 하사, 우리가 "온전하고 구비하여 조금도 부족함이 없게"(약 1:4) 만드시는 분이다. 하지만 우리는 그분의 큰 계획을 잊지 말아야 한다. 그분은 만물을, 크리스천 개개인의 전부를, 또한 모든 관계를 회복하고 싶어 하신다. 예수님이 그분의 나라와 함께 다시 오실 때 만물이 온전히 회복된다. 왕이 다시 오실 때 그분의 나라가 완성된다. 지금 이 땅에서 우리는 하나님의 은혜와 능력에 힘입어 삶의 모든 영역에서 실질적인 치유가 일어나게 해야 한다. 예수님이 다시 오실 때 하나님 나라가 모든 영광 가운데 절정에 이르며, 구원의 과정이 완성된다(사 11:6-9, 60:1-3; 계 22:1-5). 하나님 나라가 모든 충만함과 영광으로 선다.

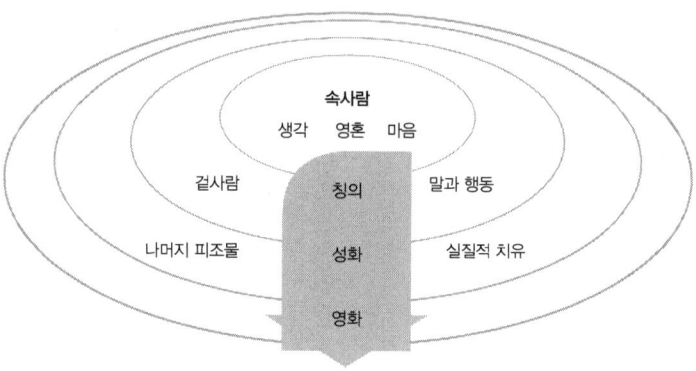

구원은 물결처럼 뻗어 간다. 믿는 자의 과거와 현재, 미래를 아우른다.

구원의 본질

개념	칭의	성화	영화
시간	과거 나는 구원받았다	현재 나는 구원받고 있다	미래 나는 구원받을 것이다
위치	의롭고 거룩하다 선포됨 죄의 형벌에서 자유함	의롭고 거룩하게 되어 감 죄의 권세에서 자유하게 됨	거룩함 자유함
예문 말씀	만일 누가 죄를 범하여도 아버지 앞에서 우리에게 대언자가 있으니 곧 의로우신 예수 그리스도시라(요일 2:1). 하나님이 죄를 알지도 못하신 이를 우리를 대신하여 죄로 삼으신 것은 우리로 하여금 그 안에서 하나님의 의가 되게 하려 하심이라(고후 5:21).	우리는 그가 만드신 바라 그리스도 예수 안에서 선한 일을 위하여 지으심을 받은 자니 이 일은 하나님이 전에 예비하사 우리로 그 가운데서 행하게 하려 하심이니라(엡 2:10). 그러므로 나의 사랑하는 자들아 너희가 나 있을 때뿐 아니라 더욱 지금 나 없을 때에도 항상 복종하여 두렵고 떨림으로 너희 구원을 이루라(빌 2:12).	그 안에서 너희도…믿어 약속의 성령으로 인치심을 받았으니(엡 1:13). 너희 안에서 착한 일을 시작하신 이가 그리스도 예수의 날까지 이루실 줄을 우리는 확신하노라(빌 1:6).

지금, 그러나 아직

그리스도는 오셨고, 다시 오신다. 왕이 오셨으며(마 28:18), 다시 오신다(계 19:11-16). 그분의 나라는 지금 이곳에 있으나, 아직 완성되지 않았다. 그리스도가 통치하시는 곳은 어디나 그분의 나라가 실체로 서 있지만(눅 11:20, 17:21), 그 나라가 완전히 드러나는 때는 미래에 그리스도가 다시 오실 때다(눅 19:21, 15). 그 나라는 지금 이곳에서 시작되었으며, 미래에 모든 영광 가운데 온전히 임한다. 이것이 그분의 이야기, 구속사가 보여 주는 역동성이다.

구원은 믿는 자 개개인의 모든 부분, 관계의 모든 영역을 포괄하며 삶의 과거와 현재, 미래를 아우른다. 교회사에서 교회가, 크리스천들이 이 같은 구원의 충만함을 강조하시 않은 때도 있었다. 구원의 한두 가지 요소만 강조하느라 나머지를 간과하기도 했다. 하지만 성경의 세계관은 구원이 하나님 앞에 선 우리의 개인적 상태이자 우리의 모든 관계에 실질적 치유를 일으키는 과정이라고 강조한다. 이 과정은 그리스도가 다시 오실 때 완성된다.

우리 삶과 일 전체가 만물을 그분과 화목하게 하시며 지금부터 영원까지 의와 평강과 희락의 나라를 확장하시는 하나님의 일과 본질적으로 연결되어 있다.

성경은 생명으로 부르심 받은 우리에게 임무가 주어졌다고 밝힌다. 삶 가운데 개개인을 향한 독특한 부르심이 있고, 그리스도의 몸 안에서 우리만을 위한 자리가 있다. 다음 장에서는 하나님의 이중 부르심 중 두 번째 부분인 일터로의 특별한 부르심을 생각해 보자.

제 13 장

특별한 부르심(The Particular Call)
일터로

성경은 하나님 나라로 부르심 받은 우리가 각자 하나님 나라를 나타내고 확장하는 독특한 역할을 부여받았다고 밝힌다. 하나님이 우리에게 얼마나 많은 날을 허락하실지 알지 못하지만, 우리는 우리가 받은 날들을 우리의 특정한 임무를 발견하고 삶으로 실천하는 데 사용해야 한다. 우리에게 '취업'을 허락하시든 '실업'을 허락하시든, 건강한 날을 주시든 병약한 날을 주시든 우리의 임무는 계속된다. 하나님께 부르심 받은 우리는 일하는 기간과 은퇴 기간을 가르는 세상의 '일' 개념을 거부해야 한다. 성경의 문화에는 '은퇴'라는 개념이 아예 없다. 하나님 나라의 시민이자 그리스도의 몸의 지체로서 우리는 "나라가 임하시오며 뜻이 하늘에서 이루어진 것 같이 땅에서도 이루어지이다"라는 기도의 손과 발, 상상력이 되어야 한다. 무관심이 아닌 열정, 안이함이 아닌 근면의 삶을 살아야 한다.

하나님의 만드신 바

수동성과 안일함이 하나님의 기준이었다면 우리는 영영 잃어버린 자의 삶을 살았을지 모른다. 하지만 에베소서 2장 1-9절에서 확인했듯이, 하나님이 먼저 죽었던 우리를 믿음으로 말미암아 은혜로 구원하셨다. 하나님은 우리를 죽음에서 건지셨을 뿐 아니라 우리를 고치셨고, 우리를 온전하게 만들어 가고 계시다. 그분의 형상을 따라 우리를 지으시며 우리 안에 두신 목적과 잠재력을 되찾도록 놀라운 은혜로 우리를 회복시키고 계시다. 바울은 그리스도 안에 거하지 않을 때 우리를 사로잡는 죽음과 현격한 대조를 이루는 말씀을 전한다. "우리는 그가 만드신 바라 그리스도 예수 안에서 선한 일을 위하여 지으심을 받은 자니 이 일은 하나님이 전에 예비하사 우리로 그 가운데서 행하게 하려 하심이니라"(엡 2:10). 성경에 기록된 다른 말씀과 함께 이 구절은 일이 그리스도 안에서 우리의 정체성과 목적의 핵심임을 증거한다. 우리는 **그리스도 안에서** 창조와 구속을 바탕으로 일한다.

이 아름다운 말씀에서 두 단어가 눈길을 끈다. **만드신 바**와 **선한 일**이니. 위에서 우리가 살펴본 말씀과 로마서 1장 20절에 등장하는 **만드신 바**(workmanship)라는 단어는 헬라어 **포이에마**(*poiema*)로, **시**(poem)의 어원이다.[1] 로마서 1장 20절에서 포이에마는 모든 피조물 즉 "그가 만드신 만물"을 뜻한다. 하나님은 최초의 시인이시다. 모든 피조물과 내 삶은 그분의 포이에마의 행위다. 하나님이 능력을 주셔서, 하나님을 향한 반응으로 나는 선한 일을 행한다. 언제나 그렇듯이 하나님이 주창자이며, 시적점이다. 내 일은 그가 지으신 바의 일부다.

두 번째 살펴볼 단어는 **에르곤**(*ergon*)으로, 무기력함이나 실천 없는 말과 대비되는 개념으로 행동이나 행위를 뜻하는 헬라어다. 이 단어는 신약에 169번 등장하는데 그리스도의 일, 복음의 일, 가난한 이들을 섬기는 선한 일, '직업' 혹은 '직장'까지 다양하게 사용된다.[2]

히브리어 구약성경에서 섬기다, 일하다라는 뜻의 **아바드**(*abad*)라는 단어가 여기에 해당한다. 하나님이 인간에게 부여하신 일을 뜻하며, 십계명에서 명하는 일과 안식의 주기에서 이야기하는 일이 여기에 해당한다.³ 동산을 '아바드'하고 '샤마르'하라는 문화적 사명을 앞서 살펴봤는데, 이와 같은 단어다.

우리는 일하기 위해 구속받았다. 이 일은 '영적인 일'에서부터 섬김과 궁휼의 사역(마 25:34-40; 눅 10:25-37; 엡 4:12 참고), 문화적 사명 안에서 주어진 일반적인 일에 이르기까지 다양한 의미로 해석된다. 우리는 '일'이라는 단어를 협소한 영적 의미로만 이해하지 않도록 주의해야 한다. 모든 선한 일은 말 그대로 모든 선한 일이다! 그 말은 우리의 모든 일이 선한 일이 되어야 하며, 우리가 맡은 일을 탁월하게 해야 한다는 뜻이기도 하다.

전체 중 일부

우리가 지음 받고 구속받은 목적으로 우리의 일을 이해하면, 단순한 직업이나 경력을 위한 발판이었던 일이 천직의 한 부분이 된다. 우리는 모두 같은 목적을 공유하고 있지만, 우리의 천직, 우리의 라이프워크는 제각각 다르다. 교황 요한 바오로 2세의 표현을 빌리자면, 우리 각자의 독특한 "사랑과 은혜의 임무"⁴는 우리 창조주와 부르시는 자의 본성에서 흘러나온다. 마이클 노박은 이렇게 표현했다.

> 우리는 각자 하나님의 형상을 따라 지음 받은 존재다. 그렇기에 그만큼 각자의 부르심도 독특하다(성 토마스 아퀴나스는 하나님의 무한한 면모를 모두 나타내려면 무한히 많은 사람이 필요하다고 했다). 각 사람은 전체 중에서 아주 작지만 아름다운 한 부분을 반영할 따름이다.⁵

이 얼마나 놀라운 그림인가! 우리가 각자 하나님의 무한하신 형상을 독특하게 반영한다. 우리 자신의 본성과 "선한 일…하나님이 전에 예비하사 우리로 그 가운데서 행하게"(엡 2:10) 하시는 일이 하나님의 본성에 뿌리내린다.

하나이자 여럿이신 하나님

하나님은 삼위일체이시며, 한 분으로 연합한 하나님이시다. 아버지와 아들, 성령이 독특한 인격체로 독특한 역할과 책임을 맡아 별개의 세 인격으로 존재하신다. 그렇지만 동등하며, 분리할 수 없는 하나님이시다. 한 하나님, 세 인격이시다. 가정과 사회도 이와 마찬가지다. 우리는 각기 다른 은사와 재능, 개성과 역할, 책임이 있지만, 동시에 모두 동등한 하나님의 형상이기 때문에 농능한 존엄성과 가치를 지닌다. 삼위일체의 한 분, 한 분이 개성과 공동체 내에서의 관계에 따라 규정되는 것과 마찬가지로 우리 각 사람도 개인적 차원과 공동체 차원에서 규정된다.

교회 – 그리스도의 몸

하나님이 교회를 부르실 때 공동체로 부르셨다는 사실은 전혀 놀랍지 않다. 바울은 공동체의 연합과 다양성을 반영하기 위해 그리스도의 몸이라는 이미지를 차용했다(롬 12:4-5; 엡 1:22-23, 4:12-13). 그리스도의 교회는 한 몸으로 연합을 이루면서, 다양한 부분과 기능을 발현한다. 바울은 그리스도의 몸에서 지켜야 할 공동체의 제1원칙을 고린도전서 12장 12-27절에서 아주 상세히 설명한다.

몸은 하나인데 많은 지체가 있고 몸의 지체가 많으나 한 몸임과 같이 그리스도도 그러하니라 우리가 유대인이나 헬라인이나 종이나 자유인이나 다 한 성령으로 세례를 받아 한 몸이 되었고 또 다 한 성령을 마시게 하셨느니라

몸은 한 지체뿐만 아니요 여럿이니 만일 발이 이르되 나는 손이 아니니 몸에 붙지 아니하였다 할지라도 이로써 몸에 붙지 아니한 것이 아니요 또 귀가 이르되 나는 눈이 아니니 몸에 붙지 아니하였다 할지라도 이로써 몸에 붙지 아니한 것이 아니니 만일 온몸이 눈이면 듣는 곳은 어디며 온몸이 듣는 곳이면 냄새 맡는 곳은 어디냐 그러나 이제 하나님이 그 원하시는 대로 지체를 각각 몸에 두셨으니 만일 다 한 지체뿐이면 몸은 어디냐 이제 지체는 많으나 몸은 하나라

눈이 손더러 내가 너를 쓸데가 없다 하거나 또한 머리가 발더러 내가 너를

리사 이터 Lisa Etter 와 헤이든 스미스 Hayden Smith 의 이야기[6]

"너는 하나님과 다른 이들을 향해 열정과 분명한 목적의식을 가지고 살아가도록 지으심 받았단다!" 리사 이터의 아버지는 딸이 열두 살 되던 해에 이 편지를 썼고, 이는 리사의 삶을 결정했으며 리사가 만난 수많은 사람의 삶에 영향을 끼쳤다.

아버지에게 편지를 받은 후 리사는 미시간 그랜드 래피즈의 칼빈 대학에서 헤이든 스미스 양을 만났다. 둘은 서로의 인생 비전이 같다는 사실을 깨닫고 이내 단짝이 됐다. 2002년 칼빈 대학교를 졸업한 후 두 사람은 다양한 인종이 어울려 사는 시카고의 한 지역으로 이주했다. 그곳에서 헤이든은 저학년을 가르쳤고, 리사는 여성 노숙인 쉼터에서 인턴으로 일했다. 중산층에서 자라난 자신들과는 겉모습도, 삶의 경험도 판이한 사람들과 도시 한복판에서 만나고 교제하면서 두 사람의 눈이 열렸다.

"동네 사람들과 동료들과 우정을 쌓아 가면서 세상이 그들에게 '위험', '저소득', '노숙' 같은 꼬리표를 붙이고, 그 꼬리표로만 인식하는 상황이 마음 아팠어요. 사실 그들이 우리와 그리 다르지 않다는 사실을 깨달았죠. 배경이나 상황에 상관없이 기본적인 필요는 누구나 똑같이 느껴요. 누구나 자신의 정체성을 탐구하고, 있는 모습 그대로 사랑받고, 은사를 사용하고, 기여하

쓸데가 없다 하지 못하리라 그뿐 아니라 더 약하게 보이는 몸의 지체가 도리어 요긴하고 우리가 몸의 덜 귀히 여기는 그것들을 더욱 귀한 것들로 입혀 주며 우리의 아름답지 못한 지체는 더욱 아름다운 것을 얻느니라 그런즉 우리의 아름다운 지체는 그럴 필요가 없느니라 오직 하나님이 몸을 고르게 하여 부족한 지체에게 귀중함을 더하사 몸 가운데서 분쟁이 없고 오직 여러 지체가 서로 같이 돌보게 하셨느니라 만일 한 지체가 고통을 받으면 모든 지체가 함께 고통을 받고 한 지체가 영광을 얻으면 모든 지체가 함께 즐거워하느니라

너희는 그리스도의 몸이요 지체의 각 부분이라.

이 말씀에서도 볼 수 있듯, 하나님은 각자의 독특한 목적에 따라 지체

고 싶어 합니다. 근본적인 갈망은 누구나 똑같아요. 궁극적으로 하나님을 지향하고 그분이 우리를 어떻게 지으셨는지를 알고자 하는 갈망이죠. 그러나 너무나 많은 이들이 이러한 기본적인 필요를 들여다보고 자신의 재능으로 세상에 기여할 기회조차 박탈당해요. 내놓을 만한 무언가가 전혀 없는 사람인 양 취급받거나 그런 시선을 받기 때문이죠."

수많은 사람이 당면한 삶의 현실과 맞닥뜨린 두 여성은 질문을 던지기 시작했다. '우리는 누구인가? 우리는 어떤 삶을 살아야 하는가? 우리 삶에 이 지식이 어떤 의미를 갖는가?' 두 사람 안에는 **어떤** 유형의 사람이든 환영받을 수 있고 자신의 은사를 찾아갈 수 있는 곳을 만들고 싶다는 바람이 커졌다.

그러던 어느 날, 아버지가 불치병에 걸렸다는 소식을 들은 리사는 아버지를 간호하기 위해 집으로 돌아갔다. 아버지의 병세가 깊어지던 어느 밤, 리사는 헤이든과 함께 고민하던 문제들을 생각해 보았다. 부모님이 물려주신 가치관과 자신의 은사와 꿈도 생각해 봤다. 이렇게 한 조각, 한 조각 맞춰 가면서 마침내 리사는 "주님, 우리 함께 꿈을 꿔요"라고 고백했다.

이윽고 지역사회의 다양한 사람이 함께 모여, 있는 모습 그대로 존중받고 사랑받을 수 있는 특별한 커피 전문점을 그려 보기 시작했다. 리사는 일기장에 세세한 내용까지 기록하여 헤이든에게 보여 줬다. 헤이든은 자신의 삶의 많은 부분을 하나로 연결시키면서 주위의 사람들을

를 만드셨다(18절). 각 지체는 몸에서 독특한 역할을 수행하며, 하나라도 없어서는 안 된다(22절). 각자가 다른 역할과 기능을 하지만, 모든 지체가 똑같이 귀하고 소중하다(24-25절). 바울은 로마서 12장 4-8절, 에베소서 4장 11-13절에서도 비슷한 비유를 든다.

연합과 은사의 다양함

그리스도는 그리스도의 몸에 다양한 은사를 주신다. 다음 말씀도 이 사실을 확인해 준다.

은사는 여러 가지나 성령은 같고 직분은 여러 가지나 주는 같으며 또 사역은

섬길 수 있는 좋은 아이디어라며 리사만큼이나 기뻐했다.

아버지가 돌아가신 후 도무지 일어날 것 같지 않은 일들이 연달아 일어났고, 다양한 사람과 연결이 되면서 리사와 헤이든은 시애틀로 갔다. 그리고 거기서 지역사회 봉사 차원에서 커피 전문점을 운영할 적임자를 찾고 있는 교회와 연결이 됐다. 마침내 2005년 봄, 그린빈 커피숍이 문을 열었다. 이제 그린빈 커피숍은 지역 사랑방으로 자리 잡았다. 손님들이 운영하는 다양한 강좌가 진행되고, 수많은 지역 행사가 개최되며, 지역 예술가들이 자신의 작품을 자유롭게 발표하고, 다양한 배경의 손님이 서로 반기고 교제하는 장소가 됐다. 손님들이 내는 팁은 지역 단체에 기부된다.

그린빈 공동체의 가족이 된 손님들의 이야기를 하자면 밤을 새워도 부족하다. 잘나가는 변호사 '크리스'는 기독교에 적대감을 드러내며 몇 번이나 다시는 오지 않겠다며 커피숍을 나섰다. 하지만 시간이 흐르면서 사람들과 가까워졌고, 이제는 좋은 친구가 됐다. 아직 크리스천이 되지는 않았지만, 이 공동체에서 보여 준 그리스도의 사랑을 그도 따라 실천하고 있다. 최근에는 변호사 친구들에게 부탁해, 가난한 손님에게 노트북 컴퓨터를 구해 주기도 했다.

'제이'는 그린빈이 문을 연 직후부터 단골손님이 됐다. 하지만 대부분 구석에 몇 시간이고 혼자 앉아 시를 썼다. 그러다 시간이 흐르면서 리사와 헤이든에게 마음을 열었고, 자신의 시를

여러 가지나 모든 것을 모든 사람 가운데서 이루시는 하나님은 같으니 각 사람에게 성령을 나타내심은 유익하게 하려 하심이라…이 모든 일은 같은 한 성령이 행하사 그의 뜻대로 각 사람에게 나누어 주시는 것이니라 고전 12 4-7. 11

이 구절은 하나님이 그리스도의 몸에 연합과 다양성을 기초로 은사를 주시는 근거가 하나님의 연합과 다양성이라고 한다. 하나님은 한 분이자 세 인격체시다. 한 영(성령님), 한 주(예수 그리스도), 한 하나님(아버지).

하나님은 다양성 가운데 연합을 창조하셨다. 또한 번성을 위한 씨앗의 원칙을 확립하셨다. 하나님이 주시는 은사에는 유기적 특징이 있다. 씨앗에 담긴 자연의 기적을 아프리카의 속담은 이렇게 풀어낸다. "망고 안에

보여 줬다. 두 사람은 곧바로 제이의 시 몇 편을 액자에 담아 그린빈 커피숍 벽에 걸었다. 제이의 암이 재발했다는 소식을 들었을 때, 제이에게는 돌봐 줄 가족이 없다는 사실을 기억한 리사와 헤이든은 제이가 치료를 받는 동안 머물 곳을 제공해 주었다. 제이가 치료를 받으러 갈 때마다 두 사람과 다른 손님들이 번갈아 가며 병원에 데려다 주었다. 회복이 어렵다는 진단이 내려지자, 제이는 리사와 헤이든에게 대리인이 되어 달라고 요청했다. 두 사람은 제이가 치료에 대한 결정을 내릴 때도 함께했다. 호스피스에서 리사와 헤이든은 제이에게 복음을 전했고, 제이는 주님을 영접했다.

헤이든과 리사를 처음 만났을 때 '렉스'는 만화책 속의 영웅들이 진짜라고 믿는다며 말도 안 되는 얘기를 중얼거렸다. 두 사람이 렉스를 알아 가고 소중한 한 인간으로 한결같이 대해 주자, 렉스는 날마다 커피숍에 찾아와 유리창을 닦고 베란다를 쓸고 재료를 함께 들어 주었으며 주일에는 예배도 함께 참석했다. 두 사람은 렉스가 음악에 관심이 많다는 사실을 알고는 중고 키보드를 얻어다 주었고, 이제는 그린빈에 가면 베란다에서 연주를 하고 있는 렉스를 쉽게 만날 수 있다.

지금까지 나눈 이야기는 변화된 삶의 간증들 중 극히 일부에 불과하다. 리사와 헤이든은 하나님이 그린빈에서 일하시는 다양한 방식을 알아보고 누리기 위해 자신들은 한 발 물러나야

든 씨앗은 헤아릴 수 있지만, 씨앗 속에 든 망고는 셀 수 없다." 망고 열매 속에 든 씨는 하나다. 하지만 씨앗 하나가 수천 그루의 나무, 수백만 개의 열매를 끝없이 맺기도 한다.

은사를 주실 때도 이와 같은 법칙이 고스란히 적용된다. 다양한 종류의 은사가 다양한 종류의 섬김과 다양한 종류의 일과 만나 더욱 커지고 늘어난다. 한 개인에게 주신 특정한 은사가 다른 사람에게 주신 동일한 은사와 다른 섬김의 모양으로 발현된다. 동일한 사역이라도 환경에 따라 다른 영향을 낸다. 각 상황이 독특하기 때문이다.

각 은사가 끼치는 영향을 가짓수로 따지자면 한이 없지만, 모든 은사

한다는 사실을 배웠다.

헤이든은 이렇게 말했다.

"일상의 어려움에 휩쓸리기 쉽죠. 하지만 결국 관점의 문제예요. 매주 그린빈에서 쓸 물품을 구입하기 위해 장을 보러 가면서 '정말 귀찮은 일이야'라는 태도로 일할 수도 있고, 내가 그 일을 통해 하나님을 섬긴다는 마음으로 일할 수도 있을 거예요. 사실 무슨 일을 하느냐는 중요치 않아요. 그 일을 통해 하나님께 영광을 드릴 수 있어요. 중요한 것은 전임 사역을 하는 사람이 따로 있다는 생각을 버리는 거예요. 우리가 하는 모든 일을 통해 하나님의 영광이 전해질 테니 말이에요."

리사도 같은 이야기를 한다.

"누군가 '저는 변호사임에도 주말에는 노숙자 쉼터에 가서 봉사를 합니다' 하고 말하면, 헷갈리기도 하고 좀 슬프기도 해요. 사실은 우리 삶의 모든 순간이 중요해요. 우리가 하는 모든 일은 주위 사람들에게 우리가 깨닫지 못하는 방식으로 영향을 미칠 능력이 있다는 사실을 깨달아야 해요. 오늘만 해도 그래요. 식료품점 점원과 수다를 떨고 있었는데, 문득 그 점원의 말을 통해 호스피스에 있는 제이를 찾아갈 용기를 얻었어요. 우리는 구속받은 기쁨 속에서 살아가야 합니다. 내가 무언가로부터 구원받았음을 믿는다면, 커피를 서빙하든 장을 보든 목회를 하든 그 기쁨으로 살게 됩니다. 그리고 그 기쁨은 사람들을 변화시킵니다."

는 공동의 유익을 위해 부여된다(고전 12:7). 은사는 다양한 개인의 이익을 위해서가 아니라 몸 전체의 유익을 위해 사용되어야 한다. 에베소서 4장 11-13절도 같은 요지다.

> 그가 어떤 사람은 사도로, 어떤 사람은 선지자로, 어떤 사람은 복음 전하는 자로, 어떤 사람은 목사와 교사로 삼으셨으니 이는 성도를 온전하게 하여 봉사의 일을 하게 하며 그리스도의 몸을 세우려 하심이라 우리가 다 하나님의 아들을 믿는 것과 아는 일에 하나가 되어 온전한 사람을 이루어 그리스도의 장성한 분량이 충만한 데까지 이르리니.

교회 '안에서' 다양한 직분의 리더를 세우시는 이유는 교회가 봉사의 기능을 깁딩하고, 이를 통해 그리스도 몸의 연합과 성숙함, 충만함이 굳건해지도록 하기 위해서다. 앞서 언급했듯이 우리는 직분에 따라 각기 독특한 역할을 수행하는데, 그리스도의 몸에 주시는 은사에는 높고 낮음이 없다. 건강한 교회는 자신만을 위해 존재하지 않는다. 깨진 세상에서 하나님의 치유의 도구가 되려고 존재한다.

하나님은 평범함 속에 거하신다

그리스도의 몸의 지체로서 자신을 인식할 때, 우리는 자신을 이해할 수 있다. 또한 우리가 다른 이들과 어떤 관계를 맺으며, 이 세상에서 어떤 필요를 채워 가야 하는지도 깨닫게 된다.

교황 요한 바오로 2세는 우리 한 사람 한 사람에게 "하나님의 마음과 인류 역사에 자신만의 자리"가 있다고 말했다. 이 자리를 기초로 우리는

"정의와 진리의 길에서 인류가 진보를 이루는 데 개인적이고 독특한 기여"[7]를 하게 된다. 하나님의 마음과 인류 역사에 당신만의 자리가 있다고 믿는가? 그 누구도 대신하지 못하는 당신만의 기여를 하도록 하나님이 당신에게 능력을 주시고 당신을 부르셨다고 믿는가? 그리스도의 몸 안에서 당신의 자리에 대해 바울이 한 말을 진정으로 듣고 믿는가? 다시 한 번 그의 말을 들어보라. "그러나 이제 하나님이 그 원하시는 대로 지체를 각각 몸에 두셨으니"(고전 12:18). 그리스도의 몸에서 당신이 맡은 부분은 합당하며 필수적이다. 하나님은 우리가 평범하다고 여기는 들판의 꽃, 하늘의 별, 우리의 호흡 등 이른바 각종 평범한 기적들을 만드신다. 또한 모든 사람 가운데서, 그들을 통해 일하시면서 평범함 속에 함께 거하시는 분이다. 성경과 역사를 통해 우리는 양치기와 주부, 구두 수선공과 농부를 사용해 역사를 만드시는 하나님을 확인한다. 달라스 윌라드는 이렇게 표현했다. "'평범한' 것에 고이 간직돼 온 비밀은, 그것이 하나님을 담는 그릇, 곧 하나님의 생명이 흘러나오는 처소가 된다는 것이다."[8]

이 사실을 뒷받침해 주는 구약의 말씀이 두 구절 있다. 먼저 예레미야 선지자는 이렇게 기록했다.

> 너희는 예루살렘 거리로 빨리 다니며 그 넓은 거리에서 찾아보고 알라 너희가 만일 정의를 행하며 진리를 구하는 자를 한 사람이라도 찾으면 내가 이 성읍을 용서하리라 렘 5:1

하나님이 만 명도, 천 명도, 백 명도, 열 명도 아닌 단 한 사람을 찾고 계시다니 충격이다. 하나님은 단 한 사람을 통해, 그 한 사람과 일하시며, 또 일하실 분이다. 하지만 그냥 숨만 붙어 있다고 해서, 모두 그러한 사람이 될 수 있는 것은 아니다. 하나님은 '정의를 행하며 진리를 구하는' 자를 찾으신다. 다음 말씀도 비슷한 그림을 보여 준다.

> 내가 또 해 아래에서 지혜를 보고 내가 크게 여긴 것이 이러하니 곧 작고 인구가 많지 아니한 어떤 성읍에 큰 왕이 와서 그것을 에워싸고 큰 흉벽을 쌓고 치고자 할 때에 그 성읍 가운데에 가난한 지혜자가 있어서 그의 지혜로 그 성읍을 건진 그것이라 그러나 그 가난한 자를 기억하는 사람이 없었도다 그러므로 내가 이르기를 지혜가 힘보다 나으나 가난한 자의 지혜가 멸시를 받고 그의 말들을 사람들이 듣지 아니한다 하였노라
>
> 조용히 들리는 지혜자들의 말들이
> 우매한 자들을 다스리는 자의 호령보다 나으니라
> 지혜가 무기보다 나으니라
> 그러나 죄인 한 사람이 많은 선을 무너지게 하느니라 전 9:13-18

얼마나 놀라운 그림인가. 하나님이 가난하고 이름 없는 한 사람을 사용해 작은 성읍을 둘러싼 큰 왕과 흉벽을 물리치셨다. 지혜와 잠잠한 말이 무기와 강한 자의 '호령'보다 중요하다. 하나님은 심지어 겉보기에 가장 보잘것없는 사람, 세상이 알아보지도 않는 사람을 사용해 공동체, 나아가 세상을 바꾸신다.

영국의 신학자 F. W. 파라(F. W. Farrar, 1831-1903)는 평범한 자들을 사용하시는 하나님의 신비를 이렇게 표현했다.

> 무명(無名)한 이름에 위대함이 있고 가장 미천한 인간이 감당하는 조용한 임

무에 불멸성이 깃든다. 심판자가 상황을 바꾸실 때 이들 나중 된 자들이 먼저 된다.…하나님의 뜻이기에 보잘것없는 자리를 채우고, 제대로 쉬지도 못하면서 하찮은 일들을 기쁨으로 행하고, 천한 자리를 받아들이면서도 투덜대지 않고, 오해와 오인, 비방에 시달려도 불평하지 않으며, 마음이 시려도 다른 사람의 기쁨에 미소 지으며, 오직 주님의 일을 위해서라면 모든 야망과 교만, 조급함을 버린 이들. 평생 이런 삶을 살기 위해서는 어마어마한 노력이 필요하다. 이런 삶을 사는 사람은 한 시간 동안 갈라진 성벽 틈을 막거나 하루 동안 포탄이 쏟아지는 최전선에 서서 불굴의 투지로 싸운 사람보다 더 위대한 영웅이다. 그가 한 일은 영원히 사라지지 않는다. 이 세상은 그를 영웅으로 여기지 않을지라도 그는 분명 하나님의 영웅이다.[9]

하나님이 인정하시는 위대함과 성공은 이 세상의 기준과 다르다. 한때 그리스도의 십자가를 맹렬히 대적했던 바울에게서, 하나님 나라를 섬기라고 부르심 받은 이들의 자격 요건을 찾아보자.

형제들아 너희를 **부르심**을 보라 육체를 따라 지혜로운 자가 많지 아니하며 능한 자가 많지 아니하며 문벌 좋은 자가 많지 아니하도다 그러나 하나님께서 세상의 미련한 것들을 택하사 지혜 있는 자들을 부끄럽게 하려 하시고 세상의 약한 것들을 택하사 강한 것들을 부끄럽게 하려 하시며 하나님께서 세상의 천한 것들과 멸시받는 것들과 없는 것들을 택하사 있는 것들을 폐하려 하시나니 이는 아무 육체도 하나님 앞에서 자랑하지 못하게 하심이라 너희는 하나님으로부터 나서 그리스도 예수 안에 있고 예수는 하나님으로부터 나와서 우리에게 지혜와 의로움과 거룩함과 구원함이 되셨으니 기록된바 자랑하는 자는 주 안에서 자랑하라 함과 같게 하려 함이라 고전 1:26-31

하나님의 기준은 세상의 기준과 판이하다. 하나님은 미련하고, 약하고, 천한 사람들을 택하신다. 세상의 눈으로 보기에는 전혀 중요하지 않은 사람을 택하셔서 그분의 일을 맡기신다. 왜일까? 겸손한 종을 통해 하나님의 힘이 가장 잘 나타나기 때문이다. 항아리에 담긴 촛불을 생각해 보라. 촛불의 빛은 항아리에 난 금을 통해 퍼져 나온다. 마찬가지로 하나님의 영광은 미련하고, 약하고, 천한 자들을 통해 가장 잘 드러난다. 바울은 자신의 삶을 통해 이 진리를 깨달았다. 그는 이렇게 기록한다.

나에게 이르시기를 내 은혜가 네게 족하도다 이는 내 능력이 약한 데서 온전하여짐이라 하신지라 그러므로 도리어 크게 기뻐함으로 나의 여러 약한 것들에 대하여 자랑하리니 이는 그리스도의 능력이 내게 머물게 하려 함이라 그러므로 내가 그리스도를 위하여 약한 것들과 능욕과 궁핍과 박해와 곤고를 기뻐하노니 이는 내가 약한 그때에 강함이라 고후 12:9-10

능력이 넘치는 설교 "나는 자격이 있다!"에서, 내 친구인 나이로비 등대교회의 돈 마데니(Don Matheny) 목사는 이렇게 밝힌다.

성경은 하나님께 쓰임 받아 비범한 일을 한 평범한 이들의 기록이다. 육신의 기준이나 외모로 봤을 때는 도무지 그런 일을 위해 부르심 받았다거나 택함 받았다고 믿기지 않는 이들이다. 하지만 하나님은 이들을 그 목적, 그 자리에 합당하게 여기셨다. 그분의 손에서 그들이 강력한 도구가 됐기 때문이다. 성경을 보면 목동이 이스라엘의 가장 위대한 용사이자 왕이 된다. 왕의 잔을 드는 평범한 자가 수십 년 전 전쟁으로 무너진 성벽을 재건하기 위해 온 성을 뛰어다닌다. 젊은 혈기에 살인을 저질렀던 사람이 400년 동안 힘겹게 종살이하며 고난을 겪은 하나님의 백성을 애굽에서 건져 내는 자로 세워진다. 하나님이 자격을 부여하신 이들이다.

시대를 막론하고 하나님의 위대한 사람들은 모두 결함과 부족함과 실패와 단점이 있었다는 사실을 기억하자. 모세는 말을 더듬었다. 사라는 웃었다. 기드온은 겁을 냈다. 요나는 투덜댔다. 베드로는 부인했다. 도마는 의심했다. 하지만 하나님은 이들 한 사람, 한 사람을 택하고 부르시어 그분의 이름으로 놀라운 일을 행할 자격을 주셨다. 자격은 성과나 성취를 기준으로 부여되는 것이 아님을 절대 잊지 말자. 자격은 자리를 기준으로 부여된다. 하나님은 업적을 기준으로 사람을 사용하지 않으신다. 하나님께 가장 가까운 자리에 있는 자를 언제나 사용하신다.[10]

제미마 라이트 Jemimah Wright 의 이야기[11]

제미마 라이트는 8장 서두에 기록된 브라질의 영아 살해에 대한 이야기를 쓴 작가다. 라이트는 영국의 독자들을 비롯해 수많은 사람이 영아 살해의 잔학성에 집중하게 했고, 이후 하카니와 수주키 부부에 대한 책을 집필했다. 아랫글에서 라이트는 어떻게 마침내 프리랜서 작가로서의 소명을 발견했는지 고백한다.

나는 옥스퍼드 브룩스 대학에서 출판과 역사를 전공했다. 그것을 전공한 이유는 사실 옥스퍼드에 가고 싶어서였다. 출판에 대해서는 거의 아는 바가 없었지만, 괜찮은 직업이 되겠다 싶었다. 졸업 후 학술 출판 분야에서 임시직으로 일했지만, 난 정말 그 일이 싫었다. 내게 영감을 불어넣기는커녕 생명을 빨아먹는 일이라고 생각했다. 그 일을 계속하느니 천국에 가고 싶다고 기도했던 기억이 지금도 생생하다. 다행히 1년 후 지역 기독교 신문사에 취직했다. 하지만 3년 후 해고됐고, 다시 무엇을 해야 할지 막막한 시간이 찾아왔다. 내 인생의 행로에 대해 하늘은 침묵하는 듯했다. 나는 내 힘으로 나를 구해 보려 안간힘을 썼다. 직업이란 직업은 다 생각해 봤지만, 마음 깊은 곳에서는 '그 일은 별로 하고 싶지 않아. 그 일도 내게 맞지 않아'라고 느끼고 있었다. 절망이 밀려왔다.

고린도 교회에 보내는 사도 바울의 편지에서 우리는 하나님이 평범한 사람들을 어떻게 비범하게 사용하시는지, 평범의 신비를 다시금 확인하게 된다.

그런 가운데서도 우리는 순결과 지식과 인내와 친절과 성령님의 감화와 거짓 없는 사랑과 진리의 말씀과 하나님의 능력으로 살아왔습니다. 그리고 언제나 정의를 무기로 삼고 영광을 얻든 수치를 당하든, 욕을 얻어먹든 칭찬을 받든 항상 하나님의 일꾼임을 보여 주었습니다. 우리가 사기꾼과 같은 취급을 받지만 사실은 진실하며 알려지지 않은 것 같지만 모든 사람에게 알려졌습니다. 우리가 다 죽어 가는 사람 같지만 이렇게 살아 있으며 매를 많이 맞았으나 죽

내게는 남아프리카 공화국에서 에이즈로 부모를 잃은 아이들을 도우며 일하고 싶다는 바람이 있었다. 나는 케이프타운에 있는 빈야드 교회 목사님을 도와 일하고 싶다는 메일을 보냈다. 하지만 이내 '제대로 된' 직장을 얻어 차근차근 경력을 쌓아야 한다는 생각이 들었고, 덜컥 겁이 나기 시작했다. 혼란스러웠다. 하지만 내가 그곳으로 가는 것이 하나님의 뜻이라면 분명히 알려 달라고 구했다. 하나님은 필요한 재정을 기적적으로 공급하심으로, 내 기도에 응답하셨다.

2003년에 나는 남아프리카로 가서, 이미자모 예투라는 흑인 거주 구역에서 극빈자들을 돕는 일을 시작했다. 그 일이 내 소명일지도 모른다는 생각이 들었지만, 동시에 장기적인 소명은 아니라는 감동이 있었다. 전과 같이 나는 하나님께 내가 무엇을 해야 할지 보여 주시기를 구하는 자리로 나아갔다. 어느덧 케이프타운에 머문 지 6개월이 지났다. 그때 내 나이가 25세였다. 하루는 흑인 거주 구역에서 집으로 돌아가는 길에 불현듯 '프리랜서 기자가 되라'는 생각이 떠올랐다. 하늘이 쩌렁쩌렁 울리는 고함이 아니라 잠잠한 목소리였지만, 그 소리를 듣는 순간 그것이 하나님의 음성임을 알았다.

남아프리카에서 1년을 보낸 뒤 나는 프리랜서 기자가 되기 위해 런던으로 돌아갔다. 하나님이 주신 계획이라고 확신했다. 하지만 그 계획이 어떻게 실현될지 전혀 알지 못했다. 게다가 나는 돈도 없었다! 우연히 5개월짜리 언론인 양성 과정이 있다는 이야기를 들었다. 등록비가

지 않았습니다. 우리는 슬퍼하는 사람 같지만 항상 기뻐하고 가난한 사람 같지만 많은 사람을 부요하게 하며 아무것도 없는 사람 같지만 모든 것을 소유한 사람들입니다 고후 6:4-10, 현대인의 성경

우리는 역사를 만드는 자로 지음 받았다. 이 시대, 이 자리에서 하나님이 주신 목적을 성취하기 위해 지음 받은 자는 오직 우리뿐이다. 우리는 하나님의 비범한 부르심 한복판에서 평범한 삶을 살아가야 한다.

"여호와께서 네게 구하시는 것은 오직 정의를 행하며 인자를 사랑하며 겸손하게 네 하나님과 함께 행하는 것이 아니냐"(미 6:8)라는 말씀을 바탕으로 내 친구이자 교육자, 목사인 조지 그랜트 박사는 하나님이 열방의

700파운드였는데, 당시 나는 실업 상태였으므로 정부 보조금을 받아 단돈 10파운드만 부담하여 수업을 들을 수 있었다! 과정을 마친 후 나는 언론사에 특집 기사 전문 작가로 지원했다. 그것이 훈련을 더 받고, 미래를 위해 인맥을 쌓는 제일 좋은 방법인 듯했다.

취업이 됐지만 이후 몇 달 동안은 일이 전혀 없었다. 당시 아이티 YWAM과 소식을 주고받곤 했는데, 혹시 허리케인 구호 작업을 가서 도와도 될지 메일로 물었다. 아이티에 도착했을 때, 아이티 YWAM 국가 책임자인 테리 스노우가 "제미마, 당신 직업이 기자라고 들었는데, 혹시 제 책을 써 줄 수 있겠습니까?"라고 물었다. 나는 그 자리에서 큰 소리로 웃고 말았다. 당시의 나는 기자라고 소개하기도 민망한 상태였다. 경험도 전혀 없었다. 그래서 "아뇨, 저는 절대 못해요"라고 했다. 테리는 나를 설득하려 했지만, 나는 고집을 부렸다. 그런데 한 주, 두 주가 지나자 책을 쓰고 싶다는 소망이 자라났다. 어느 날 아침, 기도 중에 테리의 책을 쓰기 바라신다면 테리가 그날 다시 내게 부탁을 하게 해 달라고 하나님께 구했다. 하나님의 도움이 반드시 필요한 작업이었기 때문에, 정말 하나님의 계획인지 알아야 했다! 테리는 베이스에 머물 때가 거의 없었고 이미 내가 절대 못 한다고 못 박아뒀던 터라, 내가 기도한 일이 일어날 가능성은 희박했다. 그런데 그날 아침 기도를 마치자마자 가장 먼저 맞닥뜨린 사람이 바로 테리였다. 그는 내게 이렇게 물었다. "제미마, 정말 내 책을 쓰고 싶지 않은 겁니까?" 입술이 저절로 열렸다. "할게요!"

앞날을 빚으시는 데 평범한 사람들을 사용하신다고 설명한다.

결국 우리 문화의 미래는 정치적 구세주나 제도적 해법에 있지 않다. 혜성 같은 대변인이나 대단한 리더가 부상하는 데 있지도 않다. 우리 문화의 미래는 하나님 앞에서 정의와 자비와 겸손의 삶을 기꺼이 살아가는 교회의 평범한 사람들에게 달렸다.[12]

평범한 삶만이 아니라 평범한 시간에도 능력이 있다. 유럽에서 제2차 세계대전의 전세를 완전히 뒤집은 발지 대전투는 전시 상황으로는 평범한 나날 중에 일어났다. 〈크리스채너티 투데이〉(*Christianity Today*)에 기고한

테리의 책 작업을 마친 후 집으로 돌아온 나는 브리스톨에 있는 언론사에서 일을 시작했다. 출근 첫날, 나는 일생일대의 충격을 받았다. 선정적인 언론, 입에 담기 어려울 만큼 지저분한 세계였다. 첫날 집으로 돌아오면서 일을 그만둬야겠다고 생각했다. '주님, 제가 계속 거기서 일하기를 바라시는 건 아니죠?' 하지만 하나님은 내가 그분의 특별한 복을 받아 그분이 원하시는 곳에 있는 거라는 확신을 계속해서 주셨다. 프리랜서 기자가 되려면 매달 3천 파운드 치의 기사를 팔아야 했다. 첫 주에 자전거를 타고 집에 오면서, 프리랜서가 된다면 3천 파운드라는 목표치를 어떻게 채울지 잔뜩 걱정했다. 아무리 생각해도 불가능해 보였다. 그때 돌연 하나님이 "누가 네게 이 직장을 줬지?"라고 말씀하셨다. "아, 그렇죠. 하나님이요." 그러자 하나님은 "네가 이 직장을 줄 수 있다면, 목표치를 채울 만큼 기사도 줄 수 있다고 믿지 않니?"라고 말씀하셨다. 내 문제가 아니라는 사실을 깨닫자, 어깨를 짓누르던 무거운 짐이 사라졌다. 하지만 하나님의 복을 받으려면 순종의 대가가 필요했다. 견디기 어려운 유혹이 나를 에워싸고 있었지만, 하나님은 내가 그 속에서도 강직하고 정직하게 행하기를 바라신다고 확신했다.

당시 나는 최소임금을 받기로 하고 일을 시작했는데, 대신 목표치를 채우는 달에는 100파운드의 보너스를 받았다. 그런데 보너스를 받으려면, 거짓말을 해야 했다. 보너스가 아니라 비용으로 처리해, 탈세를 했던 것이다. 그게 관행이었다. 하지만 하나님은 나에게 그렇게 해서는

글에서 필립 얀시(Philip Yancey)는 이 전투의 생존자들과의 인터뷰를 담은 특집 프로그램을 이렇게 적용했다.

> 병사들은 그날을 어떻게 보냈는지 회고했다. 한 병사는 종일 참호에 앉아 있다가 독일군 탱크가 지나가면 한두 차례 총을 쐈다. 다른 병사들은 카드를 하거나 할일없이 시간을 보냈다. 몇몇은 치열한 총격전에 참여했지만, 대부분 병사에게 그날은 최전방 보병의 여느 날과 다름없는 하루였다. 후에 이들은 자신들이 이 전쟁에서 가장 결정적인 교전, 발지 대전투에 참여했음을 깨달았다. 하지만 당시에는 그 누구도 그날이 결정적인 날이라고 **느끼지** 못했다. 다른 곳에서 무슨 일이 벌어지고 있는지 큰 그림을 본 사람이 없었기 때문이다.

안 된다고 말씀하셨다. 정말 돈이 필요했기에 처음에는 갈등했지만, 결국은 하나님이 내 공급자시며 그분을 두려워해야 한다는 깨달음이 왔다. 그래서 그대로 했다. 첫 주에 내가 쓴 기사로 회사가 5천 파운드를 벌었다. 기적이었다. 유례없는 일이었다. 처음 일을 시작하는 사람들은 비결을 터득하는 데 시간이 걸리기 때문에, 대개 첫 달은 한 푼도 벌지 못한다. 나중에는 사람들이 내가 손만 대면 금으로 바뀐다면서, 나를 '미다스'라고 불렀다. 그럴 때마다 나는 내가 한 일이 아니라 하나님의 은혜 때문이라고 고백했다. 사무실에 크리스천은 나 하나뿐이었는데, 동료들이 얼마나 황당했을까!

1년 후 프리랜서의 길을 갈 때가 됐다는 감동이 들었다. 모두 나를 말렸다. 먼저 런던에 가서 전국적인 언론사에서 이삼 년 정도 일한 다음에 프리랜서로 독립하는 게 정석이라고 다들 얘기했다. 나도 어느새 하나님보다 그 사람들이 업계를 더 잘 안다고 생각하여, 그들의 말에 동조하기 시작했다. 그러던 어느 날 저녁, 집에 혼자 있을 때 하나님이 내게 말씀하려 하시는 것 같았다. 나는 하나님과의 대화를 피하고 싶었다. 집을 치우고 무슨 일이든 닥치는 대로 하면서, 그분을 무시했다. 그리고 마침내 잠을 잘 시간이 됐다. 보통은 베개에 머리를 대자마자 잠이 든다. 하지만 그날은 잠이 오질 않았다. 프리랜서 일을 시작해야 할지 고민하며 이리저리 뒤척였다. 그러다 새벽 3시에 결국 항복했다. 불을 켜고 "주님, 제발 제게 말씀해 주세요"라고 고백했 평범한 사람들이 맡은 일을 수행하고 신실한 자가 상관의 명령을 따를 기분인지 아닌지, 지루한 일을 하러 갈지 말지 매일 고민하지 않고 묵묵히 일할 때 위대한 승리가 성취된다. 우리 앞에 놓인 일에 응할 때 믿음이 발휘된다.[13]

보지 못하고, 듣지 못하고 말하지 못했던 헬렌 켈러는 비범한 미국의 영웅으로 칭송받는다. 그의 입을 빌려 평범한 삶의 능력과 중요성을 다시 확인해 보자. 어떤 이들의 눈에는 켈러가 '평범에도 못 미치는' 사람이었는지 모른다. 히틀러 치하의 독일과 같은 문화였다면 '살 만한 가치가 없는 생명'으로 낙인찍혔을지도 모를 일이다. 켈러는 이렇게 썼다.

다. 나는 성경을 들어 신명기 11장을 펼쳐 읽었다. "하나님이 네게 주신 땅으로 들어가라. 가서 복을 받고…." 하나님이 앞서 가시니, 나는 따라가기만 하면 나머지는 그분이 하신다는 확신이 밀려왔다. 그 이후로도 사람들은 여전히 아직 때가 아니라고 말렸지만, 하나님이 하라고 하셨으니 그대로 해야 한다는 확신이 나를 떠나지 않았다!

나는 2006년 3월 20일, 내 생일에 프리랜서 일을 시작했다. 그리고 이후로 놀라운 시간을 보냈다. 하나님이 내게 많은 이야깃거리를 주셨고, 나도 내 성격에 꼭 맞는 일을 하며 하루하루 기쁨을 누렸다. 나는 글쓰기의 창조성을 사랑하고, 사람들의 이야기를 듣기 좋아한다. 기사를 파는 짜릿함과 소재를 발견하기까지는 어려움을 즐긴다. 프리랜서가 된다는 것은 또한 영국을 떠나 테리 스노우의 아이티 사역을 담은 《고지 점령》Taking the High Places 과 같은 책을 쓸 시간이 허락된다는 뜻이다. 얼마 전에도 브라질에 한 달 동안 머물며, 브라질의 영아 살해를 막고자 힘쓰는 YWAM 선교사 부부의 전기를 썼다.

하나님은 나를 향한 부르심과 내가 하기 원하시는 일을 한동안 숨겨 두셨던 게 아닐까? 그 시간을 통해 그분은 나를 준비시키시고 그분을 구하게 하시고, 그분을 신뢰하는 법을 배우게 하셨다. 그리고 남아프리카에서 내 경력이 아닌 그분의 나라를 먼저 구하자, 무엇을 해야 할지 보여 주셨다. 걸음걸음 놀랍게 공급하셨고, 상상조차 못 한 문을 열어 주셨다. 얼마나 짜릿한지!

나는 위대하고 숭고한 과업을 이루고 싶다. 하지만 위대하고 숭고한 일을 하듯 보잘것없는 일들을 행하는 것이 내 우선적인 임무다. 세상은 영웅들의 강력한 힘에 따라 움직이지 않는다. 정직한 일꾼 한 사람, 한 사람의 작은 힘이 모여 세상을 움직인다.[14]

이 모든 이야기는 무엇을 시사하는가? 하나님은 평범한 곳에 거하는 평범한 사람을 사용해 나라의 미래를 빚으신다. 이 깨진 세상에 당신 삶은 이루 말할 수 없을 만큼 귀하다. 하나님은 역사를 만드는 자로 당신을 지으셨다. 하나님 나라의 전개에 당신만의 역할을 담당하도록 부르셨다.

왕과 그의 일

평범한 인간의 삶에 얼마나 비범한 의미가 있는지 함께 살펴봤다. 이제는 잠시 가장 비범한 인간, 하나님이자 인간이신 예수 그리스도의 삶의 평범한 의미를 생각해 보자.

우주를 지으신 하나님은 인간의 몸으로 이 땅에 오셨을 때 어떤 방식을 택하셨는가? 왕이나 파라오, 황제처럼 통치자의 모습으로 오실 수도 있었다. 영적인 일의 우월성을 확인시켜 주기 위해 사제의 모습으로 오실 수도 있었다. 아테네나 로마처럼 세계를 다스리는 도시의 왕궁에서 태어나실 수도 있었다. 하지만 그분은 어떤 모습을 택하셨는가? 식민지, 이른바 오늘날의 제3세계에서 태어나셨다. 하나님이 인간의 육신을 입고 오셨다. 억압당하는 유대 민족 평범한 가정에, 가난한 여인의 몸에서 나셨다. 마소의 여물통이 그분의 첫 침대였다. 마구간이 첫 집이었다. 우주를 지으신 하나님이 평범한 노동계층 가정에 육체노동자, 목수로 태어나셨다.

예수님은 과거에도 지금도 섬김의 왕이시다. 왕의 왕이자 주의 주이시지만, 마가복음 10장 45절은 그분을 이렇게 표현한다.

인자가 온 것은 섬김을 받으려 함이 아니라 도리어 섬기려 하고 자기 목숨을 많은 사람의 대속물로 주려 함이니라.

하나님의 온전한 형상이 그리스도의 섬김을 통해 나타났다. 그리스도는 우리의 구원이라는 그분의 주된 일을 2천 년 전 다양한 직업을 통해 평범한 삶을 살며 이루셨다. 그분은 가구를 만들고 문틀을 짜는 목수였고, 어린아이와 어른들을 모두 가르치는 교사였다. 또 정서와 영혼과 육신을 모두 치유하는 '공공 보건 복지사'였다.

하나님은 일하시는 하나님이시다. 그분은 역사 속에서 직접 일하신다. 또 그리스도가 이 땅에 33년 동안 머무실 때 그리스도 안에서 분명하게 일하셨다. 또한 믿는 자들이 행하는 일 속에서, 그들의 삶을 통해 일하셨다. 《암마: 에이미 카마이클의 삶과 글》(Amma: The Life and Words of Amy Carmichael)에서 저자 엘리자베스 스코글런드(Elizabeth R. Skoglund)는 카마이클의 글을 인용한다. 에이미의 글과 그에 해당하는 성경구절을 일부 발췌했다.

당신은 무슨 일을 하는가? 무슨 일이 됐든 왕이신 주님도 그런 일을 하셨다. 당신은 그분의 일을 위해 그분과 이곳에 함께 거한다….

'어머니처럼' 위로하고 힘을 주는 일을 하는가?
"유순한 자가 되어 유모가 자기 자녀를 기름과 같이하였으니" 살전 2:7
"여호와께서 이와 같이 말씀하시되…어머니가 자식을 위로함 같이 내가 너희

를 위로할 것인즉" 사 66:12-13

재봉사로 일하는가?

"여호와 하나님이 아담과 그의 아내를 위하여 가죽옷을 지어 입히시니라" 창 3:21

이른 아침 부엌에서 요리하고 불을 지피고 다른 이들의 식사를 준비하며 일하는가?

"날이 새어갈 때에 예수께서 바닷가에 서셨으나 제자들이 예수이신 줄 알지 못하는지라…육지에 올라보니 숯불이 있는데 그 위에 생선이 놓였고 떡도 있더라…예수께서 이르시되 와서 조반을 먹으라" 요 21:4, 9, 12

상처를 싸매고 간호하는 일을 하는가?

"상심한 자들을 고치시며 그들의 상처를 싸매시는도다" 시 147:3

경리를 보거나 산수나 기억하기도 힘든 이름들을 가르치거나 배우는 일을 하는가?

"그가 별들의 수효를 세시고 그것들을 다 이름대로 부르시는 도다" 시 147:4

"너희에게는 머리털까지 다 세신 바 되었나니" 마 10:30

농장에서 가축을 기르는 일을 하는가?

"그는 목자같이 양 떼를 먹이시며 어린 양을 그 팔로 모아 품에 안으시며…" 사 40:11

당신이 하고 있는 일을 그분도 하셨다. 당신은 왕의 일을 하기 위해 그분과 이 곳에 함께 거한다.[15]

에이미 카마이클이 깨달았듯이 하나님은 우리가 하는 일을 이미 하셨다. 하나님은 도덕적으로 합당한 모든 직업의 원형을 우리에게 보여 주신다. 그분은 최초의 농부(창 2:9)이자 치유자(출 15:26), 수도 기사(창 1:6-9), 회계사(신 25:13-16), 투자자(눅 19:12-13)이자 기업가(눅 19:15)셨다. 하나님의 본질은 성경을 통해 그리스도 안에서 드러나며, 제시된다. 그리스도는 커뮤니케이션 전문가요 농업 전문가, 건설 근로자, 치유자, 사업가시다. 인류 역사에서 가장 비범한 인간이었던 나사렛 예수는 이 세상이 하잘것 없다고 여기는 일에 존엄성을 부여하셨다. 그분은 평범한 이들을 영화롭게 하시며, 그들을 기억하신다.

신약 학자이자 작가인 폴 미니어(Paul S. Minear, 1906-2007)는 만유의 하나님이 초라한 목수의 육신을 입고 오신 사건의 충격을 이렇게 기록한다.

> 이 사건의 영향으로 어떤 직업에 종사하든 하나님 앞에서 진정한 평등을 누리게 됐고 공동체의 삶에서 진정한 중요성이 부여됐다.…하찮은 일이라도 선지자나 사제, 왕보다 결코 존엄성이 덜하지 않다. 사실 하나님은 무명의 목동을 왕으로 선택하셨고 아무도 생각지 못한 목수를 메시아로 택하셨다.[16]

달라스 윌라드도 그리스도와 직업의 정수를 정확히 포착했다.

> 만일 그분이 그때처럼 오늘 오셔야 한다면, 그 일이 나쁜 일이 아니라 유익한 일이기만 하다면, 그분은 그 어떤 직업을 통해서도 사명을 감당하실 수 있다. 전자제품 대리점 점원이나 경리, 컴퓨터 수리공, 은행원, 출판사 편집인, 의사, 웨이터, 교사, 농장 일꾼, 실험실 연구원, 건설 노동자 등 무엇이든 되실 수 있다. 청소 대행업을 하실 수도 있고 자동차를 수리하실 수도 있다.

다시 말해 만일 그분이 오늘 오셔야 한다면, 그분은 우리가 하고 있는 일을 얼마든지 하실 수 있다. 얼마든지 우리가 사는 아파트나 주택에 사실 수 있고, 우리의 직장에서 일하실 수 있고, 우리의 교육과 인생 전망을 그대로 공유하실 수 있고, 우리의 가족과 주변 환경과 시간 속에서 살아가실 수 있다.[17]

그리스도는 그분의 백성이 살고 일하는 곳에서 그들을 통해 이 세상에 거하고자 하신다. 크리스천으로서 우리는 영적인 일을 더 높은 부르심으로 간주하거나, '세속적 일'을 보완하기 위해 '영적인 일'을 해서는 안 된다. 삶의 모든 면에서, 모든 순간마다 예수님이 나라면 어떻게 사셨을지 생각하며 그대로 살아야 한다. 그분이 내게 허락하신 그 집에서, 그 직장에서 살아가야 한다. 달라스 윌라드는 이 점 역시 명확히 표현했다.

나는 예수님이 만약 나라면 내 삶을 어떻게 사실지 생각하며 예수님께 내 삶을 사는 법을 배운다. 예수님이 행하신 모든 일을 꼭 해야 하는 것이 아니라 예수님이 모든 일을 행하실 때의 태도로 매사에 행하는 법을 배우고 있다.[18]

만유의 하나님은 최초의 부모인 아담과 하와와 함께 동산을 거니셨다. 하나님은 그분의 백성 "중에 거하고" 싶으셔서, 모세에게 장막을 지으라고 명하셨다(출 25:8). 그리스도 안에서 "말씀이 육신이 되어 우리 가운데 거하신다."(요 1:14) 이제 그분은 그분의 교회를 통해 열방 가운데 거하기를 원하신다(마 28:19-20; 요 17:15-18; 엡 2:22). 우리는 예수님이라면 내 삶을 어떻게 사실지를 배워 나가야 하며, 내가 일하고 살아가는 자리에서 그분이 실질적으로 나타나시도록 해야 한다. 예수 그리스도를 위해 내 삶의 시간과 영토를 점령해야 한다.

고전 《하나님의 임재 연습》의 저자인 로렌스 형제(Brother Lawrence, 1614-1691?)는 이 점을 명확하게 제시한다.

> 우리의 만족은 우리가 하는 일을 바꾼다고 커지지 않는다. 그 일을 우리 자신이 아닌 하나님을 위해 할 때 만족이 찾아온다.[19]

더이상은 나의 일이 아니다. 하나님의 일이다. 생계유지나 부나 권력을 축적하기 위한 행위가 아니다. 내 일은 하나님 나라가 임하며 하나님의 뜻이 이루어지는 통로가 되는 자리다. 평범한 것이 거룩한 것으로 살아나는 자리다.

앞서 살펴봤듯이 그리스도는 그저 '천국에 들어가라고' 우리를 구원하지 않으셨다. 물론 구원받아 장차 천국에 들어가시겠지만, 구원의 목적에는 이 땅도 포함된다. 우리는 그리스도를 섬기고 그분의 나라를 하늘에서와 같이 이 땅에서도 확장하기 위해 구원받았다. 지금까지 세 가지 기본 진리를 살펴봤다. 첫째, 우리는 분명한 목적을 위해 구원받았다. 그 목적은 바로 우리의 라이프워크다. 둘째, 하나님을 예배하고 이웃을 사랑하고 청지기로서 피조물을 섬기라는 부르심은 모든 크리스천에게 공히 주시는 일반적 부르심이다. 셋째, 하나님은 우리 한 사람, 한 사람에게 그 사람만이 발견하고 삶으로 실현할 특별한 부르심을 주셨다.

지금부터는 라이프워크의 특징을 좀 더 깊이 살펴보기로 하자. 이 과정에서 하나님 나라의 도래라는 틀을 바탕으로 당신의 삶과 일의 잠재력을 발견하기를 소망한다.

제14장

라이프워크의 특징

하나님의 이야기는 그분이 왕이시며 세상이 그의 나라이자, 우리는 그의 청지기임을 드러낸다. 우리는 세상을 다스려야 한다. 열방을 제자 삼으라는 그리스도의 명령을 성취하고 그리스도의 재림을 위해 열방의 영광을 준비해야 한다. 그런데 일을 배제한 채 이 사명을 감당하려 해서는 안 된다. 우리를 향한 부르심의 한 부분인 우리의 일, 라이프워크를 통해 하나님 나라를 드러내야 한다.

라이프워크 가운데 행하려면 먼저 네 가지 중요한 이정표를 알아야 한다. 은혜의 중요성, 시간과 공간의 구속, 하나님의 탁월성의 현현, 하나님 영광의 계시다.

라이프워크의 열매는 은혜의 결과다

대체 '성공'의 기준은 무엇일까? 아주 단순하게 말하면, 성공은 목표의 실현이다. 좋은 목표건 나쁜 목표건 일단 성취하면 성공이다.

사람들은 종종 돈이나 권력 혹은 두 가지를 모두 성공의 척도로 삼는다. 성경적 패러다임에서의 목표는 부(富)나 빈곤이 아니다(잠 30:8-9). 권력도 아니다. 우리는 섬기는 자, 종이 되어야 한다(막 10:35-45). 성경적 패러다임에서의 목표는 하나님 나라에 들어가며 그 나라를 확장하는 것이다(마 6:33). 크리스천은 내 삶과 일이 어떻게 하나님 나라를 확장할 수 있을지 자문해야 한다.

다른 많은 경우처럼 목표에도 급진적 중립(radical middle)이 필요하다. "나를 가난하게도 마옵시고 부하게도 마옵시고"(잠 30:8). 이것은 과정과 수단도 마찬가지다. 유물론적 문화에서 사람들은 성공이 전적으로 자기의 노력에 달렸다고 생각한다. "내가 했어요!"라거나 "나는 자수성가한 사람입니다!"라는 말을 입버릇처럼 한다. 운명론적 애니미즘 문화에서는 성공을 우연의 산물이나 신의 변덕의 결과로 본다. 그러나 성경의 이야기에서는 하나님의 은혜와 인간의 책임이 함께 움직인다. 인간은 선한 일을 하도록 노력하며, 삶과 일에서 절제할 책임이 있다. 하지만 성공은 오직 하나님의 은혜를 통해서만 온다. 신명기 8장 18절은 이를 명확히 밝힌다.

> 네 하나님 여호와를 기억하라 그가 네게 재물 얻을 능력을 주셨음이라 이같이 하심은 네 조상들에게 맹세하신 언약을 오늘과 같이 이루려 하심이니라.

19세기 영국의 위대한 목사이자 설교자 찰스 스펄전(Charles Spurgeon)이 은혜와 책임의 균형을 설명하기 위해 든 예화가 하나 있다.

두 소녀가 있었다. 한 명은 학교에서 성적이 아주 좋았지만, 다른 친구는 그렇지 않았다. 좀처럼 성적이 오르지 않아 고민을 하던 소녀는 친구에게 성공의 비결을 물었다. 이에 성적이 좋았던 소녀는 숙제를 열심히 하고 시험 준비를 잘한다고 답했다. 그 말을 듣고 성적이 좋지 않던 소녀는 더 열심히 노력했다. 이내 다음 시험을 마친 뒤 결과가 나왔다. 그런데 성적이 좋지 않았던 소녀의 점수는 거의 변화가 없었다. 그렇게 열심히 노력했음에도 성적이 오르지 않은 이유를 친구에게 묻자, 친구가 되물었다. "그럼, 기도는 했니?" 이에 소녀가 답했다. "아니!" 친구는 자신은 열심히 공부하고 하나님의 은총도 구했노라고 답했다. 스펄전은 이어 이렇게 말한다.

우리는 우리에게 모든 것이 달린 듯 일하고,
하나님께 모든 것이 달린 듯 기도하며,
모든 결과에 대해서는 하나님께 영광을 돌려야 한다.

성경 곳곳에서 그 무엇보다 가장 우선시되는 것이 하나님과 인간의 관계임을 보게 된다. 하나님은 주권자이시며, 우리는 책임있는 존재다. 이것이 삶에서 나타나는 성경적 긴장감이다. 성경의 급진적 중립은 인간이 독립적인 동시에 관계 안에 머물러야 한다고 가르친다. 인간은 개인적 자유 (즉, 독립성이 있고 행동해야 할 책임이 있다)가 있지만, 또한 하나님과 공동체와의 관계 가운데 머물러야 한다. 그리고 그 관계 가운데서 참된 독립성을 찾아야 한다. 또한 인간의 성공은 전적으로 은혜다.

구원과 칭의는 전적으로 하나님으로부터 왔지만(엡 2:8-9), 성화는 책임감과 관계성을 오가는 춤과 같은 과정이다. 바울은 빌립보서 2장 12-13절에서 우리에게 이 진리를 일깨워 준다.

두렵고 떨림으로 너희 구원을 이루라 너희 안에서 행하시는 이는 하나님이시니 자기의 기쁘신 뜻을 위하여 너희에게 소원을 두고 행하게 하시나니.

우리는 이 균형을 야고보서 1장 5절에서도 발견할 수 있다.

너희 중에 누구든지 지혜가 부족하거든 모든 사람에게 후히 주시고 꾸짖지 아니하시는 하나님께 구하라 그리하면 주시리라.

독립적이면서도 관계 안에 머물러야 하는 피조물인 인간은 자신의 한계를 알고 기도해야 한다. 하나님은 우리에게 지혜와 통찰력, 인내와 강건함을 주신다.

유럽의 종교개혁자들과 이후 북미의 청교도들도 급진적 중립을 명확하게 설명했다. 마르틴 루터는 이렇게 기록했다.

하나님을 모르는 인간은 부를 얻었을 때, '내가 내 노력으로 이뤘다'라고 생각한다. 전적인 하나님의 복이라고 생각하지 않는다. 하나님은 우리의 노력을 통해 복을 주시기도 하지만, 때로는 우리가 노력하지 않았는데도 복을 주실 때가 있다. 그러나 결코 우리의 노력 때문에 복 주시는 것은 아니다. 하나님은 언제나 자격 없는 우리를 향한 자비 때문에 복을 주신다.[1]

장 칼뱅도 같은 취지의 글을 남겼다.

인간은 부를 얻기 위해 헛되이 피땀을 흘리고 금식하며 자신을 소모한다. 부는 오직 하나님으로부터만 온다.[2]

코튼 매더는 식민지 시대 매사추세츠에서 활동한 영향력 있는 청교도 설교가이자 다수의 책을 집필한 작가이며, 과학 분야의 개척자이자 정치 지도자다. 그는 "우리는 직업을 통해 그물을 편다. 하지만 그 그물 안으로 무엇이든 들여보내 주시는 분은 하나님이다"³라고 했다.

《청교도 – 세상 속의 성자들》(생명의 말씀사 역간)에서 리랜드 라이큰 교수는 이를 다음과 같이 해석했다.

청교도들은 부를 인간의 노력만으로 얻은 결과나 하나님께 인정받았다는 징표나 개인의 소유물로 여기지 아니하고, 하나님의 선물로 주어진 사회적 선으로 인식했다.⁴

우리의 일과 소명 가운데 우리는 믿음의 선배들의 태도를 이정표로 삼아야 한다. 우리의 성공은 하나님의 은혜로 말미암으며, 부는 하나님이 인정하셨다는 증거가 아닌 은혜의 표징이다. 부는 개인의 소유나 소비의 도구가 아니라, 공동체의 유익을 위한 선물이다. 이것이 하나님 나라의 사고방식이다.

우리의 라이프워크는 시간과 공간을 구속한다

우리 생명은 하나님이 우리에게 주신 첫 번째 선물이다. 하나님은 또한 우리가 라이프워크를 펼쳐 나갈 시간과 공간도 주셨다. 지구라는 공간과 작은 별 지구가 거하는 더 큰 우주를 우리 삶의 배경으로 주셨다. 눈에 보이는 피조물과 보이지 않는 피조물, 이 모두와 관계 맺도록 영혼과 몸을 주셨다. 몸과 오감(伍感)으로 우리는 우주를 누리고, 우주에 간여하고, 우주를 탐구한다. 하나님은 우주의 비밀을 탐구하고 발견하도록 합리적인 사고를 주셨다. 상상 속에서 새로운 세계를 창조하라고 창조성을 주셨다.

열 므나의 비유에서 살펴볼 수 있듯, 그리스도는 그분의 나라를 확장하려고 제자들에게 투자를 하셨다(눅 19:13). 하나님이 투자하신 므나 중 하나가 바로 우리 삶의 **시간**이다. 예수님은 우리로 "생명을 얻게 하고 더 풍성히 얻게"(요 10:10) 하시려고 그분의 삶과 죽음, 부활을 아우르는 라이프워크 이야기를 우리에게 들려주신다. 예수님은 우리가 창조하고 탐구하고 그분의 계획에 참여하며 중요한 대리인으로서 역사를 쓰도록 우리에게 시간을 주셨다. 하지만 타락 이후 우리가 시간을 어떻게 사용하는지는 중요한 문제가 대두되었다. 시간을 구속할 것인가, 아니면 낭비할 것인가?

하나님은 우리에게 일주일에 7일, 1년에 52주를 주셨다. 우리는 창조주를 기리는 삶을 살고 그분의 피조물을 개선하며 하나님과 그분의 창조 질서를 투영하는 문화를 창조하는 데 하나님이 주신 시간을 사용해야 한다. 하나님은 우리가 이 세상을 다스리며 사는 동안 계절과 때의 변화를 알도록 해와 달과 별들을 주셨다(창 1:14-19).

바울은 시간과 기회를 지혜롭게 사용해야 한다는 점을 재차 강조한다.

> 그런즉 너희가 어떻게 행할지를 자세히 주의하여 지혜 없는 자 같이 하지 말고 오직 지혜 있는 자 같이 하여 세월을 아끼라 때가 악하니라 엡 5:15-16

시간은 돌이킬 수 없다. 한 번 지나간 시간은 다시 돌아오지 않는다. 지금까지 우리는 시간을 허비해 왔는가, 아니면 시간을 구속해 왔는가? 귀한 선물로 받았는가, 아니면 흥청망청 써 왔는가? 창조주와 그분이 창조 가운데 우리에게 주신 일을 반영하는 문화를 구축하는 데 사용했는가, 아니면 거짓말쟁이 사탄을 따라 사탄의 허상으로 기초를 세우고 그 위에 거짓 원칙을 반영하는 세상을 만드는 데 시간을 쏟았는가?

존 웨슬리는 이렇게 권면했다.

절대 시간을 낭비하지 마라. 자신을 이해하고 하나님과의 관계, 다른 사람과의 관계를 이해한다면, 아낄 시간도 없다는 사실을 깨닫게 된다. 당신만을 위한 특별한 부르심을 이해하면, 손을 늘어뜨리고 있을 시간이 없다.[5]

이 땅에서의 모든 시간에는 제한이 있다. 이사야 40장 6-7절도 분명히 기록한다. "모든 육체는 풀이요 그의 모든 아름다움은 들의 꽃과 같으니 풀은 마르고 꽃이 시듦은…." 이삭의 말에 우리도 전적으로 공감한다. "내가…어느 날 죽을는지 알지 못하니"(창 27:2). 앞으로 우리에게 시간이 얼마나 남았을까? 하루, 100일, 100년? 게다가 우리에게 투자를 하고 그분 나라의 일을 맡겨 놓은 주인이 언제 돌아올는지도 우리는 알지 못한다(막 13:32-33). 주님은 "얼마나 오래 살았느냐?"라고 묻지 않으신다. "내가 네게 준 시간으로 무엇을 했느냐?"라고 물으신다. 우리는 우리에게 주어진 시간을 어떻게 사용해 왔는가?

언제나 시간의 가치를 기억하는 태도를 배양해 나간다면, 문화가 우리를 끌고 가려는 방향과는 사뭇 다른 방향으로 이끌려 가게 된다. 유물론자들에게 시간의 가치는 주로 경제적인 면에 국한된다. 시간은 생산성과 대비 수익을 계산하는 데 필요한 요소일 따름이다. 시간은 누구에게 속했는가? 이것이 관건이다. 세속적 사고방식에는 하나님이 없다. 그래서 오직 '시계가 똑딱이는 시간'만 있다. 초월적 시간이나 때가 차는 시간이란 없다. 시간의 흐름은 발달적 측면에서는 의미가 있을지 모르나, 역사에 영원에 영향을 미치는 의미는 없다. 게다가 개인의 삶에서의 시간에도 경제적으로나 지적 차원이나 여가 차원에서 특별한 목적을 달성하는 외에 영속적 의미가 없다. 궁극적으로 시간에 영원의 가치를 부여하지 않기 때문에 "먹고 마시고 즐기자, 내일이면 죽으리니!"라는 문구에 함축된 향락주의적 접근 방식이 더더욱 힘을 얻는다. 일하지 않는 시간은 방탕하고 쾌락에 탐닉하는 시간으로 인식된다. 일주일 내내 일하는 이유는 주말을 즐기며 살기 위해서다. 삶과 일이 이런 식으로 분리된다.

흥미롭게도 이 지점에 애니미즘을 바탕으로 하는 문화와 성경의 공통점이 나타난다. 관계의 중요성과 그 관계를 위한 시간 사용이다. 애니미즘의 영향을 받은 문화권의 사람들은 관계를 매우 중시한다. 때로 이들에게 관계란 복잡하기 짝이 없는 거미줄과도 같다. 이들은 지인들과의 교제에 상당한 시간을 들인다. 그렇게 시간을 사용해서 아무런 물질적 이득을 얻지 못한다 해도 말이다.

그런데 애니미즘적인 문화권의 사람들이 관계를 위해 시간을 내더라도, 시간은 여전히 더 큰 맥락에서는 별 의미가 없다. 인생은 수레바퀴처럼 굴러가고, 역사는 목적지 없이 그냥 흘러간다. 물질세계에는 진보라는 개념이 없다. 애니미즘에 영향을 받는 사람들은 시간을 쉽게 허비한다. 그런 사람들은 시간을 '죽음을 맞이하여 이 덧없는 시공간을 떠나 영적인 세계 혹은 우리 조상의 세계와 하나 되기 전까지 하루하루 버텨야만 하는 존재'로만 인식한다.

이와는 대조적으로 성경은 역사에 시작과 끝이 있음을 보여 준다. 역사는 하나님이 정하신 목적을 향해 움직이고 있다. 앞서 우리는 거대서사로써 구원의 역사가 얼마나 중요한지 살펴보았고, 우리 삶이 이 구원의 역사를 왜 기초로 삼아야 하는지 생각해 보았다. 한 개인의 라이프워크는 개인의 삶과 모든 관계를 실질적으로 치유해 주고, 하나님께 받은 천직에 본디 부여된 목적을 회복한다. 그리스도가 다시 오실 역사의 마지막 때,

바로 그때 비로소 그분이 처음 이 땅에 오시며 시작된 치유와 회복, 안식이 완성된다. 역사는 분명한 목적을 향해 움직이고 있다! 그리스도의 초림과 재림 사이의 시간에 우리의 라이프워크는 시공간을 구속해야 한다.

우리의 라이프워크는 하나님의 탁월성을 드러낸다

오스 기니스는 《소명》에서 소명의 본질을 이렇게 요약한다. "예수님이 우리를 부르실 때는 한 사람씩 부르신다.…우리는 개별적으로 부르심 받았다. 우리는 하나님께만 책임이 있으며, 그분만을 기쁘시게 해야 하며, 결국에는 그분으로부터만 인정받게 되어 있다."[6]

하나님께 부르심 받은 자인 우리에게는 우리의 최선을 받기에 합당하신 주인이 있다. 바울은 데살로니가 교회에 보내는 첫 편지에서, 우리가 사람을 위해서가 아니라 하나님을 기쁘시게 하겠다는 목적으로 살아야 한다고 가르치며, 이를 잘 정리했다.

> 오직 하나님께 옳게 여기심을 입어 복음을 위탁받았으니 우리가 이와 같이 말함은 사람을 기쁘게 하려 함이 아니요 오직 우리 마음을 감찰하시는 하나님을 기쁘시게 하려 함이라 살전 2:4

바울은 골로새 교회에도 사람이 아닌 주님을 위해 일하라고 권면한다.

> 무슨 일을 하든지 마음을 다하여 주께 하듯 하고 사람에게 하듯 하지 말라 골 3:23

구속받은 사람은 하나님의 계획을 성취하기 위해, 그리고 하나님을 위해 일한다. 따라서 그가 하는 모든 일이 탁월성을 갖춰야 한다. 탁월성의 기준은 바로 하나님의 본질에 있다. 하나님은 참되고 공의로우며 아름다우신 분이다. 우리가 하는 일도 목적과 수단에서 모두 진리와 정의, 아름다움을 드러내야 한다.

앞서 살펴봤듯이 창세기 1장은 창조의 각 단계에서 하나님이 그분이 만드신 피조물을 보시고 '좋다', '의롭다', '옳다', 혹은 '참되다'고 선포하셨다고 기록한다. 쏟아질 듯한 별이 가득한 하늘의 광활함과 애리조나 그랜드 캐니언의 웅장한 아름다움부터 작디작은 꽃의 섬세함까지 하나님의 탁월성을 드러낸다. 천문학, 물리학, 지질학, 생물학 분야에서 발견한 자연법칙 또한 그러하다. 또한 이러한 법칙을 수학과 시를 통해 다양한 방식으로 표현하도록, 하나님이 창조하신 인간에 주신 능력에 이르기까지 하나님의 섬세한 기술을 드러낸다. 다음 말씀은 하나님의 신비한 기교와 기술을 노래한다.

내 영혼아 여호와를 송축하라

여호와는 나의 하나님이여 주는 심히 위대하시며
존귀와 권위로 옷 입으셨나이다
주께서 옷을 입음 같이 빛을 입으시며
하늘을 휘장같이 치시며
물에 자기 누각의 들보를 얹으시며
구름으로 자기 수레를 삼으시고
바람 날개로 다니시며

> 바람을 자기 사신으로 삼으시고
> 불꽃으로 자기 사역자를 삼으시며
> 땅에 기초를 놓으사
> 영원히 흔들리지 아니하게 하셨나이다 시 104:1-5

시편 104편이 전하는 대로, 창조와 하나님이 자연계를 유지하시는 방법들은 그분의 탁월성을 반영한다. 구속과 하나님이 그분의 백성을 위해 행하시는 일 또한 그분의 탁월성을 보여 준다. 시편 111편은 아름다운 시 언어로 이를 표현한다.

> 할렐루야,
>
> 내가 정직한 자들의 모임과 회중 가운데에서
> 전심으로 여호와께 감사하리로다
> 여호와께서 행하시는 일들이 크시오니
> 이를 즐거워하는 자들이 다 기리는도다
> 그의 행하시는 일이 존귀하고 엄위하며
> 그의 의가 영원히 서 있도다
> 그의 기적을 사람이 기억하게 하셨으니
> 여호와는 은혜로우시고 자비로우시도다
> 여호와께서 자기를 경외하는 자들에게 양식을 주시며
> 그의 언약을 영원히 기억하시리로다
> 그가 그들에게 뭇 나라의 기업을 주사
> 그가 행하시는 일의 능력을 그들에게 알리셨도다

그의 손이 하는 일은 진실과 정의이며

그의 법도는 다 확실하니

영원무궁토록 정하신 바요

진실과 정의로 행하신 바로다

여호와께서 그의 백성을 속량하시며

그의 언약을 영원히 세우셨으니

그의 이름이 거룩하고 지존하시도다

여호와를 경외함이 지혜의 근본이라

그의 계명을 지키는 자는 다 훌륭한 지각을 가진 자이니

여호와를 찬양함이 영원히 계속되리로다.

시편 111편은 탁월성의 선언서처럼 들린다. 시편 기자가 고백하는 대로 하나님이 행하신 일을 생각할 때, 그분의 놀라운 영광과 존귀함, 의(義), 은혜, 긍휼, 능력, 신실함, 정의, 진실함, 견고함, 정직함, 거룩함, 지혜를 깨닫는다. 하나님이 우리에게 능력을 주시고 우리가 하나님께 받은 능력을 성실히 계발할 때, 우리의 일을 통해 하나님의 탁월한 본질이 그대로 나타난다. 하나님을 찬양하는 이 시편의 끝이 '힘써 수고하는 이들을 향한 약속'에 대해 다룬다는 사실에 주목하자. "여호와를 경외함이 지혜의 근본이라 그의 계명을 지키는 자는 다 훌륭한 지각을 가진 자이니"(10절).

그렇다면 탁월하신 우리 하나님은 어떤 일에 동참하라고 우리를 부르실까? 탁월한 일이다! 왜일까? 우리의 일이 비록 미력이나마 하나님이 거하시는 곳이자 우리가 장래에 거할 처소, 하나님 나라에 기여하기 때문이다. 이 아름다운 그림을 자세히 살펴보자.

구약과 신약이 놀라운 대칭을 이루고 있다는 점은 앞서 확인했다. 구약은 최초의 예술가이자 최초의 장인이신 하나님을 계시한다. 신약은 **이어서** 영원한 성의 건축가이신 하나님을 계시한다(히 11:10). 구약에서 하나님은 백성과 협력하여, 그분이 거하실 처소(출 25:8, 40:33-34, 38)로 처음에는 장막(출 31:1-6, 35:30-36:1)을, 후에는 성전(대하 2-3장)을 지으신다. 신약에서는 사람들과 협력하여, 구속받은 자들이 그분과 영원히 살게 될(마 6:9-10, 33, 28:19-20; 눅 19:10-13) 현재와 장래의 하나님 나라를 건설하신다.

하나님이 드러나시는 처소를 짓는 일은 우리에게 탁월성을 요청한다. 역대하 2장 1-14절에 기록된 성전 건축은 우리가 성취해야 할 탁월성의 그림을 제시해 준다.

> 솔로몬이 여호와의 이름을 위하여 성전을 건축하고 자기 왕위를 위하여 궁궐 건축하기를 결심하니라 솔로몬이 이에 짐꾼 칠만 명과 산에서 돌을 떠낼 자 팔만 명과 일을 감독할 자 삼천육백 명을 뽑고
>
> 솔로몬이 사절을 두로 왕 후람에게 보내어 이르되
>
> 당신이 전에 내 아버지 다윗에게 백향목을 보내어 그가 거주하실 궁궐을 건축하게 한 것 같이 내게도 그리하소서 이제 내가 나의 하나님 여호와의 이름을 위하여 성전을 건축하여 구별하여 드리고…
>
> 내가 건축하고자 하는 성전은 크니 우리 하나님은 모든 신들보다 크심이라 누가 능히 하나님을 위하여 성전을 건축하리요 하늘과 하늘들의 하늘이라도 주를 용납하지 못하겠거든 내가 누구이기에 어찌 능히 그를 위하여 성전을 건축하리요 그 앞에 분향하려 할 따름이니이다
>
> 이제 청하건대 당신은 금, 은, 동, 철로 제조하며…재주 있는 사람 하나를 내게 보내어 내 아버지 다윗이 유다와 예루살렘에서 준비한 나의 재주 있는

사람들과 함께 일하게 하고

또 레바논에서 백향목과 잣나무와 백단목을 내게로 보내소서 내가 알거니와 당신의 종은 레바논에서 벌목을 잘하나니…

두로 왕 후람이 솔로몬에게 답장하여 이르되
여호와께서 자기 백성을 사랑하시므로 당신을 세워 그들의 왕을 삼으셨도다

후람이 또 이르되
천지를 지으신 이스라엘의 하나님 여호와는 송축을 받으실지로다 다윗 왕에게 지혜로운 아들을 주시고 명철과 총명을 주시사 능히 여호와를 위하여 성전을 건축하고…
내가 이제 재주 있고 총명한 사람을 보내오니 선히 내 아버지 후람에게 속하였던 자라 이 사람은…능히 금, 은, 동, 철과…일을 잘하며 또 모든 아로새기는 일에 익숙하고 모든 기묘한 양식에 능한 자이니 그에게 당신의 재주 있는 사람들과 당신의 아버지 내 주 다윗의 재주 있는 사람들과 함께 일하게 하소서.

솔로몬처럼 우리도 하나님과 그분의 백성이 거할 곳을 준비하는 데 일익을 담당해야 한다. 그 일을 통해 우리는 온 세상에 하나님의 탁월하신 본성을 보여 줘야 하는 매우 중요한 임무를 부여받았다. 우리는 라이프워크를 통해, 장차 오실 하나님 나라에 기여한다. 이스라엘 왕 솔로몬처럼 우리도 "내가 건축하고자 하는 성전은 크니 우리 하나님은 모든 신들보다 크심이라"(5절)고 고백하게 된다. 솔로몬처럼 우리도 경탄을 금치 못하는 순간이 올지 모른다. "누가 능히 하나님을 위하여 성전을 건축하리요 하늘과 하늘들의 하늘이라도 주를 용납하지 못하겠거든 내가 누구이기에

어찌 능히 그를 위하여 성전을 건축하리요"(6절). 하지만 하나님이 우리를 부르셨다. 우리도 솔로몬처럼 진지함과 창의성, 다재다능함을 활용하며 최고의 설계, 최상의 자재, 최고의 장인을 찾는 자세로 일해야 한다.

믿음의 선배들은 탁월성으로의 부르심을 우리 세대보다 더 잘 이해했다. 가구 제작에 뛰어났던 셰이커 공동체의 철학도 이를 잘 보여 준다.

모든 제품을 과거에 만들어진 어떤 것보다 더 좋게 만들라. 눈에 보이지 않는 부품을 만들 때도 보이는 부품을 만들듯이 하라. 가장 일상적인 물건을 만들 때에도 최상의 재료만을 사용하라. 당신이 가장 큰 것에 주의를 기울이는 만큼 가장 작은 것에도 주의를 기울이라. 당신이 만드는 모든 물건이 영구적인 것이 되도록 디자인하라.[7]

영국의 종교개혁자, 감리교 운동의 창시자인 존 웨슬리는 돈에 관한 설교에서 동일한 의미의 탁월성을 강조했다.

다른 이들의 경험과 자신의 경험을 통해, 읽고 묵상하는 시간을 통해 모든 일을 어제보다 오늘 더 잘하는 법을 끊임없이 배워야 합니다. 무엇이든 배운 대로 실천하고, 내가 가진 모든 것을 최대한 선용해야 합니다.[8]

12세의 브라질 소녀 루이자도 모든 일이 주님을 위한 일이기에 탁월해야 한다는 사실을 잘 알았다. 부탁하는 사람이 있던 것도 아니지만, 루이자의 아버지는 교회에서 헌금함으로 사용되는 낡은 상자를 손수 고치겠다며 집으로 가져왔다. 그리고 낡은 헌금함을 멋지게 고쳤다. 그리고 루이자는 헌금함에 특별한 것을 추가했다. 헌금함 안쪽에 꼭 맞는 작은 쿠션을 만들고 수를 놓아 장식했다. 루이자의 자원하는 마음과 쿠션을 만들기까지의 세심한 배려는 주님을 섬기는 다른 이들에게 귀감과 감동을 준다.[9] 우리는 이 어린 나이의 브라질 소녀가 깨달은 신실함과 탁월성을 갖춰야 한다. 성경은 큰일을 할 때뿐만 아니라 우리의 눈에 대수롭지 않고 보잘것없고 정말 불필요해 보이는 일에도 신실함과 탁월성을 갖춰야 한다고 가르친다. 작은 일에 존귀와 신비가 있다. 그래서 하나님은 '비천한' 일, 작은 것들을 거룩하게 하라고 우리를 부르신다. 하나님은 평범한 일에 관심을 쏟는 분이시다. 그렇기 때문에 하나님의 자녀인 우리는 소박하고 단순한 일의 가치를 인정하고 감사히 여기며 존엄성을 부여해야 하고, 아무 필요 없어 보이는 일이라도 탁월하게 해야 한다. 평범함의 기적을 이해할 때 우리는 한 청교도의 고백에 동참하게 된다. "크리스천은 자신의 가게를 거룩한 성전처럼 여길 수 있다."[10]

30여 년 전에 아내와 함께 애리조나 피닉스에서 콜로라도 덴버까지 차를 몰고 여행을 했을 때다. 콜로라도 남서부 고지대 사막에 다다른 우리는 화장실에 가려고 그 지역에서 유일한 주유소로 갔다. 당시 미국의 주유소 화장실은 지저분하기가 이를 데 없는 곳이었기에, 남자 화장실 문을 열면서 나는 당연히 최악의 환경을 예상했다. 하지만 문을 열고 나서 얼마나 놀랐던지! 화장실은 먼지 하나 없이 깨끗했다. 세면대 옆에 놓인 화병에는 화사하게 꽃까지 꽂혀 있었다. 그 화장실의 관리자는 비천한 일에도 존엄성과 기쁨을 부여해야 한다는 사실을 확실히 이해하는 사람이었다. 언젠가 한번은 호텔에 투숙하러 들어갔는데, 화장실의 세면대 옆에 작은 비누가 마치 풍차처럼 예쁘게 배열되어 있었다. 그 순간 지극히 실용적인 용도로만 사용되는 공간에 작은 예술 작품을 만들어 나를 반겨 준 그 사람으로 인해 주님께 감사가 절로 나왔다. 그 호텔 직원은 평범한 화장실에 품격을 부여하여 자신의 족적을 남겼다.

이처럼 작지만 의미 있는 배려와 예술적 감성을 기울이는 일들은 성경적 세계관과 일치한다. 탁월성과 아름다움에 대한 헌신은 효율성과 실용성, 재생 가능성을 주된 가치로 삼는 현대 유물론자들의 실용주의 철학에 정면으로 배치된다. 패스트푸드 산업은 이러한 실용주의 철학의 결정판이다. 맥도날드는 아예 실용주의 철학의 가치 위에 사업 모델을 수립했다. 맥도날드 매장은 세계 어디를 가든 똑같이 생겼다. 음식을 구매하고 준비하는 과정 역시 고도로 표준화됐다. 직원들은 표준화된 업무 처리 방법과 속도, 효율성에 따라 교육과 평가를 받는다. 물론 효율성 증대는 긍정적인 면도 있지만, 아름다움이나 탁월성은 이런 식으로 늘어나지 않는다.

애니미즘적, 운명론적 세계관에서 파생되는 부패한 제도는 대개 일의 탁월성을 거의 무시한다. 현세에서의 삶에 아무런 영속적 의미를 느끼지 못한다면, 개인이 자신의 일에 어떻게 임하느냐에 따라 자기 자신이나 고객에게 변화를 줄 수 있음을 깨닫지 못한다면, 탁월한 상품이나 서비스를 제공하고자 더 많은 노력을 기울여야 할 필요도 느끼지 못할 것이다.

하지만 내 일의 목적이자 동역자가 되시는 하나님을 알면, 탁월성을 추구해야 필요성을 충분히 느낀다. 스코츠데일 바이블 교회의 존 폴리탄(John Politan)은 이렇게 표현했다.

> 대부분 사람이 그리스도의 대의를 위해 선포하는 가장 큰 삶의 선언서는 (그 선언서가 좋든 나쁘든) 일에 대한 그들의 태도다.[11]

찰스 콜슨은 이렇게 썼다.

성경이 촉구하는 소명에 있어서의 탁월성은 일터에서 가장 강력한 증거가 된다.…이미 회계와 영업, 소프트웨어, 건설, 그 밖에 존귀한 직업의 선교지에 나가 있는 크리스천들은 정직하게 일할 준비를 갖추어, 말뿐만 아니라 행동으로도 신앙을 전해야 한다.[12]

열 므나의 비유가 보여 주는 그림처럼 그리스도를 따르는 우리는 주인의 재산을 계속 발전시킬 책임을 지고, 매일 주인의 계획에 따라 맡은 일을 감당하는 일꾼이다. 그러므로 우리는 우리를 부르신 그분께 합당한 탁월성으로 맡은 일을 감당하도록 부르심 받았다.

우리의 라이프워크는 하나님의 영광을 드러낸다

하나님의 영광은 그분의 종들이 자신의 삶을 향한 하나님의 부르심에 순종할 때 드러난다. 미미하게나마 우리가 우리의 손과 발, 생각을 주님의 기도를 실현하는 데 내드릴 때, 하나님 나라의 첫 열매가 드러나고 그 나라의 왕이 영광을 받으신다.

하나님은 그리스도와 그분의 나라가 이 깨어진 세상에서 확장되는 과정에서 각자 독특한 목적을 달성하도록 우리를 지으셨다. 예로 들 수 있는 인물이야 수없이 많지만, 그중에서도 성경에서는 모세와 예수님, 근대에는 윌리엄 윌버포스, 이 시대 믿음의 영웅으로는 조니 에릭슨 타다(Joni Eareckson Tada)의 삶이 이 진리를 명명백백하게 보여 준다.

먼저 비천한 히브리인으로 태어났지만 좋은 환경에서 성장해 애굽의 왕자가 된 선지자 모세를 생각해 보자. 하나님은 히브리 백성을 종살이에서 건져 내 약속의 땅 접경까지 인도하는 일에 모세를 사용하셨다. 광야를 헤맨 40년 동안 하나님은 모세에게 성막을 세우라고 지시하셨다. 출애굽기 25장 8-9절은 "내가 그들 중에 거할 성소를 그들이 나를 위하여 짓되 무릇 내가 네게 보이는 모양대로 장막을 짓고 기구들도 그 모양을 따라 지을지니라"고 기록한다. 하나님은 계획을 상세히 일러주셨고, 필요한 자재와 장인들이 속속들이 공급되면서 마침내 장막이 완성됐다. 출애굽기 40장 33절은 "그(모세)는 또 성막과 제단 주위 뜰에 포장을 치고 뜰 문에 휘장을 다니라 모세가 이같이 역사를 마치니"라고 기록한다. 모세가 죽기 직전에 성막이 완성됐다.

모세는 아브라함과 이삭과 야곱의 하나님께 순종하기에 힘쓰며, 아낌없는 삶을 살았다. 모세는 삶을 '잘 마무리'했다. 맡은 임무를 완수했다. 히브리 백성을 애굽 종살이에서 이끌어 냈다. 성막을 완성했다. 그리고 출애굽기 40장 34-35절은 놀라운 말씀을 들려준다.

> 구름이 회막에 덮이고 여호와의 영광이 성막에 충만하매 모세가 회막에 들어갈 수 없었으니 이는 구름이 회막 위에 덮이고 여호와의 영광이 성막에 충만함이었으며.

모세가 하나님이 맡기신 임무를 완수했을 때, **여호와의 영광**이 성막을 가득 채웠다. 하나님의 일이 하나님의 방법대로 성취될 때, 하나님이 영광을 받으시고 그분의 영광이 그 일에 생명을 불어넣는다.

여기서 우리는 두 가지를 주목해야 한다. 첫째, 하나님은 우리의 순종을 통해, 우리가 하나님께 받은 임무를 완수할 때 영광을 받으신다. 둘째, 임무를 완수했을 때 하나님의 영광이 그 일을 변화시킨다.

유사한 패턴이 그리스도의 삶에서도 나타난다. 예수님은 일찍이 아버지로부터 받은 임무를 인식하셨다. 이는 예수님의 공생애를 기록한 말씀에 그대로 담겨 있다.

> 그 사이에 제자들이 청하여 이르되 랍비여 잡수소서
> 이르시되 내게는 너희가 알지 못하는 먹을 양식이 있느니라
> 제자들이 서로 말하되 누가 잡수실 것을 갖다 드렸는가 하니
> 예수께서 이르시되 나의 양식은
> 나를 보내신 이의 뜻을 행하며
> **그의 일**을 온전히 이루는 이것이니라 요 4:31-34

예수님은 아버지가 맡기신 일을 해야 한다는 사실을 이해하셨다. 이를 요한복음 5장 17절 말씀이 확인해 준다.

> 예수께서 그들에게 이르시되 내 아버지께서 이제까지 일하시니 나도 일한다 하시매.

하나님이 하시는 일 가운데 예수님은 유기적 부분을 담당하신다. 우리 삶을 향한 부르심도 크게 다르지 않다. 그리스도를 향한 부르심은 아버지의 일을 하라는 부르심이었다. 아버지는 지금도 일하고 계시며, 우리 삶을 그분의 일에 연결하려 하신다. 우리 삶과 아버지의 일을 잇는 연결고리가 바로 우리의 라이프워크다.

예수님은 항상 자신의 일을 반추하셨다. 최후의 만찬에서 대제사장의 기도를 하시면서 예수님은 하나님 나라에 우리의 일을 연결할 필요성을 다시금 강조하셨다. 다음 말씀을 함께 살펴보자.

예수께서 이 말씀을 하시고 눈을 들어 하늘을 우러러 이르시되 아버지여 때가 이르렀사오니 아들을 영화롭게 하사 아들로 아버지를 영화롭게 하게 하옵소서…아버지께서 내게 하라고 주신 일을 내가 이루어 아버지를 이 세상에서 영화롭게 하였사오니 아버지여 창세 전에 내가 아버지와 함께 가졌던 영화로써 지금도 아버지와 함께 나를 영화롭게 하옵소서 요 17:1, 4-5

예수님은 "아버지께서 내게 하라고 주신 일을 내가 이루어" 아버지를 영화롭게 하셨다. 예수님은 특별한 임무를 받으셨다. 그리고 그 임무를 완수함으로써 아버지께 영광을 돌리셨다.

당신도 아버지께 영광을 돌리고 싶은가? 그렇다면 아버지가 당신을 위해 예비하신 그 일을 하라! 다른 누군가의 일을 한다고 아버지께 영광이 되지 않는다. 하나님이 우리에게 하라고 주신 일을 할 때, 하나님 아버지께 영광이 된다.

스위스 라브리 공동체에서 공부를 하던 젊은 시절, 아침에 눈을 뜰 때면 우울함을 떨쳐 내기 어려웠다. 나는 라브리의 3대 영웅인 프란시스 쉐퍼, 우도 미들만(Udo Middelmann), 오스 기니스를 우러러보며, 세 사람의 강점을 모두 갖춘 가상의 인물을 만들었다. '바로 이런 사람이 되고 싶어.' 세 사람의 약점은 아예 생각조차 안 했다. 그러니 완벽한 인물과 나 자신을 비교할 때마다 내가 기준 미달, 자격 미달로 느껴졌다. 낙심이 됐다.

그러던 어느 날, 나는 그런 행동 자체가 죄임을 깨달았다. 그리고 하나님이 특별한 목적을 위해 나를 지으셨다는 사실을 이해하게 됐다. 내가 지음 받은 그 목적을 나의 삶을 통해 성취할 때 하나님께 영광이 된다. 나를 남들과 비교할 때 나 자신을 파괴하게 된다. 다른 사람이 하도록 하나님이 계획하신 일을 내가 하려 들면, 하나님께 영광이 되지 않는다.

예수님을 위해 아버지가 예비해 놓으신 일을 예수님이 완수하셨을 때, 아버지가 아들을 영화롭게 하셨다는 점도 주목해야 한다. 한 사람, 한 사람은 전혀 다른, 매우 독특한 존재다. 그리고 각자의 특별한 능력의 신비는 하나님이 각자의 삶에 주신 부르심에 순종할 때 계시된다.

믿음의 영웅 윌리엄 윌버포스가 이 점을 잘 보여 준다. 앞서 살펴보았듯이 윌버포스는 노예제도의 해악과 영국 사회 양식의 붕괴로 고심하다가 공공 정책과 일반의 태도를 바꾸려고 의원이 됐다. 윌버포스의 많은 친구가 그에게 사역자로 '영적인' 일을 하라고 강권했다. 하지만 윌버포스는 굴하지 않고, 정계로 가라는 하나님의 부르심을 따랐다. 그리고 그의 결단으로 영국과 전 세계가 더 나아졌다.

윌버포스는 50년 가까이 노예 해방 운동을 펼쳤다. 영국 사회의 정치적, 경제적 세력에 홀로 맞서야 하는 힘겨운 임무였다. 40년이 넘는 긴긴 시간을 지나 마침내 노예제도를 반대하는 대중의 외침이 일기 시작했다. 1833년 7월 26일, 윌버포스가 세상을 떠나기 사흘 전, 대영제국 전역의 노예 해방을 골자로 하는 노예제도 폐지법이 하원에서 통과됐다는[13] 소식이 전해졌다. 하나님이 자신에게 맡기신 그 일을 완수하겠다는 불굴의 용기와 결단을 통해 윌버포스의 삶 전체가 하나님께 영광이 됐다.

이 시대의 인물 조니 에릭슨 타다의 삶 역시, 우리 각자를 향한 독특하고 특별한 부르심에 따라 일할 때 하나님께 영광이 된다는 진리의 예다. 조니는 적극적이고 매력적이며 꿈과 희망이 가득한 소녀였다. 하지만 비극은 예고 없이 닥쳤다. 체서피크 만에서 수심이 얕은 곳으로 다이빙하는 순간, 그만 조니의 목뼈가 부러지고 말았다. 그 짧은 순간에 조니의 삶은 완전히 뒤바뀌었다. 전신이 마비되어 평생 휠체어 신세를 지게 됐다.

하지만 시간이 흐르면서 조니는 절망과 낙심을 딛고 일어나, 이 처참한 상황에서 어떤 선한 것을 얻기 바라시는지 주님께 구하기 시작했다. 조니는 장애인들의 권익을 보호하고 그들을 격려하고자 '조니와 친구들'(Joni and Friends)이라는 글로벌 사역을 시작했다. 작가와 화가로도 변신했다. 배아 줄기세포 연구에 관한 미국 내 공공 정책 논의에도 참여했다. 다른 이들은 인간 생명 발달의 초기에 있는 배아를 사용하고 파괴하자고 주장했지만, 조니는 자신이 다시 걸을 수 없다 해도 태어나지 않은 생명을 보호해야 한다는 주장을 힘 있게 폈다.

조지 W. 부시(George W. Bush) 대통령은 척추 손상 치료라는 좋은 목적이 있더라도, 배아 줄기 세포 파괴에 반대하고 인간 생명을 보호해야 하는 이유를 제시하기 위해 백악관에서 설명회를 개최했다. 조니 에릭슨 타다도 청중으로 그 자리에 참석했다. 같은 설명회에 참석한 찰스 콜슨은 자신이 그때 본 광경을 이렇게 묘사했다.

> 부시 대통령은 연설 중에도 몇 번이나 조니를 똑바로 바라보았다. 연설 끝에 대통령은 참석자들을 깜짝 놀라게 했다. 연단에서 내려와 두 팔을 벌려 조니를 안고 입을 맞춘 것이다. 감동적인 순간이었다. 나는 '분명 조니는 이 순간, 바로 이 사안을 위해 태어났구나' 하고 생각했다. 조니가 겪은 모든 고난의 목적이 바로 이것이었다.[14]

사고 이후 조니는 안으로 침잠해 숨어 버릴 수도 있었다. 자기 연민과 쓴 뿌리, 절망으로 삶을 끝내 버릴 수도 있었다. 하지만 그렇지 않았다. 어디서 이런 차이가 생겼을까? "대체 왜요, 주님?"이라고 끊임없이 묻기보다 조니는 "주님, 제가 무엇을 하기 바라세요? 주님을 영화롭게 하도록 제가 이 비극에 어떻게 반응해야 하나요?"라고 묻기 시작했다. 자신의 라이프워크 속에서 하나님의 부르심을 듣는 가운데 조니의 삶이 변화됐고, 결국 조니는 하나님 나라를 확장하는 데 쓰임 받았다. 조니가 백악관에서 휠체어에 앉아 있는 동안, 수천 년의 역사를 거슬러 "이때를 위하여!"(에 4:14)라는 모르드개의 목소리가 들렸을지도 모른다.

하나님은 우리의 일을 통해 영광을 받으신다. 하나님이 우리 삶에 두신 특별한 부르심 가운데 걸어갈 때 영광을 받으신다. 우리를 위해 특별히 예비하신 임무를 완수하고 본연의 목적을 성취할 때 하나님이 영광을 받으신다. 우리가 거룩한 목수로, 정치인으로, 예술가로, 거룩한 딸로, 아들로, 어머니로, 아버지로, 누이로, 형제로, 남편으로, 아내로 살아갈 때 영광을 받으신다. 우리가 속한 공동체에서, 일터에서, 나라에서 진리와 아름다움과 정의를 분명히 드러낼 때 영광을 받으신다. 우리가 라이프워크 가운데 확신을 가지고 살아갈 때 하나님이 영광을 받으신다.

제 5 부

직업과
신앙이
하나 되는
삶의 능력

라이프워크의 경제학

A BIBLICAL THEOLOGY FOR WHAT YOU DO EVERY DAY

제15장

청지기 정신
개신교 윤리

우리는 성경적 관점으로 경제학을 이해하여, 라이프워크의 핵심으로 삼아야 한다. 창세기부터 요한계시록까지 찬찬히 읽고 나서 영혼 구원에 대한 구절과 경제학에 대한 구절을 각각 기록한다면, 어느 쪽이 더 많을까? 비즈니스나 경제학에 대한 구절이 영혼 구원에 대한 구절보다 훨씬 더 많다. 그렇다면 경제에 비하면 영혼 구원은 부차적인 문제라는 말일까? 아니다! 오히려 그 반대다. 개인의 구원은 다른 모든 것을 위한 기초다. 단지 비즈니스나 경제학에 대한 언급이 많다는 사실은 하나님이 경제에 관심이 많으시며, 우리가 피조물을 잘 돌보고 건전한 경제 활동을 증진시키도록 기본 원칙을 주셨다는 점을 시사한다.

'경제적 인간'

하나님의 주권 아래서 경제활동의 목적은 생산과 절약과 나눔의 가치를 창출하는 것이다. 창세기에서 하나님은 피조물을 돌보는 청지기 직분을 인간에게 주셨다(창 1:26-28). 청지기 정신은 발전(풍성히 생산함)과 보호(피조물을 지킴)를 모두 내포한다. 청지기 정신은 경제(economy)의 헬라어 어근인 오이코노미아(*oikonomia*)에서 잘 나타난다. 오이코노미아는 '가정을 경영하다' 혹은 '토지를 관리하다'라는 뜻이다(여기에서 오이코스[*oikos*]는 '가정'이나 '성전'을 의미하며, 노미아[*nomia*]는 '배분하다' 또는 '관리하다'라는 뜻의 네메인[*nemein*]에서 파생했다).

하나님이 창조하신 세상이 그분의 '가정'이라면, 우리는 하나님이 그 가정을 관리하려고 두신 청지기다. 그래서 나는 종종 인간을 호모 오이코노미아, 즉 '경제적 인간'(economic man)이라 부른다. 따라서 경제학은 하나님의 권속 또는 가정을 도덕적인 상상력으로 지혜롭게 관리하는 것, 또는 하나님의 법이 정하는 경계선 안에서 청지기로 자원을 관리하는 것이라고 할 수 있겠다.

두 가지 오류 피하기

하나님은 우리에게 그분의 가정을 맡기셨다. 지혜로운 청지기(눅 16:1-15)와 열 므나의 비유(눅 19:11-26)에서 볼 수 있듯, 하나님은 우리가 책임감 있는 관리자가 되기를 기대하신다. 지혜로운 청지기의 비유에서 주인은 정직하지 못한 청지기가 "일을 지혜 있게" 했다며 그를 칭찬했다(눅 16:8). 이는 부정직해도 된다는 말이 아니다. 경제적인 면에서 지혜로워야 한다는 얘기다.

열 므나의 비유에서 주인은 투자를 해서 각각 열 배(눅 19:16-17)와 다섯 배(눅 19:18-19)를 남긴 경건한 청지기들을 칭찬하고, 반면에 받은 돈을 땅에 묻은 채 전혀 이윤을 남기지 못한 청지기는 저주했다(눅 19:20-26). 주인은 어디에 초점을 맞추고 있는가? 투자금을 지혜롭고 슬기롭게 사용했는지를 확인했다. 이러한 지혜로운 투자는 주인과 하나님 나라에 '이윤'을 창출한다.

열 므나의 비유는 오직 경제적인 부분에만 국한된 말씀이 아니라 영적 실체에 대한 은유다. 하지만 하나님이 우리를 지으시고 그분의 나라를 드러내고 확장하도록 우리를 부르며 준비시키시는 과정에는 경제적인 영역에서 행하는 실제적인 일들도 포함된다. 이 땅뿐 아니라 각 가정에서 시간과 공간, 자원을 포함해 우리에게 맡기신 것을 관리하는 일도 한 부분을 차지한다.

사실 경제적인 면에 대한 하나님의 뜻을 담은 지극히 실질적인 성경의 가르침을 우리는 쉽게 간과한다. 첫 번째로 복음주의적 이원론의 사고방식에 빠지다 보면, 물질세계는 '실체'인 영적세계와 무관하거나 그림자에 불과한 존재로 인식된다. 신학을 논하는 책에서 경제학처럼 '세속적인' 것을 거론하는 자체가 터무니없이 느껴진다. 신앙과 경제 활동 사이에서 연결 고리를 전혀 찾을 수 없다.

두 번째로 이분법은 존재하지 않으며 물질세계에 신성함이 스며들어 있다는 점을 인정하면, 물질세계를 영적세계에 종속시키는 또 다른 오류를 저지르기 쉽다. 매사를 지나치게 영적으로 해석하다가, 하나님이 창조하신 물리적 본성을 있는 모습 그대로 존중하지 못하게 된다. 이렇게 되면 경제학을 논할 이유가 사라진다.

이러한 두 가지 오류를 피하면서 물질세계와 영적세계의 관계에 대한 성경적 이해를 바탕으로 우리 생각을 형성해야 한다. 물질세계와 영적세계 모두 하나님이 만드신 통일된 하나의 실체에 불가분 연결된 부분으로 이해해야 한다. 그럴 때 비로소 무엇도, 누구도 하나님의 돌봄과 구속에서 배제하지 않는, 하나님이 우리에게 뜻하신 참된 청지기의 직분을 수행할 수 있다.

개신교 윤리와 존 웨슬리의 3대 원칙

개신교 운동의 종교개혁자들은 하나님 나라 시민의 경제적 삶이 얼마나 중요한지 인식했다. 경제적 삶이라는 핵심 주제에 대한 그들의 가르침은 세상을 바꿨다. 19장에서 다시 자세히 살펴보겠지만, 경제사가들은 종교개혁자들이 가르친 성경적 세계관이 중산층 사회를 발전시켜 나라 전체를 빈곤에서 건져 내는 데 결정적인 역할을 했다고 평한다. 유럽의 신 경제를 통해 수많은 사람이 해방되어, 과거 하인이나 농노들과는 전혀 다른 삶을 살며 폭넓은 기회를 누리고, 나라 전체에 큰 영향을 끼쳤다.

일에 대한 종교개혁자들의 가르침은 광범위하고 지속적인 영향을 끼치면서 개신교 윤리(Protestant ethic)라는 이름으로 알려졌다. 우리 구세주 예수님이 겸손과 용서의 덕목을 제자들에게 풀어 가르쳐 주셨듯, 종교개혁자들도 자주 권면하며 일련의 경제적 원칙들을 심어 주었다. 이 원칙들이 사람들의 생각에 각인되어 거짓 세계관의 견고한 진과 여기서 파생된 악습을 타파했다. 마음과 생각에 성경적 덕(德)이 심기자 문화가 변화했다.[1]

종교개혁자들이 일터의 영역에서 무엇을 가르쳤기에 북유럽 전반의 경제와 사회 구조가 달라졌을까? 종교개혁자들이 완전한 삶과 허용된 삶으로 구분하는 영지주의 패러다임을 철폐했다는 점은 앞서 살펴보았다. 이들은 관상하는 삶인 비타 컨템플라티바(vita contemplativa)와 활동하는 삶인 비타 액티바(vita activa)의 구분을 허물었다. 삶 전체가 거룩하며, 우리가 코람데오, 즉 하나님 앞에서 살아야 한다는 확고한 이해를 바탕으로 종교개혁자들은 일에 대해 구체적으로 무엇을 가르쳤을까?

일과 돈에 대한 존 웨슬리의 좌우명은 유럽의 종교개혁자들이 경제에 대해 무엇을 가르쳤는지를 명쾌하게 설명하는 단순명료한 틀이다. 하나님은 웨슬리를 사용하셔서 1700년대 중반 영국에서 부흥을 일으키셨다. 이 부흥으로 30년 남짓한 짧은 시간에 나라 전체가 변했다. 루터와 칼뱅이 200년 전 일으킨 변화에 비견할 만했다. 웨슬리는 개인 구원을 위한 그리스도의 십자가를 선포하고, 이어 국가의 변화를 위한 복음의 사회적 의미를 설명했다. 돈을 다루는 법에 대해 웨슬리는 3대 원칙을 역설했다.

최대한 벌라!
최대한 절약하라!
최대한 나누라!

빠른 속도로 정신적 가치를 잃어가는 선진국들은 이 권면을 다시 받아들여야 한다. 덧없는 물질적 풍요와 성취를 갈구하는 개발도상국들도 이 권면을 받아들여야 한다. 각각의 원칙을 차례로 살펴보자.

최대한 벌라 : 일해야 하는 세 가지 이유

웨슬리는 먼저 일하라고 촉구한다. "끊임없이 근면하며 하나님께서 주신 통찰력을 다하여 자신이나 이웃의 영혼이나 몸을 상하지 않는 범위 내에서 최대한 벌라."[2] 웨슬리는 건강하고 도덕적인 일, 총체적으로 자신과 이웃의 덕을 세우는 일을 하라고 촉구한다. 그 일을 근면하게 해야 한다. 열심히 일하고 하나님이 주신 모든 은사와 기술을 활용해야 한다. 우리는 근면 성실의 덕을 갈고닦도록 부르심 받았다. 게으름과 나태함, 태만의 악을 근절하라고 부르심 받았다.

마르틴 루터는 출애굽기 13장 18절 말씀에 대한 강해에서 정수를 포착했다. "하나님은 일하지 않고 얻는 성공은 원치 않으신다.…하나님은 우리가 집에 가만히 앉아 빈둥거리며 모든 일을 하나님께 맡기고 닭튀김이 내 입으로 날아 들어올 때까지 기다리기를 원치 않으신다. 이는 하나님을 시험하는 행동이다."³ 우리는 근면 성실히 일해야 한다.

청교도 설교자 로버트 볼턴(Robert Bolton, 1572-1631)은 이렇게 적었다.

> 합당하고 정직한 특정 부르심 가운데서 양심과 신실함으로 근면하라. 금을 얻고 부를 축적하기 위해서가 아니라, 가족과 후손에게 필요한 만큼 공급하기 위해서 일하라. 아담의 모든 아들과 딸들 앞에 놓인 공동의 책임을 세상 끝 날까지 양심과 순종으로 감당하라.⁴

개신교 윤리의 핵심은 일의 내재적 가치다. 시민으로서, 일하는 자로서 우리는 문화 건설에 기여한다. 우리의 일은 생존(애니미즘)이나 소비(유물론), 복음 증거를 위한 발판(복음주의적 영지주의)에 그치지 않는다. 성경은 일해야 하는 세 가지 이유를 밝힌다.

하나님이 일하신다

하나님은 일하시는 하나님이다. 이미 확인한 대로, 많은 사람의 생각과 달리 일은 저주가 아니다. 일이 저주의 결과라고 생각하는 사람들에게 창세기 2장 2-3절의 말씀은 충격이다.

> 하나님이 그가 하시던 일을 일곱째 날에 마치시니 그가 하시던 모든 일을 그치고 일곱째 날에 안식하시니라 하나님이 그 일곱째 날을 복되게 하사 거룩하게 하셨으니 이는 하나님이 그 창조하시며 만드시던 모든 일을 마치시고 그날

에 안식하셨음이니라.

천지창조는 일이었다. 그리고 다른 누구도 아닌 바로 하나님이 그 일을 하셨다. 하나님은 엿새 동안 창조의 일을 하셨고, 마지막 일곱째 날에 쉬셨다. 일은 하나님의 본성이다. 이 본문에서 일에 해당하는 단어는 히브리어 멜라카(*melakah*)다. 구약에 167번 등장하는 단어로 '직업', '일', 혹은 '사업'으로 번역된다.[5] 일하고 안식하는 주기를 명시한 십계명에 사용된 단어(*abad*, 출 20:8-11)[6]와 동일한 단어다.

하나님은 창조 때 일하셨을 뿐 아니라, 지금도 피조물을 유지하고 지탱하는 일을 계속하신다. 다음 말씀은 계속 일하시는 하나님을 증거한다.

여호와께서 샘을 골짜기에서 솟아나게 하시고
산 사이에 흐르게 하사
각종 들짐승에게 마시게 하시니
들나귀들도 해갈하며
공중의 새들도 그 가에서 깃들이며
나뭇가지 사이에서 지저귀는도다
그가 그의 누각에서부터 산에 물을 부어 주시니
주께서 하시는 일의 결실이 땅을 만족시켜 주는도다
그가 가축을 위한 풀과
사람을 위한 채소를 자라게 하시며
땅에서 먹을 것이 나게 하셔서
사람의 마음을 기쁘게 하는 포도주와
사람의 얼굴을 윤택하게 하는 기름과

사람의 마음을 힘 있게 하는 양식을 주셨도다

여호와의 나무에는 물이 흡족함이여

곧 그가 심으신 레바논 백향목들이로다 시 104:10-16

또한 우리 구세주 예수 그리스도의 말씀에서도 아버지가 계속 일하고 계시다는 사실을 발견할 수 있다. "예수께서 그들에게 이르시되 내 아버지께서 이제까지 일하시니 나도 일한다 하시매"(요 5:17). 또한 "나의 양식은 나를 보내신 이의 뜻을 행하며 그의 일을 온전히 이루는 이것이니라"(요 4:34)고도 하셨다. 예수님은 이 땅에 아버지의 일을 하러 오셨다. 우리의 구원과 하나님 나라의 확장은 하나님이 늘 하시는 일이다. 하나님이 오늘도 계속 일하고 계신다는 점을 잊지 말자. 하나님은 모두에게 주시는 일반 은총으로 우주를 유지하신다. 또한 특별 은총으로 우리를 구원하신다. 그분은 일하시는 하나님이다. 일은 하나님의 본성이다.

인간은 일하도록 지음 받았다

우리가 일하는 두 번째 이유는 일하도록 지음 받았기 때문이다. 성경은 일이 저주가 아닌 축복이라는 점을 분명히 한다. 일은 인간의 존엄성을 구성하는 요소다. 우리는 앞서 문화적 사명을 설명하면서 이를 확인했다. 하나님은 일하시는 하나님이고, 따라서 인간이 그분의 형상을 따라 창조되었다는 것은 인간도 일을 해야 한다는 뜻이다. 창세기에는 최초의 직무 설명서(Job Description)가 등장한다. 인간이 하는 일의 본질은 피조물을 다스리는(청지기 직분) 것이었다(창 1:28). 창세기의 말씀은 최초의 직무 설명서이자 이후에 일어날 모든 합법적 직무 설명서의 기초다.

하나님은 타락 이전에 최초의 직무 설명서를 주셨고, 타락 이후에 일하라는 명령을 재확인하셨다. 출애굽기 20장 9-10절은 "엿새 동안은 **힘써 네 모든 일을 행할 것**이나 일곱째 날은 네 하나님 여호와의 안식일인즉 너나 네 아들이나 네 딸이나 네 남종이나 네 여종이나 네 가축이나 네 문안에 머무는 객이라도 아무 일도 하지 말라"고 기록한다. 우리는 대개 이 네 번째 계명이 안식일을 지키라는 계명이라고 생각한다. 물론 그렇다. 하지만 거기서 그치지 않는다. 이 계명은 일하고 안식하라고 명한다. 하나님이 엿새 동안 일하신 뒤 안식하셨듯, 우리도 그렇게 해야 한다고 명한다. 일을 명하고 있다. 인간은 창조주의 일과 안식의 패턴을 따라야 한다.

시편은 일이 인간의 존엄성을 구성하는 요소이자 인간을 인간되게 하는 요소임을 증거한다. 시편 기자는 이렇게 노래한다.

여호와께서 달로 절기를 정하심이여
해는 그 지는 때를 알도다
주께서 흑암을 지어 밤이 되게 하시니
삼림의 모든 짐승이 기어나오나이다
젊은 사자들은 그들의 먹이를 쫓아 부르짖으며
그들의 먹이를 하나님께 구하다가
해가 돋으면 물러가서
그들의 굴속에 눕고
사람은 나와서 일하며
저녁까지 수고하는도다

여호와여 주께서 하신 일이 어찌 그리 많은지요
주께서 지혜로 그들을 다 지으셨으니

주께서 지으신 것들이 땅에 가득하니이다 시 104:19-24

존 밀턴은 《실낙원》에서 일의 신성함을 이렇게 담아냈다.

인간에게는 날마다 해야 하는 몸과 마음의 일이 있어서,
거기에서 그의 존귀함이 나타나고
그 일에 대한 하나님의 돌보심이 선포된다.[7]

일은 정상적인 활동이다. 달이 계절의 변화를 보여 주고 사자가 먹잇감을 사냥하듯이, 인간도 일을 해야 한다. 하나님이 일하시고 인간이 일한다. 시편 128편 1-2절도 같은 요지를 전한다.

여호와를 경외하며
그의 길을 걷는 자마다 복이 있도다
네가 네 손이 수고한 대로 먹을 것이라
네가 복되고 형통하리로다.

일에서 얻는 만족감과 충만감, 충족감이 느껴진다. 영혼이 만족하고 일을 잘함으로써 만족을 느낄 때 복이 있다.

우리는 하나님의 동역자다

일해야 하는 세 번째 이유는 우리가 하나님의 동역자이기 때문이다. 하나님은 일하시는 하나님이다. 하나님은 피조물을 향한 계획을 세워 두셨다. 하나님은 인간을 일하도록 지으셨다. 하지만 자기 목적을 위해 자기

힘으로 일하라는 뜻이 결코 아니었다. 하나님은 우주를 위한 그분의 웅장한 계획 가운데 동역하는 존재로 인간을 지으셨다. 창조주 하나님의 형상을 따라 지음 받은 자로서 우리에게 주어진 문화적 사명을 살펴보면서 확인했듯이, 인간은 창조성과 개척 정신으로 세상을 일구어 빚어 가며 세상의 잠재력을 끌어내야 한다. 창세기 1장 26-28절과 창세기 2장 15절, 2장 19절은 우리가 문화를 창조해야 한다는 점을 시사한다. 하나님의 창조는 안식일로 끝나지 않았다. 이제는 우리가 하나님과 함께 일할 때다. 우리의 손과 마음과 생각을 사용해 동산을 확장하고, 피조물에 내재된 모든 잠재력을 끌어내 하나님께 영광을 돌려야 한다.

에베소서 2장 10절 말씀도 이미 살펴보았다.

우리는 그의 만드신 바라 그리스도 예수 안에서 선한 일을 위하여 지으심을 받은 자니 이 일은 하나님이 전에 예비하사 우리로 그 가운데서 행하게 하려 하심이니라.

우리는 왜 구원받았는가? 우리 죄에서 건짐 받아 하나님의 일에 다시 동참하기 위해서다. 하나님은 오늘도 일하고 계시다. 우리의 일은 하나님이 일하시는 통로가 되어야 한다. 교제와 관계를 함께 나누는 공동 활동이어야 한다. 우리의 삶과 일은 하나님 나라가 임하시는 데 연결되야 한다. 골로새서 3장 23절 말씀대로 모든 일을 "주께 하듯" 해야 한다. 왜일까? 하나님이 일하고 계시며, 그분의 일에 동참하라고 우리를 부르셨기 때문이다. 그렇다면 우리는 왜 일할까? 첫째, 하나님이 일하시기 때문이다. 둘째, 일하도록 지음 받았기 때문이다. 셋째, 하나님의 기업에서 그분의 동역자로 지음 받았기 때문이다.

최대한 절약하라! : 절약해야 하는 여섯 가지 이유

존 웨슬리는 둘째로 절약하라고 촉구한다. "어리석은 욕망을 채우고 육신의 정욕이나 안목의 정욕, 이생의 자랑을 채우는 데 쓰는 비용을 모두 줄여 최대한 저축하라. 죽거나 살거나, 죄 때문이든 어리석음 때문이든 자신을 위해서든 자녀를 위해서든 아무것도 낭비하지 마라."[8]

소비문화의 '시대의 영'에 사로잡힌 서구인에게 존 웨슬리의 두 번째 촉구는 고리타분한 얘기다. 천한 욕망에 돈을 쓰지 마라, 살거나 죽거나 아무것도 낭비하지 마라…. 웨슬리는 검소한 삶, 소박한 생활방식, 외적 금욕의 실천을 촉구한다. 하나님은 우리에게 검약과 검소, 만족과 절제의 덕을 배양하고 시기와 낭비의 악을 뿌리 뽑으라고 말씀하신다.

일부 크리스천은 마음 밑바닥에서는 유물론자로 살아간다. 부(富)를 우상시한다. 풍요의 복음(prosperity gospel)은 우리가 왕의 자녀이며 왕은 그의 자녀들이 부유하고 건강하고 행복하기를 바란다고 가르친다. 그러니 즐기라! 반면에 가난을 우상화하는 크리스천도 있다. 마태복음 19장 20절은 부자가 하나님 나라에 들어가기 얼마나 어려운지 이야기한다. 누가복음 6장 20절은 "너희 가난한 자는 복이 있나니 하나님의 나라가 너희 것임이요"라고 기록한다. 이들은 부를 신앙이 부족하다는 신호로 여기고 가난을 거룩함의 증거, 드높여야 할 덕으로 간주한다. 가난한 이들과 동일시하다 못해 자신이 극빈 상태에 빠지기도 한다. 저축할 이유는 없고 베풀 이유만 넘친다.

이처럼 많은 크리스천이 물질에 대해 잘못 생각하고 있지만, 성경은 절약해야 할 여섯 가지 이유를 제시한다. 절약으로 귀결되는 이 원칙들은 신자의 공동체가 부를 창출할 만큼 진보적인 동시에 피조물을 배려하고 다른 공동체의 필요를 돌보기에 부족함 없을 만큼 보수적이어야 한다고 역설한다.

피조물을 보살피시는 하나님

첫째, 하나님이 피조물을 세심하게 보살피시듯이 우리도 하나님이 우리에게 맡기신 것을 세심하게 보살펴야 한다. 하나님은 모두에게 주시는 일반 은혜를 통해 지금도 만물을 유지하고 계시다(골 1:17; 히 1:3). 하나님은 최초의 농부(First Husbandman)시다. 농업을 뜻하는 고어 허즈번드리(husbandry)에는 '가정을 돌봄', '자원 사용의 통제 또는 신중한 사용', '식물이나 동물의 경작 또는 생산'이라는 의미가 들어 있다.[9] 최초의 농부이신 하나님은 피조물을 세심하게 혹은 건전한 판단에 따라 돌보신다.

월터 찬머스 스미스(Walter Chalmers Smith)는 위대한 찬양 "영원하시고 보이지 아니하시는 홀로 지혜로우신 하나님"(Immortal, Invisible, God Only Wise)에서, 농부이신 하나님을 이렇게 표현한다. "쉬지 아니하시며 서두르지 아니하시고 빛처럼 침묵하시며, 궁핍함도 낭비함도 없으신 주님이 능력으로 통치하시나이다." 하나님은 피조물을 돌보신다. 능력으로 통치하시며 궁핍함도, 낭비함도 없으시다. 그리고 그분의 자녀가 동일하게 행하기를 원하신다(롬 8:20-21). 이 땅을 궁핍하게 하고 낭비하는 자에게 심판이 임한다(계 11:18).

절약해야 하는 첫 번째 이유는 검약의 덕을 통해 하나님이 피조물을 돌보시는 농부이심을 반영하기 때문이다. 창세기 2장 15절에서 하나님은 아담과 하와를 에덴동산에 두시고 동산을 "경작하며(개발) 지키게(보존)" 하셨다. 좋은 '농부'로서 우리도 검약을 실천해야 한다.

안식일을 위해

절약해야 하는 두 번째 이유는 우리가 엿새 동안 일하지만 하루는 안식해야 되기 때문이다. 창세기 2장 2절은 하나님이 일하고 안식하는 패턴을 본보이셨다고 밝힌다. 엿새 동안 창조의 일을 하신 하나님은 마지막 날 쉬셨다. 거룩한 일, 거룩한 안식을 명하는 십계명의 네 번째 계명이 기록된 출애굽기 20장 8-11절 말씀에서 하나님은 인간도 동일한 패턴을 따라 살라고 명하셨다. 우리는 엿새 동안 일한 뒤에는 쉬어야 한다. 우리는 절약을 하며 살아야 한다. 그 이유는 우리가 엿새 동안 일하고 쉬어야 한다면, 안식일의 안식을 위해 일하는 기간에 저축을 해두어야 하기 때문이다. 중산층이 주류를 이루는 사회에서는 절약의 두 번째 이유가 크게 와 닿지 않겠지만, 아직도 빈곤에 허덕이는 이들에게는 큰 의미로 다가온다.

타락한 세상

절약해야 하는 세 번째 이유는 우리가 타락한 세상에서 살고 있기 때문이다. 창세기 3장은 인간의 반역에 결과가 뒤따랐다고 기록한다. 땅이 저주를 받았고, 동산에는 잡초가 자라기 시작했다. 신학자들이 '자연악'이라 부르는 것이 자연의 일부가 됐다. 가뭄과 홍수, 지진과 기근이 닥쳤다. 흉년에 대비하기 위해서는(흉년도 반드시 찾아온다) 풍년에 저축해 두어야 한다. 풍년에 절약하고 저축해 두지 않으면 흉년에 주리게 된다.

창세기 41장의 요셉 이야기는 이 주제를 가장 잘 보여 준다. 애굽의 바로는 꿈에서 일곱 마리의 살진 암소와 일곱 마리의 앙상한 암소를 봤다. 이는 각각 7년 동안의 풍작, 7년 동안의 흉작을 상징했다. 요셉은 역사상 최초의 재난 대비 계획을 수립했다. 풍년에 식량을 절약해서 모아두고, 흉년에 식량을 나눠 주자는 계획이었다. 신중한 사람이라면 언젠가 흉년이 닥칠 것을 알고 풍년에 저축해 둔다. 이 원칙은 자연재해와 경기 침체, 개인적 위기를 수시로 맞닥뜨리는 현대 사회에서, 경제적 선진국과 개발도상국 모두 적용해야 것이다.

미래를 위한 대비

네 번째 이유는 세 번째와 비슷하다. 미래를 대비하기 위해서다. 미래를 믿지 않는 유물론적 사회나 애니미즘적 사회와는 달리 성경적 경제, 현실에는 미래가 있다. 사실, 역사가 분명한 목적지를 향해 움직이고 있다는 믿음은 성경적 세계관의 하나다. 과거가 있고 현재가 있으며, 그리스도가 그분의 나라와 함께 다시 오실 미래가 있다. 그때까지 우리는 하나님 나라의 연장 선상에서 살아간다. 우리는 과거의 가치를 인정하고 현재를 누리고 오실 하나님 나라를 세워 가며, 그 나라에 기여해야 한다. 내 삶에도 미래가 있다. 내 아이들과 그 아이들의 아이들에게도 미래가 있다. 사회에도 미래가 있다. 우리는 타인의 유익을 위해 만족을 **미룰 줄** 알아야 한다. 자녀 교육, 사업 자금, 주택 구매, 예술가 후원, 도서관, 대학, 병원, 진료소 건축을 위해 지금 절약하고 저축해야 한다.

잠언 6장 6-8절은 개미에게서 이 원칙을 찾아낸다.

> 게으른 자여 개미에게 가서
> 그가 하는 것을 보고 지혜를 얻으라
> 개미는 두령도 없고
> 감독자도 없고 통치자도 없으되
> 먹을 것을 여름 동안에 예비하며
> 추수 때에 양식을 모으느니라.

개미조차 이 측면에서는 지혜롭고 슬기롭다. 겨울에 먹을 식량을 여름에 예비해 둔다. 개미가 이렇듯 신중하다면, 인간은 더더욱 신중해야 한다.

소박한 삶의 미덕

절약해야 하는 다섯 번째 이유는 절제와 소박함의 미덕 때문이다. 이 부분은 다른 원칙보다 더 상세히 살펴보겠다. 성경적 세계관에서 팽팽한 긴장 관계를 유지하는 두 가지 진리를 명확하게 하기 위해서다. 성경은 인간이 노력의 열매를 누릴 권리가 있으며, 그 **동시에** 크리스천으로서 우리가 절제의 생활방식을 택해야 한다고 말한다. 우리가 부의 소비자로 그치지 않고 부의 창조자이자 절약가, 증여자가 되라는 부르심을 받았다고 단언한다.

소박한 삶으로의 부르심을 이해하기 위해 먼저 인류가 노력의 열매를 얻는 것이 하나님의 뜻임을 상기하자. "일꾼이 그 삯을 받는 것이 마땅하니라"(눅 10:7). 흠정역 그대로 옮기자면 "노동자는 임금을 받을 자격이 있다"라고 할 수 있는데, 이는 하나님이 태초부터 확립하신 원칙이다.

> 여호와 하나님이 그 사람을 이끌어 에덴동산에 두어 그것을 경작하며 지키게 하시고 여호와 하나님이 그 사람에게 명하여 이르시되 동산 각종 나무의 열매는 네가 임의로 먹되 선악을 알게 하는 나무의 열매는 먹지 말라 네가 먹는 날에는 반드시 죽으리라 하시니라 창 2:15-17

이 구절에서 우리는 인간이 먹으면 **안 되는** 것이 무엇인지부터 찾는다. 그러나 이 구절은 한 나무만 제외하고 다른 모든 나무의 열매는 먹어도 **된다**고 이야기한다. 인간은 동산을 경작하고 돌보는 가운데 노동의 열매를 공급받는다. 창세기 1장 29-30절도 같은 원칙을 전한다.

> 하나님이 이르시되 내가 온 지면의 씨 맺는 모든 채소와 씨 가진 열매 맺는 모든 나무를 너희에게 주노니 너희의 먹을거리가 되리라 또 땅의 모든 짐승과 하늘의 모든 새와 생명이 있어 땅에 기는 모든 것에게는 내가 모든 푸른 풀을 먹을거리로 주노라 하시니 그대로 되니라.

여기서도 하나님은 인류가 에덴동산에서 하는 일을 통해 살아가도록 정하셨다. 씨 맺는 모든 채소를 만드셨다. 씨 하나를 심으면 백 배, 천 배를 수확한다. 하나님은 세상이 풍성한 소출을 내어, 날로 불어날 인류에게 부족함 없이 공급되게 하셨다.

하나님은 모세를 통해 그분의 백성을 애굽 종살이에서 건져 내신 후에 계명을 주시는데, 이를 통해 일꾼이 삯을 받아 마땅하다는 진리를 확립하셨다. 인간이 노력의 열매를 누릴 권리가 있다는 원칙은 제8계명과 제10계명의 기초다.

> 도둑질하지 말라…네 이웃의 집을 탐내지 말라 네 이웃의 아내나 그의 남종이나 그의 여종이나 그의 소나 그의 나귀나 무릇 네 이웃의 소유를 탐내지 말라 출 20:15, 17

이 두 계명은 '사유 재산'권을 확립한다. 절대적인 의미에서는 모든 것이 하나님께 속했지만, 인간은 노력의 결실을 소유하고 누릴 권리가 있다. 사유 재산은 궁극적으로 하나님께 속한 것을 맡아 보관하는 개념이다.

마찬가지로 신약도 일꾼이 임금을 받아 마땅하다고 가르친다. 야고보서 5장 4절은 "보라 너희 밭에서 추수한 품꾼에게 주지 아니한 삯이 소리지르며 그 추수한 자의 우는 소리가 만군의 주의 귀에 들렸느니라"고 기록한다. 사람은 노동의 대가로 임금을 받을 권리가 있다. 지불해야 할 임금을 지불하지 않는다면, 사기이자 절도다.

성경은 우리가 노동의 결실을 누릴 수 있으며, 하나님의 피조물 중 물질적인 피조물도 선하다는 점을 인식해야 한다고 단언한다. 하지만 동시에 절제의 삶을 촉구한다. 절제는 부의 우상화(유물론)와 숙명적 빈곤(애니미즘) 사이에서 균형을 잡아 준다. 이 점은 잠언 30장 7-9절에서 명확히 드러난다.

> 내가 두 가지 일을 주께 구하였사오니
> 내가 죽기 전에 내게 거절하지 마시옵소서
> 곧 헛된 것과 거짓말을 내게서 멀리하옵시며
> 나를 가난하게도 마옵시고 부하게도 마옵시고
> 오직 필요한 양식으로 나를 먹이시옵소서
> 혹 내가 배불러서 하나님을 모른다
> 여호와가 누구냐 할까 하오며
> 혹 내가 가난하여 도둑질하고
> 내 하나님의 이름을 욕되게 할까 두려워함이니이다.

"나를 가난하게도 마옵시고 부하게도 마옵소서." 바로 이 지점이 균형점이다. "부에 겨워 하나님이 필요하다는 사실을 인식하지 못하는 일이 없도록 부하게 마옵시고, 도둑질하여 주님의 이름을 더럽히는 일이 없도록 가난하게 마옵소서." 성경은 '적정함'의 목표를 제시한다. 적정함이란 삶의 모든 영역에서 부족함이 없는 상태다. 그런데 이런 상태에 도달하려면, 금욕적 실천에 입각하여 소박한 삶을 살아야 한다. 어떤 이들은 이를 '족함의 신학'(theology of enough)이라 부른다.

부가 곧 하나님의 은총을 입은 증거라고 여기는 사람들도 있다. 하지만 종교개혁자들과 청교도들은 그렇게 생각하지 않았다. 라이큰은 이렇게 기록한다.

> 초기 개신교도들은 부와 경건함이 반비례한다고 생각했다. 이 사실을 알게 되면, 개신교 윤리에 대한 회의론자들이 큰 충격을 받을 것이다. 초기 개신교도들은 대개 핍박 받는 소수자였다. 그래서 이들은 세상의 성공을 멀리하고, 핍박과 고난을 경건한 삶의 가장 당연한 결과로 여겼다.[10]

식민지 시대에 《온전한 신성》(*A Complete Body of Divinity*)을 집필한 새뮤얼 윌라드(Samuel Willard) 목사도 동일한 메시지를 전한다. "부가 하나님이 사랑하신다는 증거가 아니듯이 가난도 하나님의 진노나 미움의 증거가 아니다."[11] 가난은 하나님의 거절이나 신앙 부족을 보여 주는 지표가 아니다. 그렇다고 금욕주의자들의 주장처럼 경건함의 표징인 것도 아니다. 마찬가지로 부 또한 하나님 은총의 증거가 아니다. 유물론적 가치 체계의 영향을 받은 크리스천들은 부를 우상시한다(재물을 섬긴다). 반면 가난한 이들과 동일시하기 원하는 사람들은 가난을 낭만처럼 미화시킨다.

균형을 잡기 위해서는 물질세계를 우상화하거나 탐욕을 부리지 않으면서, 있는 그대로 인식해야 한다. 소박한 삶을 추구해야 한다. 예수님은 누가복음 12장 15절에서 "삼가 모든 탐심을 물리치라 사람의 생명이 그 소유의 넉넉한 데 있지 아니하니라"고 경고하셨다. 생명이 소유의 많고 적음에 따라 결정되지 않는다는 경고의 말씀이다. 우리는 부자가 되기를 구해서는 안 된다. 먼저 그의 나라와 그의 의를 구해야 한다(마 6:33).

자족

절약해야 하는 여섯 번째 이유는 모든 상황에서 자족함을 배우기 위해서다. 사도 바울은 빌립보서 4장 10-13절에서 이 원칙을 설명한다.

> 내가 주 안에서 크게 기뻐함은 너희가 나를 생각하던 것이 이제 다시 싹이 남이니 너희가 또한 이를 위하여 생각은 하였으나 기회가 없었느니라 내가 궁핍하므로 말하는 것이 아니라 어떠한 형편에든지 나는 자족하기를 배웠노니 나는 비천에 처할 줄도 알고 풍부에 처할 줄도 알아 모든 일 곧 배부름과 배고픔과 풍부와 궁핍에도 처할 줄 아는 일체의 비결을 배웠노라 내게 능력 주시는 자 안에서 내가 모든 것을 할 수 있느니라.

바울에게는 비밀이 있었다. 그는 언제, 어떤 상황에서든 만족할 수 있었다. 황제의 궁에서나 가난한 집에서나 '편안히' 지냈다. 부할 때나 가난할 때나 만족할 수 있었다. 우리는 부유할 때는 만족하면서도 가난해지면 자포자기하기 쉽다. 어떤 상황에서든 만족하기는 어렵다.

젊은 제자 디모데에게 보내는 편지에서도 바울은 같은 원칙을 역설한다.

> 그러나 자족하는 마음이 있으면 경건은 큰 이익이 되느니라 우리가 세상에 아무것도 가지고 온 것이 없으매 또한 아무것도 가지고 가지 못하리니 우리가 먹을 것과 입을 것이 있은즉 족한 줄로 알 것이니라 부하려 하는 자들은 시험과 올무와 여러 가지 어리석고 해로운 욕심에 떨어지나니 곧 사람으로 파멸과 멸망

에 빠지게 하는 것이라 돈을 사랑함이 일만 악의 뿌리가 되나니 이것을 탐내는 자들은 미혹을 받아 믿음에서 떠나 많은 근심으로써 자기를 찔렀도다 딤전 6:6-10

돈 자체는 악하지 않다는 사실을 기억하라. 돈을 사랑함이 악한 것이다. 우리는 우리의 돈을 하나님께 맡기는가, 아니면 돈에 포로로 잡혀 있는가? 우리가 돈을 소유하는가, 아니면 돈이 우리를 소유하는가? 예수님이 말씀하셨듯이 우리는 두 주인을 섬길 수 없다. 하나님과 돈을 동시에 사랑할 수 없다. 부에 따른 만족이 아닌 경건함에 따른 자족이 아름답다.

히브리서 13장 5절은 "돈을 사랑하지 말고 있는 바를 족한 줄로 알라 그가 친히 말씀하시기를 내가 결코 너희를 버리지 아니하고 너희를 떠나지 아니하리라 하셨느니라"고 명한다. 댈러스 신학대학원 크리스천 리더십 센터 소장인 하워드 헨드릭스(Howard Hendricks) 박사는 "'족함'의 공급자이신 하나님을 갈망하는 대신 '족함'을 느끼기 위해 돈을 갈망하는"[12] 인간의 오류를 언급했다. 수입이 아니라 소비가 문제다. 자족의 태도와 삶의 방식이 문제다.

근면과 검약의 미덕을 실천할 때 어떤 일이 일어날까? 부 혹은 '자본'이 창출된다! 하지만 부 창출의 목적은 소비가 아니다. 소박한 삶과 자족, 즉 절제의 원칙은 재물의 사용 방법을 분명히 정의한다. 이 모든 재물로 무엇을 해야 할까? 하나님 나라 확장을 위해 베풀어야 한다.

최대한 나누라 : 나눠야 하는 세 가지 이유

존 웨슬리는 셋째로 나누라고 촉구한다. "최대한 나누라. 다시 말해 당신의 모든 소유를 하나님께 드리라. 이런저런 제약을 두며 자신을 위해 아끼지 마라. 십의 일조도 아니고, 십의 삼조도 아니고, 십의 오조도 아니라 하나님의 것을 모두 '하나님께 바치라.' 그리고 자신과 가정, 믿음의 가정과 온 인류를 위해 온전히 활용하라. 그래서 청지기 자리를 마칠 때 청지기 직분을 온전히 감당했다고 아뢸 수 있도록 하라."[13]

고되게 일하고 절약해서 얻은 재물뿐 아니라 우리의 모든 소유가 하나님께 속했다. 우리는 모든 소유를 그리스도와 그분의 나라를 섬기는 일에 사용해야 한다. 웨슬리는 이렇게 썼다.

> 하늘과 땅의 주인은 소유주가 아닌 청지기로 당신을 지으시고 이 땅에 두셨다. 그리고 잠시 당신에게 다양한 것을 맡기셨지만, 소유권은 오직 하나님께만 속했다. 그분에게서 결코 분리되지 않는다. 당신이 당신의 소유가 아니라 그분의 것이듯, 당신이 누리는 모든 것도 그분의 것이다. 당신의 몸과 영혼도 당신의 소유가 아니라 하나님의 것이다.…또 하나님은 당신에게 이 모두를 어떻게 그분을 위해 사용할지 분명하고 확실하게 말씀하셨다. 그리스도 예수를 통하여 하나님이 받으실 만한 거룩한 제물이 되게 해야 한다고 말씀하셨다.[14]

웨슬리가 깨달은 대로 하나님은 **만물**의 주인이시다. 우리는 공동체와 선행, 베풂, 나눔, 긍휼의 덕을 함양하고 인색함과 시기, 탐심, 이기심의 악을 제해야 한다. 본질을 파고들어 가 보면, 나눔의 최대 장애물이 이기심(selfishness)임을 발견한다. "이기심은 타락한 인간의 본질이다. 이기심은 하나님의 본질인 선행과 정면으로 배치된다. 하나님은 사랑이시지만 자연 상태의 인간은 이기적이다."[15] 그리스도인에게는 나를 위해 남을 희생시키기보다 남을 위해 나를 희생하는 태도가 필요하다. 신구약을 아우르는 성경적 초점은 언제나 공동체, 밖을 지향한다. 성경은 나눔의 세 가지 이유로 감사, 유익, 순종을 제시한다.

감사

나눠야 하는 첫 번째 이유는 하나님의 사랑과 은혜에 감사하기 때문이다 (요 3:16; 요일 4:9-10, 16). 하나님은 자격 없는 우리에게 영원하고 풍성한 삶을 주셨다. 우리가 받아 마땅한 죽음 대신에 오히려 자비를 베푸신 하나님이시다.

놀라운 자비와 은혜에 우리는 어떻게 화답해야 할까? 감사로 나아가야 한다. 사도 바울은 하나님의 자비에 어떻게 반응해야 마땅한지 알려 준다.

> 그러므로 형제들아 내가 하나님의 모든 자비하심으로 너희를 권하노니 너희 몸을 하나님이 기뻐하시는 거룩한 산 제물로 드리라 이는 너희가 드릴 영적 예배니라 롬 12:1

합당한 반응이다. 바울은 고린도 교인에게 보내는 편지에서 마게도냐 교회를 칭찬한다.

> 형제들아 하나님께서 마게도냐 교회들에게 주신 은혜를 우리가 너희에게 알리노니 환난의 많은 시련 가운데서 그들의 넘치는 기쁨과 극심한 가난이 그들의 풍성한 연보를 넘치도록 하게 하였느니라 고후 8:1-2

바울은 이어서 이렇게 말한다.

> 이것이 곧 적게 심는 자는 적게 거두고 많이 심는 자는 많이 거둔다 하는 말이

로다 각각 그 마음에 정한 대로 할 것이요 인색함으로나 억지로 하지 말지니 하나님은 즐겨 내는 자를 사랑하시느니라 고후 9:6-7

감사하는 마음 가운데 아낌없이, 기쁘게 나눠야 한다.

유익

나눔의 두 번째 이유는 실제적 유익 때문이다. 우리는 나누고 베풀도록 지음 받았다. 하나님은 섬기는 하나님이시다(시 23편; 막 10:45; 요 13:2-17). 하나님 사랑의 본질은 자기희생이다(요 3:16; 빌 2:6-8). 그런데 다시 한 번 말하지만 우리는 하나님의 형상을 따라 지음 받았다. 그러니 우리도 섬기는 자로 지음 받았다. 그렇기 때문에 다른 이들과 나눌 때 참 자아를 실현하고, 진정한 인간다움을 누리게 된다.

하나님이 공동체이시기 때문에 우리도 공동체를 이루도록 지음 받았다. 다른 이들과 교감하고 관계를 맺도록 지음 받았다. 따라서 자기 이익만을 구하지 않고 다른 이들의 이익도 구해야 마땅하다(빌 2:4).

이사야서 58장은 이스라엘 온 나라가 '낙심'한 모습을 보여준다. 이스라엘은 하나님의 은총에서 벗어나 있었다. 그리하여 하나님은 6-10절에서 '어둠'을 걷어 낼 처방을 내려 주신다.

> 내가 기뻐하는 금식은
> 흉악의 결박을 풀어 주며
> 멍에의 줄을 끌러 주며
> 압제당하는 자를 자유하게 하며
> 모든 멍에를 꺾는 것이 아니겠느냐
> 또 주린 자에게 네 양식을 나누어 주며

유리하는 빈민을 집에 들이며

헐벗은 자를 보면 입히며

또 네 골육을 피하여 스스로 숨지 아니하는 것이 아니겠느냐

그리하면 네 빛이 새벽같이 비칠 것이며

네 치유가 급속할 것이며

네 공의가 네 앞에 행하고

여호와의 영광이 네 뒤에 호위하리니

네가 부를 때에는 나 여호와가 응답하겠고

네가 부르짖을 때에는 내가 여기 있다 하리라

만일 네가 너희 중에서 멍에와

손가락질과 허망한 말을 제하여 버리고

주린 자에게 네 심정이 동하며

괴로워하는 자의 심정을 만족하게 하면

네 빛이 흑암 중에서 떠올라

네 어둠이 낮과 같이 될 것이며.

이스라엘 백성이 주린 자에게 음식을 나눠 주고 헐벗은 자에게 옷을 입혀 줄 때 어둠 가운데 빛이 비친다고 한다. 하나님은 왜 그렇게 말씀하셨을까? 이들 역시 나누고 베풀도록 창조되었기 때문이다. 다른 이들에게 베풀면 자기 안에, 다른 이들 안에 있는 하나님의 형상을 확인하며 삶의 핵심 목적 하나를 달성하게 된다.

하나님의 설계도를 바탕으로 행동하면, 설계도를 부정할 때보다 삶이 제 기능을 더 잘 감당한다. 베풀고 나눌 때 우리가 복을 받고, 공동체가 복

을 누린다. 바울은 에베소 교인들에게 고별인사를 하며 이 점을 다시금 상기시켰다. "범사에 여러분에게 모본을 보여준 바와 같이 수고하여 약한 사람들을 돕고 또 주 예수께서 친히 말씀하신 바 주는 것이 받는 것보다 복이 있다 하심을 기억하여야 할지니라"(행 20:35).

순종

나눠야 하는 세 번째 이유는 하나님의 명령에 순종하기 위해서다. 사실, 감사에서 우러나와 행동하게 되는 경우는 드물다. 우리는 때로 우리에게 가장 유익이 되는 행동조차 하지 않는다. 그래서 하나님이 안전장치를 설치해 두셨다. 하나님은 "내가 명했으니!" 베풀어야 한다고 말씀하신다.

크리스천들은 종종 마태복음 26장 11절에 기록된, 제자들을 향한 예수님의 말씀을 인용한다. "가난한 자들은 항상 너희와 함께 있거니와." 그런데 허다한 크리스천이 이 말씀을 가난하고 헐벗은 자를 돌보지 않는 핑계로 삼는다. 예수님이 이 말씀을 하시며 언급하신 구절을 깊이 연구할 만큼 열심을 내는 사람은 극히 드물다. 예수님은 하나님이 이스라엘 백성에게 그들 가운데 있는 가난한 자들에게 후히 베풀라고 말씀하시는 것인 신명기 15장 7-11절 말씀을 인용하셨다. 이 구절은 이런 말씀으로 마무리된다. "땅에는 언제든지 가난한 자가 그치지 아니하겠으므로 내가 네게 명령하여 이르노니 너는 반드시 네 땅 안에 네 형제 중 곤란한 자와 궁핍한 자에게 네 손을 펼지니라." 하나님은 가난하고 궁핍한 자를 보살필 것을 그분의 백성에게 명하신다. 이는 선택의 문제가 아니다. 이기심을 채우는 데 급급하여 예수님의 말씀을 곡해하는 크리스천들은 하나님의 마음과 명령을 듣지 못한다.

구호 활동과 개발 사역을 하는 기독교 단체인 '국제기아대책기구'(Food

for the Hungry International)의 설립자인 래리 워드(Larry Ward) 박사는 지구 상 그 누구보다 가난한 사람들을 많이 만난 인물로 알려져 있다. 하루는 인터뷰를 하던 기자가 래리 박사에게 "가난하고 주린 이들을 돕는 데 그토록 열심인 까닭이 무엇입니까?" 하고 물었다. 기자는 가난한 사람들을 많이 만났기 때문인지 물었다. 그러자 래리 박사는 성경을 손에 들며, "이 책 때문입니다"라고 말했다. 첫 페이지부터 마지막 페이지까지 성경은 가난한 자들을 사랑하시는 하나님, 헐벗고 굶주린 자들을 돌보라고 명하시는 긍휼의 하나님을 이야기한다.

그러므로 우리는 우리를 향한 하나님의 은혜에 감사해서 나누고, 우리가 지음 받은 대로 행한다는 실리적 이유로 베풀고, 순종의 행위로 거저 주어야 한다.

웨슬리의 말을 빌려 정리해 보자.

주 예수님의 이름으로 존엄한 소명에 걸맞게 행동하기를 간청하노라! 게으름 부리지 마라! 할 일을 찾으면 온 힘을 다하라! 낭비하지 마라! 유행, 변덕, 육신과 혈기에 따라 쓰는 모든 비용을 없애라! 욕심부리지 마라! 하나님이 맡기신 모든 것을 활용해, 믿음의 권속과 모든 인간에게 모든 선을 각양각색으로 행하라! 이는 '의로운 자의 지혜'에서 중요한 부분이다. 우리를 위해 독생자도 아끼지 않으신 그분께 모든 소유와 전 존재를 영적 제물로 드리라![16]

웨슬리와 종교개혁자들이 깨달은 대로 우리는 하나님 나라의 경제적 시민으로 살도록 부르심 받았다. 영적 존재이자 경제적 존재로 지음 받았다. 우리도 믿음의 선배들처럼 성경적 직업윤리를 적극 받아들이자. 풍성한 긍휼의 삶을 추구하자.

제 16 장

나눔의 경제학
풍성한 긍휼

나눔의 경제학은 자주 오해를 사지만, 이를 이해해야 라이프워크 가운데 행할 수 있다. 존 웨슬리의 3대 원칙에서 발견한 청지기 정신의 성경적 개념을 마무리하기 전에 후한 나눔이라는 주제를 확장해 보겠다.

나눔 : 하나님의 큰 목표를 투영하는 것

하나님이 만물을 자신과 화목하게 하고(골 1:20) 열방을 제자 삼아 변화시키는(마 28:18-20) 큰 목표를 세워 두셨다는 점을 생각할 때, 우리 또한 하나님 나라의 대사로 부르심 받았다는 사실이 또렷해진다. 베풀고 나누며 하나님의 큰 목표를 투영하는 것은 우리의 특권이자 책임이다.

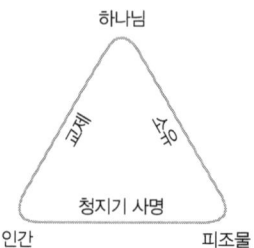

관계의 삼각형

나눔의 핵심은 세 가지 관계로 정리된다. 우리는 예배로 하나님께 드리며, 청지기로서 피조물에게 베풀며, 자선으로 다른 이들에게 나눈다.

예배로 하나님께 드리기

바울은 마게도니아 교인들이 가난한 상황에서도 예루살렘 교회에 후하게 베풀었다고 기록한다.

> 우리가 바라던 것뿐 아니라 그들이 먼저 자신을 주께 드리고 또 하나님의 뜻을 따라 우리에게 주었도다 고후 8:5

청교도 설교자 리처드 백스터(Richard Baxter)는 다음과 같이 썼다.

> 하나님을 섬기는 데 가장 유용한…직업이나 직장을 택하라. 가장 많은 돈을 벌 수 있거나 세상의 기준으로 가장 명예롭게 여겨지는 직업이 아니라, 선을 가장 많이 행하고 죄를 가장 잘 피할 수 있는 직업을 택하라.[1]

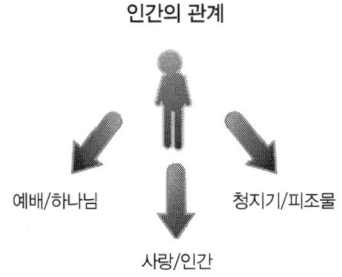

인간의 관계

예배/하나님   사랑/인간   청지기/피조물

실로 놀라운 그림이 아닌가! 우리가 하나님께 가장 유용하게 쓰임 받을 수 있는 일, 공동체에 유익을 끼칠 기회가 가장 많은 직장을 택해야 한다. 과소비를 부추기는 일이 아니라 하나님 나라에 더 베풀 수 있는 일을 택해야 한다. 돈을 위해 일하는가? 아니면 하나님 나라를 위해 일하는가? 하나님 나라에 최대의 유익을 끼치기 위해, 당신의 일을 하나님 나라의 사역으로 만들고 있는가?

청지기 정신으로 피조물에게 베풀기

그리스도의 십자가는 창조 사명을 회복시켰다. 일과 나눔의 목적은 청지기로서 피조물을 돌보는 것으로 첫째는 해를 입히지 않는 것이고, 둘째는 자연악을 물리치는 것이다. 피조물은 "하나님의 아들들이 나타나는 것…하나님의 자녀들의 영광의 자유에 이르는 것"(롬 8:19-21)을 고대한다. 즉, 우리의 시간과 재능, 자원과 삶의 방식은 피조물의 청지기라는 우리 위치를 반영해야 한다.

자선으로 공동체에 나누기

우리는 창조를 통해 공동체와 연결되었다. 따라서 우리에게는 하나님 나라의 문화, 진리와 정의, 아름다움을 공동체에 가져올 책임이 있다. 그리스도는 다른 이들의 이익을 자신의 이익보다 우선하셨다. 우리도 그분의 본을 따라야 한다(빌 2:4-8). 그리스도가 다시 오실 때, 그분은 우리의 수고를 통해 우리가 사회를 얼마나 잘 돌봤는지 심판하신다(마 25:31-46).

청교도 윌리엄 퍼킨스(William Perkins)는 이런 글을 남겼다.

> 우리 삶의 주된 목적은…소명의 일을 통해 다른 사람을 섬김으로써 하나님을 섬기는 것이다.…어떤 이들은 "내 가족을 부양하기 위해 소명을 따라 일해야 하지 않습니까?"라고 말할지 모른다. 나는 이렇게 대답하겠다. "물론 그래야 합니다. 하지만 그것이 우리 삶의 전부이자 목적 자체인 것은 아닙니다. 우리

삶의 주된 목적은 사람을 섬김으로써 하나님을 섬기는 것입니다."²

하비스트 재단 설립자 밥 모핏 박사는 '더 이상 줄일 수 없는 최소치'(Irreducible Minimum)라는 단어로 이 개념을 표현했다. 우리에게 주신 하나님의 계명에서 정수(精髓)만 뽑으면, 인간을 사랑하고 섬김으로 하나님을 향한 사랑과 섬김을 입증하라는 문장으로 축약된다.

사도 요한도 이 점을 포착했다.

누가 이 세상의 재물을 가지고 형제의 궁핍함을 보고도 도와줄 마음을 닫으면 하나님의 사랑이 어찌 그 속에 거하겠느냐 자녀들아 우리가 말과 혀로만 사랑하지 말고 행함과 진실함으로 하자 요일 3:17-18

설교의 왕이라는 별칭까지 붙은 찰스 스펄전은 이렇게 말했다.

하나님이 필요 이상의 물질을 주신다면, 이는 그 사람이 다른 사람들의 궁핍과 재난을 덜어 주는 즐거운 직임 또는 유쾌한 특권을 부여받았다는 뜻이다.³

예배로 하나님께 드리고 청지기로서 피조물에게 베풀고 자선으로 공동체와 나눌 때, 하나님의 큰 목표와 함께 호흡하게 된다.

지금까지 예배로써, 그리고 청지기 직분으로서의 라이프워크를 살펴보았다. 이제 공동체에 후하게 베푸는 너그러움에 초점을 맞춰 보자.

나눔은 실체에 입각해야 한다

우주에는 매우 분명한 도덕적, 형이상학적 경계가 있다. 우주는 도덕적이며 그래서 우리는 '형제를 지키는 자'이자 피조물의 청지기라는 이중 책임을 지고 있다. 이는 도덕관념이 부재한 세속주의와 애니미즘의 관점과 극명하게 대조된다.[4]

우주는 또한 개방적 시스템(open system)이다. 우주는 천사들과 사탄, 인간뿐 아니라 창조주이신 하나님도 개입하실 수 있도록 열려 있다. 인간에게는 문제를 해결하고 새로운 것을 발견하는 머리, 그리고 상상하고 창조하는 마음이 있다. 또한 인간은 자유로운 도덕적 존재다.[5] 그래서 자원은 무엇보다 인간의 능력에서 비롯되며, 인간의 상상력과 도덕적 청지기 정신의 산물이다.[6]

자원이 다른 무엇보다 인간의 능력에서 비롯된다는 성경적 개념은 하나님도, 천사도, 사탄도 없다는 세속주의나 자연주의와 상치된다. 세속주의는 인간이 생물학적 존재, 그러니까 동물이자 '거대한 기계'의 부품에 불과하다고 주장한다. 인간은 자원의 소비자다. 초월적 실체란 없다. 자연은 눈에 보이는 것이 전부다. 따라서 우주는 '폐쇄적 시스템'(closed system)이다. 이 패러다임 아래에서 자원은 한정적이다. 유한하며, 오직 '땅에서'만 난다. 경제적 '파이' 크기가 고정되어 있는 제로섬(zero-sum)이다.[7] 파이 크기는 정해져 있는데 그 파이를 나눠 먹을 사람은 늘어나기 때문에 파이 조각은 작아질 수밖에 없다.

이 시대의 나눔은 대개 이런 유물론적 가정에 뿌리를 둔다. 이 패러다임에 따라 가난한 이들을 도우려면 어떻게 해야 할까? 파이 조각을 더 잘게 쪼개는 방법뿐이다. 한 개인이나 한 나라의 파이 조각이 크면, 다른 사람이나 다른 나라의 파이 조각은 불가피하게 작아진다. 가난한 이들을 도우려면 부자의 파이를 가져와 가난한 이들에게 재분배해야 한다. 1981년에 기아대책기구에서 일을 시작하면서 기아와 빈곤 해결을 위해 내가 신봉한 모델이 이런 것이었다.

하지만 성경 연구와 현장에서의 경험을 통해 나는 성경적 관점에서 경제학을 보기 시작했고, 이 관점을 통해 우주가 **개방적**이라는 사실을 깨달았다. 하나님이 우주를 창조하셨기 때문에 우주는 그분의 개입에 '열려' 있다. 천사와 사탄, 인간의 침범에도 열려 있다. 물리적 피조물은 물리적 법칙의 지배를 받는다. 하지만 하나님과 천사, 사탄, 인간의 결정과 행동이 이 세상에 영향을 미친다. 그렇기에 경제학은 제로섬이 아니라 파이 자체가 커지는 포지티브섬(positive-sum) 시스템이다(한 알의 씨가 끝없이 소출을 내는 씨앗의 법칙을 생각해 보라). 부는 한정되지 않았다. 부는 창출된다. 개방적 시스템에서는 자원이 창출되고 발견되며, 그 결과 부가 기하급수적으로 늘어나기도 한다.

청지기 직분을 성공적으로 감당할 수 있으려면 우주를 자연주의적인 관점에서 바라보기보다는, 보조 창조자가 되라는 문화적 사명을 끌어안아야 한다. 하나님의 일차적 창조로 태어난 피조물 안에 내재된 잠재력을 끌어내야 한다. 그래서 하나님의 가정을 관리하는 일이 한정된 파이 분배와 다르다는 성경적, 실질적 증거를 수용해야 한다.

또한 소비 시대의 조류에 휩쓸려 우주의 개방적 본질을 하나님이 우리에게 맡기신 자원을 무분별하게, 이기적으로 사용해도 된다는 뜻으로 해석해서는 안 된다. 사실 사람들이 파이 분배에 무한한 관심을 보이는 데는 이유가 있다. 우리는 마땅히 다른 이들을 배려해야 한다. 마땅히 모든 사람이 하나님의 풍성한 피조물을 누리기를 바라야 한다. 정의와 타인의 안녕을 생각하는 마음이 잘못된 '파이' 패러다임 속에 담긴 일말의 진리라고 할 수 있다.

이해를 돕기 위해 도표로 설명해 보겠다.

경제 철학

	개방적 시스템	폐쇄적 시스템
도덕적 우주	오이코노미아 (피조물의 청지기)	이상주의적 사회주의 (물질적, 기계적 우주)
도덕관념이 없는 우주	약육강식의 자본주의 (쾌락주의적 소비주의)	전형적 공산주의 (제도화된 통제)

도표 상단에는 성경적 유신론을 따르는 개방적 시스템과 무신론적 유물론을 따르는 폐쇄적 시스템이 있다. 그리고 그 측면에는 성경적 유신론이 주장하는 도덕적 우주와 무신론적 유물론이 주장하는 비도덕적인 우주가 있다.

도표의 네 가지 내용 중에서 자신이 표방하는 근본적 전제와 모순되는 두 가지는 무엇인가? 우측 상단의 이상주의적 사회주의와 좌측 하단의 약육강식의 자본주의다.

이상주의적 사회주의는 폐쇄적 자원주의 시스템을 도덕성(초월적이고 도덕적이신 하나님이 있는 경우에만 존재할 수 있는)과 결합시킨다. 이는 상호 모순되는 입장이다. 도덕성 때문에 피조물과 이웃을 돌아봐야 한다는 합당한 책임감이 생기는 것인데, 하지만 그 동시에 우주는 폐쇄적 시스템이기에 자원은 유한하고 인간은 먹여 살려야 할 입에 불과하다는 유물론적 가정에 기댄다. 이 관점에서 보면, 자원 재분배만이 빈곤 문제를 해결할 수 있다. 자유주의적 해방신학이나 사회복음 사상을 바탕으로 활동하는 크리스천들이 종종 이 같은 사회주의적 해법을 내놓는다. 그러나 하나님 나라의 경제적 시민이 되려면 먼저 우리가 가난한 이들을 대할 때 단순히 '먹여 살려야 할 입'에 불과한 사회 계급이 아니라, 자원을 발견하고 창출하는 상상력을 가진 하나님의 형상을 담은 사람으로 대하고 있는지 먼저 자문해야 한다.

두 번째 모순이 되는 관점은 다수의 현대 서구인들이 지닌 관점이기도 하다. 도덕관념이 배제된 무신론적 우주와 개방적, 초월적 시스템을 결합시킨다. 일차적 가정 자체에 도덕관념이 배제되기 때문에 이웃을 배려할 책임도 없고, 과소비를 위해 자연을 갈기갈기 찢는다 해도 상관없다. 그러면서도 모순적으로 부의 창출이 가능하다는 성경적 패러다임의 기억을 차용한다. 결국 이런 관점을 가진 사람은 "먹고 마시고 즐기자. 내일이면 죽으리니!"라는 쾌락주의의 주문에 함몰된다. 현대의 소비자 중심 경제 제도가 가장 비견한 예다. 과거에는 이를 이재학(理財學)이라 불렀고, 나는 이를 약육강식의 자본주의라 부른다.

유물론이 도덕률(道德律)의 부재와 만나면, 부의 축적과 사용에 제약이 없어진다. 탐욕과 부패가 판을 치고, 향락이 돈을 쓰는 주된 이유가 된다. 하지만 하나님 나라의 경제적 시민이 되고 싶다면, '어떻게 부를 얻는가? 어떻게 그 부를 사용하는가?'라는 질문에 정직하고 진지하게 답해야 한다.

314쪽의 도표로 돌아가 보자. 근본 전제와 일치하는 두 가지는 우측 하단의 전형적 공산주의(혹은 파시즘)와 좌측 상단의 청지기 경제다. 먼저 전형적 공산주의(혹은 파시즘)는 무신론적 - 유물론적 패러다임을 한결같이 따르는 사회경제 제도다. 우주는 폐쇄적 시스템이고 도덕적인 제약은 존재하지 않는다. 이 제도는 사회적 진화론인 적자생존과 긴밀히 연결된다. 궁극적으로 이 제도는 힘에 의해 좌우된다. 이 제도를 적용해 실패한 대표적 사례가 독일의 제3제국과 구소련의 마르크스주의다.

두 번째 일관적 모델은 오이코노미아로 알려진 시스템이다. 성경적 유신론의 청지기 경제라고 불러도 무방하다. 이 시스템은 개방적이며, 우주는 도덕적이다. 이 시스템 안에서 우리는 우리 형제를 지키는 자이며, 하나님의 피조물을 관리하는 도덕적 청지기의 사명을 부여받는다.

앞서 나는 경제학은 하나님의 법이 정하는 경계 안에서 하나님의 가정(피조세계)을 지혜롭게 경영하고 자원을 관리하는 것이라고 밝혔다. 그 말은 부를 축적하고 사용하는 방식에 제약이 있다는 뜻이다. 피조물을 돌본다는 대전제 하에서, 부를 축적하고 공동체를 돌아본다는 대전제 하에서 부를 사용해야 한다. 유물론적 문화의 한복판에 서 있는 우리는 이 대전제를 기억해야 한다.

나 자신, 가족, 이웃, 환경에 해를 끼치지 않으면서 정직하게 돈과 자원을 얻고 있는가? 내가 얻은 것을 나만을 위해서 쓰는가, 아니면 다른 이들과 함께 누리며 그리스도와 그분의 나라를 위해 사용하는가? 이익을 나눌 때 가난한 이들 또한 우리와 같은 사람임을 감안하고 있는가? 모든 사람은 하나님의 형상을 따라 지음 받았다. 그렇기에 가난한 이들도 먹여 살려야 할 입이 아닌, 마음과 생각이 있는 사람이다. 공동체의 개발자로서, 거룩한 문화의 창조자로서 하나님께 받은 잠재력을 실현할 기회가 필요한 사람이다. 이들도 마음과 생각을 사용해 부를 창출하고, 그 부를 이웃과 나누고 피조물을 돌보는 도덕적 청지기 직분을 감당할 수 있어야 한다.

사역을 시작하거나 자선단체를 설립하거나 이웃을 돌보며 개인적인 자선 활동을 할 때 개방적 시스템과 도덕적 우주라는 실체를 바탕으로 의식적으로 역할을 감당하고자 하는가?

긍휼의 원칙

삶의 모든 선한 일에는 하나님의 성품이 스며 있다. 풍성한 나눔의 원칙을 이해하고 싶다면, 하나님의 성품만 깊이 들여다봐도 된다. 하나님의 본성이 사역의 원칙을 구성하는 바탕이 되어야 한다.

마빈 올라스키(Marvin Olasky) 박사의 《미국식 긍휼의 비극》(*The Tragedy of American Compassion*)은 사역적 원칙을 찾아가는 내 여정에 중요한 역할을 담당한 책 중의 하나다.[8] 올라스키는 미국이 성경적 세계관을 떠나 무신론적-유물론적 세계관으로 이동하면서, 긍휼의 개념이 어떻게 달라졌는지 추적한다. 이 책은 내 사고의 형성에 큰 영향을 미쳤다. "긍휼의 일곱 가지 증거"(Seven Marks of Compassion)라는 장에서는 성경적 패러다임을 바탕으로 활동한 과거 구제 사역자들의 원칙을 보여 준다.

대니얼 바지키안(Daniel A. Bazikian)은 올라스키 박사의 책을 읽은 뒤, 성경적 원칙에서 비롯된 일곱 가지 증거를 요약한 서평을 경제교육재단에 기고했다.

"긍휼의 일곱 가지 증거"는 (올라스키의) 연구 및 비평 정신 그 자체다. 백여 년 전의 구제, 자선 사역자들은 일곱 가지 기본적 이념을 동기로 삼았다.

- **연대**: 개인의 가족 및 종교 또는 공동체의 관계를 굳건히 하여 소속감을

강화한다.
- **결속**: 수혜자의 자립을 유도하고 독려하고자, 사역자와 수혜자가 긴밀한 개인적 관계를 구축한다.
- **분류**: 개개인을 필요의 수준에 따라 각기 다른 범주로 분류한다(지속적인 구제 필요, 일시적 구제, 구직 활동 지원, 일하려는 의지가 없는 사람은 구제 대상으로 부적합 분류).
- **분별**: 합당한 구제 대상과 사기성 수혜자를 구별한다.
- **고용**: 개인의 자립과 책임성을 고취하기 위해 모든 신체 건장한 가장의 장기 고용을 목표로 삼는다.
- **자유**: 개인의 가능성을 증진시키도록 정부의 제약 없이 자유롭게 일할 수 있는 능력 배양에 역점을 둔다.
- **하나님**: 인간에게는 육신의 필요뿐 아니라 영적인 필요도 있으므로, 그 사람과 하나님의 관계를 인식한다.

이런 원칙이 전통적인 자선단체에 큰 힘이 됐다. 반대로 오늘날의 자선 활동에는 이런 원칙이 부재하다. 그 결과 미국식 긍휼은 영적, 도덕적 빈곤을 초래했으며 처참한 사회적 결과를 가져왔다. 빈곤층의 상향 이동성이 감소했고, 민간 자선 활동이 축소되었으며, 결혼이 붕괴됐다. 올라스키는 이런 원칙들을 재천명해서, 빈곤층 지원 프로그램에 다시 편입시켜야 한다고 주장한다.[9]

하나님의 백성으로서 올라스키가 설명한 비극에 동참하지 말자. 우리는 긍휼의 사람이 되어야 한다. 사람과 문화, 자선 활동이 숭배의 대상이 되어 버린 현 상황에서 **성경적인** 긍휼의 원칙을 분명히 이해하고 적용해야 한다.

하나님의 마음에는 긍휼이 샘물처럼 솟아난다. 사실 그리스도가 없는 세상은 긍휼이 유한한 세상이라 하겠다. 하나님은 고난의 종 그리스도가 궁핍한 백성 '곁으로 오신' 성육신으로 긍휼을 표현하셨다.

18세기 독일에서 모라비아 부흥을 이끈 진젠도르프(Zinzendorf) 백작은 도메니코 페티(Domenico Feti)의 걸작 "인자를 보라"(Behold the Man)를 보고 큰 감동을 받았다. 가시 면류관을 쓰고 빌라도와 유대 폭도들 앞에 선 그리스도를 그린 이 그림 아래에는 이런 문구가 적혀 있었다. "나는 너를 위해 이 일을 당했건만, 너는 나를 위해 무엇을 했는가?" 이 문구를 읽은 이후 진젠도르프는 "내게는 한 가지 열정밖에 없다. 그분, 오직 그분뿐이다"를 인생의 좌우명으로 삼았다.[10]

나 역시 처음 이 문구를 읽었을 때 내 존재의 뿌리까지 뒤흔들리는 느낌이었다. "내가 너를 위해 이 일을 당했건만 너는 나를 위해 무엇을 했는가?"라고 물으시면, 나는 무엇이라 대답할까?

크리스천은 하나님의 형상을 따라 지음 받았음을 인식하고 하나님의 긍휼에 감사하여 궁핍한 이들과 "함께 고통받으라"고 부르심 받은 자들이다. 하나님은 그분의 백성을 통해 긍휼을 드러내고자 하신다. 성경은 하나님의 넘치는 긍휼을 표현하는 자가 되라는 권면의 말씀으로 가득하다. 단순히 돈만 주고 마는 자가 아니라, 가난한 이들의 마음에 공감하며 그들을 섬기는 자가 되라는 말씀이다. 곳곳에 이런 권면의 말씀이 있다.

이사야 58장 6-7절을 보자.

내가 기뻐하는 금식은
흉악의 결박을 풀어 주며
멍에의 줄을 끌러 주며

압제당하는 자를 자유하게 하며
모든 멍에를 꺾는 것이 아니겠느냐
또 주린 자에게 네 양식을 나누어 주며
유리하는 빈민을 집에 들이며
헐벗은 자를 보면 입히며
또 네 골육을 피하여 스스로 숨지 아니하는 것이 아니겠느냐.

잘 알려진 누가복음 10장의 선한 사마리아인의 이야기 역시 하나님이 그분의 백성에게서 보기 원하시는 긍휼의 모습을 완벽하게 그린다. 이 말씀은 수동적인 의미의 '이웃'을 능동적인 의미로 바꾼다(29절과 36절 참고).

또한 예수님은 마태복음 25장 34-36절에서, 그분이 다시 오실 때 무엇을 보실지 설명하시며 크리스천이 이웃이 되어 주어야 함을 다시금 강조하신다.

그때에 임금이 그 오른편에 있는 자들에게 이르시되 내 아버지께 복 받을 자들이여 나아와 창세로부터 너희를 위하여 예비된 나라를 상속받으라 내가 주릴 때에 너희가 먹을 것을 주었고 목마를 때에 마시게 하였고 나그네 되었을 때에 영접하였고 헐벗었을 때에 옷을 입혔고 병들었을 때에 돌보았고 옥에 갇혔을 때에 와서 보았느니라.

우리가 그리스도의 긍휼을 삶으로 드러낼 때, 그 결과는 가히 충격적이다. 3세기 율리아누스 황제는 초대교회 크리스천들이 전혀 다른 종류의 사람들이라는 사실을 인식했다. 크리스천들이 등장하기 전까지 그리스 로마 사회에는 긍휼이라는 개념이 존재하지도 않았다. 율리아누스는 이런 기록을 남겼다.

> (기독교 신앙은) 특히 이방인들을 향한 사랑의 봉사와 죽은 자를 세심히 장사하는 관행을 통해 발전해 왔다. 유대인 중에는 거지가 단 한 명도 없다. 우리 로마의 빈민층은 언제 로마인들이 도움을 펼까 헛되이 기다리는 반면, 불경한 갈릴리인들이 유대의 빈민층뿐 아니라 우리 로마의 빈민층까지 돌본다는 소문이 있다.[11]

1790년대에 필라델피아에서 활동하며 아낌없이 베푼 스티븐 지라드(Stephen Girard)의 삶은 우리에게 많은 영감을 준다. 마빈 올라스키는 지라드의 삶을 다음과 같이 전한다.

1750년에 프랑스에서 태어난 지라드는 어릴 때 고국을 떠나 십수 년 동안 항해를 한 끝에 독립전쟁이 발발할 무렵 필라델피아에 정착했다. 이후 20년 동안 선박 사업으로 거부(巨富)가 됐다. 하지만 그의 명성은 사업 수완 때문이 아니라, 1793년 황열병이 창궐할 당시 그가 펼친 긍휼 활동 덕분이다. 이미 황열병을 앓았던 지라드는 전염병이 확산되자 치료를 주도하고 병원비를 지불했다. 그뿐 아니라 몇 달씩 직접 환자들을 간호하고, 환자와 가족들에게 식량과 연료를 가져다줬다. 후에는 수많은 고아를 데려다 자신의 집에서 길렀으며, 죽음을 앞두고는 유증(遺贈)을 통해 가난한 고아들을 위한 학교를 설립했다.[12]

지금까지 살펴본 성경구절과 실례는 우리가 재물뿐 아니라 우리 자신을, 그리고 시간과 재능을 나눠야 함을 보여 준다. 하나님의 긍휼은 엄청난 대가를 수반했다. 아들을 희생하셔야 했다. 긍휼의 척도는 얼마나 많은 돈을 내놓았느냐가 아니다. 성경의 권면에 따라 하나님의 넘치는 긍휼을 표현하기 위해 얼마나 가난한 자들과 함께하며 섬겼느냐가 긍휼의 척도다. 펜실베이니아 대학의 로버트 톰슨(Robert Thomson) 박사는 19세기 말 이런 글을 남겼다.

> 어려운 이들에게 진정한 도움을 베푸는 정도를 판단하는 기준은 오직 한 가지, '형제들에게 자기 자신을 내주기 위해 큰 희생을 치르는가?'이다.[13]

룻기의 교훈

마지막으로, 가난한 이들을 돕는 최선의 방법을 성경에서 찾아보자. 룻과 보아스의 이야기는 성경적 나눔을 아름답게 그려 낸다.

> 식사할 때에 보아스가 룻에게 이르되 이리로 와서 떡을 먹으며 네 떡 조각을 초에 찍으라 하므로 룻이 곡식 베는 자 곁에 앉으니 그가 볶은 곡식을 주매 룻이 배불리 먹고 남았더라 룻이 이삭을 주우러 일어날 때에 보아스가 자기 소년들에게 명령하여 이르되 그에게 곡식 단 사이에서 줍게 하고 책망하지 말며 또 그를 위하여 곡식 다발에서 조금씩 뽑아 버려서 그에게 줍게 하고 꾸짖지 말라 하니라 룻 2:14-16

그 당시 모압 여인 룻은 빈곤층 중에서도 극빈자에 속했다. 룻의 남편 가족은 이스라엘의 대기근을 피해 난민으로 모압에 갔고, 거기서 룻을 만났다. 10여 년 후 룻의 남편과 시아버지, 시동생이 모두 죽고 시어머니 나오미가 이스라엘로 돌아가자, 룻은 시어머니를 따라갔다.

낯선 땅에서 룻은 보아스의 밭에 이삭을 주우러 갔다. 보아스가 룻을 인격적으로, 한 인간으로 대했다는 점을 기억하자. 보아스는 룻을 식사에 초대했으며, 식사를 마친 후에는 룻과 나오미가 먹을 식량을 챙겨 주었다. 보아스가 룻에게 베푼 방식에서 우리는 교훈을 얻어야 한다. 인간의 존엄성은 일과 결부되어 있다. 일을 금하는 것은 곧 존엄성을 박탈하는 것이다. 그 때문에 보아스는 땅을 소유한 자들을 향한 하나님의 명령대로 (레 19:9-10, 23:22; 신 24:19-21), 밭의 한 모퉁이를 남겨 둠으로 가난한 이들이 이삭을 주워 가게 했다. 일꾼들을 시켜 곡식을 다발 채로 룻에게 가져다주었더라면, 보아스나 룻이나 모두 편했을 것이다. 그러나 보아스는 룻이 직접 일해 생계를 유지하게 했다. 보아스는 일꾼들에게 밭으로 돌아가 "그를 위하여 곡식 다발에서 조금씩 뽑아 버려서 그에게 줍게"(룻 2:10) 하라고 지시했다. 룻의 존엄성을 염두에 두는 한편 육신적 건강을 염려했다는 증거다. 아마 룻이 일할 기회를 없애 그 존엄성을 박탈했다면, 결국 더 극심한 빈곤을 가져왔을지도 모른다.

위의 말씀은 하나님의 긍휼의 한 가지 원칙을 알려 준다. 우리는 가난한 자들을 돌아보아야 하지만, 그와 동시에 도움을 주는 과정에서 그들의 존엄성을 지켜 줘야 한다.

크리스천 라이프워크의 증거인 따뜻한 나눔을 실천하며, 이러한 성경적 원칙들을 마음에 깊이 새기자.

다음으로는 공동체와 국가에서 사회의 다양한 영역에 참여함으로써 하나님 나라를 확장하는 데 우리의 라이프워크가 어떤 역할을 할 수 있는지 생각해 보자. 경제, 예술, 교육, 과학을 비롯해 하나님이 참여하라며 우리를 부르시는 흥미진진한 영역들을 살펴보고, 그 영역에서 라이프워크가 어떻게 실현되는지 확인해 보자.

제 6 부

직업과
신앙이
하나 되는
삶의 능력

세상 속으로

A BIBLICAL THEOLOGY FOR WHAT YOU DO EVERY DAY

제17장

하나님 나라는 안에서 밖으로 확장된다

이 세상의 나라들은 전쟁과 유혈충돌, 식민 점령을 통해 영토를 확장한다. 그러나 이 세상 나라와 달리 하나님 나라는 하나님과 피조세계의 참된 본성을 투영하는 거룩한 문화를 창조하기 위해 무력을 사용하지 않는다.

러시아의 소설가 알렉산더 솔제니친(Alexander Solzhenitsyn)의 소설 한 구절은 성경의 분명한 메시지를 연상시킨다(창 6:5-6; 롬 3:23). 그것은 "선과 악을 가르는 선은 나라들과 정당들을 구분하는 것이 아니라 모든 인간의 마음을 관통한다"라는 구절이다. 인간의 마음이 변화되기 전에는 결코 사회가 변화될 수 없다. 예수님은 니고데모의 질문에 답을 하시며 이 점을 설명하셨다. "예수께서 대답하여 이르시되 진실로 진실로 네게 이르노니 사람이 거듭나지 아니하면 하나님의 나라를 볼 수 없느니라"(요 3:3).

남녀노소를 불문하고 각계각층의 크리스천이 하나님의 규례에 순종하고 이웃을 사랑하고 공동체를 섬기면서 다양한 사상들에 참여해서 말과 행동으로 예수 그리스도의 복음을 전할 때, 열방이 변하기 시작한다. 이러한 말과 행동을 통해 개인과 공동체와 열방이 하나님 나라의 군대가 될 수 있는 기회가 창출된다.

한 개인의 변화는 가족과 교회라는 제도를 통해 밖으로 퍼져 나가, 공동체와 나라, 궁극적으로는 온 세계까지 미친다. 예수님은 하나님 나라가 퍼지고 스며들어 변화시키는 모습을 누룩에 비유하셨다. "천국은 마치 여자가 가루 서 말 속에 갖다 넣어 전부 부풀게 한 누룩과 같으니라"(마 13:33). 우리는 각각 이 신비한 변화(transformation)의 과정에 연결되어 있다.

라이프워크의 본질과 환경을 생각해 보면, 어떤 문화든 동심원으로 표현할 수 있다. 가장 안쪽의 원은 개개인의 마음과 생각이다. 그 원을 둘러싼 원은 순서대로 가족, 교회, 나라, 세계를 나타낸다.

인간의 마음

하나님 나라 확장을 위한 가장 근본적인 싸움은 인간의 마음에서 일어난다. 누군가 말했듯이 "하나님의 법은 개인의 심비에 새기고, 그 후에 사회 제도의 돌 판에 새겨져야 한다."[1] 전쟁을 벌일 때 공격하는 측은 첫 번째 교전지를 먼저 결정해야 한다. 구약에서 가나안 정복 과정을 보면, 최초의 공격 지점은 여리고 전투였다. 한 나라의 심장부를 공격하는 과정은 시민 개개인의 마음을 공략하는 전투에서 시작된다. 우리 마음을 침노하시고 새 본성(고후 5:17)과 새 질서, 하나님 나라로 부르시는 예수 그리스도도 이 과정을 따르신다. 타인의 마음을 여는 열쇠는 성령님의 역사와 크리스천의 말과 행동에서 풍겨 나오는 매력이다.

하나님은 인간의 마음에 다가가려 다양한 방법을 사용하신다. 그중 가장 효과적인 방법은 우리가 그리스도를 위해 섬기는 자의 모습으로 하나님의 사랑을 보여줄 때 마음의 문이 열린다(마 25:35-40). 하나님 나라를 확장하고 싶은가? 그렇다면 부상자들이 있는 곳으로 가야 한다. 하나님은 긍휼의 하나님이시다. 사람들이 피를 철철 흘리는 곳으로 가서 그들을 만나려 하시는 분이다. 이것이 긍휼이 절실히 필요한 곳에서 긍휼을 전하는 사마리아인 전략의 본질이자, 하나님의 계획이다(눅 10:25-37).

또 한 가지 믿는 자가 보여 줄 수 있는 매력은 하나님 나라의 문화인 진리와 아름다움, 정의를 드러내는 것이다. 무지와 거짓의 노예가 된 사람들은 지식과 진리를 전해줄 누군가를 고대한다. 어둠과 단조로움에 둘러싸인 사람들은 아름다움을 갈망한다. 부패에 억눌린 사람들은 정의를 갈구한다. 그러므로 인간의 마음을 여는 열쇠는 하나님의 사랑을 보여 주고 진리와 아름다움, 정의를 표현하는 것이다.

우리 마음이 성령님의 능력으로 새로워지고 나면, 즉 우리가 '거듭나면', 하나님의 '성경학교'에 등록할 기회가 필요하다. 회개의 부르심은 사람의 전통과 세상의 초등학문을 비롯해서 그리스도를 따르지 않는 철학과 헛된 속임수를 버리고(골 2:8), '새로운 생각'을 가지라는 부르심이다. 하나님은 우리의 마음(감정)만이 아니라 우리의 모든 생각으로도 그분을 사랑하라고 말씀하신다. 사도 바울은 "이 세대를 본받지 말고 오직 마음(생각, 지성)을 새롭게 함으로 변화를"(롬 12:2) 받으라고 촉구한다. 우리의 생각 속에서 하나님의 말씀에 어긋나는 관념들을 의식적으로 들춰내고, 성경적 세계관으로 잘못된 관념들을 대체하는 일생의 여정을 시작해야 한다. 성경적 세계관으로 생각이 변화될 때에야 비로소 인간의 행동도 바뀐다. 인간의 생각과 행동이 하나님을 향할 때 가정과 사회가 변화된다.

전 세계의 수많은 사람이 정의와 아름다움, 진리를 투영하는 공동체와 나라를 갈망하고 있다. 하지만 생각 속에서 정의의 개념이 확립되지 않고는 공동체에 정의가 실현될 수 없다. 아름다움이 마음속에 자리를 잡기 전에는 공동체에 아름다움이 들어오지 못한다. 생각에 진리가 박히기 전에는 공동체에 진리가 발붙이지 못한다. 사람들은 공동체와 나라가 발전하기를 바란다. 하지만 마음과 생각이 새로워진 사람들의 수가 임계질량에 도달하고 나서야 이들이 바라는 발전이 시작된다. 마음과 생각이 새로워지면 그 변화가 밖으로, 밖으로 뻗어 나가 사회까지 도달하기 때문이다.

사회에는 세 가지 근본적인 제도가 있다. 가정과 교회, 정부다. 이번 장에서는 가정과 교회를 살펴보고, 19장에서 정부를 살펴보자.

가정

가정은 하나님이 지으신 최초의 제도다. 가정은 하나님이 창세기에서 주신 창조 명령의 두 가지 기능을 완수하기 위해 존재한다. 첫째는 하나님의 형상을 담은 자로 지면을 채우고 확대가족과 공동체, 궁극적으로는 민족과 열방을 이루라는 **사회적 기능**이다. 둘째는 피조물의 청지기가 되라는 **계발의 기능**이다.

자녀를 양육하고 교육하여 사회의 자유롭고 생산적인 시민으로 살아가도록 준비시키는 일은 정부가 아닌 부모의 책임이다. 가정 교육의 목적은 지성 계발을 통해 영혼을 살찌워 탐구심과 혁신의 사람이 되게 하는 것이다. 부모는 창의성을 발휘하도록 자녀의 마음을 보듬어 주고, 덕을 지향하도록 의지를 다져 주어야 한다. 부모에게는 다음 세대의 시민과 리더를 키우는 놀라운 기회가 주어진다. 부모가 이 책임을 잘 감당하면 가정이 건강하고, 나라가 도덕적으로나 물질적으로나 번영한다. 사회가 평화롭고 경제적으로는 부족함이 없으며 정의가 실현된다. 하지만 가정이 건강하지 않으면 사회가 점점 어그러지고 부패하고 빈곤해진다.

현대 서구 사회에는 개인주의와 자아도취가 범람한다. 그 때문에 가장 작은 단위에서는 가정이 해체되고, 국가적 차원에서는 모성(母性)을 거스르는 움직임이 확대된다. 결국 유럽의 많은 국가가 문화적 자살이라는 상황에 봉착했다.[2]

따라서 나라의 변화를 보고 싶다면, 먼저 개인의 내적 변화에서 시작해 밖으로 뻗어 나가 가족, 친지들에게로 확장해야 한다. 그리고 거기서부터 두 번째 근본적 제도인 믿는 자들의 공동체, 교회로 퍼져 가도록 해야 한다.

교회

교회는 하나님이 이 땅에서 그분의 나라를 확장하려고 택하신 공동체다. '검을 휘둘러' 나라를 보호하고 사회 평화와 정의를 제공하는 정부와 달리, 교회는 "성령의 검 곧 하나님의 말씀"(엡 6:17)을 사용해야 한다. 교회는 지역 개발과 국가 건설을 위해 하나님이 사용하시는 필수적인 주체다.

교회는 각 세대에 하나님의 숨겨진 계획을 드러내며, 인류를 최종 목적지까지 인도하는 사명을 부여받았다. 사도 바울은 시대의 신비, 교회의 궁극적 목적을 이야기한다.

그리스도의 비밀을…다른 세대에서는 사람의 아들들에게 알리지 아니하셨으니 이는 이방인들이 복음으로 말미암아 그리스도 예수 안에서 함께 상속자가 되고 함께 지체가 되고 함께 약속에 참여하는 자가 됨이라

이 복음을 위하여…내가 일꾼이 되었노라…영원부터 만물을 창조하신 하나님 속에 감추어졌던 비밀의 경륜이 어떠한 것을 드러내게 하려 하심이라 이는 이제 **교회로 말미암아** 하늘에 있는 통치자들과 권세들에게 하나님의 각종 지혜를 알게 하려 하심이니 곧 영원부터 우리 주 그리스도 예수 안에서 예정하신 뜻대로 하신 것이라 엡 3:4-11

하나님께는 민족과 열방을 향한 목표가 있다. 비록 유한하고 약한 존재지만 교회는 그리스도의 신부요 그 목적을 맡은 청지기다. 온 세계가 지켜보는 가운데 하나님의 말씀이 '육신을 입는' 성육신을 보이도록 부르심 받은 존재다. 교회가 사회에서 순종과 섬김의 행동으로 어그러진 부분을 바로 잡는 하나님 나라의 가치관을 드러내면 사회가 영향을 받고 놀라운 치유를 경험한다.

사회 변화를 위한 교회의 역할은 22장에서 더 깊이 고찰하고자 한다.

세계

정부와 국가에 대한 논의는 다음 장으로 미뤄 두고, 먼저 여기서는 하나님 나라 확장 과정에서 가장 끝에 있는 원, '세계'를 살펴보자. 가장 바깥에 있는 이 원을 어떻게 이해해야 할까? 사실 '세계'라는 말을 들으면 대개 지구본을 떠올린다. 하지만 좀 더 구체적으로 들어가 보자. 먼저 지상명령의 범주를 파악하고, 그다음으로 이 사회에서 우리에게 주어진 임무의 범주를 살펴보겠다.

지상명령

주님을 영접한 지 얼마 안 됐을 때 나는 지상명령을 '세계 구석구석까지 가서 복음을 선포하고 영혼을 구원해 그들이 천국에 가도록 이끌라'는 의미로만 생각했다. 이 책을 읽으면서 깨달았겠지만, 그 이후로 그 사안에 대한 내 생각은 극적으로 확장됐다.

첫째, 하나님께는 큰 목표가 있다. 바울은 그리스도가 하늘과 땅의 **만물**을 자신과 화목케 하려 십자가에서 죽으셨다고 밝힌다(골 1:20). 여기에는 나와 당신의 영혼도 포함된다. 하지만 그리스도는 영혼만이 아닌 만물의 화목을 위해 죽으셨다.

둘째, 지상명령은 포괄적이다. 그리스도가 주신 명령을 기록한 구절은 사도행전 1장 8절과 마태복음 28장 19-20절, 마가복음 16장 15절이다. 이 세 구절은 각각 주님의 명령의 다른 면을 보여 준다. 지상명령의 세 가지 차원이라 해도 무방하겠다.

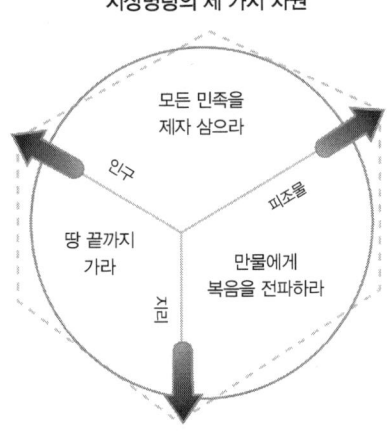

사도행전 1장 8절은 우리가 예루살렘과 유대, 사마리아와 '땅 끝'까지 복음을 전해야 한다고 명시한다. 이는 복음이 전 세계에 두루 다니게 하

라는 지리적 사명이다. 지상명령의 수평적 관점이다.

마태복음 28장 18-20절은 초점을 달리한다. "모든 민족을 제자로 삼아." 이 말씀의 초점은 개개인의 영혼이 아니다. 민족에 해당하는 헬라어는 에스네(*ethne*)로, 인종이나 민족 집단을 뜻한다. 또한 '전도하라'고 하지 않고 '제자로 삼으라'고 명한다. 물론 전도는 대개 제자화를 선행한다. 하지만 전도는 했으되 제자 삼지는 못하는 경우도 있다. 그리스도는 우리에게 모든 민족을 제자 삼으라고 말씀하신다. 복음이 온 세계를 두루 다니게 할 뿐 아니라 문화를 관통하게 해야 한다는 말씀이다. 이는 지상명령의 수직적 측면이자 인구 통계적 요소다. 여기에 대해서는 잠시 후에 다시 논하기로 하자.

마가복음은 위의 두 구절과는 판이한 관점을 제시한다. 그리스도는 여기서 "만민(all creation)에게 복음을 전파하라!"(막 16:15)고 명하신다. 원어상의 의미는 모든 **피조물**에게 복음을 전하라는 말씀이다. 여기서도 영혼이라고 하지 않으셨다. 민족도 아니다. 여기서 사용된 헬라어는 크티시스(*ktisis*)로, 피조물을 뜻한다. 하나님은 모든 피조물에 관심을 두신다. 기억하라! 그리스도는 만물을 그분과 화목하게 하기 위해 죽으셨다(골 1:20). 바울은 모든 피조물이 구속을 기다리고 있다고 말하며, 우리에게 이 사실을 다시금 일깨워 준다(롬 8:19-21). 사도 요한은 이렇게 표현했다. "하나님이 세상(*kosmos*, 우주)을 이처럼 사랑하사 독생자를 주셨으니"(요 3:16).

따라서 우리는 땅 끝까지 가서 문화를 관통하고 복음을 모든 피조물에 전하라는 포괄적인 명령으로 지상명령을 이해해야 한다.

사회의 모든 영역

하나님 나라 전개의 마지막 단계에서 지상명령의 수직적 요소로 다시 초점을 맞춰 보자. 교회가 어떻게 한 나라를 제자 삼을 수 있을까? 진리, 아름다움, 선함의 하나님 나라 문화로 그 나라의 문화에 침투해야 한다. 사회 전(全) 분야에 성경적 질서와 원칙을 적용해야 한다. 하나님의 백성이 삶의 모든 영역에서 하나님 앞에서(코람데오) 살 때 이런 일이 일어난다. 이렇게 될 때 성경적 세계관이 교회를 통해 흘러넘쳐 세상으로 흘러나간다. 믿는 자로서 우리가 세상에 어떻게 참여하고 관여하느냐는 상당 부분 우리 삶을 향한 특별한 부르심, 우리의 일(vocations)을 통해 결정된다. 그러므로 우리의 삶을 성찰하고 우리의 은사를 이해하고 하나님 나라 확장을 위해 그 은사를 활용할 기회를 인식할 수 있어야 한다. 대부분 크리스천은 작은 영역에서 일정한 영향력을 행사하라는 부르심을 받는다. 하나님의 은혜로 우리에게는 그리스도와 그 나라의 영광을 위해 우리 능력을 성숙시켜 나갈 힘이 있다.

합법적인 일이라면 모두 하나님 나라 확장을 위한 고유한 기회를 제공한다. 정치에 참여하는 크리스천은 하나님을 최고의 권위로, 하나님의 법을 최고의 법으로 인정할 수 있다. 크리스천 기업인은 정직하고 청렴하게 일할 수 있다. 크리스천 의사는 인간 생명의 신성함을 수호하며 환자들을 치유할 수 있다. 크리스천 예술가는 예술 작품을 통해 하나님의 본성과 피조세계의 영광을 표현할 수 있다. 과학 분야의 크리스천은 하나님이 창조하신 질서의 오묘함을 이해하기에 힘쓰며, 새로운 혁신을 통해 기아와 질병에 맞서 싸울 수 있다. 어떤 경우에도 크리스천은 이웃과 지역사회를 위해 리더십과 섬김을 실천할 기회를 모색해야 한다. 그렇게 함으로써 "어그러진 부분을 바로 잡는" 하나님 나라의 문화를 드러내야 한다. 일터에서 하나님 나라에 부합하는 제도적 개혁을 주도하는 크리스천도 있다. 하나님의 부르심에 응답해 문화 내의 제도적 악에 맞서 싸우는 이들도 있다. 어떤 경우에도 크리스천의 활동은 복음의 메시지와 능력에 연결되어야 하며, 하나님 나라가 "안에서 밖으로"³ 확장된다는 점을 염두에 두고 이뤄져야 한다.

그렇다면 우리가 문화적 변화의 촉매제가 되기 위해 어떤 곳으로 가야 할까? 가능성은 무한하다. 앞서 읽은 달라스 윌라드의 글을 기억하라.

만일 예수님이 그때처럼 오늘 오셔야 한다면, 그 일이 나쁜 일이 아니라 유익한 일이기만 하다면, 그분은 그 어떤 직업을 통해서도 사명을 감당하실 수 있다. 전자제품 대리점 점원이나 경리, 컴퓨터 수리공, 은행원, 출판사 편집인, 의사, 웨이터, 교사, 농장 일꾼, 실험실 연구원, 건설 노동자 등 무엇이든 되실 수 있다. 청소 대행업을 하실 수도 있고 자동차를 수리하실 수도 있다.

다시 말해 만일 그분이 오늘 오셔야 한다면, 그분은 우리가 하고 있는 일을 얼마든지 하실 수 있다. 얼마든지 우리가 사는 아파트나 주택에 사실 수 있고, 우리의 직장에서 일하실 수 있고, 우리의 교육과 인생 전망을 그대로 공유하실 수 있고, 우리의 가족과 주변 환경과 시간 속에서 살아가실 수 있다.⁴

이제 18장에서는 '성문'에서 우리의 부르심을 삶으로 실천하는 것에 대해 성경의 지혜를 구하자. 19장과 20장에서는 현대 사회의 영역들에서 의미 있고 생명을 주며 변화를 가져오는 일이 어떤 것인지 확인해 보자.

제 18 장

성문

앞 장에서 살펴본 대로 하나님의 구속 사역, 즉 하나님 나라의 확장은 안에서 시작해 밖으로 뻗어 간다. 누룩이 반죽 전체를 바꾸어 놓듯, 하나님이 개개인의 마음과 생각을 변화시키시면 이 변화가 밖으로 뻗어 나가 가정과 그리스도의 교회를 변화시키고 교회를 통해 온 세상을 변화시킨다.

성문을 책임지라

성경 시대의 비유를 차용하자면 라이프워크의 환경을 '성문'(gates of the city)으로 볼 수 있다. 하나님 나라의 시민으로서 우리는 라이프워크를 통해 청지기로서 성문을 취해야 한다. 성문을 지키는 목적은 사회를 점령하고 통제하기 위해서가 아니다. 섬김의 리더들을 일터와 광장으로 보내 진리와 아름다움, 정의를 사회에 전하기 위해서다. 성문을 차지할 때 하나님 나라가 그 성에 널리 퍼진다.

성문은 사실 성경 시대에 매우 중요한 역할을 했다. 고대 사회에서 긴요한 사회적 기능과 공공적 기능을 수행했다. 과거 유대인들은 영토의 경계를 표시하려고 울타리를 둘렀으며, 성벽을 세울 때면 성벽 곳곳의 전략적 위치에 성 안으로 들어올 수 있는 문을 만들었다. 유목 생활을 할 때는 진 입구에 문을 만들어 두었다(출 32:26). 약속의 땅에 들어간 후에는 왕궁(느 2:8)과 성전으로 들어가는 문을 만들었고(왕상 6:34-35), 성을 출입하는 문도 만들었다(창 19:1; 삿 16:3; 렘 37:13). 성을 방어하는 기능 외에도 다양한 공공 생활과 담론이 모두 성문에서 이뤄졌다. '문'은 그 문 주위의 지역, 문 안팎의 토지를 의미하기도 했다. 사실 사람들은 성 전체를 '문들'(gates)이라고도 불렀다.

오늘날 우리 사회는 시름시름 앓고 있다. 그리스도의 성품과 세상을 변화시키는 복음의 능력으로 사회에 생명력을 공급해야 할 사람들이, 과거의 성문에 해당하는 자리를 아예 방치해 버렸기 때문이다. 하나님은 아브라함의 자손들이 성문을 취하여 열방의 복이 되기를 원하신다(창 22:17-

셰론 왓킨스 Sherron Watkins 의 이야기[1]

텍사스 톰볼의 작은 마을에 있는 중학교 교사 부부의 딸로 태어난 셰론 왓킨스는 회계사의 길을 택했다. 회계사를 콩 세는 사람[bean counter]으로 비하하는 사람도 있기는 하지만. 마침내 셰론은 재능과 능력을 발휘하여, 악명 높은 엔론사의 법인개발 부사장의 자리까지 올랐다. 당시 엔론은 미국 7대 기업의 하나였다. 텍사스 휴스턴 제1 장로교회 교인이던 셰론은 직장에서 신앙을 실천하며 살아야겠다고 결심했지만, 그 의미는 정확히 깨닫지 못했다.

엔론에 합류한 지 8년이 된 2001년, 셰론은 회사의 재무 상태가 걱정되기 시작했다. 그리고 얼마 후 회사가 부정 거래로 상당한 부를 축적했다는 사실을 깨달았다. 부정 거래가 드러날 경우, 파산은 불 보듯 뻔했다. 셰론은 친구이자 동료인 제프 맥마흔이 엔론의 회계 문제를 밝히려다가 CEO 제프리 스킬링 Jeffrey Skilling 에게 징계를 받는 모습을 지켜봤다. 셰론은 문제를 제기하고 싶었지만, 그렇다고 징계를 받고 싶지는 않았다. 하지만 어떻게 해야 할까? 셰론은 옳은 일을 하고 싶었다. 정직한 사람이 되고 싶었다.

셰론은 공개적으로 밝히기가 두려웠다. 그래서 염려되는 몇 가지 사항을 상세히 적어, 익명으로 회사 제안함에 넣었다. 아무 일도 일어나지 않았다. 결국 2001년 8월, '옳은 일을 하기 위

18). 우리를 향한 이 부르심에서 한걸음 더 나아가서 구원하고 구속하며 새롭게 하고 회복시키는 복음의 능력을 소유한 크리스천의 정체성과 만날 때, 그리고 삶의 모든 영역에서 우리의 소명을 통해 세상을 변화시키는 비전을 실현하라고 명하는 성경의 세계관과 만날 때, 우리의 진정한 잠재력이 나타나기 시작한다. 이런 비전을 통해 전무후무한 경제 발전과 정치적 자유, 법치, 보편적 교육이 전 세계적으로 성취됐다. 노예가 해방되고 여성들이 존엄성을 회복했다. 다시 말해 인류가 더 인간다워졌다.

따라서 크리스천이 '성문'을 지키는 청지기의 역할을 잘 수행하느냐는 우리 사회에 더할 나위 없이 중요하다. 누가 됐든 성문을 맡은 사람이 사회가 더욱 건전해질지, 파멸을 향해 갈지 큰 방향을 설정하기 때문이다.

해' 셰론은 엔론 이사회 의장이던 켄 레이에게 장장 7페이지에 걸친 편지를 썼다. 편지에 셰론은 국민, 직원, 주주들을 상대로 엔론이 저지른 금융 사기를 하나하나 열거했다. 그리고 켄 레이에게 직접 그 편지를 전달했다. 당시 셰론은 켄 레이가 겨우 이틀 전에 엔론의 주식을 매각해 150만 달러나 챙겼다는 사실을 까맣게 몰랐다. 이후에 밝혀진 바에 따르면 금융 사기의 주범은 다름 아닌 스킬링과 켄레이였다. 엔론은 얼마 지나지 않아 파산했다. 그 과정에서 명망 있는 회계법인 아서 앤더슨까지도 고꾸라졌다.

엔론 파산 5개월 후, 셰론이 보낸 편지는 공문서가 됐고 셰론은 엔론의 진상을 밝히며 분연히 일어나 켄레이를 추궁한 영웅이 됐다. 엔론의 지도부와 문화는 도덕적으로 완전히 붕괴한 상태였다. 사람들은 진리와 책임감, 회사의 장기적 건전성보다는 눈앞의 경제적 이득에 연연했다.

이와 같은 도덕적 붕괴가 미국 시민들 안에 범람한다면, 나라 전체가 무너져 내릴지도 모른다. 위대한 문명들은 종종 외부의 공격이 아니라 내부의 도덕적 영적 파산 때문에 사멸해 왔다. 도덕적 성품과 용기를 지닌 한 여인이 문제를 직면했다. 이 용기와 도덕성 때문에 셰론은 2002년에 〈타임〉지 선정 그해의 3대 인물이 됐다. 셰론의 얼굴이 그해에 두 번이나 〈타임〉 표지를 장식했다. 셰론은 그런 식으로 명성을 얻을 생각은 조금도 없었다. 그저 크리스천으로서 실업자가 되는 한이 있더라도 옳은 일을 하고 싶었을 따름이다.

공적 공간으로서의 성문

라이프워크가 이루어지는 상황이나 환경은 대개 성경 시대의 공적 공간인 성문에 해당한다. 유럽과 중남미의 많은 도시에서 광장은 공적 공간의 역할을 해 왔다. 광장 한 귀퉁이에는 대성당이나 교회가 있고 다른 귀퉁이에는 정부청사가 있으며, 광장 사방에 노점과 가판, 장터가 서는 모습을 연상해 보면 된다. 그곳에서 주로 도시의 공적 생활이 이루어졌다.

오늘날 서구에서는 영국과 유럽의 '대로'와 미국 도시의 도심 지역이 비슷한 기능을 수행한다. 외곽에서는 경기장이 주로 활용되는데, 정치 집회나 박람회, 종교 집회나 콘서트 등 다양한 공공 행사가 이런 곳에서 개최된다.

성경 시대에 성문에서 일어난 핵심적 공적 생활은 다음과 같다.

- 거래 및 상업 활동 창 23:17-18; 왕하 7:1; 느 3:1, 3, 28
- 율법 낭독 느 8장
- 법적 분쟁 청문 및 해결 신 16:18-21, 21:18-20; 수 20:4; 룻 4:1-2, 11; 왕하 23:8; 잠 22:22; 암 5:15
- 통치 및 행정 업무 삼하 19:8; 왕상 22:10; 잠 31:23; 단 2:48-49
- 정보 공유 및 공표 왕하 7:1; 대하 32:6-8; 잠 31:31; 렘 7:2, 17:19-27, 36:10
- 집회 및 담론 활동 창 19:1; 룻 4:11; 시 69:12; 암 5:12

각각의 부분에 대해 성경은 크리스천이 '성문'에서 어떻게 자신의 일을 성실하게 감당할 수 있는지 알려 준다. 오늘날 우리를 향한 부르심을 새롭게, 그리고 창의적으로 이해하도록 고대 성문의 삶을 탐구해 보자.

거래와 상업 활동

성문은 거래와 상업 활동이 이루어지는 장소였다. 느헤미야 3장을 보면 알 수 있듯, 그 장소에 서는 시장 이름을 따서 양문(1절), 어문(3절), 마문(28절) 등으로 명명되기도 했다. 열왕기하 7장 1절에는 밀가루와 보리를 매매하는 시장이 묘사되어 있다. 성문 주위 노점에 곡물과 향신료와 가재도구들을 가판에 늘어놓고 가격을 흥정하며 물건을 파는 노점상들을 생각하면 된다. 옛 성곽 안쪽에 위치한 예루살렘 구시가지에는 아직까지 옛 이름을 간직한 성문도 있다. 그중 하나가 분문(느 3:14)으로, 성 밖에서 분뇨를 태우기 위해 드나들던 문이다. 양문에는 사자문과 스데반문이라는 이름이 더 생겼다.

토지를 매각하고 매입하는 꽤 큰 규모의 거래도 성문에서 이뤄졌다. 아브라함이 헤브론이라는 사람에게 '은 사백 세겔'을 주고 훗날 사랑하는 아내 사라를 장사한 땅을 산 장소도 성문이었다(창 23:1-20). 이 이야기에는 현대 사회에서 일어나는 거래의 특징이 그대로 들어 있다. 사유재산을 거래했고 토지 조사가 이루어졌으며, 공개적인 논의와 협상을 거쳐 정당한 시가를 결정하여 돈이 오갔으며, 그 거래를 증명해 줄 목격자들이 있었다. 이렇게 공개적으로 거래를 하면, 사기나 부패, 눈속임이 들어갈 여지가 훨씬 적다. 그런 점에서 거래가 공정하고 깔끔하고 공평해야 한다는 점을 보여 주는 예로도 볼 수 있다. 상업은 거룩한 행동이었다. 기업 활동이 장려되고, 부가 창출됐다.

오늘날에도 자유롭고 공정한 시장을 담보하기 위해 시장의 크리스천으로서 성문에 서도록 부르심 받은 이들이 있다. 시장의 크리스천은 정직하게 사업을 하며 진리와 정의, 섬김과 공급, 창의성과 혁신으로 성문을 취해야 한다.

율법 낭독

성문은 율법을 낭독하는 장소이기도 했다.

> 모든 백성이 일제히 수문 앞 광장에 모여 학사 에스라에게 여호와께서 이스라엘에게 명령하신 모세의 율법책을 가져오기를 청하매 일곱째 달 초하루에 제사장 에스라가 율법책을 가지고 회중 앞 곧 남자나 여자나 알아들을 만한 모든 사람 앞에 이르러 수문 앞 광장에서 새벽부터 정오까지 남자나 여자나 알아들을 만한 모든 사람 앞에서 읽으매 뭇 백성이 그 율법책에 귀를 기울였는데…그 이튿날 뭇 백성의 족장들과 제사장들과 레위 사람들이 율법의 말씀을 밝히 알고자 하여 학사 에스라에게 모여서 느 8:1-3, 13

수문 앞 광장은 성읍의 모든 백성이 모일 수 있을 만큼 컸다. 남자든 여자든 상관없이 모든 백성이 일제히 모였다는 점을 주목하자. 이는 이들 사이에 연합이 있었다는 의미다. 율법 앞에는 구분이 없었다. 남녀 모두 율법 낭독을 경청해야 했다. 남녀 모두 책임 있는 시민이 돼야 했다.

공공장소에서 율법을 낭독했다는 점도 기억하자. 왜 그랬을까? 하나님의 율법을 낭독하는 일은 단순히 사적이고 종교적인 행사가 아니었기 때문이다. 하나님은 하나님의 나라를 지키는 선한 청지기가 되라고 이스라엘 백성에게 율법서를 주셨다. 여호와의 율법이 정의로운 사회의 기초를 놓고, 정의 사회 건설에 필수적인 개개인의 성품 계발과 민법의 바탕이 됐다는 뜻이다.

현대 민주 사회는 법치를 근간으로 한다. 하지만 하나님의 법에 기초하지 않고 인간이 임의적으로 만든 법을 따른다. 이기적이거나 실용적인 이유에서, 혹은 세속주의의 거센 압력 때문에, 또는 '공공의 선'의 개념이 바뀌기 때문이다. 그런데 실상 하나님의 법은 언제나 진정한 공공의 선을 지향한다. 하나님의 법을 따르면 어김없이 정의와 생명에 이른다.

미국에서는 성경적 법이 미국 사법 제도의 핵심적인 부문을 형성했다는 사실을 사람들이 망각하거나 아예 배우질 못하고 있다. 그래서 쉽게 논란이 벌어진다.

2001년 앨라배마 대법원의 로이 무어 대법관은 십계명이 새겨진 화강암 조형물을 자신이 근무하는 곳이자 주 법률 도서관과 하급 법원들이 있는 앨라배마 주 법원 홀에 설치해 하루 동안 전시했다. 미국을 비교적 정의로운 나라로 만든 사법제도의 도덕적 근간이자 역사적 실체인 십계명을 인정하고 경의를 표하는 것이 매우 중요하다고 믿었기 때문이다. 그 날 이후 사람들은 두 편으로 나뉘었다. 과연 이 조형물을 그대로 둬야 할지, 아니면 철거해야 할지를 두고 법적, 정치적, 종교적 공방이 시작됐다. 2002년 11월, 미국 지방법원은 조형물이 언론의 자유를 보장하는 미 헌법에 어긋난다고 판결했다. 무어 대법관이 조형물을 철거하라는 연방 법원의 판결에 따르지 않자 사법 윤리위원회에서 무어 대법관의 해임을 의결했다. 이후 무어 대법관이 항소했지만, 미 연방대법원에서 이 사건을 심의하지 않기로 하면서 항소는 받아들여지지 않았다.

하지만 무어 대법관이 취한 입장은 크리스천, 비크리스천을 불문하고 전국적으로 많은 사람이 논쟁에 가담하게 했다. 《하나님, 나를 도우소서》(So Help Me God)에서 털어놓은 대로 무어 전 대법관은 개인적으로, 직업적으로 대가를 치러야 했다. 그런데도 "연방 판사의 불법적 요구에 따르기를 거부함으로써, 인간의 판결을 부인하고 자신이 서약한 대로 미국 헌법을 준수하고 진정한 법치를 수호한다"[2]는 자신의 확신 위에 굳게 섰다. 시민 불복종으로 투옥된 마틴 루터 킹 주니어 목사처럼 무어도 종교개혁자들이 내렸을 법한 결정을 내렸고, 자신의 행동이 야기한 법적 결과를 기꺼이 받아들였다. 무어는 미국 국민이 잊고 있는 이슈를 공공의 장으로 다시 끌어냈고, 지금도 미국의 국민과 법원이 토론을 벌이고 있다. 그런 점에서 무어 전 대법관은 미국의 법과 정의를 수호하는 21세기 수문장이다. 무어처럼 법조계에서 일을 하든 다른 영역에서 일을 하든 하나님은 책임 있는 시민이자, 하나님의 법에 비추어 국가를 수호하는 선한 청지기가 되라고 명하신다.

법적 분쟁 해결

성문은 율법을 공개적으로 낭독하는 장소이자 법적 분쟁을 해결하는 장소였다. 이스라엘 백성을 애굽에서 이끌어 광야로 인도하시면서 하나님은 새로운 통치와 사법 제도를 도입하셨다. 모세가 "천부장과 백부장과 오십부장과 십부장"(출 18:25)으로 임명한 이들에게 권한을 위임하여 운영되는 제도였다. 권한 위임을 하게 된 까닭은 모세가 어리석게도 모든 사람의 분쟁을 직접 해결하려다가 (출애굽기 18장에서 본 대로) 완전히 기력을 소진했기 때문이다. 이런 연유로 효과적인 사법 제도가 고대 이스라엘에서 시작됐다. 얼마 지나지 않아 '관원과 재판관들'이 임명되어, 성문에서 분쟁을 해결했다. 신명기 16장 18-20절의 말씀을 보자.

> 네 하나님 여호와께서 네게 주시는 각 성에서 네 지파를 따라 재판장들과 지도자들을 둘 것이요 그들은 공의로 백성을 재판할 것이니라 너는 재판을 굽게 하지 말며 사람을 외모로 보지 말며 또 뇌물을 받지 말라 뇌물은 지혜자의 눈을 어둡게 하고 의인의 말을 굽게 하느니라 너는 마땅히 공의만을 따르라 그리하면 네가 살겠고 네 하나님 여호와께서 네게 주시는 땅을 차지하리라.

이 말씀에서 몇 가지 원칙이 수립됐다. 각 성에 재판관을 두고서, 누구나 공정한 재판을 받도록 해야 한다. 정의를 어그러뜨리는 선물과 뇌물은 금기사항이다. 하나님은 "사람을 외모로 보지"(신 10:17) 아니하시기 때문에, 재판관들도 불편부당해야 한다. 이 같은 원칙은 가난하기 때문에 법에 호소할 기회조차 박탈당하는 빈곤층에게 더더욱 긴요하다.

예를 들어, 돈이 없기 때문에 불의한 일을 당했음에도 이를 바로잡을 법적 능력이 부족한 경우가 있다. 현대 사회에서는 "변호사를 쓸 돈이 없어"라는 식으로 표현한다. 반면에 선지자 아모스는 가난한 이들이 부당한 일을 당하도록 방치해서는 안 된다고 경고한다(가난한 이들도 재판을 받으러 성문으로 갔다는 점을 주목하자).

> 무리가 성문에서 책망하는 자를 미워하며
> 정직히 말하는 자를 싫어하는도다
> 너희가 힘없는 자를 밟고
> 그에게서 밀의 부당한 세를 거두었은즉
> 너희가 비록 다듬은 돌로 집을 건축하였으나
> 거기 거주하지 못할 것이요
> 아름다운 포도원을 가꾸었으나
> 그 포도주를 마시지 못하리라
> 너희의 허물이 많고 죄악이 무거움을
> 내가 아노라
>
> 너희는 의인을 학대하며 뇌물을 받고
> 성문에서 가난한 자를 억울하게 하는 자로다

> 그러므로 이런 때에 지혜자가 잠잠하나니
> 이는 악한 때임이니라
>
> 너희는 살려면
> 선을 구하고 악을 구하지 말지어다
> 만군의 하나님 여호와께서
> 너희의 말과 같이 너희와 함께하시리라
> 너희는 악을 미워하고 선을 사랑하며
> 성문에서 정의를 세울지어다
> 만군의 하나님 여호와께서
> 혹시 요셉의 남은 자를 불쌍히 여기시리라 암 5:10-15

이 말씀 속에서 이스라엘은 하나님의 진리를 거짓과 바꾸었으며, 살아 계신 하나님을 예배하는 대신 우상을 숭배했다. 거짓 예배는 판결에도 심각한 영향을 끼친다. 이방신을 예배하는 데서 출발해 뇌물과 다른 수단을 사용해 정의를 왜곡하는 지점에 이른다. 재판관이 뇌물을 받기 때문에 가난한 이들은 더욱 가난해지고 더욱 고통받게 된다. 그런데 아모스 5장 15절 말씀을 보면, 성문에 부패가 난무한다고 해서 의인이 성문에서 떠나서는 안 된다고 한다. 오히려 부패가 만연할수록 의롭게 일어나 그 사태에 간여해야 한다. 법원으로 가서 악과 맞서 싸우고, 선을 사랑하며 정의를 확립해야 한다.

안타깝게도 수많은 유물론적 사회에서 법조인이라는 직업은 큰돈을 벌기 위해 불필요할 정도로 소송을 일으키는 수단으로 전락했다. (믿지 않는 이들이 그렇듯) 수입이 꽤 괜찮다는 이유만으로 법조계에 진출하는 크리스천도 허다하다. 이들은 신앙과 일이 분리, 분열된 삶을 살고 있다.

하나님은 법률 분야에서 일하라고 크리스천을 부르기도 하신다. 판사와 변호사, 법률 구조 및 법률 전문가는 정의를 실현하며, 가난하고 억눌린 자들의 수호자가 될 기회를 받은 사람들이다. 일부 변호사들은 국선 변호인으로 활동하면서, 돈이 없어 변호사를 고용하지 못하는 이들을 변호한다. 수입은 훨씬 적지만, 그들은 오로지 정의를 위해 일한다. 가난한 이들을 위해서도 정의가 실현되는 날이 오기를 바라며 무료 변론을 해주는 변호사들도 있다. 두렵고 긴장되는 재판에 참석해야 하는 미성년자와 동행해 권리를 지켜 주고, 마음을 편하게 해줄 수도 있다. 법률 분야의 직업은 분명히 거룩한 부르심이 될 수 있다.

통치 및 행정 업무

오늘날에도 애니미즘적 문화에서는 공동체의 이익에 관련된 모든 주요한 의사 결정이 수장의 궁에서 이루어진다. 성경 시대에는 성문이 의회의 의석과 같은 역할을 했다. 그래서 성경은 성읍을 감독하고 영향력을 행사한 '성읍 장로들', 즉 성문에 있는 그 성읍의 장로들(신 21:19, 25:7)을 언급한다. 잠언 31장 23절에도 간략한 예가 등장한다. "그의 남편은 그 땅의 장로들과 함께 성문에 앉으며 사람들의 인정을 받으며." 장로들이 성읍의 대소사를 감독, 관리하기 위해 성문에 모여 있고 여인의 남편이 능력을 인정받는 그림이다. 다음 말씀은 성문에서 통치 활동이 이루어졌다는 점을 확실하게 보여 준다.

왕이 대답하여 다니엘에게 이르되 너희 하나님은 참으로 모든 신들의 신이시요 모든 왕의 주재시로다 네가 능히 이 은밀한 것을 나타내었으니 네 하나님

은 또 은밀한 것을 나타내시는 이시로다

왕이 이에 다니엘을 높여 귀한 선물을 많이 주며 그를 세워 바벨론 온 지방을 다스리게 하며 또 바벨론 모든 지혜자의 어른을 삼았으며 왕이 또 다니엘의 요구대로 사드락과 메삭과 아벳느고를 세워 바벨론 지방의 일을 다스리게 하였고 다니엘은 왕궁(*tera*, 갈대아어로 '성문')에 있었더라 단 2:47-49

바벨론 왕은 만유의 하나님을 시인하며, 다니엘이 그 하나님을 섬긴다는 사실을 인정했다. 그러고 나서 느부갓네살 왕은 다니엘을 바벨론 전역을 다스리는 자로 임명했다. 모든 관료의 우두머리로, 오늘날로 치자면 총리로 삼았다. 다니엘은 자신이 임명받은 성문 자리에 섰고, 왕은 다니엘을 통해 백성을 다스렸다. 다니엘이 경건하고 능력 있는 세 친구, 사드락과 메삭과 아벳느고도 정부에서 일하게 했다는 점을 기억하자(단 1:17 참고).

마빈 올라스키 Marvin Olasky 의 이야기

러시아계 유대인 가정에서 태어난 마빈 올라스키는 14세에 무신론자가 됐고, 1970년대 초에는 공산주의자가 됐다. 1976년 어느 날 레닌의 책과 신약을 함께 읽던 중 올라스키는 예수 그리스도를 영접했다. 1976년 박사학위를 취득한 후 1983년부터 텍사스 대학에서 언론학을 강의했다. 올라스키는 그리스도를 주님으로 모시고 성경을 깊이 있게 연구하고 이해하며 '하나님 앞에서' 사는 코람데오의 삶을 추구했다.

올라스키에게는 가난한 이들을 돕고자 하는 마음이 있었다. 또 그는 성경적 세계관의 능력을 잘 이해했다. 1992년 그는 예리한 지성으로 미국의 빈곤 문제에 집중하기 시작했다. 《미국적 긍휼의 비극》 The Tragedy of American Compassion [3] 에서 그는 미국이라는 나라 전체가 국가의 근간으로 삼던 성경적 세계관을 버리고 오늘날의 세속적 세계관을 수용하면서 어떻게 긍휼의 개념이 바뀌었는지 조명했다. 건국 당시만 하더라도 가난한 이들을 돌보는 것이 개인과 교회, 민이 시대에도 경건한 하나님의 사람들이 교육 위원회나 시의회처럼 지역 차원이든 전국적인 차원이든 정부 각 부처에서 섬길 준비를 해야 한다. 크리스천들이 무조건 정치인이 되거나 선출직 공무원이 되어야 한다는 얘기가 아니다. 선출직 공무원에게는 보좌관과 연구원을 비롯해 많은 인력이 필요하다. 크리스천이 이런 자리에서 하나님 나라를 위해 성문을 차지할 수 있다.

오늘날 구원의 복음이 전해진 곳에서 크리스천들이 정치권력 자체를 목적으로 정계에 진출하려는 경우가 많다. 다른 종교에 대한 우월감에서 비롯된 승리주의도 한몫을 한다. "크리스천 대통령만 당선되면 우리나라의 모든 문제가 해결될 거야"라는 식이다. 복음주의적 크리스천이 정치권력을 잡은 후 그 권력 때문에 부패해 버린 사례가 케냐, 과테말라, 한국에도 있다. 단순히 크리스천 지도자가 뽑힌다고 나라가 변화되는 것은 아니다.

간 사회단체의 책임이었다. 하지만 세계관이 바뀌면서 빈곤의 원인과 대책에 대한 이해도 달라졌다. 세속적 패러다임에서는 빈곤 문제 해결의 책임이 정부로 이동한다. 올라스키는 무엇보다 성경적 기초로 돌아가 개인적 차원과 공동체 차원에서 나눔에 참여하는 관행을 부활시키자고 촉구한다. 윌리엄 베넷, 뉴트 깅그리치, 조지 W. 부시 대통령을 비롯한 국가 지도자들에게 막대한 영향을 끼친 '따뜻한 보수주의' compassionate conservatism 역시 올라스키가 주창한 개념이다.

올라스키는 크리스천이 다양한 이념과 사고의 장에서 목소리를 내며 미국의 사회, 정치, 경제적 담론에 참여해야 한다는 점을 이해했다. 그 때문에 1992년 미국의 5대 주간지 〈월드〉 World 의 편집장으로 취임해 지금까지 계속 일하고 있다. 또 그는 크리스천 언론인들이 확고한 성경적 세계관을 확립하도록 교육하는 월드 언론 연구소를 설립하는 데 촉매제 역할을 했다.

마빈 올라스키는 성문을 버리는 안일한 해법을 택하지 않았다. 그는 양분된 생각과 양분된 삶을 거부하고, 코람데오의 삶을 살며 하나님이 부르신 영역에서 신실하게 일할 때 사회에 영향을 끼칠 수 있음을 보여 주는 본보기다.

정치권력이 다른 방식으로 타락을 야기하기도 한다. 가나 출신 친구 크리스 암파두는 아프리카 일부 지역에서 족장이 되면 어떤 상황이 벌어지는지 얘기해 줬다. 족장이 되고 나면 갑자기 모든 사람의 추앙을 받고, 그의 의견은 항상 옳은 것으로 간주된다. 모든 사람이 족장을 우러러본다. 내부적인 반대 의견, 심지어 정책을 합리적으로 비판하는 장도 없다. 그러면 족장은 사람들을 섬기기보다는 지배하려 들기 시작한다. 명예를 얻으려고, 광물자원이나 삼림 같은 부족 재산을 마음대로 사용해 자기 야욕을 채우려고 부족 내에 고등 교육을 받은 이들이 정치에 참여하는 일도 많다.

이처럼 부패가 판을 치기 때문에 크리스천들은 이런 사회에서 정치에 입문하지 않는다. "정치제도가 부패했는데, 나 역시 부패에 물들지 않으리란 법 있습니까?" 액튼 경(Lord Acton)이 남긴 명언이 있다.

권력은 부패하기 마련이다. 절대 권력은 절대적으로 부패한다.

그렇다면 우리가 어떻게 해야 할까? 정계로 부르심 받은 크리스천은 '정치권력'을 추구하기 위해서가 아니라, 다른 이들을 섬기기 위해 정계로 들어가야 한다. 바벨론에서 다니엘이 그랬듯, 애굽에서 요셉이 그랬듯 하나님을 추구해야 한다. 이들이 하나님을 추구했을 때, 하나님은 이들을 국가의 '정치' 분야로 부르시고 그 부르심을 통해 사람들을 섬기게 하셨다.

한편 정치를 세상의 영역으로 보면서, '선한' 크리스천이라면 세상에 쉽게 더럽혀지는 정계에 진출해서는 안 된다고 주장하는 크리스천들도 많다. 이는 성경적 태도가 아니다. 하나님은 사회의 가장 기본적인 제도 중 하나로 정부를 세우셨다(롬 13:1-6). 크리스천들은 경건주의적 태도 때문에 매우 오랫동안 정치 영역을 회피해 왔고, 이는 우리 사회에 거대한 도덕적 공백을 만들었다. 결과적으로 크리스천이 사회 타락에 일조한 셈이다. 정계와 행정 부문으로 부르심 받아 그 부르심에 응답하는 크리스천들이 이 상황을 바꾸는 데 일익을 담당할 수 있다.

정보 공유 및 공표

고대에는 성문이 뉴스와 중요한 공적 정보를 끊임없이 주고받는 커뮤니케이션의 중심지 역할도 했다. 앗수르 왕 산헤립이 유다를 침공했을 때를 떠올려 보라. 히스기야 왕은 성의 수비를 강화하고 백성을 예루살렘 성문 광장으로 모아, 두려워하지 말라며 격려의 메시지를 선포했다.

> (히스기야가) 군대 지휘관들을 세워 백성을 거느리게 하고 성문 광장에서 자기 앞에 무리를 모으고 말로 위로하여 이르되 너희는 마음을 강하게 하며 담대히 하고 앗수르 왕과 그를 따르는 온 무리로 말미암아 두려워하지 말며 놀라지 말라 우리와 함께하시는 이가 그와 함께하는 자보다 크니 그와 함께하는 자는 육신의 팔이요 우리와 함께하시는 이는 우리의 하나님 여호와시라 반드시 우리를 도우시고 우리를 대신하여 싸우시리라 하매 백성이 유다 왕 히스기야의 말로 말미암아 안심하니라 대하 32:6-8

성문에서는 일반적인 뉴스만 오간 것이 아니었다. 선지자들도 성문에서 메시지를 선포했다(렘 7:2; 17:19-20). 잠언을 보면, 지혜가 성문 앞에 서 있는 사람으로 의인화되어 있다. "지혜가 길거리에서 부르며 광장에서 소리를 높이며 시끄러운 길목에서 소리를 지르며 성문 어귀와 성중에서 그 소리를 발하여 이르되"(1:20-21, 또한 8:1-4 참고). 한편 잠언 31장 28-31절을 보면, 성문에서 공개적으로 현숙한 여인을 치하하기도 했다.

오늘날에는 신문과 잡지, 우편, TV, 전화, 팩스, 라디오, 인터넷, 이메일, 유튜브, 블로그로 뉴스를 퍼뜨리고 공지사항을 발표한다. 당신이 사는 나라에서는 누가 이 '성문들'(미디어)을 통제하는가? 누가 공적 정보의 메커니즘을 통제하는가? 미디어 산업의 성문에 앉아 있는 사람들만이 아니라 이들이 누구를 대변하며 어떤 아이디어를 전하는지가 중요하다. 크리스천은 누구나 전달자 (communicator)로 부르심을 받았다고 해도 과언이 아니다. 이 말은 우리 중 상당수가 커뮤니케이션 산업에 참여해 하나님의 주권 아래서 미디어와 언론의 모든 채널을 통해 진리를 전하여 사회를 구속하는 데 일조해야 한다는 뜻이다.

집회 및 담론 활동

성경 시대의 성문은 상업, 법률, 통치, 시민 사회 활동이 왕성이 일어나는 장소였다. 또한 친구들과 이웃들을 만나 이야기를 나누는 곳이자 여행자들이 친구를 사귀고 숙박 정보를 얻고 그 성에 관해 배우는 자리이기도 했다. 창세기 19장 1-2절에 그 예가 등장한다.

> 저녁때에 그 두 천사가 소돔에 이르니 마침 롯이 소돔 성문에 앉아 있다가 그들을 보고 일어나 영접하고 땅에 엎드려 절하며 이르되 내 주여 돌이켜 종의 집으로 들어와 발을 씻고 주무시고 일찍이 일어나 갈 길을 가소서
>
>   그들이 이르되 아니라 우리가 거리에서 밤을 새우리라.

롯은 평소대로 소돔 성문에 앉아 시원한 저녁 바람을 맞으며 사막의 노을을 감상하고 있었다. 나그네의 모습을 한 두 천사가 도착했을 때, 그는 친구나 이웃과 담소를 나누고 있었는지도 모른다. 두 천사를 환대한

롯은 그날 밤 자신의 집에서 묵으라고 권한다. 이처럼 나그네에게 잠자리를 제공하는 것이 당시 중동 문화에서는 정상적인 관행이었다.

서구의 크리스천들은 커피숍이나 레스토랑, 쇼핑몰, 도서관, 슈퍼마켓이나 인터넷 채팅룸, 커뮤니티와 같은 공공장소에서 이웃과 친구, 동료들을 만난다. 이곳에서 우리의 삶이 교차하고 말이 오간다. 우리는 그곳에서 우리와 함께 있지 않은 이들에 대해 말과 행동으로 존중함으로써 이러한 '성문들'을 차지하고 있는가? 리더의 정책에 동의하지 않는 부분이 있다 하더라도 그들에 대한 존엄성을 인정하고 존중하며 대화하는가? 다른 이들에게 친구와 이웃에 대해 어떻게 이야기하는가? 이들을 세워주는가, 아니면 비인간적으로 몰아붙이는가? 직장에서든 개인적인 삶의 영역에서든 한 사람의 시민으로서 성읍의 공공장소에서 사람들을 만날 때 우리는 하나님의 성품을 드러내고 마음을 담아 서로 대함으로써 각 사람의 가치를 입증한다.

성에 대한 은유로서의 성문

예수님이 다시 오시는 날까지 성문은 우리가 전략적으로 차지해야 할 곳이다. 성문이 공공의 삶을 대변하는 장소였기 때문에, 좋은 의미건 나쁜 의미건 긍정적인 의미건 부정적인 의미건 종종 구약에서 '성문'이라는 단어는 성읍 전체를 지칭했다. 성문에 대한 평가는 그 성읍의 능력과 영광을 그대로 반영했다.

창세기 22장 17-18절처럼 '샤아르'(sha'ar)를 '성'(city)으로 번역하는 경우도 간혹 있다.

내가 반드시 너에게 큰 복을 주며, 너의 자손이 크게 불어나서, 하늘의 별처럼, 바닷가의 모래처럼 많아지게 하겠다. 너의 자손은 원수의 성(샤아르)을 차지할 것이다. 네가 나에게 복종하였으니, 세상 모든 민족이 네 자손의 덕을 입어서, 복을 받게 될 것이다 표준새번역

하나님은 여기서 아브라함의 언약(아브라함을 열방에 복 주는 통로로 축복하겠다)을 재천명하신다. 또한 이 약속이 선포되면서, 하나님의 복이 아브라함을 통해 모든 성으로 확장된다.

대개 샤아르는 '성문'으로 번역되기는 하지만, 이 단어는 명백히 성, 혹은 성들을 은유적으로 지칭한다. 예를 들어, 창세기 24장 60절을 보면 리브가가 아브라함의 아들 이삭과 혼인하여 집을 떠날 때 가족들이 이렇게 축복해 준다.

리브가에게 축복하여 이르되 우리 누이여 너는 천만인의 어머니가 될지어다 네 씨로 그 원수의 성문(샤아르)을 얻게 할지어다.

성문을 차지하면 성 전체를 통제하게 된다는 점에서 이 구절이 뜻하는 바를 짐작할 수 있다.

나아가 성이 흥하면 성문이 흥한다고 표현한다. 성이 쇠락하면 성문도 쇠락한다. 성읍이 영화와 권세를 누릴 때는 성읍의 수준에 걸맞게 성문도 유지 보수를 잘한다. 하지만 성읍에 애통함이 가득하면 성문이 그 상황을 숨김없이 드러낸다. 성으로 들어가는 입구가 다 허물어져, 영화와 권세가 떠나고 없음을 보여 주는 것이다. 예레미야서에서 악한 왕 므낫세의 통치 이후 유다는 하나님의 심판을 받는다. 하나님의 심판은 가뭄과 기근, 침략

의 형태로 찾아온다. 가뭄의 영향에 관한 하나님의 말씀을 기록한 예레미야 14장 2-7절에 '성문'이라는 단어가 비유적으로 사용된다.

> 유다가 슬퍼하며
> 성문의 무리(샤아르)가 피곤하여
> 땅 위에서 애통하니
> 예루살렘의 부르짖음이 위로 오르도다
> 귀인들은 자기 사환들을 보내어 물을 얻으려 하였으나
> 그들이 우물에 갔어도
> 물을 얻지 못하여
> 빈 그릇으로 돌아오니
> 부끄럽고 근심하여
> 그들의 머리를 가리며
> 땅에 비가 없어
> 지면이 갈라지니
> 밭 가는 자가 부끄러워
> 그의 머리를 가리는도다
> 들의 암사슴은
> 새끼를 낳아도
> 풀이 없으므로 내버리며
> 들 나귀들은 벗은 산 위에 서서
> 승냥이같이 헐떡이며
> 풀이 없으므로
> 눈이 흐려지는도다

여호와여 우리의 죄악이 우리에게 대하여 증언할지라도
주는 주의 이름을 위하여 일하소서
우리의 타락함이 많으니이다
우리가 주께 범죄하였나이다.

한때 곡식을 사고파는 상인들로 가득했던 번영의 도시는 이제, 예레미야가 성문이라는 단어를 사용해 표현한 대로, 기력을 잃어버렸다.

영광의 왕이 들어가시는 문

예레미야서와 같은 말씀은 성문이 성읍 자체를 상징한다는 점을 보여 주기도 하지만, 동시에 성에 머물던 하나님의 영광을 잃어버린 백성이 얼마나 비탄해 하는지를 강조하기도 한다.

예레미야애가 4장 6-9절은 백성의 애통과 비탄을 여실히 보여 준다.

전에 소돔이 사람의 손을 대지 아니하였는데도
순식간에 무너지더니
이제는 딸 내 백성의 죄가
소돔의 죄악보다 무겁도다

전에는 존귀한 자들의 몸이
눈보다 깨끗하고 젖보다 희며
산호들보다 붉어
그들의 윤택함이 갈아서 빛낸 청옥 같더니

>이제는 그들의 얼굴이 숯보다 검고
>그들의 가죽이 뼈들에 붙어
>막대기같이 말랐으니
>어느 거리에서든지 알아볼 사람이 없도다
>칼로 죽은 자들이
>주려 죽은 자들보다 나음은
>토지 소산이 끊어지므로
>그들은 찔림 받은 자들처럼 점점 쇠약하여 감이로다.

"눈보다 깨끗하고 젖보다 희던" 존귀한 자들이 이제는 "숯보다 검어"졌다며 과거와 현재를 극적으로 대비시키고 있다. 칼에 죽는 것이 기근에 죽는 것보다 낫다며 비통해한다.

'빛'이 희미하거나 사라지면 성읍과 사회, 나라가 퇴락하고, 캄캄한 어둠에 빠진다. 구약 시대에 수많은 왕과 권위자가 '다른 신들'을 예배하면서 하나님과 멀어져 방황했을 때, 그들의 성읍과 땅에는 흑암이 닥쳤다. 신약의 표현을 빌자면, 이들은 "하나님의 진리를 거짓 것으로 바꾸어 피조물을 조물주보다 더 경배하고" 섬겼다(롬 1:25). 살아 계신 하나님께 힘과 번영, 보호를 청하는 게 아니라, 그저 종교적, 경제적, 정치적 생명을 부지하기 위해 우상을 숭배하고 따른 것이다. 사사 시대 드보라의 노래는 이러한 비극적인 상황을 그대로 담아낸다.

>아낫의 아들 삼갈의 날에
>또는 야엘의 날에는 대로가 비었고
>길의 행인들은 오솔길로 다녔도다

이스라엘에는 마을 사람들이 그쳤으니

나 드보라가 일어나

이스라엘의 어머니가 되기까지 그쳤도다

무리가 새 신들을 택하였으므로

그때에 전쟁이 성문에 이르렀으나

이스라엘의 사만 명 중에

방패와 창이 보였던가 삿 5:6-8

하나님의 백성이 애니미즘의 신 바알과 아스다롯을 예배하자 하나님의 심판이 임했다. 전쟁이 일어나자 방어벽은 속절없이 무너지고 도로가 방치됐으며, 사람들이 두문불출하고 상업 활동이 고사(枯死)하고 말았다. 성읍의 생명이 끊어졌다. 농부들은 조금이라도 더 안전한 성 안으로 들어가기 위해 밭을 내팽개쳤다. 억압받는 암울한 백성이 됐다. 일상이 중단됐다.

오늘날에도 하나님을 거절하고 부인할 때, 사회가 붕괴한다. 이교의 애니미즘이든 거기서 파생된 사교든(롬 1:18-23) 우상 숭배가 사회의 중심이 되면 결국 그 사회의 구성원들의 사회적, 경제적, 정치적 삶도 그에 따라 결정된다. 사람들의 삶이 성경의 지혜에 따라 **질서가 잡히지** 않기 때문에 사회가 훼손된다.

애니미즘을 숭상하는 아프리카 일부 지역에서 이런 모습이 여과 없이 나타난다. 이런 지역에서는 숭배하는 신에게서 파생된 신념체계가 일의 패턴을 결정한다. 농업과 어업을 관장하는 신이 쉬어야 하는 날에는 성가시게 하면 안 되기 때문에 농업과 어업은 금지된다. 당연히 경제 활동에 심각한 차질이 생긴다. 심지어 신이 영원히 머무는 곳이라고 믿고는 강과 시내에서 어획을 완전히 금지하기도 한다. 물고기를 잡게만 해준다면 인근에 사는 가구들의 건강이 눈에 띄게 좋아지겠건만, 기근이 극심한 때조차 신들은 물고기를 잡지 못하게 한다.

우상숭배와 세속주의에 휩쓸린 서구에서 나라가 서서히 죽어가고 있다. 진리와 도덕성을 확립하는 초월적 기준이 없으니 사람들은 각자 자기 소견에 옳다고 생각하는 대로 산다. 마약과 알코올, 도박, 포르노 중독이 만연하다. 20세기 중반만 해도 기피했던 낙태와 동성애를 정상적인 행동으로 도리어 조장하고 실천한다. 유럽과 북미에 사는 사람들이 기독교 신앙의 뿌리를 버리자 정체성도 불분명해졌다. 이는 산아 억제 관행으로 이어졌다. 유럽 대부분 국가와 미국 몇몇 주에서 출산율은 가임여성 1인당 1.2-1.5명으로 사회를 유지해 나갈 수도 없는 수준이다. 어쩌면 한 세대도 지나기 전에 문화적 자살이 일어날지도 모른다.

드보라와 느헤미야, 성경의 수많은 개혁자처럼 그리스천도 이 같은 사회적 흐름을 바꾸는 자로 부르심 받았다. 우리는 일어나 부르심을 발견하고 삶에서 부르심을 성취하여, 우리 사회에 유익을 끼치고 하나님 나라를 확장해야 한다. 서구 사회에서든 개발도상국에서든 이 부르심을 감당해야 한다. 시편 24편 7-10절의 외침이 우리의 외침이 되어야 한다.

> 문들아 너희 머리를 들지어다
> 영원한 문들아 들릴지어다
> 영광의 왕이 들어가시리로다
> 영광의 왕이 누구시냐
> 강하고 능한 여호와시요
> 전쟁에 능한 여호와시로다
> 문들아 너희 머리를 들지어다

영원한 문들아 들릴지어다
영광의 왕이 들어가시리로다
영광의 왕이 누구시냐
만군의 여호와께서
곧 영광의 왕이시로다.

이 시편의 첫 구절이 선포하는 대로 여호와는 땅과 거기에 충만한 모든 것의 창조주시오 주인이시다. 여기서 문은 영광의 왕이 들어가시는 영광스런 시온성을 지칭한다. 영광의 왕이 통치하고 다스리시기 위해 그 성을 취하고 계시다.

성문에서 일한다는 것은 곧 왕을 위해, 왕과 함께 일한다는 뜻이다. 우리는 왕의 구속이 임하고 그분의 나라가 임하시는 광경을 보기 위해 일한다. 그래서 이 세계와 모든 피조물을 향한 그분의 본연의 뜻이 성취되는 모습을 보기 위해 일한다.

오늘날의 성문에서 변화의 일이 얼마나 막대한 잠재력을 지니는지 탐구하기 위해, 이어지는 장에서는 역사의 순간순간에 크리스천들이 성문을 어떻게 취했으며 사회를 변화시키는 데 어떻게 일조했는지 살펴보기로 하자.

제19장

사회 영역

이번 장에서는 성문을 취하여 사회를 변화시킨 역사 속 크리스천들을 살펴보고, 오늘날 '성문'에서 변화시키는 일이 얼마나 막대한 잠재력을 갖고 있는지를 탐구해 보자.

성경 시대에 성문이 상징하던 바가 오늘날의 세계에서는 사회의 영역이라는 개념으로 나타난다. 예수 그리스도와 그분을 따르는 크리스천들은 세계의 어떤 종교나 사회 운동보다 사회의 영역을 선하게 변화시켜 왔다. 기독교 덕분에 세상이 완벽해졌다거나 기독교의 이름으로 끔찍한 부정과 잔학상이 자행된 적이 없다는 얘기가 결코 아니다. 하지만 기독교가 사회를 선한 방향으로 이끌어 가는 데 가장 큰 기여를 했다는 사실을 역사의 기록이 입증한다.

《기독교의 부상: 사회학자의 역사 재고찰》(*The Rise of Christianity: A Sociologist Reconsiders History*)에서 복음주의 사회학자 로드니 스타크(Rodney Stark)는 이렇게 썼다.

기독교가 역사상 가장 포괄적이고 성공적인 활성화 운동의 하나가 된 이유는 기독교만의 독특한 교리 때문이라고 생각한다. 기독교가 부상한 까닭은 이 교리들이 실제로 **육신을 입고**, 조직과 개인의 활동을 이끌어 냈기 때문이다.[1]

크리스천이 복음에 육신을 입힐 때 사회가 변화했다. 역사가 토머스 카힐(Thomas Cahill)은 "기독교가 가져온 '최초의 일격'은 '수 세기를 넘어' 지속적으로 온 세상에 '행동과 사상'을 뿌렸다"[2]라고 말했다. 그리스도의 제자들은 역사의 흐름 속에서 하나님 나라를 위해 사회의 다양한 영역을 취하며 부르심의 삶을 살았고, 기독교의 '행동과 사상'은 다양한 영역, 다양한 분야를 변화시켰다.

앨빈 슈미트의 《기독교의 영향력: 기독교가 어떻게 문명을 변화시켰는가》(*Under the Influence: How Christianity Transformed Civilization*)의 서문에서 웨스턴 미시간 대학의 폴 마이어(Paul L. Maier) 고대사 교수는 그리스도와 그분의 제자들이 어떻게 역사를 형성했는지 설명한다.

일일이 셀 수 없을 만큼 수많은 개개인의 삶뿐 아니라 문명 자체가 예수 그리스도를 통해 변화됐다. 고대 사회에서 그리스도의 가르침은 야만적이던 도덕의 기준을 높이고 영아 살해를 종식시키고 인간다운 삶을 고양했으며 여성을 해방시키고 노예제도를 폐지하고 자선단체와 구호 기관을 태동케 했으며 병원을 세우고 고아원과 학교를 설립했다.

중세 시대에 기독교는 장서를 필사하고 도서관을 설립하며 휴전을 통해 분쟁을 완화하고 조정함으로, 홀로 고전 문화의 생명을 유지하다시피 했다 해도 과언이 아니다. 대학을 설립하고 노동을 신성한 소명으로 승화시키며 문명의 빛을 변방의 야만인들에게까지 전한 이들은 다름 아닌 크리스천들이었다.

근대에는 적절하게 표현된 기독교의 가르침이 과학 발전을 도모하고 정치, 사회, 경제적 자유의 개념을 불어넣고 정의를 진작시키고 우리가 오늘날 소중히 여기는 미술, 건축, 음악, 문학 분야에서 눈부신 성취를 이루는 데 가장 큰 영감이 됐다.[3]

우리의 부르심도 여기 열거된 영역 중 어딘가에 있다. 이스라엘 백성은 성문에서 이루어지는 공동체의 역동적인 삶에 참여했다. 그리스도의 제자들은 삶의 모든 분야에서 그리스도가 이 땅에서 행하신 족적을 따라왔다.

마찬가지로 우리의 삶에서도 부르심을 따라 무한의 능력을 발휘한다. 우리는 부르심을 삶으로 실현하기 위해 공동체와 사회를 변화시키는 일에 참여해야 한다. 그 가능성은 우리의 상상을 초월한다. 잠재력은 무궁무진하다.

사회 영역들을 살펴보는 이 장에서는 앨빈 슈미트의 《기독교의 영향력》과 스타크의 《기독교의 부상》, 제임스 케네디(James Kennedy) 박사와 제리 뉴콤(Jerry Newcombe) 공저 《예수가 만약 태어나지 않았다면》(청우 역간)을 상당 부분 활용하려고 한다. 이 책들은 다양한 시대의 기록과 사례를 인용해 크리스천의 라이프워크를 통해 변화된 나양한 영역들을 보여 준다. 과거에서 교훈을 얻어 오늘 우리의 부르심을 향해 나아갈 힘을 얻게 되기를 소망한다.

이번 장에서는 현대 사회의 6대 영역인 정부, 교육, 보건, 예술, 경제, 과학을 깊이 들여다보자.

정부

하나님 나라의 변화는 개인의 마음과 생각에서 시작해 가정을 통해 교회로, 교회를 통해 사회의 다른 영역들로 뻗어 간다는 점을 앞서 확인했다. 사회 전체를 살펴보는 이번 장에서 정부 영역을 가장 먼저 생각해 보고자 한다. 하나님은 사회의 기본적인 제도로 세 가지를 주셨다. 가정(창 2:24), 교회(마 16:18), 정부 즉 국가다(창 9:6). 어떤 사회든지 이 세 가지가 가장 근본적인 제도다. 사회가 건강하려면 이 세 가지 제도가 건강해야 한다. 이 셋이 건강하려면 서로 바른 관계가 구축되어 있어야 한다.

바른 관계를 구축하려면 먼저 하나님이 모든 피조물의 주권자이심을 인정하고, 하나님과 그분의 법과 규례가 이 세 가지 제도를 각각 주관한다는 점을 깨달아야 한다. 각 제도는 오직 하나님 한 분에게서만 생명과 경계선, 권위를 얻는다. 그렇기 때문에 각각의 제도가 하나님의 법과 규례에 자발적으로 순종할 때에야 비로소 건강해진다. 이때의 순종은 단순한 순종이 아닌 자발적 순종이다. 순종은 외부의 억압으로 강요할 수 있는 것이 아니기 때문이다. 인간은 자유인으로 태어난다. 따라서 순종은 내적인 동기와 자율에서 비롯된다. 이 세 가지 제도는 또한 오직 하나님께만 책임을 진다. 세 가지 제도가 서로 연결되어 있고 사회의 구성원들이 이 세 가지 제도에 모두 참여하지만, 각 제도가 오직 하나님께만 복종하고 책임질 때 서로 악용하지 않고 각자의 무결성을 지킬 수 있다.

신학자 J. I. 패커(J. I. Packer)는 이 점을 다음과 같이 포착했다.

> (가정, 교회, 국가) 제도는 아버지를 대신해 온 우주를 통치하시는 그리스도 아래서 각자 권위를 행사하는 영역을 둔다. 각 영역은 서로 경계선을 분명히 해야 한다. 타락한 세상에서 이들은 무정부상태와 약육강식의 법칙, 사회 질서의 해체를 막는 울타리가 되어 준다.[4]

정부에는 검을 사용할 능력이 있고, 교회에는 하나님 말씀의 능력이 있다. 교회가 검을 휘둘러서는 안 되고, 정부가 하나님의 말씀을 강탈해서는 안 된다. 또한 가정은 다음 세대를 양육하고 교육할 책임이 있다. 오늘날 사회에서 교육을 정부의 책임이라 생각하고 있지만, 사실 그렇지 않다.

이 세 가지 근본적인 제도는 만유와 인간사의 주권자이신 하나님을 인정할 때 성경적인 관계를 형성한다. 그럴 때 자유와 자율(self-goverment)이 주도한다. 하나님은 자유롭고 자율적인 인간을 다스리는 주권자시다. 이 개개인이 가정과 교회, 국가의 구성원이다. 인간이 아닌 법이 국가를 다스린다.

각각의 제도는 하나님의 법 아래서 하나님의 영광을 위해 각자의 영역에서 기능한다. 각자 하나님의 주권 하에서 권위를 부여받은 영역을 지키고 다른 영역에 대해서는 권위를 행사하지 못한다. 가정은 자녀를 신체적으로, 정서적으로, 사회적으로 양육하고 지식과 지혜, 덕이 자라도록 교육할 책임을 위임받았다. 자녀들이 자라 자유롭고 자율적인 시민이 되도록 양육하고 교육하는 책임이다.

교회는 하나님의 말씀을 말과 행동으로 선보할 책임을 위임받았다. 공동체로 예배하며 성도들이 일터와 공공영역에서 자유로운 시민이 되고 사회의 안녕을 위해 섬기는 자가 되도록 준비시킬 책임이다.

정부의 주된 책임은 무력이다. 세상은 타락했고 우리 또한 죄성이 가득하기 때문에 정부는 외부의 위협으로부터 시민을 보호하고 사회의 평화와 안정을 담보할 책임이 있다. 법치를 수호하고 자유로운 상업 활동과 시민 자유를 위한 환경을 확립해야 한다.

자유로운 인간이 가정에서 부모로서, 교회에서 지체로서, 사회에서 시민으로서 책임을 다할 때 성문이 선한 영향을 받는다. 다양한 사회 분야가 진리와 아름다움과 선함의 하나님 나라 문화로 물든다. 그러면 진정 자유롭고 정의로우며 온전한 사회가 실현된다. 이런 사회를 '입헌 공화국'(constitutional republic)에 비유할 수 있겠다. 이런 사회에서는 자유롭고 자율적인 시민이 성문에 앉는다.

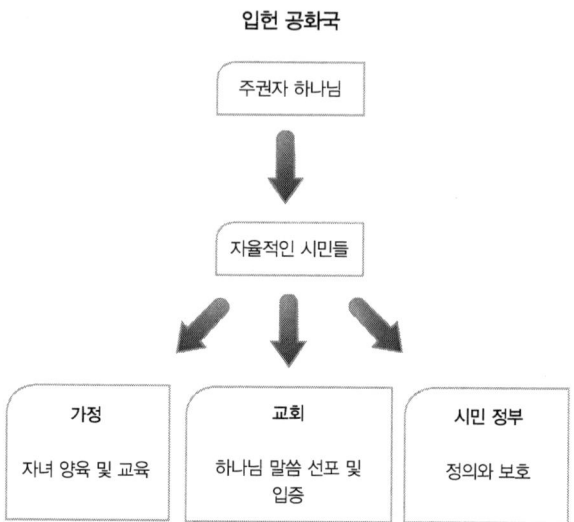

이 사회적 질서는 국가가 아닌 하나님이 자유를 주시는 분이며, 자유가 인간 내부에서 비롯된다는 점을 인정한다. 또한 가장 높은 형태의 통치는 내적인 자율임을 인정한다. 네덜란드의 법률가이자 신학자인 후고 그로티우스(Hugo Grotius)는 자율의 원칙을 이렇게 요약했다.

한 지방을 다스리지 못하는 사람은 나라를 통치하지 못하며, 한 성읍을 관장하지 못하는 사람은 지방을 다스리지 못하며, 한 마을을 관리할 줄 모르는 사람은 성읍을 관장할 수 없으며, 한 가정을 이끌지 못하는 사람은 마을을 관리할 수 없으며, 자신을 다스리는 법을 모르는 사람은 가정을 잘 다스릴 수 없다. 또한 이성을 자신의 주인으로 삼고 의지와 욕구를 가신으로 부리지 못하는 사람은 자신을 다스릴 수 없으며, 이성이 하나님께 통치를 받고(온전히) 순종하지 않으면 이성이 올바로 다스릴 수 없다.[5]

크리살리스 인터내셔널(Chrysalis International) 설립자이자 내 친구인 엘리자베스 유먼스(Elizabeth Youmans) 박사는 이 원칙을 더 명확히 정리한다.

자율이라는 기독교 원칙은 하나님이 믿는 자의 마음에서부터 내적으로 통치하신다는 의미다. 참된 자유를 얻으려면 인간은 **기꺼이**(자발적으로) 외부의 힘이 아닌 하나님의 말씀과 성령에 **내적**으로 통치받아야 한다. 통치는 먼저 내부에서(원인) 시작되어 외부로(결과) 확장된다.[6]

국민이 자율적일수록 국가가 자유롭다. 국민이 자신을 잘 다스리지 못하면 국가의 권력이 더더욱 필요해진다. 펜실베이니아의 설립자 윌리엄 펜(William Penn)은 "하나님의 통치를 받지 않는 사람들은 폭군의 지배를 받게 될 것이다"[7]라고 썼다. 내적으로 하나님의 통치를 받는 사람들은 자유와 정의를 진작시키고 가정과 교회, 사회의 모든 영역을 존중하는 시민 사회에 참여할 수 있다.

이 같은 정부를 실현하기 위한 원칙이 성경적 세계관에 담겨 있다. 개인과 가정, 교회처럼 정부도 살아 계신 하나님을 섬길 때 잠재력을 최대한 실현하게 된다. 정부의 건강은 하나님의 법과 규례에 얼마나 순종하느냐에 따라 결정된다. 나라의 법이 하나님의 도덕률, 십계명을 바탕으로 하고, 자유롭고 자율적인 시민들이 이 법을 준수할 때, 그로 말미암아 진리와 정의, 자유가 나타난다.

하나님은 우리에게 그분과 그분의 길을 계시하시어, 인간이 진리와 정의, 자유에 입각한 정부를 실현하게 하셨다. 앞서 논의한 대로 하나님은 창조세계와 계시를 통해 우리에게 자신을 보이신다. 하나님의 규례는 실체 속에 녹아들어 자연 질서와 형이상학적, 도덕적 질서를 수립한다. 하나님은 모든 사람이, 그분이 지으신 것들을 통해 그분의 실재를 알고 그분의 본성을 깨닫도록 피조물을 통해 분명하게 말씀하신다(롬 1:18-20). 신학 용어로 이를 일반계시라고 한다.

마찬가지로 하나님의 도덕률도 피조물과 하나님의 말씀을 통해 계시된다. 바울은 "그 양심이 증거가 되어…그 마음에 새긴 율법"(롬 2:15)에 대해 이야기한다. 이 계시도 피조물 가운데 내재되어 있다. 옛사람들은 옳고 그름을 깨닫게 하는 이 같은 계시를 '자연법'이라고 불렀다. 성경은 또한 십계명과 그리스도의 삶을 통해 하나님의 도덕적 본성을 계시한다.

로마서에서 바울은 고대 그리스 로마 사회가 피조물과 인간의 양심에 계시된 법, 즉 자연법을 **읽을** 수 있다고 증거한다. 슈미트는 이렇게 썼다.

> 자연법은 인간이 건전한 이성을 사용하여 도덕적으로 무엇이 옳고 그른지를 파악하게 하는 자연의 과정으로 이해됐다. 자연법은 모든 인간의 법의 영원불변한 기초로 인식됐다.[8]

하지만 자연법조차도 '해석'과 적용이 필요했고 그 역시도 자기 이익을 구하고 성경의 계시와 지침 없이 일하는 타락한 인간의 몫이었다. 그 때문에 왕과 통치자의 욕망이나 횡포, 변덕에 따라, 입법 자체가 불의하고 잔혹하게 이루어지는 경우가 허다했다.

하지만 모세의 율법은 그리스 로마법과는 사뭇 달랐다. 모세의 율법은 하나님이 법의 근원이심을 강조했다. 그래서 이스라엘은 법을 다른 나라와는 매우 다른 각도에서 이해했다. 왕이나 독재자, 정부가 법을 정하는 궁극적 권위를 행사하는 다른 나라와 달리(오늘날 서구 민주국가에서는 '국민'에게 이 권위가 있다), 이스라엘에서 법에 대한 궁극적 권위는 하나님께 있었다.

가장 근본적인 차이는 십계명이 선포되면서 나타났다. 사람들은 종종 십계명의 시작인 "나는 너를 애굽 땅, 종 되었던 집에서 인도하여 낸 네 하나님 여호와니라"(출 20:2)는 구절을 그냥 지나친다. 하지만 사실 이 구절은 이어지는 계명과 불가분의 관계다. 하나님의 법이 노예 생활로부터의 구속이라는 위대한 진리에서 시작되며, 따라서 이어지는 계명과 율법도 구속적 성격을 띤다는 점을 뜻하기 때문이다. 즉, 율법은 이스라엘 백성의 구원의 경험과 옛 이스라엘이 받은 놀라운 은총의 토대 위에 세워졌다(시 147:19-20 참고).

나아가 십계명의 목적은 개인적 경건만이 아니었다. 그때까지 민족 전체를 아우르는 법이 전무했던 백성에게 사회적 질서를 계발하고 부여할 목적으로 하나님이 주신 법이 십계명이었다. 이전에 이스라엘 백성은 사회적, 정치적 부분에서 애굽의 법에 의시했다.

이스라엘 백성은 법을 이해하는 폭도 다른 나라와 달랐다. 수많은 고대 법조문들이 오직 법적인 문제만을 다루며 도덕적, 종교적 문제는 다른 문헌의 몫으로 남겨두었지만, 모세의 율법에서는 법적, 도덕적, 종교적 명령이 불가분의 관계를 형성한다.

그리스도의 초림 이후로 크리스천들은 성경의 법을 해석하고 자신의 도시와 나라에서 이를 적용해, 불의하고 억압적인 정책과 법을 바꾸기 위해 힘써 왔다. 과거를 돌아보면 족장이나 왕, 황제들은 자기 하고 싶은 대로 하고 살았다. 오늘날로 따지면 독재인 셈이다. 법을 만들어 놓고는 자신을 제외한 모든 사람이 복종하도록 했다. 기록에 따르면, 황제에게 법을 따르라고 책임을 물은 최초의 인물은 밀라노의 감독 암브로시우스(Ambrosius, 340?-397)였다. 그는 테오도시우스 황제(재위 379-395)가 무고한 사람들을 학살하라고 명하자 반기를 들었다.[9]

13세기 초, 캔터베리 대주교 스티븐 랭턴(Stephen Langton)은 존 왕이 자유를 보장한 문건 중 가장 중요한 문서로 평가되는 대헌장(Magna Carta)에 날인하게 만드는 데 지대한 역할을 했다.[10] 대헌장은 왕마저도 법치에 복종하도록 하는 것이었으며, 시민에게는 기본권을 부여했다. 대헌장은 무엇보다 정의를 돈으로 사고팔 수 없고, 대표가 없는 곳에는 과세를 할 수 없으며, 재판 없이는 구금할 수 없고, 합당한 보상 없이는 재산을 몰수할 수 없음을 확고히 했다.[11]

1520년 마르틴 루터는 정교분리 정책을 촉구했다. 예수님이 하나님의 나라와 가이사의 나라를 구분하셨다(마 22:21)는 성경적 관점을 바탕으로, 루터는 정교분리를 주장했다. 또 크리스천은 두 나라의 시민으로서 복종

존 W. 화이트해드 John W. Whitehead 의 이야기

꽤 오래전 나의 멘토인 프란시스 쉐퍼가 크리스천 변호사들에게 들려준 이야기를 접하게 됐다. 쉐퍼는 변호사들에게 법조계에서 크리스천 변호사란 어떤 사람인지 물었다. "접견실 탁자에 기독교 잡지를 한 권 놔두면 될까요?"

이어서 쉐퍼는 젊은 변호사들에게 상당히 심각한 질문을 던졌다. "최근 대법원에 올라가서 기여한 일이 있습니까?" 그 자리에 존 화이트해드라는 젊은 변호사도 있었다. 쉐퍼의 질문을 받은 화이트해드는 자신의 삶과 일을 다시 성찰하게 되었다. 그리고 1982년에 민권 및 인권 문제를 전문적으로 다루는 공익 법률 사무소 루터포드 인스티튜트를 설립했다. 루터포드 인스티튜트는 25년 이상 무료 법률 서비스를 제공해 왔으며, 미국 사회에서 미국 자유 인권 협회를 견제하며 무게 중심을 잡아 왔다.

존 화이트해드는 이것이 크리스천 변호사에 대한 일반적 인식을 거스르는 행동이었다고 털어놨다. "종교적인 사람들은 대개 문화에서 발을 빼고 뒤로 물러서서 아예 관여를 하지 않았죠." 심지어 어떤 크리스천들은 화이트해드에게 "크리스천이 법조계에 관여하는 것은 비성경적"이라고 말하는 이들도 있었다.[13]

의 의무를 다해야 한다고 말했다. 장 칼뱅은 성경적 법과 규약을 해석하여 이를 유럽에 적용하기 위해 방대한 연구를 했다.

종교개혁자들의 사상은 대서양을 건너가 식민지 아메리카에 질서를 세우고 미합중국 건국에 긴요한 역할을 했다. 저명한 영국 법학자 윌리엄 블랙스톤 경(Sir William Blackstone, 1723-1780)은 바울(롬 1:18-20, 2:14-15)과 헬라인들에게서 교부들을 통해 전해진 자연법 개념을 상당 부분 활용했다. 미국 건국의 아버지들은 그가 남긴 《영국법 해설》(Commentaries on the Laws of England)을 빠짐없이 읽었다. "세계에서 가장 위대한 자유와 정의의 헌장"이라 불리는 미국 헌법에 서명한 건국의 아버지 39명 가운데 절반 이상이 크리스천이었다.[12]

수십 년 동안 인내와 믿음, 행동의 시간을 보낸 지금, 존 화이트해드가 설립한 루터포드 인스티튜트는 쉐퍼의 물음에 긍정적으로 답할 수 있다. 2007년 루터포드 인스티튜트는 1,594건의 법률 자문 요청을 처리했으며 민권 및 인권 침해에 관한 66건의 사건은 조정과 소송 단계를 거쳤고 미 연방 대법원에 직접 상고한 건도 상당수였다.[14]

25년 동안 루터포드 인스티튜트의 기여로 미국은 언론의 자유, 종교적 자유, 교회의 권리, 부모의 권리, 성희롱 방지 및 처벌에서 큰 진보를 이뤘다. 최근에는 비폭력 낙태 반대 운동가들의 언론의 자유를 보호하기 위해 루터포드 인스티튜트의 구성원들이 "미합중국에서 언론의 자유는 대중적인 강연가들뿐 아니라 인기 없는 이들과 견해가 다른 이들에게도 보장되어야 한다"[15]는 신념을 밝혔다.

다른 사건에서는 미성년자의 낙태에 부모의 동의가 필요치 않다는 하급 법원의 판결을 무효화해 달라며 대법원에 법정 조언자에 의한 의견서를 제출했다. 대법원이 이에 수긍하는 판결을 내리자, 루터포드는 다음의 성명을 발표했다. "대법원이 낙태처럼 인생을 뒤바꿔 놓는 결정에 당면한 미성년자들을 보호할 주와 부모의 권리를 확인해 준 것을 기쁘게 생각합니다.…미성년자가 바디 피어싱이나 문신, 선탠을 하기 위해 부모의 동의를 받아야 한다면, 낙태처럼 삶을 뒤흔드는 문제에 대해서도 부모가 알아야 하지 않겠습니까?"[16]

오늘날 우리가 당연시하는 서구 사회의 특징들은 그 뿌리를 상당수 성경적 세계관에서 찾을 수 있다. 각각의 영역이 자율의 원칙에 따라 다른 영역을 지배하지 않으며 오직 하나님께만 책임을 진다는 정교분리의 원칙은 이미 살펴봤다. 법치와 견제와 균형(삼권 분립)도 인간의 타락에 대한 성경적 이해와 연계된다. 법 앞에 만인이 평등하다는 원칙은 모든 인간이 하나님의 형상을 따라 만들어진 존재이기 때문에 동등한 존엄성과 가치를 지닌다는 사실과 결부되어 있다.

하나님은 통치영역인 정부를 수립하셨다. 하나님의 통치, 자신을 다스리는 통치인 자율, 그리고 시민 통치인 정부를 인정하셨다. 또한 자유와 정의로 어떻게 다스리고 다스림을 받는지 보여 주셨다. 하나님은 영향력

루터포드 인스티튜트가 자신들과 같은 가치관을 가지고 행동하는 사람들뿐 아니라 미국 내 모든 사람의 개인적 권리를 보호하는 데 헌신한다는 점을 기억해야 한다. 그러다 보니, 어느 때고 이들을 불편해하는 사람이 있기 마련이다.

화이트해드는 이렇게 말했다. "모든 미국인이 정부가 정한 일부 사람들에게뿐만 아니라 모든 시민에게 헌법에 보장된 권리와 자유가 적용된다는 사실을 기억하게 되기를 소망합니다."[17]

2008년 9월 '법의 성문에 앉는' 일의 연장 선상에서 화이트해드는 상원 법사위원회 헌법 소위원회에서 증언해 달라는 요청을 수락했다. 미국의 법치 약화 문제에 대한 견해를 피력해 달라는 요청이었다. 서면 증언에서 그는 이렇게 밝혔다.

"지금은 미국 역사상 법치 준수와 삼권 분립, 정부 권력과 남용 견제의 필요성이 가장 큰 때입니다.…미 정부가 전개하는 테러와의 전쟁의 여파가 나라 안팎으로 확연히 느껴지는 지금은 더더욱 그렇습니다."[18]

루터포드 인스티튜트는 자유를 위해 목소리를 드높이며 미국이 헌법과 권리 장전을 준수하는지 끊임없이 의문을 제기했다. 모든 사람에게 영향을 미치는 복잡다단한 법과 정부 분야에서 부르심을 따른 존 화이트해드의 라이프워크가 보여 주듯, 크리스천은 사회와 문화의 모든 분야에 참여할 수 있으며 반드시 그렇게 해야 한다.

있는 영역인 정부에서 그분의 구속적 통치(redeeming reign), 하나님 나라를 보여 주라고 크리스천들을 부르신다.

오늘의 부르심

- 자유와 정의, 자율의 개념을 증진시키라. 정부 부처에서 일하든 가정, 학교, 언론, 기업, 교회, 지역사회 지원 프로그램에서 일하든 이 부르심에 응답할 수 있다.
- 준법 시민이 되라.
- 이슈와 후보자를 아는 식견 있는 유권자가 되라.
- 지역이나 국가적인 차원에서 다양한 방법으로 정치 프로세스에 참여하라. 공청회나 교육위원회 회의에 참여하거나 선출직 대표에게 의견을 개진하거나 투표소에서 자원봉사를 하거나 선거 운동에 참여하라.
- 정부 조치나 지역 법이나 국가의 법, 국제법이 하나님의 법에 반할 때 권위에 항거하라. 진리와 정의를 드러내는 조치나 법안에 지지를 표명하라.
- 시, 도, 중앙 정부에서 능력 있고 정직한 공무원으로 일하라.
- 시의회, 지역 상수도 위원회부터 지역정부, 중앙정부에 이르기까지 공직에서 섬기라.
- 안팎에서 정부나 정부 기관의 부패에 맞서 싸우라.
- 필요 시, 시민 불복종에 참여하라.

교육

넓게 봤을 때 교육은 다양한 학습 형태와 지도를 통해 (세속적인 부분뿐 아니라 도덕적, 종교적 부분에서도) 타고난 역량을 계발하는 영역이다. '교육하다'(educate)의 라틴어 원어는 에두카레(*educare*)로, "끄집어내다 혹은 이끌어내다"라는 뜻이다. 이는 교육의 주된 목적이 하나님이 인간에게 주신 잠재력을 끌어내는 것임을 상기시켜 주는 대목이다. 크리스천들은 다른 영에서처럼 한 손에는 성경을, 다른 손에는 책을 들고 이 영역에 진입해야 한다. 성경과 교육의 관계는 역사를 한참 거슬러 올라간다. 성경은 삶과 일, 세계관에 관한 근본적 원칙을 확립해, 좋은 교육이 제공될 수 있는 틀을 제시한다. 기독교 시대 이전에도 삶의 모든 문제와 사고에 관한 하나님의 계시를 한 세대에서 다음 세대로 전달하는 다양한 교육 과정을 통해 구약이 기록됐다.

안타깝게도 성경적 세계관을 따르는 사회는 극히 드물다. 사도 바울의 표현을 빌려 단도직입적으로 말하자면, 하나님보다는 손으로 만든 우상을 예배하고 섬긴다는 얘기다(롬 1:25). 그 결과 창조주이신 하나님의 계시와 죄와 구속, 그리고 이들과 교육 패러다임의 관계를 거의 이해하지 못한다. 이런 사회는 창조주보다 자기 자신을 높게 여기고, 교육은 우상숭배의 태도를 계발하는 또 하나의 영역으로 전락하고 만다.

엘리자베스 유먼스 Elizabeth Youmans 의 이야기

교육자 엘리자베스 유먼스 박사는 성경이 '영적인' 책인 동시에 삶 전체를 포괄하는 '사용설명서'임을 깨달았다. 그래서 하나님의 말씀이 인간과 어린이의 참된 본질을 확립하기 때문에 교육 분야도 하나님의 말씀에 귀 기울여야 한다는 점을 분명히 이해했다.

세속적 환경에서 성장한 대다수 크리스천 교육자들은 어린이와 인간의 본질을 무신론적 관점에서 이해하고 부지불식간에 세속의 철학과 교육 철학을 따르는 경우가 부지기수다. 그러면서도 크리스천을 교사로 고용하고 채플 시간과 성경공부 시간을 더한 후 기독교 교육을 실천한다고 생각한다.

엘리자베스 유먼스는 어린이가 자기 나름의 신학을 발전시키도록 도우려면 성경을 기초로 삼아야 하며, 성경적 기독교 세계관에 입각한 교육 철학과 교육법을 계발해야 한다고 확신한다.

첫 번째 질문은 하나님이 어린이들을 백지로 만드셨는지, 또는 꽉 찬 그림으로 만드셨는지 성경적 기독교 교육관은 어린이와 청소년, 성인들이 하나님이 우리에게 돌보라고 맡기신 창조세계의 선한 잠재력과 자원을 이끌어 낼 수 있도록 훈련하고자 한다. 어린이와 학생들이 하나님의 법과 진리에 순종하는 자리에 나아가도록 이끌어 줄 때, 성인이 된 그들이 사회의 면면을 구속하고 새롭게 하며 변화시키는 데 일조하게 된다. 이런 점에서 크리스천 교육자들은 학교와 사회에 막대한 공헌을 할 수 있다. 하나님 나라를 위해 교육의 성문을 점령하는 일은 어느 시대에나 기독교의 주된 목표였다.

초대교회 시대에 기독교 교육은 종교적이고 도덕적인 지침과 이 지침의 실질적 적용에 초점을 맞췄다. 신학적인 내용과 이 신학적 진리에 실질적으로 순종하라는 권면이 결합되어 있는 상당수의 서신서가 그 방증이다. 새로운 개종자들을 가르치기 위한 12사도의 교훈(Didache)[19] 같은 교육서와 신앙과 실천을 가르친 2세기 순교자 저스틴의 '교리문답식' 학교[20] 이

의 여부다. 백지로 만드셨다면, 아이가 기억하고 '정답'을 반사적으로 뱉어 내도록 어린이의 머릿속에 정보를 꽉꽉 채워 주는 교육 철학이 필요하다. 그러나 반대로 꽉 찬 그림으로 만드셨다면, 어린이에게서 그리스도의 잠재력을 끌어내어 성경적 관점에서나 진리에 입각해서 생각하고 사유하는 능력을 계발하게 해주는 교육 철학이 필요하다. 교육의 역할은 모든 어린이에게서 최대한의 잠재력을 끌어내어, 그 아이의 삶을 향한 하나님의 목적을 성취하는 것이다.

모든 사고와 사유는 모름지기 일정한 기초, 가정, 철학에서 시작된다. 하나님 관점의 사고의 기초는 하나님의 계시된 진리와 말씀이다. 하나님의 말씀은 기독교 교육의 핵심이다.[21]

이에 따라 유먼스 박사는 말씀 중심 교육을 개척했고, 지금은 역사적, 성경적 사유 방법을 사용하고 있으며, 하나님의 진리의 말씀을 교육의 중심에 두는 프린시플 어프로치 Principle Approach 의 리더로 재직 중이다. 또 평교사와 교육 행정가, 교사 교육 담당자, 대학원 교수, 교과 과정 계발자, 미션 스쿨과 홈스쿨을 위한 12년 프린시플 어프로치 교과 과정인 노아 플랜의

후로 교육은 더욱 짜임새 있게 발전했다. 교부들이 설립한 교리문답식 학교의 패턴을 따라, 감독의 관리 하에 대성당과 교회 건물 옆에 학교들이 세워졌다. 이 학교들은 교리, 그리고 이른바 7대 인문학을 가르쳤다. 학제는 문법, 논리학, 수사학의 3학과와 산술, 음악, 기하, 천문학의 4학과, 두 부분으로 구성됐다.[22] 기독교 교육이 종교적, 도덕적 교육을 넘어 삶의 모든 영역을 아우르기 시작했다는 점에 주목하자. 이 같은 학제는 고전적인 기독교 교육으로 인정되었지만, 성경의 기초를 버린 오늘날의 세속 사회는 이것을 그저 인문학으로 볼 뿐이다.

중세 시대에 그리스도의 제자들은 최초의 대학을 설립하면서 고전적인 기독교 교육을 더욱 확장했다. 그리스와 로마에서 몇몇 세계 최고의 철학자와 시인, 학자들이 배출되기는 했지만, 이것이 고등교육 기관을 설립하는 것으로 이어지지는 못했다.[23] 하지만 모든 영역에서 성경적 지식

편집자로 일했다.

열정적인 교육자 유먼스 박사는 프린시플 어프로치를 개발도상국의 교육에 적용하라는 하나님의 부르심에 적극적으로 응했고, 현재 버지니아에 있는 리젠트 대학의 객원 교수로서 고국에서 교육 지도자가 될 해외 유학생들을 훈련시키고 있다. 또 성경적 원칙을 교육에 적용하도록 크리스천 글로벌 리더들을 가르치는 비영리 교육연구소 크리살리스 인터내셔널 Chrysalis International 을 설립해 운영하고 있다. 전 세계를 누비며 성경적 세계관에 입각한 교육 비전을 나누며 크리스천 교사들을 훈련하고 세계 각지의 극빈 지역에서 학교 설립과 크리스천 교육자 연합회 설립을 돕고 있다. 그뿐 아니라 AMO라고 하는 원칙 중심 교과 과정도 계발했다.

네 명의 자녀와 일곱 명의 손자 손녀를 둔 엘리자베스 유먼스의 라이프워크는 온 세상의 어린이들을 끌어안는다. 유먼스 박사는 "모든 어린이가 하나님의 형상을 따라 지어졌으며 영원한 삶을 유업으로 받았으며 하나님의 이야기 속에서 자신만의 이름과 열정, 이야기, 자리를 약속받았다"[24]라는 진리를 자신의 일을 통해 고백한다.

을 추구하려는 열정으로 무장한 그리스도의 제자들은 고등교육으로 자라날 씨를 뿌려, 뿌리가 내리게 했다. 유럽에서는 중세 시대 초기에 상당수의 기독교 수도회가 도서관을 세워 학자들을 불러 모으고 대학 설립의 기초를 다졌다. 최초의 대학은 1159년 이탈리아에 설립된 볼로냐 대학이었다. 얼마 후 스페인과 스코틀랜드, 스웨덴, 폴란드, 그리고 이탈리아 다른 지역에도 대학이 생겨났다. 이어 1200년에는 프랑스에 파리 대학이 설립됐고, 영국의 옥스퍼드 대학과 포르투갈, 독일, 오스트리아에도 대학이 생겼다.[25]

미국에서는 독립전쟁이 발발하기 전에 이미 크리스천들이 하나님 나라의 목적을 위해 성경적 원칙을 토대로 초기 대학들을 설립했다.[26] 하버드와 예일, 프린스턴 등이다. 사실 미국에 설립된 초기 대학 중 기독교에 뿌리를 둔 대학만 해도 100개가 넘었다.[27] 분명 크리스천들은 수백 년에 걸쳐 배움에 대한 뜨거운 열정을 품어 왔고, 다음 세대에 배움을 물려 줘야 한다는 책임감을 통감했다.

오늘날 당연시하는 교육의 또 다른 측면은 만인이 성별이나 인종, 사회적 지위와 관계없이 기본적인 교육의 기회를 보장받아야 한다는 '보편적 교육'이다. 보편적 교육이 보장하는 무조건적인 교육의 기회는 16세기 종교개혁자들이 남긴 또 하나의 유산이다. 이들은 종교지도자와 사회 지도자를 양성하기 위한 교육 이외에도 농부와 상인을 비롯해 모든 사람이 문법과 산술, 종교와 같은 기초적인 교육을 받아야 한다고 믿었다. 그 근저에는 성경을 다양한 언어로 번역해, 성직자들뿐만 아니라 누구나 성경을 읽을 수 있게 해주어야 한다는 강한 신념이 있었다. 케네디와 뉴콤은 "성경이 다시금 기독교의 중심이 되고 나서야 일반 대중을 위한 교육이 탄생했다"[28]라고 말했다. 교육사가 윌리엄 보이드(William Boyd)는 "사실 루터는 교육도 그가 선포하는 복음만큼이나 자유롭고 제한이 없으며, 성별과 사회 계급의 구분을 넘어서기를 바랐다"[29]라고 했다.

오늘날 교육의 영역에는 문제와 기회가 공존한다. 아프리카의 수많은 국가에서 에이즈 때문에 교육이 답보 상태거나 오히려 퇴보하고 있다. 교사가 드물고, 아이들과 가족들은 미래를 준비하기보다 하루하루 연명하는 편을 강요당한다. 수업료가 무료인 곳에서도 교복과 교과서, 학용품과 교통비 때문에 교육을 포기한다. 고아나 다행히 부모가 살아 있는 아이나 할 것 없이 생계를 위해 일을 해야만 한다. 에이즈가 창궐하지 않는 곳에서는 교육 자체가 제공되지 않거나 여아들이 교육의 기회를 박탈당하고 있다. 일손이 부족하다는 이유로 수백만의 아이가 교육을 받지 못하고 있다.

과테말라의 극빈 지역을 방문했을 때 한 친구가 그 지역의 학교 얘기를 들려주었다. 30년 전에 설립된 이 학교는 400명까지 수업을 받을 수 있는 시설을 갖췄지만, 6년 후에 그 학교를 졸업한 남학생은 30년 동안 고작 10여 명이었다. 수업을 들은 여학생은 역사상 단 1명뿐이었다. 이것이 수많은 개발도상국의 현실이다. 그렇기 때문에 더 많은 기독교의 영향과 기독교 교육 사역자들의 손길이 필요하다.

부유한 나라들도 교육적 딜레마에 봉착했다. 이 국가들은 이미 오래전에 덕성과 성품 계발 교육을 버리고 호전적으로 무신론적 유물론의 세계관, 진화론의 '과학'과 도덕적 상대주의를 주창해 왔다.

가정에서, 세계 각지에서 교육이 얼마나 절실히 필요한지 생각해 보면, 또 홈스쿨링과 공립 학교, 사립 교육을 비롯한 다양한 교육 방법을 떠올려보면, 교육 영역에서 크리스천들이 라이프워크를 발견할 기회가 무궁무진함을 깨닫게 된다.

오늘의 부르심

- 모든 민족이 성경을 읽을 수 있도록 언어를 문자화하라. 위클리프 성경번역 선교회와 같은 기독교 단체들을 섬기는 이들이 이 부르심을 따라왔다.

- 가난한 지역에 도서관을 세워 문맹 퇴치와 배움을 독려하라.

- 문맹률이 높은 사회에서 어린이와 성인을 위한 문맹 퇴치 프로그램을 개설하라. 문맹률이 낮은 사회의 문맹자들을 위해서도 프로그램을 운영하라.

- 훈련을 받지 못하는 이들을 위해 기술 훈련 프로그램을 개설하라.

- 잠재력 실현을 위해 남보다 더 많은 훈련과 격려가 필요한 어린이와 성인들을 개인적으로 지도하라.

- 부모에게 자녀 교육의 책임을 어떻게 감당해야 하는지 보여 주라.

- 성경적 세계관을 확고한 기초로 삼는 학교를 설립하고, 종교적 지침뿐 아니라 삶의 모든 부분을 아우르는 성경적 교과 과정을 운영하라.

- 시간과 물질을 비롯해 자원을 기부하여 자녀가 다니는 학교나 지역 학교를 후원하라.

- 당신이 일하는 분야에서 학생을 인턴으로 채용하거나 멘토가 되어 주라.

- 최고의 교수, 최고의 연구원, 기독교 학자로 일하라.

- 공립학교든 사립학교든 홈스쿨이든 다음 세대가 각자의 분야에서 섬기는 리더가 되도록 교육하는 교사나 행정가가 되라.

- 학교와 대학에서 학생들이 최고의 교육을 받도록 돕는 지원 스태프가 되라.

보건

보건과 질병을 바라보는 오늘날의 관점은 예수님이 사역하시던 당시와는 확연히 다르다. 잔혹과 폭력이 미덕으로 그려지고, 긍휼이 유약함의 표징으로 인식됐던 그리스 로마 시대를 떠올려보라(여기에 대해서는 다음 장에서 좀 더 상세히 논할 예정이다). '보건'은 지금과는 달리 우선순위가 아니었다.

그리스와 로마에는 의료 기관이 전무하다시피 했다. 작가 존 제퍼슨 데이비스(John Jefferson Davis)는 이렇게 썼다.

> 기독교가 태동하기 전 로마제국에는 오직 군사와 검투사, 노예들을 위한 병원만 있었다. 육체노동자와 빈민들은 갈 곳이 없었다. 사람들은 병자에게는 전혀 관심이 없었고, 대부분 병이 들면 집에서 쫓아내고 죽게 내버려 뒀다.[30]

하나님은 그리스도 당시, 그리고 이전의 유대 사회에 이교도들의 사고 방식을 버리고 하나님의 법을 따르라고 명하셨다. 건강한 삶의 핵심은 순

매리 홈그렌 Mary Holmgren 의 이야기[31]

목사 사모이자 여섯 자녀의 어머니, 열 명이 넘는 아이의 할머니인 매리 홈그렌의 라이프워크에서 하나님은 삶의 모든 순간을 엮어, 이를 병들고 연로한 이들을 돌보는 특별한 부르심으로 만드셨다. 노인들을 섬기는 한 여인의 평생의 천직을 통해 하나님은 평범한 자들 가운데 그분을 드러내셨다.

매리 홈그렌의 삶을 돌이켜보면, 일정한 패턴을 찾아볼 수 있다. 청소년기에 이미 매리는 노인들과 한집에 살았다. 1950년대에 어머니가 오늘날의 성인 가정 위탁에 해당하는 가정 요양원을 운영했기 때문이다. 남편을 잃은 후 가족을 부양하기 위한 방편의 하나로 택한 길이었다. 당연히 일손이 부족했고, 매리가 도와야만 했다. 매리는 그때 함께 살던 노인들을 대부분 할머니, 할아버지처럼 생각했다. 매리가 집을 떠난 후에도 이 부르심의 패턴은 계속됐다. 고등학교를 졸업한 후 사회 복지를 전공하던 매리는 말벗이 필요했던 한 노부인의 집에 기거했다. 몇 년 후 앨빈 홈그렌과 결혼한 후 매리는 목사 사모이자 한 여성으로서 젊을 때나 나이가 들어서나 자신이 성도들 중에서도 유독 연로한 어르신들을 중심으로 사역을 한다는 사실을 깨달았다. 어린 자녀들을 키우고 부모님을 모시는 상황에서도 매리의 집은 항상 찾아오는 어르신들로 북적였다. 매리의 자녀들도 어린 시절에 요양원과 병원, 장례식장에서 몇 시간씩 머물던 기억을 떠

종이었다(예를 들어, 신 7:11-15 참고). 레위기는 개인과 공동체의 건강을 유지하는 실질적 지혜로 가득하다. 특히 11장부터 15장은 영양과 식습관, 위생, 전염병, 출산과 육아에 관한 원칙들을 전한다.

예수님이 이 땅에 오셨을 무렵 유대의 세계관과 그리스 로마 세계관의 충돌이 극에 달했다. 특히 병자에 대한 태도에서 차이가 가장 확연하게 나타났다. '의학의 아버지'인 고대 그리스의 의사 히포크라테스가 히포크라테스 선서를 통해 보건 의료 분야에 윤리를 도입하고 의술과 미신을 분리하여 초기의 과학적 기초를 놓기는 했지만, 혜택은 주로 부자와 자유인의 몫이었다.

옮기곤 한다.

후일 자녀들이 대부분 장성하고 나자 홈그렌 부부는 말기 골암을 앓는 친구를 집으로 데려와 간병했다. 이후로 두 사람은 목회를 계속하면서 성인 위탁 가정을 열기로 했다. 집 1층을 손보고, 주에서 면허를 취득하는 데 필요한 모든 조치를 했다.

많을 때는 5명이나 되는 노인들이 홈그렌 가정에서 함께 살았다. 몇 개월 동안 머물다 떠나는 사람도 있었고, 몇 년 동안 가족으로 함께 산 사람도 있었다. 10년 동안 성인 위탁 가정을 운영하면서 매리는 매일 수많은 일을 반복했다. 한 명, 한 명 세심하게 둘러보았으며, 한 번도 거르지 않고 하루 세끼 식사를 준비했다. 노인들을 화장실까지 부축하고 소변 통을 비웠으며, 목욕을 시키고 약을 챙기고 한밤중에 호출 벨이 울리면 한걸음에 달려갔다. 주 정부의 규제를 놓치지 않고, 새로운 사람들을 만나기 위해 협회 모임에도 참석했다. 무엇보다 매리는 집에 머물며 하루 24시간 언제든 도움을 줬다. 어떤 사유로든 외출을 할 때는 자격을 갖춘 사람을 찾아 돈을 지불하고 자리를 대신하게 했다. 이런 일상이 하루 24시간, 1년 365일 쉴 틈 없이 계속됐다. 온 가족에게 전혀 쉽지 않은 상황이었다. 그것은 분명히 힘든 일이었다. 하지만 목적이 있는 일이었다. 홈그렌 위탁 가정은 가족에게 경제적인 도움이 되기도 했지만, 29명의 노인에게 있어서 그곳은 시설이 아닌 내 집 같은 곳에서 머물 대안이 돼주었다.

매리는 위탁된 노인들의 이야기를 속속들이 알았다. 어디 출신이고 어떤 삶을 살았는지 잘 이와는 대조적으로 예수님과 제자들은 병자에 대한 보편적 자비와 긍휼을 크리스천의 순종과 제자도의 가장 높은 가치 중 하나로 삼았다. 예수님은 인종과 사회적 지위를 불문하고 사람들을 치유하셨고, 치유를 강조하셨다. 그래서 우리는 그분을 위대한 의사라 부른다. 초대교회 크리스천들이 보여 준 자비와 긍휼, 병든 자들에 대한 배려는 당시 그리스 로마 사회에는 가히 혁명이었다. 그 이후 크리스천들은 병든 자들을 잔인하고 냉정하게 대하는 사회적 태도에 구속의 태도로 맞서 싸웠다. 예수님은 심지어 우리가 병든 자들을 돌볼 때 예수님을 돌보는 것이라고까지 말씀하셨다(마 25:36).

알았다. 어떤 음식을 좋아하고, 또 무엇을 무서워하는지 알았다. 남달리 노인들을 어려워하지 않았던 매리는 자신의 집에 머무는 이들을 사랑하고 존중했으며, 그저 '맘 좋은 노인네'가 아닌 한 개인으로 대했다. 가족과 친구들이 모이거나 교인들이 교제 또는 축하를 위해 모이게 되면, 매리는 위탁노인들도 초대했고 거실까지 직접 부축했다.

매리는 아무리 힘들고 피곤해도 위탁 노인들의 가족들까지 돌봐야 한다는 사실을 잘 알았다. 그래서 가족들이 추억이나 걱정거리를 털어놓을 때면 귀 기울여 들으며 그들이 사랑하는 사람이 나이 들어가고 있다는 사실을 받아들이고 지혜롭게 대처하도록 도왔다. 그러다 보니 가족 관계가 얼마나 어려운지도 알게 되었고, 찾아오는 사람에 따라 이쪽저쪽 이야기를 모두 듣게 됐다. 위탁 노인을 자주 찾는 가족들은 아들이건 딸이건 손자, 손녀건 조카건 모두 가족처럼 친숙해졌다. 한 노부인은 매주 남편을 만나러 오는 길에 매리와 몇 시간씩 수다를 떨었는데, 그러다 혼자 살기 어려워지자 아예 매리의 위탁 가정으로 들어갔다.

매리의 일이 눈부셨던 이유는 위탁 노인이 병들거나 약해져도 외면하지 않았기 때문이다. 입원을 해도 도움이 되지 않는 상황이라거나 자신이 계속 돌볼 수 있는 상황이면 매리는 일이 늘어나도 마다치 않고 계속 위탁 가정에 머물도록 했다. 죽음을 앞둔 사람을 멀리 보내는 대신 위탁 노인과 가족 모두 친숙한 환경에 머물 수 있게 했다. 암환자 친구를 시작으로 몇몇 사람들이 홈그렌 가정에서 숨을 거뒀다. 간병인인 매리와 목사인 앨빈에게 삶의 마지막 순간에 사람

초대교회 크리스천들은 병들고 죽어가는 자들을 자신의 집으로 데려와 돌보는 행동으로 당시의 이교도 문화에서 도드라졌다. 많은 이교도가 2-3세기 로마제국을 휩쓴 전염병을 피해 도망쳤지만, 크리스천들은 병든 자, 죽어가는 자들을 돌보기 위해 자리를 지켰다. 이들은 고통의 한복판 속에서도 하나님 나라가 확장된다는 진리를 알았다. 카르타고의 감독 키프리안(Cyprian)은 251년 이런 기록을 남겼다.

끔찍하고 처참해 보이는 전염병과 역병이 한 명, 한 명의 정의를 찾아내고 **사람의 생각을 밝혀내니** 얼마나 적절하고 필요한 일인가. **건강한 자가 병든 자를**

들을 돕는 일은 부르심의 빠뜨릴수 없는가결한 부분이었다. 다른 이들에게는 당혹스럽고 무섭기만 할 일이지만, 이들에게 그 일들은 무뎌지지는 않지만 그래도 익숙한 일이 됐다. 생명의 신성함을 믿고 다음 생을 확신했기에 두 사람은 남은 가족이 사랑하는 사람의 죽음으로 느끼는 감정적 어려움과 실질적 문제를 잘 헤쳐나가도록 도울 수 있었다.

위탁 가정을 경제적으로 유지하면서 양질의 서비스를 제공하기 위해 매리는 하루 24시간 근무하다시피 했다. 꼼짝달싹하기도 어려웠다. 하지만 가족들이 여러 이유로 사랑하는 사람 곁을 24시간 지키지 못할 때 매리는 온전히 헌신하며 대신 노인들을 간병하고 돌봤다.

성인 위탁 가정 사역을 그만두고 난 후 매리와 앨빈은 다발성 경화증과 노화 때문에 더는 혼자 살 수 없는 친척을 집으로 데려와 돌봤다. 이제 70대가 된 홈그렌 부부는 두 사람이 다른 이들을 도왔던 상황을 은혜와 소망 가운데 직접 맞닥뜨리게 됐다. 앨빈의 알츠하이머가 진행되면서 일어나는 변화 속에서 홈그렌 부부는 그리스도 안에서 구원으로 부르시고 믿음 안에서 붙드신 동일하신 하나님, 또한 두 사람을 준비시키시고 라이프워크 가운데 붙드신 하나님을 의지하고 있다.

두 사람의 평범한 삶을 하나님이 어떻게 한데 모으셨는지 돌이켜보면, 앨빈을 목회의 라이프워크로 부르시고 준비시키시듯 매리를 준비시키시고 라이프워크로 부르신 하나님이 보인다. 평범한 나날 속에 평범한 방식으로 자신을 계속해서 알리시는 하나님이 분명하게 보인다.

돌볼 때, 가족이 충실히 친족을 사랑할 때, 주인이 병든 노예에게 긍휼을 보일 때, 의사가 환자를 떠나지 않을 때가 바로 그런 순간이다.[32]

대부분 사람이 훈련받은 의료 인력이 아니었다는 점을 잊지 말아야 한다. 평범하기 짝이 없는 크리스천들이 할 수 있는 대로 도왔을 따름이다. 물과 담요, 따뜻한 손길로 소박한 위로를 건네고 시간과 배려, 긍휼을 베풀고, 때때로 자신의 생명까지 내줌으로써 이들은 이교도 사회가 역병이 닥칠 때마다 버리고 떠난 수많은 사람을 거뒀다. 복음은 구조 활동이다. 이들은 복음의 의미를 잘 알았다.

325년 니케아 공의회는 몇 가지 신학적 문제를 다룸과 동시에 교회가 건설되는 모든 도시에 병원 설립을 의무화했다.[33] 6세기 무렵에는 병원이 수도원만큼이나 흔해졌다.[34] 중세 시대 초기에는 크리스천이 운영하는 병원이 너무 많아서, 크리스천들이 환자를 돌보는 모습에 큰 감명을 받은 아랍권에서 8세기부터 자신의 영토에 병원을 세울 정도였다. 크리스천이 설립해 운영하는 병원은 종종 '하나님의 집'으로 불렸다.

앙리 뒤낭(Henry Dunant, 1828-1910)은 스위스 출신의 크리스천으로, YMCA(Young Men's Christian Association, 기독교청년회)의 설립자 중 한 사람이다. 그가 목격한 이탈리아 솔페리노 전투는 그의 인생의 전환점이 됐다. 전투를 목격한 이후 그는 전쟁이 벌어졌을 때 부상병들을 돌볼, 중립적이고 국제적인 자원봉사 단체의 필요성을 절감했다.[35] 그리하여 1864년에 국제적십자(International Red Cross)를 창설했다. 뒤낭은 자신의 신앙을 따라 국제적십자의 상징으로 십자가를 사용했다.

1876년, 지금의 터키인 오트만 제국에 국제적신월(International Red Crescent Society)이 창설됐다. 불신자들이 설립한 이 인도주의적 단체는 예

수님을 향한 크리스천의 순종에서 파생된 결과였다.[36]

프랑스에는 크리스천이면서 역사상 가장 위대한 생물학자 중 한 사람으로 꼽히는 루이 파스퇴르(Louis Pasteur, 1822-1894) 박사가 있다. 케네디는 "(파스퇴르의) 세균학 연구로 저온살균과 살균이 탄생했으며 광견병, 디프테리아, 탄저병을 비롯한 다수의 치명적 질병을 막는 백신이 개발됐다고"라고 썼다.[37] 파스퇴르 박사가 병든 자들을 도우라는 그리스도의 말씀에 청종한 덕분에 오늘날 전 세계의 수많은 사람이 건강을 누리고 있다.

남북전쟁 이후 미국에서는 병원들이 속속들이 생겨났다. 대개 교단이나 개교회에서 설립한 병원들이었다. 침례 병원, 루터교 병원, 감리교 병원, 장로교 병원, 성 요한, 성 누가, 성 마리아, 성 요셉 병원 같은 이름에서 개신교와 가톨릭의 뿌리가 쉽게 엿보인다.[38]

간호 역시 예수님의 제자들이 남긴 유산이다. 초대교회 시대에는 '전문' 간호사가 없었지만 "과부와 여 집사, 처녀들이 초기 기독교 병원에서 간호사로 섬겼다."[39] 이후 수백 년 동안 종교 공동체들이 병든 자를 돌보는 역할을 수행했고, 오늘날에도 간호사의 역할을 담당한 수녀들이 설립한 병원들이 꽤 있다.

플로렌스 나이팅게일(Florence Nightingale, 1820-1910)은 현대 간호의 창시자로 잘 알려진 인물이다. 경건한 크리스천이었던 나이팅게일은 크림전쟁 당시 여성들을 주도해, 죽어 가는 이들을 돌보고 부상병들을 간호했다. 슈미트는 이렇게 기록했다.

겸손하고 긍휼이 넘치는 이 여인은 그리스도를 향한 사랑으로 뜨거운 가슴을 소유했다. 이 여인은 병들고 죽어 가는 이들을 돕기 위해 간호의 기술을 유례 없는 존엄성과 영예, 의학적 전문성의 차원으로 끌어올렸다. 나이팅게일의 원칙에 입각해 수천수만의 간호학교가 설립됐다. 나이팅게일은 자신의 고백을 한 번도 의심하지 않았기에 그처럼 놀라운 성취를 이루어 냈다. "하나님 나라는 우리 안에 있다. 하지만 우리는 그 나라를 밖으로 끌어내야 한다."[40]

전 세계적으로 평균 수명이 연장된 데는 양질의 보건과 교육을 세계 각지에 전한 기독교 의료 선교사들과 기독교 구호 및 개발 단체의 공이 크다. 이들이 진료소와 병원을 설립해 전쟁과 빈곤으로 질병에 시달리는 이들의 건강을 회복시키려고 힘써 준 덕분이다. 이들은 보지 못하는 이들과 몸이 불편하거나 기형이 있는 이들, 듣지 못하는 이들, 영양실조로 고통받는 이들, 한센병으로 아파하는 이들을 대도시에서부터 머나먼 정글까지 찾아다니며 돌봤다. 한 항구에 몇 개월씩 머물며 가난한 지역사회를 무료로 진료하고 치료해 주는 머시쉽(Mercy Ships)이 떠오른다. 크리스천이 의료와 보건 분야에 부르심 받아 감당할 수 있는 역할은 무궁무진하다. 수백만의 사람이 긍휼을 품은 크리스천 보건 덕분에 지금도 살아 있으며, 더 나은 삶을 누리고 있다.

오늘의 부르심

- 치료할 뿐 아니라 돌보고 간호하는 데도 힘쓰라.
- 병원과 진료소, 가정 의료 서비스 부문에서 의료 및 보건 전문가로 일하라. 최상의 진료를 제공하라.
- 질병 예방을 위해 기본적인 보건 이슈와 건강한 라이프스타일 등의 공중보건 교육을 하라.
- 의료 분야에서 행정 담당자와 지원 인력으로 일하며 최상의 의료 서비스가 제공되도록 돕고, 사람들에게 필요한 시스템을 조사해 적절한 치료를 받도록 지원하라.
- 원목으로 섬기라.

– 특정한 질병이나 건강상의 문제에 직면한 이들을 위한 지원 그룹을 조직하라.

– 에이즈 환자를 돌보라.

– 연로한 친지를 돌보라. 불가피한 경우가 아니라면 시설에 입소시키지 않도록 하라.

– 나이가 많거나 몸이 불편한 가족을 돌보는 이들의 짐을 덜어 주도록 단기 '위탁' 시설을 만들거나 이런 시설에서 일하라. 혹은 지인 중 가족을 간병하는 이들이 잠시 쉬도록 시간을 내라.

– 단기 의료 선교 여행을 가라. 의사와 간호사, 치과 의사와 지원 스태프가 필요하다.

– 의료 기술 발전을 위해 개발도상국 의료진을 교육하라.

– 지역사회나 공동체에서 가난하고 병든 이들을 돕기 위해 시간의 십일조를 드리라.

– 타락으로 말미암은 결과에 더 잘 대처하기 위해 질병 퇴치 연구를 하라.

– 변호사이든 정치인이든 관심 있는 시민이든 부당한 의료 보건법 개정을 위해 노력하라.

예술

이슬람과 유대교, 기독교를 제외한 세계의 주요 종교와 종교 철학은 시작이 없는 세계, 창조주가 없는 세계를 상정한다. 하지만 창조의 행위가 존재하지 않는다면 사람들의 창조적 충동은 대체 어디서 왔단 말인가? 춤과 음악, 조각, 연극, 시, 그림이 왜 존재하겠는가? 어떤 틀을 바탕으로 인류의 창의성을 이해할 수 있는가? 시작이 없는 세계를 상정하는 종교와 달리 성경의 서사는 세계 예술가들의 갈망을 폭발적으로 표출하며 시작된다.

> 태초에 하나님이 천지를 창조하시니라 창 1:1

이 혁명적 문장이 하나님의 거대서사의 '줄거리'를 결정한다. 이 문장으로 시작되는 거대서사는 다른 세계관이 들려주는 이야기와는 판이하게 다른 세상과 삶의 환경을 창조해 낸다. 무엇보다 이 거대서사는 그리고 조각하고 글을 쓰고 연기하고 춤추고 노래를 만들고 싶은 열망의 문제에 답을 준다.

하나님은 인간을 그분의 형상을 따라 지으셨다. 따라서 인간은 말을 짓는 자이자(창 2:19) 예술의 창작자다(출 31:1-6, 35:30-36:1). 영국 작가 J. R. R. 톨킨은 예술이 "상상력과 최종 결과물인 보조 창조물(Sub-creation)을 잇는 가장 중요한 고리"[41]라고 했다.

이마고 데이(imago Dei). 인간의 신비는 인간이 하나님이 주신 것으로 시작해 **새로운** 것들을 만들 수 있다는 데 있다. 작곡가는 누구도 들어보지 못한 교향곡을 쓰고, 화가는 누구도 본 적 없는 그림을 그린다. 시인은 누구도 읽어 보지 못한 시를 쓴다. 모두 독창적인 작품이지만, 그 무엇에도 하나님은 놀라지 않으신다.

우리는 창조자가 될 수밖에 없다. 이디스 쉐퍼(Edith Schaeffer)는 이런 글을 썼다.

> 우리는 **창조주**의 모양대로 창조됐다. **창조주**의 형상을 따라 창조됐다. 따라서 우리는 유한하기는 하지만 창조할 수 있는 사람들이다. 왜 인간에게 창의성이 있을까? 왜 인간은 머릿속에서 수만 가지를 생각하고(상상력), 선택하고, 다른 사람이 맛보고 냄새 맡고 느끼고 듣고 볼 수 있는 무언가를 만들어 낼까? 인간이 창조주의 형상을 따라 창조됐기 때문이다. 인간은 창조하는 존재로 창조됐다. 창의성을 발휘하는 것은 시간 낭비가 아니다. 창의성을 좇아 예술적, 과학적 활동을 하는 것은 시간 낭비가 아니다. 인간이 바로 그런 일을 할 수 있는 존재로 **만들어졌기** 때문이다.[42]

쉐퍼가 지적한 대로 예술로의 부르심은 태초, 창조의 때로 거슬러 올라간다. 다른 직업과 마찬가지로 예술가라는 직업도 문화 창조라는 공동의 부르심에 연결되어 있다. 문화가 예배의 표현이듯이 종교적 주제를 직접적으로 다루는 예술만이 아니라 모든 예술이 종교적이다. 정도의 차이는 있지만 개개 사회에 하나님 나라의 문화, 거짓 문화, 자연적 문화가 있듯이 예술도 그러하다.[43]

모든 문화의 예술이 그렇듯이 하나님의 백성 이스라엘의 창조적 표현은 예배를 반영했다. 유대에서는 하나님을 예술 작품에서 어떻게 묘사해도 되고 어떻게 묘사하면 안 되는지 법으로 명확하게 규정했다. 옛 이스

스떼판 에쉐 Stefan Eicher 의 이야기[44]

스떼판 에쉐는 인도 출신 화가다. 그는 힌두 카스트 제도 때문에 가난한 이들이 어떤 불의를 당하는지, 그저 여성이라는 이유로, 남성보다 열등한 존재라는 인식 때문에 여성들이 어떤 처사를 감내해야 하는지 잘 안다. 에쉐의 일을 통한 하나님 사랑과 이웃 사랑은 삶의 여정을 지나면서 다른 모습으로 나타났고, 마침내 그가 전혀 예견치 못한 직업으로 이어졌다. 에쉐가 부르심을 어떻게 발견했는지, 또한 예술과 신앙, 정의의 연결 고리를 어떻게 찾아냈는지 그의 이야기를 직접 들어보자.

나는 대학에서 물리학을 공부했다. 과학 분야 중에서 물리학이 가장 쉬웠기 때문이다. 반드시 과학을 전공해야 한다고 느꼈던 이유는 3대에 걸쳐 인도 선교사로 사역한 우리 가족사 때문이다. 우리 집안에서 신학이 아닌 학문을 전공한 사람은 대학에서 생물학을 공부한 형이 처음이었다. 그래서 나는 과학 전공이 합당한 선택이라고 생각했다.

인도에 뿌리내린 우리 집안의 역사가 나는 자랑스러웠다. 또한 내게 하나님을 믿고 이웃을 사랑하라고 가르치고 본을 보이신 부모님이 참 자랑스러웠다. 하지만 대학에 들어가면서 나는 이른바 '전임 사역'과의 고리를 끊겠다고 결심했다. 목사나 선교사가 되지 않겠다는 뜻이었다.

대학 4학년 때, 크리스천 개발 사역이라는 개념을 처음 접했다. 날로 극심해지는 가난을 목

라엘은 하나님 대신 예배의 대상이 될 수 있는 종교적 형상은 만들지 말라는 명령을 받았다(출 20:4, 23). 하지만 다른 방식으로는 예술적 표현이 허용됐다. 하나님이 우리 모두에게 주신 심미적 법칙이나 피조물을 활용하기도 했다. 한 작가의 글에 따르면, 하나님이 모든 재현 미술을 금하신 것은 아니었지만(출 25장; 왕상 7:2-37), "고대 히브리인들은 자연을 숭배하는 이웃들이 신의 현현으로 추앙하는 것과 같은 '모양'을 만들기를 여전히 꺼렸다. 사람들이 종종 오해하는 것이 있는데, 그들이 예술품을 전혀 만들지 않았다고 생각하면 오산이다. 이교도들은 도자기나 공예품에 동물이나 인간, 신들의 그림을 그려 넣었던 반면, 히브리인들은 난해한 패

격하면서 자랐던 나는 하나님이 가난한 이들을 섬기라고 우리를 부르셨다는 생각에 가슴이 설렜다. 사실 우리 부모님처럼 '후원자 모집'을 하지 않고 '진짜 직업'을 가지고 전문적으로 가난한 이들을 도울 기회라는 생각에 더더욱 흥분됐다.

기독교 구호 개발 단체에서 몇 년 동안 일하면서 완전히 탈진해 버린 나는 안식년을 떠났다. 회복을 위해 기도하면서 창조성을 발휘할 기회를 달라고 하나님께 구했다. 어린 시절부터 예술을 사랑해 왔기 때문이다.

대학에서 물리학을 전공할 때, 미술을 공부할 기회가 있었다. 화실에서 그림을 그릴 때면 물리학 연구실에서의 긴장과 피로가 사라지는 듯했다. 안식년 동안 회화 강의를 함께 듣던 친구 네 명이 일주일 동안 함께 모여 주제를 선정해, 신앙의 관점에서 그림을 그리고 주말에는 전시회를 열어 그림을 팔기로 했다. 그 일주일 동안 우리는 온전한 충족감을 느꼈고, 이를 연례행사로 만들기로 했다. 그 모임에 림너 소사이어티 Limner Society 라는 이름도 붙였다.

내가 하던 일에서는 지역사회 보건에서 교회가 가난한 이들을 돕도록 직접 활동하는 쪽으로 방향이 전환됐다. 하지만 예술가도 열방을 제자 삼을 수 있다는 생각이 날로 강하게 나를 사로잡았다. 그러다 림너 연례 워크숍과 교회 훈련 팀의 10개년 전략 수립 워크숍이 같은 주간에 잡히는 상황이 벌어졌다. 어찌해야 할지 막막했다. 그런데 팀 리더가 내 삶을 향한 전반적인 부르심을 내가 더욱 분명히 인식했더라면, 이런 소소한 결정들은 물 흐르듯 내렸을 것이라고 지

턴과 사슬 문양, 화려한 색채를 즐겨 사용했다."[45] 또 구약을 보면 유대인들은 살아 계신 하나님을 예배하며 춤과 음악, 시와 노래로 충만한 문화를 만들었다. 시편과 아가서와 같은 책이 그 방증이다. 광야에서 하나님이 장막(하나님의 처소)을 짓기 위해 다양한 분야의 장인을 부르고 준비시키시는 출애굽기의 말씀은 예술적 창의성을 보여 주는 확연한 예다(출 31:1-11, 35:4-43). 장막 건설이라는 위대한 예술적 임무를 완수했을 때 하나님은 그분의 임재로 장막을 가득 채우셨다(출 40:34-38).

예수님 당시에 히브리 문화를 제외한 그리스 로마 사회의 예술은 인간이 피조물을 숭배하고 신들과 자연의 위력을 묘사했음을 보여 준다. 유대

적했다. 그는 하루 시간을 따로 내서 하나님께 여쭈어 보라고 조언했다.

흔들의자에 조용히 앉은 나는 난생처음으로 하나님이 나를 화가로 보신다는 감동을 받았다. 이전에는 단 한 번도 그런 생각을 해본 적이 없었다. 사람들이 '중요하고', '시급하고', '영적'이라고 생각하는 일과는 완전히 다른 진로였다. 이곳 인도에서 빈방에 들어가 앞으로 30년 동안 예수님을 그리고, 그 그림을 아무도 보지 못한다 해도 내 인생은 완전한 성공이라는 확신이 생겼다.

두말할 것 없이 나는 기획 워크숍이 아닌 림너 워크숍에 갔다. 이후로 인도에서 림너 소사이어티를 본떠 크리스천 화가들이 성경적 세계관에서 사회 문제를 그리고 대중과 작품에 대해 소통하는 '창조적 양심' 연례 워크숍을 조직했다.

그림을 향한 내 열정은 날로 커지고 있다. 잃어버린 자들을 향한 하나님의 마음 때문에 교회가 전도를 하고, 가난한 이들을 향한 하나님의 마음 때문에 교회가 사회 사역을 하듯. 하나님이 창조주이시기 때문에 교회가 예술을 위해 재원과 인적 자원을 따로 구분해야 한다는 확신도 날로 커진다. 내 비전은 인도에 미술 재단을 설립해 그리스도를 따르는 화가들이 예술을 추구하고 부르심을 발견하고 예술과 신앙과 깨어진 세상의 실체를 연결해 줄 공간을 마련하는 것이다. 이 비전에 따라 나는 오늘도 그림을 그린다!

인들과 크리스천들이 의미하는 '하나님'으로서의 신, 조물주는 묘사하지 않았다. 이들의 세계관에는 초월적인 하나님이 없었기 때문이다.

하나님이 그리스도를 통해 자신을 계시하신 이후로 크리스천들은 예술 분야에서 신실하게 부르심을 따라가며, 하나님의 본성과 피조물의 본질, 하나님 백성의 본질을 표현해 왔다. 참된 이야기, 그분의 이야기를 전해 왔다. 신시아 펄 마우스(Cynthia Pearl Maus)는 저서《그리스도와 순수미술》(Christ and the Find Arts)에서 이렇게 밝혔다.

인류 역사상 그리스도만큼 많이 시의 주제가 되고, 이야기의 주인공이 되고, 회화의 모델이 되고, 노래의 주인공이 된 사람은 없었다. 이 같은 예술의 창구들을 통해 인간의 마음 가장 깊은 곳의 감사가 한층 더 적절하게 표현되었기 때문이다.[46]

교회사를 살펴봐도 에베소서 5장 19절에 기록된 대로 소박한 '찬송과 신령한 노래'에서부터 유럽의 대성당과 미켈란젤로의 작품에 이르기까지 크리스천들은 다양한 방식과 형태로 감사를 표현했다.

크리스천이 가장 큰 기여를 한 예술 분야는 음악이다. 인간의 영혼을 들어 올려 하나님께로 가까이 가게 하려고 하나님의 말씀을 담은 음악이 만들어졌다.[47] 교황 그레고리 1세(Pope Gregory the Great, 540-604)는 그레고리오 성가를 만들고 교회 예배 전례와 음악을 재구성했다. 9세기 초, 성경의 이야기를 극화한 '교회 오페라'가 만들어져 프랑스 교회 제단 근처에서 공연됐다. 500년 후 도입된 르네상스 시대 오페라의 전신이었다.[48] 11세기에는 '현대 계명창법의 아버지'인 수도사 구이도 다레초(Guido of Arezzo, 990?-1050)가 활동했다. 이후로 구전에만 의존하던 서구 음악은 자

유로이 음악을 만들고 이를 '문어'로 전환하기 시작했다.[49]

루터의 "내 주는 강한 성이요"를 비롯해 위대한 찬양들이 종교개혁 시기에 쏟아져 나왔다. 크리스천인 게오르크 프리드리히 헨델(Georg Friedrich Händel, 1685-1759)은 한 달 남짓한 짧은 기간에 오라토리오 〈메시아〉를 작곡하고 하나님의 감동에 사로잡혀 곡을 썼노라고 고백했다.[50] '근대 음악의 아버지'로 추앙받는 요한 세바스티안 바흐(Johann Sebastian Bach, 1685-1750) 역시 크리스천이었다. 바흐에게 음악은 곧 예배였다. 그가 남긴 악보와 원고를 보면 'S.D.G.' 'J.J.' 'I.N.J.' 같은 기호가 여기저기서 나온다. 이는 각각 "오직 하나님의 영광을 위하여"(Soli Deo Gloria, 솔리데오 글로리아), "예수님, 나를 도우소서"(Jesu Juban, 제수 주반), "예수님의 이름으로"(In Nomine Jesu, 인 노미네 제수)라는 뜻이다.[51]

음악은 크리스천의 창조적 일의 한 면일 뿐이다. 과거에 크리스천은 예술을 주도했고, 다시 예술을 주도할 수 있다. 그러기 위해서는 그리스도의 몸에서 먼저 예술이 하나님이 주신 선물임을 인식해야 한다. 예술로의 부르심이 예술가가 되기에 족한 이유가 되어야 한다. 물론 예술이 필요한 합당한 이유는 그 외에도 많다. 그리스의 철학자 플라톤은 한 나라의 미래를 형성하는 데 예술이 얼마나 중요한지 이렇게 표현했다. "내게 나라의 노래들을 들려 달라. 누가 법을 만드는지는 중요치 않다."[52] 하지만 본질적으로는 하나님의 부르심 이외에는 다른 어떤 이유도 필수적이지 않다.

안타깝게도 성경적 세계관과는 달리 많은 예술가가 지지와 지원 대신 교회와 목회자, 크리스천 형제자매들이 보이는 부정적인 반응에 낙심한다. 많은 교회가 예술로의 풍성한 부르심을 유기하고 이른바 '초 영성'만 좇는다. 복음주의 단체와 교회에서 가치를 인정받으려면 영적인 주제나 종교적 주제를 분명하고 공공연하게 표현하는 작품을 만드는 수밖에 없다. 이런 작품을 예배나 전도에 사용한다고 하면 인정을 받는다. 하지만 그 외의 분야에서는 크리스천 예술가가 예술가로 활동할 여지가 많지 않다. 예언적 예술가인 발라디어(balladeer)[53]는 개념조차 생소하고, 세상에 예술을 통해 예언의 말씀을 선포할 공간은 사실상 존재하지 않는다.

성속을 나누는 이분법적 사고의 영향을 받아 교회는 '종교 예술'과 '기독교 예술'을 협의적 의미로만 정의하고 하나님이 그분의 백성에게 주신 부르심을 반 토막 내 버리는 상황에 이르렀다. 신실한 가톨릭 신도이자 소설가이자 단편 작가인 플래너리 오코너(Flannery O'Connor)는 성경적 관점과 예술적 관점 모두에서 문제에 접근한다.

'가톨릭 소설'이라는 용어 자체가 회의적이다. 그 복잡성을 아는 사람들은 이

마코토 후지무라 Makoto Fujimura 의 이야기

마코토 후지무라는 전 세계에 작품이 전시된 미국 화가다. 후지무라는 세계무역센터가 있던 자리 바로 옆에 산다. 9·11 테러 당시 후지무라는 그라운드 제로를 지나던 지하철에 갇혔다. 테러 공격으로 후지무라 부부와 세 자녀는 3개월 동안 집 없이 살았다. 자녀들은 무역센터 붕괴 직전 소방관들에 의해 학교에서 구출됐다.

한 사람의 인간이자 예술가, 크리스천으로서 후지무라는 9·11 사태, 그리고 이어지는 처참한 여파에 어떻게 대처했을까? 후지무라는 비극을 맞닥뜨리면서 자신의 인생과 예술의 의미를 다시금 묻게 됐다. "뉴욕시는 바벨론이나 예루살렘 같은 곳일까? 이곳에서, 이 폐허에서 어떻게 신앙을 지켜야 할까?" 후지무라는 자문했다.

그리고 친구들에게 편지를 썼다. "우리는 창조하며 이 어두운 때를 대처해 나가야 합니다. 세상에는 샬롬의 이미지 전파에 헌신하는 예술가들이 필요합니다. 예수님이 샬롬이십니다." 한 사람의 크리스천 화가가 어떻게 전쟁의 현장에서 샬롬의 평강을 전할 수 있을까? 후지무라는 9·11의 비극에 대처하는 한 가지 방법으로, "물이 타오르다" Water Flames 라는 제목의 추상화전

단어를 쓸 때면 꼭 인용부호를 붙인다. '가톨릭 소설'이 무어냐고 내게 물으면 만물과 인간관계에서 드러나는 실체를 적절하게 대변하는 글이라고밖에 설명할 말이 없다.····우리가 보는 교회는, 심지어 전 세계를 아우르는 교회라 하더라도 피조물의 극히 일부일 따름이다.····모든 실체가 잠재적인 그리스도의 나라이며, 세상은 그리스도의 영으로 재창조되기를 기다리고 있다. 우리가 두루뭉술하게 가톨릭 소설이라 부르는 것이 꼭 기독교나 가톨릭 세계만을 다루는 것은 아니라는 얘기다. 이른바 가톨릭 소설은 그저 크리스천들이 아는 진리를 담아 세상을 비추는 빛으로 사용된 도구일 따름이다. 그 세상은 가톨릭 세상일 수도, 그렇지 않을 수도 있다. 또는 가톨릭 신도가 본 세상일 수도, 또는 그렇지 않을 수도 있다.[54]

을 열었다. 그는 타락한 세상에서 평강으로 나아갈 수 있으려면 불을 통과해야 한다는 사실을 깨달았다. 시인 단테와 T. S. 엘리엇의 작품에서 모티브를 얻었다.

    크리스천이면서 미국의 걸출한 비주얼 아티스트라는 점에서 후지무라는 보기 드문 인물이다. 그는 일본에서 6년 동안 공부한 고대 일본 기법 니혼가를 현대 추상 미술에 접목시켰다. 또 아름다움과 진리, 구속과 치유를 주제로 삼았다. 크리스천들이 주도하는 인터내셔널 아츠 무브먼트 International Arts Movement 의 설립자이자 그리니치빌리지 장로교회의 장로인 후지무라는 일부 비평가들이 "내 작품을 어떤 범주로 분류해야 할지 모른다. 종교적인 차원이 분명히 보이면서도 이 시대 비평가들의 분류법에 딱 떨어지지 않는다"라고 시인한다. 하지만 그의 작품은 미술계에서 높은 평가를 받으며, 교회 안팎에서 공감을 얻고 있다.

    문학예술 잡지 〈이미지〉의 편집자 그레그 울프 Greg Wolfe 는 후지무라가 주류 문화에 "성경의 맥락에서 전통적인 경험의 실체와 씨름하는 예술이 어떤 비주얼 아티스트의 작품에 견주어도 손색이 없는 작품이 될 수 있다"는 것을 입증하는 동시에 크리스천들에게 "시대의 표적을 분별하라는 사도 바울의 권면대로 더욱 분별력을 키우라"고 도전한다고 밝힌다.

    후지무라가 설립한 인터내셔널 아츠 무브먼트는 현대 사회에서 사색의 예술을 장려하려

실상 예술가의 일의 범주는 실체 전체가 되어야 한다. 그것이 바로 잠재적 그리스도의 나라다. '세상의 얼굴'이다. 차이는 **세계관**이다.

소설, 그림, 음악 등 기독교 예술이라는 용어는 종종 수준 미달의 작품, 수준 미달의 문화를 떠올리게 한다. 도로시 세이어즈는 이렇게 말했다.

교회 건물과 교회 음악, 교회 미술, 찬양과 기도, 설교와 경건 책자에서 교회는 거룩한 의도를 핑계 삼아, 매우 추하고 가식적이며 저속하고 말도 안 되고 진실되지 못하고 무미건조하고 너무 형편없는, 그래서 양식 있는 장인이라면 충격과 경악을 금치 못할 작품들을 용인하고 허용한다. 왜 그러는 것일까? 살아 있고 영원한 진리는 그 자체에 합당하게 진실되고 기술적 기준에 충실히 부합하는 작품으로 표현되어야 한다는 사실을 완전히 망각해 버렸기 때문이다. 세

한다. 후지무라는 예술 분야의 리더십을 인정받아 국립예술위원회 위원장으로 대통령에게 지명을 받았다. 2005년 12월, 〈월드〉 지紙는 마코토 후지무라를 '크리스천들 가운데 예술의 명성'을 회복하고 '크리스천들이 예술계에서 명성'을 얻게 한 인물로 평가하며 '올해의 다니엘'이라는 제목 아래 표지 인물로 선정했다.

맥로린 연구소와의 인터뷰에서 후지무라는 예술가라는 점이 하나님의 성품을 이해하는 데 어떤 도움이 되는지 질문을 받았다. "하나님은 궁극적 창조주이십니다. 우리는 '작은 창조자들'이죠. 창세기부터 요한계시록에 이르기까지 성경은 세상을 향한 그분의 사랑과 깨어진 사람들을 통해 일하시는 그분의 은혜가 하나님의 성품을 규정한다는 점을 분명히 합니다. 예술가이기에 하나님의 사랑이 피조물 가운데, 우리의 창조성 속에 어떻게 스며들어 있는지 확연히 깨닫게 됩니다." 교회가 미학을 등한시하는 현실의 문제 외에도 후지무라는 "인간성 전체가 삶과 예배에서 진정한 통합을 맛보지 못하게 가로막는 뿌리 깊은 신학적 문제"가 존재함을 안다. '교회의 창조성과 예술의 회복'이라는 우리의 소망은 '총체적 복음의 재발견'[55]에서 온다고 그는 말한다. 후지무라의 매혹적인 삶과 예술 이야기는 민디 벨츠의 〈월드〉 커버스토리 "타오르는 예술" Art Aflame 에서 더 자세히 확인할 수 있다.[56]

상 속의 직업이 신성하다는 사실을 잊었기 때문이다. 건물은 좋은 교회이기 전에 좋은 건축물이어야 하며, 그림은 좋은 성화이기 전에 좋은 그림이어야 하고, 일은 하나님의 일이라고 부르기 전에 먼저 그 일을 잘해야 한다는 사실을 까맣게 잊었기 때문이다.

모든 장인과 일꾼은 자신의 분야와 직업 안에서(바깥에서가 아니라) 하나님을 섬기도록 부름 받았다. 교회는 이 사실을 꼭 기억해야 한다.[57]

오코너도 동일한 점을 조명한다. 돈과 명예를 위해 의도적으로 재능을 왜곡하는 사람들에 대해 이야기한 후에 오코너는 다음과 같이 덧붙였다.

자기가 생각하기에 좋은 이유에서, 그러니까 개혁을 위해서, 사람들을 가르치고 교회로 인도하기 위해서 하나님의 이름을 대며 자신의 재능을 왜곡하는 사람들을 자주 본다. 그런데 그런 행동이 부끄러운 것이라 말하기 쉽지 않다. 우리 중 누구도 그런 이들을 판단할 자격이 없다. 하지만 진리를 위해 우리는 이들이 만들어 내는 결과물을 판단해야 한다. 그 소설가가 실체의 모습을 진실하게 그려 냈는지 판단해야 한다. 좋은 의도에서 자신의 재능을 의도적으로 오용한 그 소설가는 어쩌면 (그것이 죄라고는 할 수 없지만) 실질적 거짓에 해당하는 모습으로 하나님을 투영하려 한다는 점에서 어마어마한 모순을 저지르고 있음이 분명하다. 제아무리 캐릭터의 행동이 경건하고 교훈적이라 해도, 허접스런 소설은 그 자체로 선할 수 없으며, 진정한 교훈을 주지 못한다.[58]

오코너는 이어서 하나님이 형편없는 작품도 사용하실 수 있다고 인정한다. 하지만 그것은 하나님이 하실 일이지 인간이 할 일이 아니라고 지적한다.

교회에나 세상 문화에나 미적 빈곤이 느껴지는 현실은 실로 서글프다. '기독교 예술'은 대개 진리와 아름다움, 신비를 표현하는 성육신적이고 성례적인 본질에 미달한다. 서구 문화가 살아 계신 하나님께 등을 돌리자, 상상력과 취향은 오직 실용에만 집중됐다. 현대 사회는 실용적인 질문을 던진다. "그것이 진실입니까?"라고 묻는 대신 "효과가 있나요?"라고 묻고, "선합니까?" 대신 "이익이 됩니까?"라고 물으며, "아름답습니까?" 대신 "쓸만합니까?"라고 묻는다.

물질적 풍요의 한복판에 살면서 살아 계신 하나님과 그분의 거룩한 아름다움을 유기한 오늘날의 서구 사회는 도덕적, 영적, 심미적으로 파산 상태에 처했다. 하나님의 아름다움과 거룩함 속에서 객관적인 미의 기준을 찾는 대신 상대주의에 편향된 기준을 따르기 시작하면서, 아름다움은 말 그대로 '제 눈의 안경'이 되고 말았다.

일반 문화의 파산 상태는 교회 안에도 스며들었다. 오늘날의 교회는 영성의 형태는 있으나(어떤 경우는 종교성은 있으나) 반(反) 지성주의와 부도덕성과 반(反) 심미주의를 부추기는 헬라의 영지주의에 휘청대고 있다. 서구교회는 진리이며 선이시고 아름다움이신 하나님을 부정하는 기독교 후기 문화 속에 살면서 일반 문화의 가치관을 받아들인다. 지금 교회와 세상은 예술 영역에서 하나님과 피조물의 본질을 이해하는 크리스천의 비전과 리더십이 절실히 필요하다.

오늘의 부르심

- 크리스천 예술가들을 격려하고 지원하기 위해 원작품을 구입하라.
- 하나님과 피조물의 본질을 투영하는 모든 형태의 예술을 창조하라.
- 직장과 가정을 포함해 지루하고 단조롭고 평범한 곳에 아름다움을 더하라.

- 다양한 예술과 성경적 신학이 녹아든 학교를 설립해 예술이 하나님께 영광을 돌리며 동시에 하나님 나라를 확장하는 데 일조하도록 하라.
- 예배의 자리를 실용적인 장소로만 만들기보다 더욱 아름답고 깊은 생각을 하게 해주는 장소로 만들라.
- 학교에서 예술과 예술사 수업을 추진하라.
- 위대한 성경적 주제를 담은 좋은 연극을 쓰고 만들라.
- 아름다운 화원을 가꾸라.

경제 활동

지금까지 우리는 이 책을 통해 성경적 기독교 직업관 개발에 힘써 왔다. 그런데 성경적 기독교 직업관은 필연적으로 경제 활동과 맞물려 있다. 경제학에 대해서는 이미 상세하게 다뤘지만, 경제 영역에 관해 몇 가지 핵심적인 부분을 짚어 보고 기독교 역사에서 경제가 어떤 의미와 중요성을 지니는지 거론하고자 한다.

인간은 사업 활동, 즉 개인적 경제 활동을 하도록 지음 받았다. 그래서 나는 인간을 호모 오이코노미아(*homo oikonomia*), 즉 '경제적 인간'이라고 부른다. 하나님의 형상을 따라 만들어진 인간은 사업을 하도록 지음 받았다. 데니스 피콕(Dennis Peacocke)은 《하나님의 방식으로 사업하라》(*Doing Business in God's Way*)에서 "하나님의 피조물 운영 방식은 그분이 가장 탁월하고 생산적인 사업가이심을 입증한다"[59]라고 말했다. 다시 말해, 인류는 하나님 나라를 건설하는 하나님의 사업 활동에 동참하도록 지음 받았다.

안타깝게도 현대 사회에서 우리의 일과 경제 활동은 하나님의 사업에 참여하기보다는 자연 자원을 흥청망청 낭비하며 조금이라도 더 벌려고 탐욕스레 달려드는 기업과 사람들이 지배하는 영역이 되어 버렸다. 이런 비윤리적 태도만 보더라도, 우리 사회가 경제 활동의 근간이 되어야 할 성경적 근검절약에서 얼마나 멀어졌는지 분명해진다. "돈을 사랑함이 일만 악의 뿌리"이며 사람들이 "많은 근심으로써 자기를 찔렀도다"(딤전 6:10)라는 신약의 말씀을 다시 확인시켜 준다.

야고보도 하나님이 아니라 돈을 사랑하는 부자들을 호되게 질책했다.

들으라 부한 자들아 너희에게 임할 고생으로 말미암아 울고 통곡하라 너희 재물은 썩었고 너희 옷은 좀먹었으며 너희 금과 은은 녹이 슬었으니 이 녹이 너

만타이 그룹 Manthei Group 의 이야기[60]

우리 만타이 그룹은 미시간 북부에서 함께 자란 형제와 사촌 6명으로 구성됐다. 우리는 비즈니스 파트너십과 강한 기독교 신앙을 공유한 두 가정에서 자랐다. 1960년대 말 우리 여섯은 그룹으로 함께 일하고 투자하기로 했다. 서로 은사를 잘 알고 있으니, 팀으로 일하면 개별적으로 일하는 편보다 더 많은 성취를 이룰 수 있을 거라고 생각했다. 현재 우리는 베니어합판 제작, 이동식 주택이나 휴가용 차량 전용 주차장, 토지 개발, 레미콘 공장, 도로 건설, 국제적으로 명성을 얻은 조경 제품 사업을 한다. 우리 모두 크리스천이며, 복음 전파라는 공동의 목표를 지향한다.

믿는 자로서 만타이 그룹의 구성원들은 다양한 국제 선교 위원회를 섬기며 해외 선교에 깊이 간여한다. 돈을 벌어 해외 선교지를 섬기는 부모님의 모습을 어려서부터 본 우리에게, 이는 지극히 당연한 일이다. 수많은 크리스천이 베푸는 마음을 가지고 선교를 신실하게 후원한다. 우리에게 사실 나눔보다 더 큰 과제는, 일의 '세속적' 측면이 사실은 하나님이 우리 삶에 두신 거룩한 부르심의 한 부분임을 이해하여 우리가 매일 하는 일과 신앙이 하나 되게 하는 것이었다.

그룹 내에서 관계의 문제를 해결하기 위해 고심하고 씨름하면서 우리는 이 과제를 해결하고, 성장을 경험할 수 있었다. 6명이 돌아가면서 격주로 지역 교회 목사님과 우리 회사에서 일하는 우리 아이들을 만나기 시작했다. 복음 변화 Gospel Transformations 라는 과정을 밟으면서 우

희에게 증거가 되며 불같이 너희 살을 먹으리라 너희가 말세에 재물을 쌓았도
다 보라 너희 밭에서 추수한 품꾼에게 주지 아니한 삯이 소리 지르며 그 추수
한 자의 우는 소리가 만군의 주의 귀에 들렸느니라 너희가 땅에서 사치하고
방종하여 약 5:1-5

야고보가 단지 부자라는 이유만으로 사람들을 책망한 것이 아님을 기억하자. 무엇보다 하나님은 어떤 사람들을 엄청난 부자로 만들기도 하신다. 하나님의 부르심에 따라 부를 얻은 사람들은 그 재물을 잘 관리하는 청지기의 소임을 감당한다. 야고보가 책망하는 사람들은 정당한 임금을

리가 실제로는 얼마나 형편없는지, 하나님이 얼마나 선하신 분인지를 새삼 깨달았다. 이후 몇 달 동안 우리는 집중적으로 대로우 밀러와 밥 모핏의 비디오 강의 "땅에서 이루어진 것 같이 하늘에서도" On Earth as It Is in Heaven 를 들었다. 이 시간을 통해 우리는 하나님이 지역사회에서 그리스도의 모델이 되라고 우리를 부르셨다는 깨달음을 얻었다. 이 부르심을 따라 그레고리 보이드 Gregory Boyd 의 《종교를 회개함: 심판에서 돌이켜 하나님의 사랑으로》 Repenting of Religion: Turning from Judgment to the Love of God 를 공부했다.

이런 성장의 시간을 보낸 끝에 만타이 그룹은 직원과 가족들을 섬기기 위해 지역사회에 진료소를 개설하기로 했다. 풀타임 간호사 한 명과 파트타임 의사 두 명을 배치하고 무료 진료를 하고 영양에 관해 가르쳤으며, 재정 및 가정 상담을 했다. 처음에는 많은 직원이 회의적이었다. 우리가 개인적인 생활까지 간섭하려 한다고 생각했다. 하지만 진료소는 성장을 거듭했고, 우리도 많은 사람을 섬기며 몇 사람의 회생을 돕기도 했다. 진료소는 우리가 직원들을 존귀하게 여기고 아끼며 하나님이 그들을 귀히 여기신다는 표현이었다. 지금은 지역사회에 더 적극적으로 참여하며 베풀고 섬기고, 지역사회의 목표 달성을 돕기 위해 힘쓰고 있다. 우리는 성령님의 인도하심을 민감하게 따르며, 지역사회로 다가가는 다리를 놓고 싶다. 이제 우리의 목표는 다른 이들을 섬김으로써 하나님을 섬기는 일에 우리의 삶과 비즈니스를 사용하는 것이다.

― 기업가 짐 만타이

주지 않는 자들, 오늘날로 말하자면 부당하고 불의한 고용 정책을 쓰는 이들이다. 부당한 수법으로 부를 얻은 사람들을 비난하는 것이다(4절 참고).

역사 곳곳에 이런 예가 넘쳐난다. 거대 석유 회사들이 개발도상국에서 어떤 일을 자행했는지 떠올려 보라. 유전과 석유 자원이 있는 국가에 돌아가는 수익은 거의 없이, 귀한 국가의 자원만 뽑아 가는 계약을 부패한 정부와 체결했다. 개발도상국의 노동 착취 현장에서는 서구에 사는 우리를 비롯해 부유한 국가들에 다양한, 그리고 사실 꼭 필요하지는 않은 제품들을 공급하려고 말 그대로 노예처럼 사람들을 부리며 최소 임금만을 지급한다. 경제 분야에서 일어나는 부정과 비윤리적인 행동과 정책은 상당 부분 서구 사회의 책임이다. 2001년 엔론의 파산과 2002년 글로벌 크로싱의 도산은 기업 고위층의 걷잡을 수 없는 탐욕과 부패의 방증이다. 2007년과 2008년의 주택시장 붕괴는 도덕적 고삐 없이 수익을 극대화하려는 불건전한 대출 관행의 결과다.

인간은 경제적 존재이기 때문에 크리스천의 목표는 성경적 경제 원칙을 적용해서 경제 분야를 구속해야 한다. 성경에는 경제 활동에 관한 격언과 비유, 예언적 구절이 가득하다. 특정 구절 외에도 성경은 물질세계를 하나님의 피조물로 존중해야 한다는 이스라엘의 형이상학적 관점을 반영하며 지금, 이 자리에서 우리가 하는 일의 가치를 인정한다. 성경의 가르침에 따라 크리스천들은 경제 분야에 지대한 공헌을 해 왔다.

예수님도 경제 분야에서 일하셨다. 예수님이 목수로 일하시면서 얼마나 버셨는지, 그 돈으로 무엇을 하셨는지는 우리는 모른다. 하지만 예수님이 다른 영역에서 하나님의 법에 전적으로 순종하셨듯이(마 5:17) 경제적인 삶에서도 하나님께 순종하셨으리라 믿는다. 끌과 톱, 망치와 대패 같은 연장을 사용하는 가운데 예수님은 흙투성이 손톱과 굳은살 박인 손으로 노동의 가치를 확증하셨다. 서른에 공생애를 시작하셨을 때, 예수님은 하나님 나라의 영생의 진리를 설명하기 위해 경제적 삶에 관한 다양한 교훈과 이야기, 비유를 사용하셨다.

사도 바울도 근검절약하는 경제 활동의 필요성을 인식했다. 또한 하나님이 경제 분야를 어떻게 보시는지 명확하게 이해했다. 수십 년의 사역 기간에 바울은 육체노동을 겸하면서도 결코 그 때문에 위신이 떨어진다고 생각하지 않았다. 사실 서신서에는 바울이 날마다 육체노동을 함으로써 재정적으로 자신의 부르심을 따라가는 데 도움을 받았다고 여러 번 기록되어 있다. 사도행전 18장 3절은 바울이 천막 만드는 일을 생업으로 삼았다고 전한다. 고향 다소에 머무는 동안 배운 기술이었다. 당시에는 주로 가죽으로 천막을 만들었다. 즉, 바울이 무두질을 익혔다는 뜻이다. 게다가 바울은 이 일을 주기적으로 했던 듯하다. 바울은 "친히 손으로 일을 하며"(고전 4:12)라고 기록한다. 또 이렇게 말한다.

> 어떻게 우리를 본받아야 할지를 너희가 스스로 아나니 우리가 너희 가운데서 무질서하게 행하지 아니하며 누구에게서든지 음식을 값없이 먹지 않고 오직 수고하고 애써 주야로 일함은 너희 아무에게도 폐를 끼치지 아니하려 함이니 우리에게 권리가 없는 것이 아니요 오직 스스로 너희에게 본을 보여 우리를 본받게 하려 함이니라 우리가 너희와 함께 있을 때에도 너희에게 명하기를 누구든지 일하기 싫어하거든 먹지도 말게 하라 하였더니 살후 3:7-10

교회사에서 조금 더 가까운 과거에는 신학자이자 수학자인 프란체스코 수도사 프라 루카 파치올리(Fra Luca Pacioli)가 1494년 과학과 신학에 대한 책을 출간했다. 이 책에서 그는 한쪽 계정에는 거래의 차변을, 다른 쪽에는 대변을 기입해 차변과 대변의 합이 일치하는 이중부기를 고안해 기록했다. 현대 회계의 아버지인 파치올리는 사람들이 경제 거래를 "하나님의 이름으로"[61] 해야 한다고 단언했다. 케네디는 겸손한 그리스도의 제자 파치올리를 이렇게 평했다. "그가 개발한 방법론은 기업의 미래를 완전히 바꾸어 놓았으며, 정산표의 개발로 이어졌다. 그의 독창적인 회계 방정식 '자산=부채+자기자본'은 오늘날 전 세계적으로 사용되고 있다."[62]

오늘날과 같은 경제가 형성되기까지 개신교 종교개혁자 장 칼뱅도 큰 역할을 했다. 케네디는 경제적 변화에 칼뱅이 다음의 공헌을 했다고 기술했다. "칼뱅은 수백 년 동안 돈을 얽매고 있던 사슬에서 돈을 풀어 주었

테드 코윈 Ted Corwin **의 이야기**[63]

테드 코윈은 다른 많은 이들처럼 상사와 조직 문화에 거절당하는 느낌을 잘 안다. 내가 그를 처음 만난 건, 그가 좋아하던 직장에서 '정치적으로' 쫓겨나다시피 했을 때였다. 코윈은 치유와 재정비 과정의 일환으로 시간을 따로 내서 주님을 구하기 시작했다. 이 묵상의 시간 동안 그는 주님이 주시는 감동을 받았다. "기독교 단체를 설립해라. 네 신앙을 나눠라. 다른 이들의 성장을 도와라. 반석 위에 세운 집의 본이 돼라. 겸손해라. 보살펴라. 재계로 가라."

'나에게는 창업을 할 만한 자질이 없어. 나는 너무 보수적이야. 실패하고 싶지 않아'라고 생각하던 사람이었던 그로서는 깜짝 놀랄 만한 말씀이었다. 그렇지만 코윈은 자신을 준비되지 않은 영역으로 부르시는 이가 바로 주님이라고 확신했다. 주님이 부르셨다면 성공도 주님이 주시리라고 확신했다. 코윈은 두 친구에게 조언을 구했다. 한 친구는 가구 제조업을 구석구석 잘 아는 나이가 더 많은 친구였고, 다른 친구는 신앙과 일을 어떻게 연계하고 기업과 선교를 어떻게 접목할지 기업인들을 컨설팅하는 친구였다.

기도와 조언, 순종의 씨앗은 1989년 3월, 고품질 식탁용 가구 제작을 전문으로 하는 회사, 디자인 마스터 가구로 결실을 맺었다. 예수님이 베드로에게 명하신 요한복음 21장 17절의 "내 양을 먹이라"는 말씀이 디자인 마스터의 방향을 설정했다. 코윈은 디자인 마스터의 목표를 몇 가지 각도에서 정리했다.

고, 자본주의의 능력을 해방시켰다."⁶⁴

칼뱅의 사상은 종교개혁의 영향을 받은 국가들을 휩쓴 거대한 경제 운동의 일부였다. 사실 경제사가들은 '중산층' 사회의 발달에 종교개혁자들이 회복시킨 성경적 세계관이 주요 요인으로 작용했다고 파악한다. 유럽에서 종교개혁이 일어나기 전까지는 세계 인구의 대다수가 빈곤층이었다. 오늘날의 표현을 빌자면 대부분의 민족과 국가가 저개발 상태였다. 왕족이나 부족장, 정치가, 사유지주, 성공한 상인, 상업을 좌우지하는 중상주의자들처럼 부유한 소수도 있었지만 기본적으로 누구나 가난했고, 계약제 하인이나 농노, 노예도 있었다.

- 우리는 디자인 마스터의 직원들과 영업 사원들에게 일을 주어 육신적으로 이들을 먹임으로써 이들이 가족을 부양할 수 있게 한다.
- 우리는 디자인 마스터의 이해 당사자들과 함께, 이들을 위해 기도하고 하나님이 우리 삶 가운데 어떻게 역사하시는지 이들과 나누어 영적으로 이들을 먹인다.
- 우리는 디자인 마스터의 수익의 십일조를 드려 기독교 자선단체와 선교단체를 돕는다.

나아가 디자인 마스터의 경영진은 예수 그리스도와의 개인적 관계에 기초해서 다음을 중시하기로 결정했다.

- 기도를 통한 순종
- 거룩한 관계
- 진리
- 탁월한 일
- 자유와 책임성

테드 코원과 디자인 마스터 팀은 그리스도를 믿는 믿음과 일을 의식적으로 통합하기 위해 힘쓰고 있다.

종교개혁 이후 종교개혁자들의 영향을 받은 북유럽 국가에서 많은 이들이 가난에서 벗어났다. 인류 역사상 처음으로 중산층이 두터워지면서 사회의 주요 세력이 됐다. 가난하지도, 부유하지도 않지만 많아진 기회를 누리고 국가의 미래에 의미 있는 영향력을 행사하고자 국가 경제에 전적으로 참여하는 사람들이 생겨났다.

대체 성경이 무엇을 가르치기에 나라 전체가 가난에서 벗어났을까?

《국가의 부와 빈곤》(한국경제신문사 역간)에서 데이비드 S. 랜즈(David S. Landes)는 질문을 제기한다. "왜 어떤 국가는 부유하고 어떤 국가는 가난한가?" 랜즈는 중국 문화와 이슬람 문화의 강력한 영향력을 보여 주고는 유럽의 경제 실험과는 달리 왜 이 두 문화가 온 나라를 빈곤에서 건져 내는 역동적 힘을 발휘하지 못하는지 묻는다. 그리고 나서 유대교와 기독교의 '종교적 가치관' 혹은 세계관을 그 원인으로 꼽는다.

다양한 학자가 다양한 원인을 제시하는데, 대부분 종교적 가치관과 관계있다.

1. 유대 기독교의 육체노동에 대한 존중….

2. 유대 기독교에서 자연이 인간에게 종속되는 관점. 이는 모든 나무와 개천에도 물의 정령, 나무의 정령과 같은 신이 깃들어 있다고 믿는 만연한 애니미즘적 신앙과 관행과는 현격히 다르다. 오늘날의 생태학자들은 이런 애니미즘적 신앙이 더 낫다고 생각하는 듯하지만, 기독교 유럽에서 이교도의 자연숭배에 귀를 기울이는 사람은 아무도 없었다.

3. 유대 기독교의 일직선적 시간관념. 다른 사회는 시간을 순환적으로 인식해 처음으로 돌아가 다시 반복된다고 믿었다. 역사에서 인간의 진보란 없으며 일도 인간에게 아무런 의미가 없다고 생각했다. 그에 반해 일직선적 시간은 진보하거나 퇴보하며, 이전의 상태에서 더 나아지거나 나빠진다. 중세 시대

이후부터 지금까지 유럽인들 사이에서는 진보적 관점이 우세했다.

4. 마지막으로 시장을 강조하려 한다. 유럽에서는 **기업 활동이 자유로웠다**. 창조적 혁신이 성과를 거두고 보상받았으며, 통치자와 기득권층이 그 혁신을 저지하거나 좌절시키기란 쉽지 않았다. 성공은 모방과 경쟁을 낳았고, 그 동시에 권력 의식을 부여해 장기적으로는 **인간을 거의 신의 반열에 올려놓다시피 했다**.[65]

랜즈에 따르면 차이는 종교적 세계관이었다. 노동의 존엄성, 인간의 피조물 지배, 역사의 목적 지향성, 자유 시장…. 첫 번째부터 세 번째까지는 랜즈의 지적이 맞다. 하지만 네 번째는 앞뒤 순서가 바뀌지 않았나 싶다. 기업 활동의 결과로 인간을 중시하게 되었다기보다 인간의 가치를 중시하는 성경적인 관점, 즉 인간을 하나님의 형상을 따라 지음 받은 존재로 보기 시작하면서 이것이 기업 활동으로 이어졌기 때문이다. 인간은 2차적 창조자, 혁신자, 발명가, 예술가다. 이런 세계관의 요소들과 다른 요인들이 작용해 유럽 국가들이 빈곤에서 벗어났다.

경제 발전이 천연자원보다는 사고와 가치관의 문제라는 논지를 더욱 구체적으로 명시한 두 명의 다른 사회·정치 경제학자들이 있다. 독일의 막스 베버(Max Weber, 1864-1920)와 미국의 마이클 노박(Michael Novak, 1933-현재)이다. 먼저 베버를 살펴보자.

막스 베버는 칼 마르크스(Karl Heinrich Marx, 1818-1883)와 독일에서 같은 세기를 보냈다. 이제는 실패한 사회, 경제 운동으로 평가되는 공산주의와 마르크스주의 때문에 온 세상이 마르크스를 안다. 하지만 사회 학계 밖에서 막스 베버를 아는 사람은 거의 없다. 두 사람 모두 사회경제 철학에 관심을 뒀다.

철저한 유물론자였던 마르크스는 인간이 소비자이며 자원이 제한적이라는 폐쇄적 시스템, 제로섬 경제 모델[66]을 믿었다. 누군가 다른 사람보다 자원을 더 많이 가진다면 어떤 방식으로든 다른 사람에게서 빼앗은 것이기 때문이다. 마르크스의 사회경제 시스템은 이런 격차를 해결하기 위해 고안됐다. 하지만 20세기 말, 세계는 공산주의 질서의 붕괴를 목도했다. 타당하지 않은 사상을 토대로 세워진 공산주의 제도는 결국 무너졌다.

베버는 마르크스와 관심사가 같았다. 하지만 그가 바탕으로 삼은 경제 가설은 달랐다. 베버는 개방적 시스템, 포지티브섬 경제 모델을 믿었다. 사상에는 결과가 뒤따른다는 사실을 이해했다. 개신교 교리에 인간의 노동에 존엄성을 부여하는 윤리가 있음을 파악했다. 바로 종교개혁의 강단에서 설파한 개신교 윤리였다. 대중이 이 윤리적 원칙들을 적용하자, 문화가 변화되고 이 원칙들을 반영하는 새로운 정치, 경제 시스템이 개발됐다.

종교개혁은 교회만 변화시키는 데 그치지 않았다. 유럽 문화를 변화시켰고, 이어서 나라를 변화시켰다. 그리고 5백 년 후 이 변화는 글로벌 경제로 만개했다. 오늘날 빈곤의 노예가 된 국가들의 세계관이 바뀌면 그 나라의 발전과 경제적 풍토도 분명 영향을 받는다.

마찬가지로 자유 기업은 억압과 불의에 허덕이는 국가들에 가히 혁명적인 영향을 끼친다. 기업들은 본질적으로, 또 생존을 위해서도 그러한 역할을 수행해야 한다. 작가이자 경제철학자인 마이클 노박은 기업이 단순히 도덕적 틀을 벗어나지 않는 데만 급급해서는 안 되며, 한 발 더 나아가 덕과 영혼을 배양하고 살찌우기 위해 해당 문화의 도덕적 풍토를 바꾸는 데 기여해야 한다고 주장한다.[67] 노박은 기업에 있어서 도덕적 생태계는 세상이 염려하는 자연 생태계만큼이나 중요하다고 강조한다. 일각에서는 '현실주의'를 이유로, 기업이 도덕적 사안에 지나치게 관심을 가질 여력이 없다고 항변한다. 그러나 사실 기업의 유전자 자체가 자유롭고 공정한 사회를 요구한다. 온전한 성공을 위해서는 기업이 법치를 지지해야 하며 모든 사람이 공동체의 가장 약한 이들을 위해 책임감 있게 행동하도록 자유인의 잠재력을 펼쳐주어야 한다. 기업이 악하고 부패하거나 성경을 통해 우리에게 주신 거룩한 법칙들을 공격하며 노박이 말한 '도덕적 생태계'를 거스르면, 사회에 악영향을 끼치고 결국은 자멸하게 된다.

노박은 자유 사회 기업들에게 경고한다.

> 요약하자면, 기업은 국가의 도덕적 생태계에, 특히 덕의 문화를 조성하는 일에 큰 책임이 있다. 광고회사들이 비즈니스 활동이라는 핑계로 전통적 덕목에 대한 공격을 부추긴 것은 크나큰 잘못이다. 이러한 덕목들이 자유 사회를 유지하는 근육이요, 인대요, 힘줄이다. 이 덕목들을 잘라내면 자유가 마비된다.[68]

분명 경제 영역은 선을 일으키는 잠재력이 막대한 영역이다. 모든 인간은 '경제인'이다. 경제 영역에서 부르심을 발견하고 자유 기업의 확장을 위해 노력하고 일자리를 제공하고 가난한 이들이 빈곤을 떨쳐내도록 돕고 경제적 풍요를 창출하는 일은 오늘을 사는 크리스천의 몫이다.

오늘의 부르심
- 경제적 부패에 맞서는 경제 윤리와 성경적 신학을 재건하라.
- 세상과 인간이 발전하도록 관리하고 섬기는 경제 활동에 집중하라.
- 당신의 사업과 하나님 나라 확장을 직접적으로 연결하는 사명 선언서와 비전 선언서를 만들라.
- 개인적으로 열심히 일하라.

- 직원들이 가족을 부양하고 부모 중 한 명이 가정에 머물며 다음 세대를 양육하도록 공정한 임금을 지급하라.
- 기업가 정신과 자유 기업을 지원하는 정책 개발 과정에 참여하라.
- 재산권과 경제적 자유를 보호하는 법을 지지하라.
- 가난한 지역사회에서 창업을 장려하라.
- 검약, 근면, 일의 탁월성, 가난한 지역사회로의 부르심과 같은 성경적 덕목을 가르치라.
- 가난한 지역사회에 소액 금융과 소액 대출 프로그램을 개설하라.
- 일터에서 노고와 탁월성을 합당하게 보상하라. 혈연이나 지위가 아니라 능력을 기준으로 보상하라.
- 건전한 회계 관행과 정확한 회계법을 확립하라.
- 부를, 취하고 받는 대상이 아닌 창출하는 대상으로 여기라.
- 기업 수익의 일부를 공동체와 사회의 건강과 안녕을 증진시키는 데 사용하라.

과학

과학은 인간이 하나님의 생각을 따라 생각하는 것이라는 말이 있다. 과학은 경험적 연구를 통해 우주를 이해하려는 인간의 탐구를 수반한다. 역사적으로 '과학'(science)이라는 단어는 지금처럼 자연법의 방법론적 개발과 적용만을 뜻하지 않았다. 19세기까지 과학은 분야를 막론한 지식의 탐구를 뜻했고, 이 분야를 탐구하는 사람들을 공식적으로 자연철학자라 불렀다. 영적 영역과 물질 영역을 형이상학적으로 구분하지 않던 중세 시대 때에는 신학이 모든 대학교육의 필수과목이었고, 과학의 여왕으로 불리기까지 했다.

기술을 포함한 과학 영역은 매우 복잡하며, 시대마다 그 의미가 크게 달랐다. 역사적 흐름으로는 초기의 연역적 방법과 더 근대적인 귀납적 방법이 두드러진다. 각각의 흐름을 자세히 살펴보자.

과학 영역에서는 고대 그리스인들이 자연 현상에 관한 체계적 사고를 발전시키며 주류를 형성했다. 이들은 '비인격적인' 자연법이 자연을 지배한다고 인식했고, 이 자연법을 발견하고 이해할 수 있다고 믿었다. 이 모델에서는 너무나 명백해서 절대로 이견을 제시할 수 없는 명제가 첫 단계가 된다. '불은 뜨겁다, 얼음은 차갑다, 진흙이 햇빛을 받으면 딱딱해진다, 물을 가열하면 끓는다' 같은 식이다. 케니스 맥리쉬(Kenneth McLeish)는 이렇게 썼다.

프랜시스 콜린스 Francis Collins **의 이야기**[69]

인간게놈 프로젝트의 전 前 책임자가 복음주의적 크리스천이라는 사실을 안다면, 아마 크리스천 중에도 깜짝 놀라는 사람들이 있을 것이다. 저명한 과학자 프랜시스 콜린스는 일반의 예상과는 사뭇 다른 세계관에서 인간 DNA 연구를 본다.

> 인간 게놈의 우아함과 복잡성에 경이를 금치 못합니다. 하나님은 내내 알고 계셨고 인간은 이제 막 발견하기 시작한 인류의 면면을 조금씩 보여 주는 경이로운 인간 게놈이 제 믿음을 더욱 강하게 합니다.[70]

오랜 세월을 지나온 다른 과학자들처럼 콜린스도 믿음과 과학이 대치 관계가 아님을 확실히 안다.

> 과학은 자연계를 탐구합니다. 믿음은 초자연계를 탐구하죠.…그렇기에 서로 분리되어 결코 한 사람, 한 가지 경험, 한 가지 생각으로 통합되지 못할까요?…아닙니다. 제 관점에서 봤을 때 이 두 가지 세계관은 제 안에, 그리고 지금 이 순간 상당히 많은 사람 안에 공존하고 있습니다. 그로 말미암아 우리의 생각이 뒤죽박죽되거나 부득이하게 자기모순에 빠진다

이 모두 자연을 관찰해서 얻게 되는 아이디어다. 또한 굳이 설명하려고 안간힘을 쓰는 것 없이 그대로 수용하면, 안락하고 안전하게 살 수도 있다.…대부분 자연계에 관한 상식적 '지식'에 만족한다.[71]

이러한 자연 탐구 방법을 연역법이라 하는데, 거의 전적으로 지성을 사용하는 활동이다.

고대부터 중세에 이르기까지 연역적 방법은 인간 사고의 최고 업적으로 간주됐다. 실제로 그랬다. 하지만 이 모델의 크나큰 약점은 오직 사고에만 의존한다는 것이었다. 첫 단계가 되는 명제에 결함이 없는지 점검하는

고는 생각하지 않습니다. 오히려 우리가 더 풍성해지고 복을 누린다고 믿습니다. 예배의 한 형태로 우리는 과학을 실천할 수 있습니다. 가장 위대한 과학자이신 하나님을 볼 수 있습니다. 새롭게 세계를 발견하면서 하나님이 지으신 피조물의 경이로움을 감사할 수 있습니다. 과학자가 되어 이렇게 할 수 있으니 얼마나 큰 선물입니까?[72]

콜린스와 그의 팀은 13년 동안 인간 게놈 프로젝트에서 인간 DNA 염기서열을 담은 30억 개의 게놈 서열을 밝혔다. DNA 염기 서열은 우리 몸의 생물학적 특질을 지시해 우리 눈동자가 푸른색이 될지, 갈색이 될지, 심장 질환이나 특정 암 발병 가능성이 높은 사람이 될지 결정한다. 게놈 프로젝트는 새로운 지식 체계를 결과물로 내고 2003년 마무리됐다. 이 지식 체계는 과학적, 의학적 발전을 촉진시킬 수도 있지만, 그 동시에 심각하게 악용될 수도 있다.

인간 DNA 지도를 규명하면서 질병 치료의 효능을 개선할 기회가 커졌다. 과거 의학 발전으로 수백만 명이 천연두와 소아마비를 아예 앓지 않게 됐듯이 유전자 지도 덕에 질병 완화의 가능성은 더욱 커졌다. 하지만 막대한 가능성과 함께 유전적 차별이나 빈곤층의 소외 등 실질적인 위험도 대두된다.

가장 크게 우려되는 위험은 후세대를 원하는 대로 만드는 잠재적 DNA 조작이다. 콜린스도 이 문제를 잘 알고 있으며, 현세대의 치료 목적 DNA 지식 활용과 미래에 '완벽한 아기'를 만들

데 필요한 자연의 철저한 관찰과 실험 연구가 부족하다. 15세기 이후, 연역적 '과학' 이론들이 뒤집혔고, 귀납법을 사용하는 '근대 과학'이 태동했다.

귀납법은 또 하나의 중요한 과학의 흐름으로, 자연계를 탐구하는 방식면에서 연역법과는 180도 다르다. 연역적 사유에서는 특정한 선언으로 시작해 지적으로 논리적 단계를 밟아 **일반적** 결론에 도달한다(예를 들면, 지구는 우주의 중심이며, 따라서 항성들은 지구를 중심으로 돈다). 귀납적 접근을 취하면, 먼저 광범위한 **일반적 관찰**에서 출발해 **특정한** 결론에 도달한다(예를 들어 지금까지 인간의 경험상 태양은 매일 뜬다. 그러므로 태양은 내일도 뜰 것이다). 이처럼 자연을 면밀히 탐구함으로써 오늘날의 '과학 법칙'이 발견되고 적용

기 위한 DNA 지식 활용은 명확히 구분해야 한다고 믿는다. 구분을 명확히 하고자 콜린스는 생식 계열 germ line 이라는 용어를 설명한다.

> 생식 계열은 다음 세대로 유전되는 DNA의 일부입니다. 인간 DNA 대부분은 생식 계열이 아닙니다.…제가 낭포성 섬유증을 앓고 있다고 합시다. 폐의 낭포성 섬유증을 고치고 결함이 있는 폐의 유전자를 바꿀 수 있다면, 그렇게 해야겠죠. 하지만 그렇게 해도 내 후손은 영향을 받지 않습니다. 분명히 구분이 되는 지점이죠. 유전자 요법이 당뇨나 심장 질환, 암 치료 가능성을 획기적으로 높일 텐데, 이런 치료를 위해 생식 계열까지 건드릴 필요는 없습니다.[73]

유전자 관련 지식이 상대적으로 연한이 짧기 때문에 콜린스와 같은 크리스천들이 지식 사용의 윤리적 기준 수립에 일익을 담당할 여지도 많다. 교회는 그리스도의 몸으로서, 또 과학 분야와 정부에 흩어져 있는 지체로서 하나님이 우리에게 허락하신 발견을 사회가 윤리적으로 사용할지, 아니면 비윤리적으로 사용할지에 영향을 끼칠 수 있다.

궁극적으로 프랜시스 콜린스가 인정하는 대로 하나님은 피조물의 모든 비밀을 아는 **유일한 과학자**시다. "가장 위대한 과학자"가 하시는 일에 참여할 특권이 우리에게 주어졌다.

됐다.

일부 고대 그리스 과학자들[74]과 중세 시대의 일부 아랍과 무슬림 과학자들이 천문학과 수학, 의학에서 주목할 만한 발견을 했지만, 과학이 눈부신 비상을 할 수 있는 형이상학적 틀을 만든 장본인은 14세기부터 19세기까지의 기독교였다. 기독교가 문화적 사명을 이해하고 전파하면서 과학도 함께 발전했다. 크리스천들은 하나님이 보편적이고 물리적인 법칙에 따라 움직이도록 우주를 만드셨으며 이 법칙을 발견하고 이해하며 하나님의 영광을 위해 사용할 수 있음을 깨달았다. 많은 크리스천이 과학을 자신의 라이프워크로 삼았다.

13세기, 프란체스코 수도회 출신 주교이자 옥스퍼드 대학 초대 총장이

조지 워싱턴 카버 George Washington Carver **의 이야기**

20세기 초반 미국의 저명한 흑인 과학자이자 발명가인 조지 워싱턴 카버 1864-1943는 위대한 창조주를 섬기고 꿈을 열정적으로 추구하는 데 자신의 삶을 오롯이 바쳤다. 지금도 크게 다르지는 않지만 당시 과학자들은 대개 신앙과 과학은 병립할 수가 없다고 생각했다. 하지만 카버는 신앙과 과학을 불가분의 관계로 간주했다. 자연계의 연구와 발견은 하나님을 더 깊이 아는 방법이었다. 카버의 표현을 빌리자면, "자연과 자연의 다양한 형태는 하나님이 그분과 소통하고 그분의 영광과 위엄과 능력을 보라고 허락하신 작은 창이다. 나는 그저 커튼을 들추고 들여다보기만 하면 된다."[75]

카버는 어릴 때부터 식물에 관심이 많았다. 식물을 키우는 천부적인 재능 때문에 '화초 박사'라는 별명까지 붙었다. 몇 킬로씩 떨어진 곳에 사는 사람들도 그를 찾아와, 죽어가는 식물을 살려 달라고 부탁했다. 나이가 들수록 자연계에 대한 카버의 궁금증은 점점 더 커졌다. 주변 사람들이 그 궁금증을 해소해 줄 수 없다는 사실을 깨달은 카버는 스스로 지식을 탐구하기로 결심했다. 카버는 어린 시절을 이렇게 회상했다.

었던 로버트 그로스테스트(Robert Grosseteste, 1175?-1253)는 최초로 과학적 귀납법 사용을 진지하게 제안하고 실제로 실험한 인물로 평가된다.[76] 한편 13세기에 또 다른 프란체스코 수도사 로저 베이컨(Roger Bacon, 1214?-1294)는 "모든 것을 경험으로 검증해야 한다"[77]고 주장했다. 베이컨은 옥스퍼드와 파리에서 수학했고, 근대 과학 기법을 명확히 예측한 인물로 알려져 있다. 베이컨은 모든 참된 철학의 목적은 외부 세계에 대한 지식을 통해 창조주를 아는 지식에 도달하는 것이라 믿었다.

16세기 종교개혁 지도자들은 하나님이 두 가지 '책'을 통해 자신을 계시하셨다고 가르쳤다. 크리스천이자 초기 귀납법을 장려한 프랜시스 베이컨(Fancis Bacon, 1561-1626)은 "우리가 실수하여 넘어지지 않도록 우리

나는 모든 돌, 꽃, 벌레, 꽃, 짐승의 이름을 다 알고 싶었다. 왜 그런 색인지, 어떻게 생명을 얻었는지 알고 싶었다. 하지만 대답해 줄 사람이 아무도 없었다.[78]

꿈을 좇는 과정에서 카버는 많은 장애물과 맞닥뜨렸다. 남북 전쟁 기간에 노예 신분으로 태어난 그는 갓난아기일 때 양친을 잃었다. 흑인이라는 이유로 입학을 거부당했고, 구타와 공격을 당했으며, 끊임없는 불신과 증오에 시달렸다. 이 모든 어려움을 겪은 그는 열정을 포기하고 그저 적당히 살면서 안주할 수도 있었다. 하지만 카버는 패배를 배움의 기회로 삼았다. 집념과 창의력으로 장애물을 극복한 그는 소수의 핵심 멘토들의 도움을 받아, 하나님이 지으신 본연의 모습을 실현해 나갔다.

마침내 카버는 부커 T. 워싱턴이 노예였던 이들을 교육하기 위해 설립한 앨라배마 소재의 흑인 학교 터스키기Tuskegee 학원의 교수가 됐다. 카버의 명성이 높아지자 다른 기관에서 훨씬 더 좋은 조건을 제시했지만, 카버는 교직을 떠나지 않는 한 계속 그곳에 머물겠다고 결심했다. 터스키기에서 자신이 얼마나 중요한 영향을 끼치고 있는지 깨달았기 때문이다.

카버의 영향력은 대학 캠퍼스에만 국한되지 않았다. 학생들의 영적, 학문적 멘토가 되었을 뿐만 아니라, 남부 농민들을 돕는 데 전문 지식을 적극 활용했다. 남부의 농업은 심각한 상황이

앞에 두 권의 책이 놓였다. 첫째는 하나님의 뜻을 계시하는 성경이고, 둘째는 하나님의 능력을 표현하는 피조물이다"[79]라고 했다. 다시 말해 방법론적으로 하나님의 창조 질서를 연구함으로써 하나님이 제정하신 자연법칙을 발견할 수 있다. 베이컨은 전문적으로 귀납법을 개발하고 주창하여, 유럽이 귀납법을 우호적으로 수용할 수 있도록 결정적인 영향을 끼쳤다. 베이컨은 또한 자연법칙을 사용한 연구의 목적은 크리스천의 나눔이어야 한다고 가르쳤다. 연구를 통해 얻은 지식은 인간의 고통을 낮추고 안녕을 증진시켜 다른 이들을 섬기는 데 사용되어야 한다. 과학자들이 제2의 천성으로 여기게 된 베이컨의 연구 방법은 수많은 특정 경험들을 분석함으로 자연의 일반 법칙들을 개발한다. 이렇게 우리는 하나님이 피조물 가운

었다. 면화에 전적으로 의존해 오랫동안 면화만 재배하다 보니, 더는 잘 자라질 않았다. 게다가 면화를 완전히 파괴하는 목화 바구미가 멕시코에서 북상했다. 카버는 이런 상황을 오히려 다양한 작물을 도입하고 장려할 최고의 기회로 여겼다. 바구미에 취약하지 않고 척박해진 토양의 양분을 회복시키고, 농민들이 가족을 부양할 정도의 수입을 확보해 줄 작물 개발에 착수했다.

카버는 다양한 작물을 실질적으로 활용할 방법을 찾기 위해 연구를 거듭했다. 농민들이 최대한 많은 수확을 거둬들이도록 지식 공유 차원에서 '3면 회보'를 발간해, 재배를 권장하는 작물들을 소개했다. 이 회보에는 농민들을 위한 경작 기법과 주부들을 위한 실질적 작물 사용법 및 조리법, 남부 각지에서 교사와 농민으로 활동하는 수많은 터스키기 농과 졸업생을 위한 과학적 정보가 실렸다. 회보 외에도 터스키기 학원을 지역의 농민 정보 센터로 만드는 과업을 이뤘다. 카버는 지역 차원의 정보 공유에 만족하지 않고, 남부 전역 여기저기 다니며 농업 정보를 제공했다.

조용하지만 한결같은 카버의 영향력 덕분에 남부의 농업 기법이 변하기 시작했고, 전국의 수많은 기관이 카버의 농업 기법과 지혜를 빌리려고 찾아왔다. 마침내 카버의 업적과 영향력은 과학 분야와 정부의 가장 높은 단계까지 다다랐고, 나아가 전 세계까지 뻗어 갔다. 그는 수많은 영예를 누렸다. 그중 몇 가지만 꼽자면, 의회에서 증언을 했고 테오도르 루스벨트 대통령을 터

데 실제로 써 두신 법칙을 연구하고 이해한다.[80]

'근대 과학의 창시자'로 알려진 크리스천을 몇 명 더 꼽자면, 먼저 독일의 천문학자 요하네스 케플러(Johannes Kepler, 1571-1630)를 들 수 있다. 그는 자연의 법칙을 발견할 때 우리는 "하나님의 생각을 따라 생각"[81]한다고 했다. 그는 이런 글을 남겼다.

천문학자들은 자연의 책에 관해 가장 높으신 하나님의 제사장이기 때문에 우리 생각의 영광을 구하지 말고 무엇보다 하나님의 영광을 마음에 둬야 한다.[82]

영국의 철학자이자 수학자인 아이작 뉴턴(Isaac Newton, 1642-1727)은

스키기 대학으로 초청했으며 아프리카와 구소련 관료들에게 농업 기법을 조언했다.

카버는 모든 기회를 하나님과 과학을 향한 사랑을 나눌 기회로 여겼다. 특히 자신의 영향을 받은 사람들이 어떤 환경에서든 자연을 창조주를 더 깊이 아는 수단으로 삼기를 바랐다.

참된 행복이 곧 만유를 지으시고 붙드시는 하나님과의 친밀한 관계로 나아가는 기쁨이라는 비밀을 아직 깨닫지 못한 이들에게 권한다. 당장 앞마당으로 나가 작은 것들을 탐구하기 시작하라. 알고 있는 것에서 가장 가까이 있는 미지의 것을 탐구하라. 새로운 진리를 발견할 때마다 하나님께 조금씩 더 가까워진다.[83]

카버는 지속 가능한 농업과 유기 비료를 최초로 고안한 인물이자 땅콩, 고구마, 피칸, 진흙을 원료로 어떤 제품들을 만들 수 있는지 수백 가지에 달하는 사용 방법을 알린 인물로 존경을 받는다. 수백 가지 땅콩 관련 제품 발명자로 알려졌지만, 카버는 그보다 훨씬 더 많은 성취를 이뤘다. 연구와 섬김의 삶을 통해 카버는 그가 평소 즐겨 하던 말대로 살았다.

모든 인간은 이 세상에 태어난 분명하고 합당한 이유를 남겨야 한다.[84]

"나는 하나님의 감동을 받아 인간이 쓴 하나님의 말씀, 성경에 근본적인 믿음을 둔다. 나는 날마다 성경을 공부한다"[85]라고 했다. 가장 위대한 과학자 중 한 사람으로 꼽히는 뉴턴은 빛 연구에 지대한 공헌을 했으며, 반사 망원경을 발명했다. 하지만 무엇보다 만유인력의 법칙과 운동의 법칙을 발견한 인물로 잘 알려져 있다.

오늘날 과학과 기술의 혜택과 매력이 전 세계적으로 워낙 막강하기 때문에, 심지어 애니미즘적 사회도 적극적으로 과학 기술을 탐구한다. 어쩌면 과학적 발견의 긍정적 혜택 때문에 세계가 새로운 무언가를 발견하는 것 자체에 그토록 집착하는지도 모른다. 그런 의미에서 인류는 문화적 사명을 성취하라는 하나님의 명령에 순종하는 수준을 이미 훌쩍 넘었다. 사실 특정 의학 분야는 너무나 급변해서, 어떤 윤리적 제약을 둬야 할지 판단이 불가능한 수준이다. 앞으로 어떤 상황이 벌어질지 궁금하다면, DNA 연구 진행과 인간 유전자 지도 완성만 생각해도 금세 답이 나올 것이다. 어떤 분야든지 기술이나 연구가 가능하다는 이유만으로 기술을 개발하고 연구를 진행해야 할까? 과학기술 발전의 혜택을 어떻게 가난한 이들에게까지 전할 수 있을까? 타락이 가져온 영향에 대처하는 데 보탬이 될 새로운 발견으로는 무엇이 있을까?

크리스천 중에는 과학으로 부르심 받은 이들도 있다. 과학으로 부르심 받은 크리스천은 과학적 발견의 열매를 타락의 저주를 떨쳐내는 데 사용해야 한다.

오늘의 부르심

- 하나님의 세계와 하나님의 말씀이라는 두 가지 계시를 과학에 재편입시키도록 독려하라. 이는 유물론적, 혹은 자연주의적 과학의 형이상학적 가정에 도전하게 될 것이다.

- 과학에 관심과 재능이 있는 학생들이 과학을 연구하고 학위를 취득해 과학 분야에서 가르치고 연구하도록 독려하라.
- 개발도상국에서 우주 질서와 발견, 문제 해결의 귀납적 원칙, 기본적인 과학과 기술을 교육하라. 개발도상국 사회가 핵심적인 과학 분야에서 굳건히 서도록 도우라.
- 홍수, 지진, 동식물 질병, 기타 파괴적인 재해와 같은 '자연악'과 맞서 싸울 기술을 개발하고 연구하라.
- 질병 및 기형, 상해 및 기타 보건 문제에 대처하고 예방하기 위한 연구를 추진하라.
- 과학 분야에 도덕적 기준과 윤리를 재정립하라. 단순히 '지금 이런저런 연구를 할 수 있기 때문에' 과학과 기술을 적용해서는 안 된다. "우리가 그렇게 해야만 하는가?"라고 물어야 한다.
- 보건, 농업, 축산, 수산 과학의 지혜를 다른 나라에 전파하라. 국가 간에 과학기술 분야의 자유로운 아이디어 교환을 촉진하라.
- 가난한 이들이 석기시대 수준의 농업에서 현대 수준으로 건너뛸 수 있도록 다양한 적정 기술을 도입하라.
- 생산성 증대와 청지기적 토지 관리를 장려하는 정책을 지지하라.

성경적 원칙과 비전, 생명을 모든 영역에 전파하며 성문에서 크리스천으로 살아온 증인들이 구름과 같이 허다하다. 21세기를 사는 우리도 그들과 동일하게 행해야 하지 않겠는가?

제 20 장
가장 큰 계명

그리스도가 없는 세상은 사랑과 긍휼이 없는 세상이라는 말이 있다. 도시 환경이 소외와 불신, 잔인함을 조장하는 오늘날의 세상을 가감 없이 보여 주는 진리가 아닐까? 참된 사랑과 긍휼이 결여된 사회생활은 불만과 쓴 뿌리, 폭력의 씨앗을 전파한다. 죄성이 가져온 결핍감은 인간이 서로 비인간적으로 대하게 하고, 결국 사회 불안과 폭력을 일으킨다. 인간이 근본적으로 선하다는 세속적 믿음과는 달리 인간은 죄성을 가지고 태어난다. 인간은 이기적이고 자기 유익을 구하며, 때때로 야만적이기까지 하다. 성경과 역사가 이 사실을 입증한다. 법치를 준수하며 낯선 사람에게 긍휼을 베풀고 다른 이들의 필요를 내 필요보다 우선하고 서로 사랑하고 원수를 사랑하며 이른바 '예의범절'을 지킬 수 있으려면, 인간이 '문명화'되어야 한다. 사회학자 로드니 스타크는 기독교가 그리스 로마의 이교도 사회 속에서 우월한 사상을 보여 주어 이교 문화를 압도했다고 주장한다.

기독교 사상이 발달하면서 특별한 무언가가 세상에 들어왔다. 종교와 높은 사회 윤리 강령이 결합한 것이다. 초자연적 존재가 인간에게 특정한 무엇인가를 요구한다는 생각은 전혀 새롭지 않았다. 즉, 신들은 언제나 제물과 숭배를 원했다. 또 초자연적 존재가 제물에 반응한다는 인식도 새로운 것이 아니었다.

신들은 제물을 주면 원하는 일을 해줬기 때문이다. 하지만 초자연적 존재와 인간 사이에 이기적 교환 관계 이상이 성립한다는 개념은 금시초문이었다. 하나님이 그분을 사랑하는 이들을 사랑하신다는 기독교의 가르침은 이교 신앙에 사뭇 낯설게 느껴졌다.…하나님이 인류를 사랑하시기 때문에 크리스천도 서로 사랑하지 않고는 하나님을 기쁘시게 할 수 없다는 개념 역시 이교도들에게는 낯설기만 했다. 하나님이 희생을 통해 사랑을 입증하시듯 인간도 서로를 위해 희생함으로써 사랑을 입증해야 했다. 나아가 혈연이나 지연으로 맺어진 가족과 부족을 넘어, 실제로 "우리의 주 되신 예수 그리스도의 이름을 부르는 모든 자들"(고전 1:2)에게까지 이러한 희생의 책임을 져야 했다. 실로 혁명적인 개념이었다.[1]

진정한 문명사회가 되려면 개개인이 사랑과 도덕성을 갖춰야 한다. 잔혹한 개인들로 구성된 사회는 잔혹한 사회일 수밖에 없다. 잔혹한 사회는 빈곤을 낳는다. 초대교회 크리스천들은 처참한 그리스 로마 사회에 희망을 안겨 주고 사회를 변화시켰다. 스타크는 기록한다.

기독교는 참혹함, 혼란, 공포, 잔인함으로 점철된 그리스 로마 도시의 삶에 새로운 활력을 불어넣는 재활 운동의 역할을 했다.…(기독교는) 시급한 도시 문제에 대처하기 위한 새로운 기준과 새로운 유형의 사회 관계를 제공했다. 노숙자와 극빈자가 넘쳐나는 도시에 기독교는 희망만 제시하는 데 그치지 않고 구호의 손길을 함께 폈다. 이주민과 나그네로 가득한 도시에서는 즉각적으로 애착을 형성할 수 있는 기반이 되어 줬다. 고아와 과부들이 많은 도시에서는 새로운 의미의 확대가족 역할을 했다. 민족 간 무력 분쟁으로 갈기갈기 찢긴 도시에는 새로운 사회적 결속의 토대를 제시했다.…전염병과 화제, 지진이 휩쓸고 간 도시에서 기독교는 효과적인 간호 서비스를 제공했다.…기독교는 단순한 도시 운동이 아니었다. 기독교는 그리스 로마 사회를 더욱 살 만한 곳으로 만드는 새로운 문화를 제시했다.²

스타크가 책에서 결론지었듯이 그리스도와 그분의 제자들은 인간을 진정으로 인간답게 만들었다.³

인간을 인간답게 만드는 일과 가장 큰 계명

기독교가 예수님의 발자취를 따라갈 때 이런 평가를 받은 것은 결코 우연이 아니다. 예수님은 우리가 서로 사랑할 때 사람들이 우리가 예수님의 제자임을 알게 된다고 말씀하셨다(요 13:34-35). 또 예수님은 하나님을 사랑하고 이웃을 나 자신과 같이 사랑하라는 말씀으로 모든 율법서와 선지서를 요약하셨다(마 22:36-40). 사실 "모든 계명 중에 첫째가 무엇이니이까?"라는 질문을 받고 예수님은 이렇게 답하셨다.

> 첫째는 이것이니 이스라엘아 들으라 주 곧 우리 하나님은 유일한 주시라 네 마음을 다하고 목숨을 다하고 뜻을 다하고 힘을 다하여 주 너의 하나님을 사랑하라 하신 것이요 둘째는 이것이니 네 이웃을 네 자신과 같이 사랑하라 하신 것이라 이보다 더 큰 계명이 없느니라 막 12:29-31

어떤 영역으로 부르심 받았든, 어떤 방식으로 성문을 취하라고 명함을 받았든 이 최대 계명이 우리 일의 기초가 된다. 직업과 관계없이 예수님을 따르는 자는 남녀노소, 피부색, 신념, 신분을 가리지 않는, **모든** 사람을 향한 하나님의 사랑을 일하며 드러내야 한다. 이렇게 함으로써 하나님의 형상을 따라 지음 받은 진정한 사람 됨이 어떤 의미인지 재천명하게 된다.

믿음의 선배들은 다양한 영역에서 일하며 하나님이 보시는 대로 사람들을 보고, 하나님이 대하시는 대로 사람들을 대하는 태도의 본을 보였다. 이런 태도가 바로 하나님 나라 문화의 진정한 특징이다. 예수님의 제자들이 하나님의 뜻에 맞춰 변화를 일군 네 가지 삶의 영역을 차례차례 살펴보자.

네 가지 영역은 인간 생명의 신성함, 노예 해방 및 인종 화해, 여성, 아내, 결혼의 존엄성 및 존중, 가난한 자들을 향한 자비와 긍휼[4]이다. 이 네

질 스타넥 Jill Stanek 의 이야기

간호사 질 스타넥은 깨어진 세상에서 크리스천으로 살아간다는 의미를 깨달았다. 스타넥의 이야기를 직접 들어보자.

일리노이 오크론에 있는 그리스도 병원 산부인과에서 간호사로 근무한 지 1년쯤 됐을 때, 병원에서 다운증후군이 있는 임신 중기의 아기를 낙태한다는 보고를 처음 접했다. 나는 아연실색했다. 사실 내가 그리스도 병원을 택한 이유는 기독교 정신으로 세워진 곳이기에 낙태를 절대 하지 않을 것이라 믿었기 때문이다. 낙태가 자행되는 병원이 나의 구세주 예수 그리스도의 이름을 따라 명명된 병원이라는 사실에 마음이 찢어질 듯 아팠다. 병원과 연계된 미국 복음주의 루터교회와 그리스도 연합 교회가 낙태를 지지한다는 사실을 알고는 더더욱 충격을 받았다. 낙태를 지지하는 기독교 교단이 있으리라고는 상상도 못했다!

하지만 무엇보다 나를 괴롭고 비참하게 만든 것은 그리스도 병원의 낙태 시술법이었다. 병원은 '정상 출산 낙태'라는 이름으로 알려진 유도 분만 낙태법을 사용했다. 의사는 자궁 내에서 아이를 낙태시키지 않고 조산을 유도해, 출산 과정이나 출산 직후 아이가 죽게 한다.

정상 출산 낙태된 아기는 대개 한두 시간 이상은 생존하는 경우가 빈번하다. 그리스도 병

가지 영역은 지금도 하나님이 가장 큰 계명을 삶 속에서 실현하라고 명하시는 자리다.

인간 생명의 신성함

그리스도가 사신 그리스 로마 사회는 잔혹과 폭력, 야만이 판을 치는 사회였다. 검투사를 떠올려 보라. 마치 오늘날 사람들이 축구나 야구 경기를 관람하듯 고대 로마인들은 인간이 죽어 가는 모습을 보기 위해 원형 경기장을 가득 채웠다. 역사가 윌리엄 스턴스 데이비스(William Stearns Davis)

원에서는 8시간 근무 교대를 할 때까지 생명이 붙어 있던 아기도 있었다.
   낙태된 아기가 살아 있는 상태로 태어난 경우에는 아기가 죽을 때까지 이불로 감싸 따뜻하게 해주는, 이른바 '위로 서비스'를 받는다. 원하는 부모는 아기를 안아볼 수 있다. 부모가 낙태된 후 죽어가는 아기를 안고 싶지 않다고 하면 직원이 대신 아기가 죽을 때까지 돌보는데, 직원이 너무 바쁘거나 아기를 안아 주고 싶지 않을 때는 그리스도 병원에서 새로이 구비한 위로실로 간다. 위로실에는 아기가 태어났다는 기록을 남기고 싶어 하는 부모를 위해 사진기와 세례 관련 기구, 가운, 증명서, 발 도장 기구, 아기 팔찌, 흔들의자가 비치돼 있다. 위로실이 마련되기 전에는 아기들이 의료 폐기물 보관실에서 죽음을 맞이했다.
   다운증후군 아기가 낙태된 어느 날 밤이었다. 부모는 아기를 안아 보고 싶지 않다고 했고, 동료 간호사는 너무 바쁘다며 의료 폐기물 보관실에 아기를 데려다 놓겠다고 했다. 나는 아기가 괴로워하며 의료 폐기물 보관실에서 혼자 죽도록 내버려 둘 수가 없었다. 그래서 아기가 숨을 거둘 때까지 45분 동안 아기를 안고 흔들어 줬다. 몸무게 200g, 키 25cm에 21주를 갓 넘긴 남자아기였다. 너무 약해서 몸도 제대로 움직이지 못하는 아기가 숨을 쉬는 데 온 힘을 쏟고 있었다. 마지막이 가까워 오자, 아무런 움직임도 없이 너무 조용했다. 아기가 살아 있는지도 알기 힘들 정도였다. 심장이 여전히 뛰는지, 가슴이 움직이는지 보기 위해서는 품에 안고 있던 아기를 들어 올려 봐야 했다. 사망선고가 내려진 후 아기의 작은 손을 가슴에 포개어 얹고 작은 포는 검투 경기가 "위대한 제국 시대의 화려함, 문화적 가식 이면에 너울대던 피도 눈물도 없는 마음과 인간 생명에 대한 냉담함을 완벽하게 보여 준다"[5]고 기록한다. 네로 황제(재위 54-68)는 로마 지도층과 자신의 여흥을 위해 크리스천들을 경기장에서 사자의 먹잇감으로 던져 주거나 십자가에 못 박거나 말뚝에 박아 불을 붙여 정원 파티나 도로의 등으로 삼았다.[6]

자살 또한 흔하디 흔한 폭력 행위의 하나였다. 얼마나 흔했으면 이런 말이 있었겠는가! "자신의 생명을 끊는 행위는 자랑스러운 행위(로 간주됐)다."[7] 사실 당시에 자살이 너무나 '정상적'이었던 나머지, 자살에 관한 속담까지 생겨났다. 누군가 스스로 목숨을 끊을 때가 되면 사람들은 종종

대기로 감싼 후 병원 안치실로 데려갔다.

그 아기를 안아 본 후, 내가 아는 진실의 무게가 더는 감당하기 어려울 만큼 무겁게 느껴졌다. 두 가지 선택지가 있었다. 그리스도 병원을 떠나 낙태 시술을 하지 않는 병원으로 갈 수도 있었고, 그리스도 병원의 낙태 관행을 바꾸기 위해 노력할 수도 있었다. 그때 나는 나를 향한 말씀을 만나게 되었다. 잠언 24장 11-12절 말씀이었다. "너는 사망으로 끌려가는 자를 건져 주며 살육을 당하게 된 자를 구원하지 아니하려고 하지 말라 네가 말하기를 나는 그것을 알지 못하였노라 할지라도 마음을 저울질하시는 이가 어찌 통찰하지 못하시겠으며 네 영혼을 지키시는 이가 어찌 알지 못하시겠느냐 그가 각 사람의 행위대로 보응하시리라." 그 시점에서 병원을 그만둔다면 무책임한 행동이며 하나님께도 불순종이라고 결론지었다. 병원을 그대로 나왔다면 나야 훨씬 편할지 모르지만, 아기들은 계속 죽게 된다.[10]

이런 상황에서 당신이라면 어떻게 하겠는가? 일과 신앙을 분리하겠는가, 아니면 하나님 나라에 당신의 일을 접속시키겠는가? 스타넥은 병원 정책에 맞섰다. 공개적으로 병원을 규탄했고, 일리노이 주 의회 소위원회와 연방 의회 소위원회에 증인으로 출석했다. 2001년 10월 31일, 2년 반의 투쟁 끝에 질 스타넥은 그리스도 병원에서 해고됐다. 권력을 향해 진실을 선포했고 어린이의 살 권리를 수호했다는 죄목이었다. 당신도 그렇게 하겠는가?

"혈관을 열라"고 연호했다.[8] 본디오 빌라도, 원로였던 브루투스와 카시우스, 안토니우스, 황제 하드리아누스와 같은 로마 지도자들 역시 자살로 생을 마감했다.[9]

영아 살해와 아동 유기도 일상적인 야만 행위였다. 세네카, 플라톤, 아리스토텔레스[11]와 같은 철학자들은 영아 살해를 정당화했으며, 심지어 법으로도 허용했다. 기원전 450년경에 쓰인 로마 성문법의 원전 '12표법'은 아버지가 기형이 있거나 선천적으로 허약한 아기의 유기를 허용했다.[12] 로마의 가부장제는 아버지가 가족 내에서 절대 권력을 가졌기 때문에, 로마의 아버지는 자녀에 관한 한 절대적인 생사여탈권을 쥐고 있었다. 조지 그랜트는 가부장제에 관해 이렇게 기록했다.

> 로마인의 출생은 생물학적 사실이 아니었다. 영아는 오직 그 가족이 원할 때만 세상에 받아들여졌다. 로마인은 아이를 낳지 않았다. 아이를 취했을 뿐이다. 가족이 말 그대로 아이를 위로 높이 치켜들어 키우기로 결정하지 않으면, 태어난 즉시 아이는 그대로 버려졌다. 신생아들을 죽이거나 죽게 내버려 두는 신전과 성곽이 따로 있었다.[13]

어린아이들을 너무나 '자연스레' 무시했던 당시의 관행은 헤롯이 2세 이하의 남자아이들을 모두 살해한 마태복음 2장 16절의 끔찍한 기록에 그대로 드러난다.

낙태도 난무했다. 가부장제 때문에 로마사회에서 남편은 내키는 대로 아내에게 낙태를 명할 수 있었다.[14] 로마에서 어떤 여성들은 경제적인 이유로, 어떤 여성들은 간통을 감추려고, 어떤 여성들은 더 큰 '영향력'을 얻으려고 낙태를 했다.[15]

현대 서구 사회는 기독교적 기초에서 태동했지만, 결코 과거의 로마 사회보다 낫다고 말할 수 없다. 20세기에 서구 국가들은 '인간 생명의 신성함'이라는 성경적 관점에서 떠나서 현대의 세속적 이교의 가치 체계인 '삶의 질'로 사회 전체가 이동했다. 현대 서구 사회는 낙태와 영아 살해, 안락사, 인간 배아를 이용한 줄기세포 연구를 통해 다시금 이교로 회귀하고 있다.

하지만 초대교회 때부터 크리스천들은 아직 태어나지 않은 생명을 비롯해 모든 인간의 생명을 신성시했다. 예수님 초림 이후 수백 년 동안 교회가 성장하면서 크리스천의 생명 중시 사상도 영향력이 점점 커졌고, 결국 많은 이교 관행을 종식시켰다. 일례로 4세기에 "크리스천이었던 황제 테오도시우스 1세(재위 378-395) 통치기에 동로마제국에서 검투 시합이 중단됐으며, 그의 아들 호노리우스는 404년 서로마제국에서 검투 시합을 중단시켰다."[16]

모든 인간의 생명을 귀히 여기는 기독교의 관점은 자살, 영아 살해, 아동 유기, 낙태에 대한 사람들의 생각을 조금씩 바꿔 나갔다. 초대교회 교부들은 "살인하지 말라"는 계명에는 '자기 살해'도 포함된다는 점을 이해했으며, 그리하여 자살에 반대했다. 그리스도의 제자들이 늘어나면서 그리스 로마 사회에서 영아 살해와 아동 유기가 감소했다. 제임스 케네디 박사는 이렇게 썼다.

아이들을 교회로 데려가라는 외침이 터져 나왔다. 고아원과 보육원에서 아이들을 수용하기 시작했다.[17]

사실 영향력 있는 초대교회 문헌인 12사도의 교훈(85년에서 110년 사이에 기록된 문헌으로 사도들의 가르침이라고도 함) 두 번째 문단은 "낙태하거나 출생 시에 아이를 죽임으로써 살인하지 말지니라"고 명시한다. 중세 교회도 이 전통을 이어 4세기부터 12세기까지 생명의 신성함을 인정하는 교회법을 4천 개 이상 발표했다. 개신교회도 로마 가톨릭과 마찬가지로 인간 생명의 신성함을 재차 단언했다.[18]

현대교회는 다소 상반된 반응을 보여 왔다. 가톨릭교회는 복음주의적 기독교계와 함께 인간 생명의 신성함을 수호하는 요새 역할을 해 왔다. 하지만 다수의 '주류' 개신교단이 낙태와 안락사 문제에 있어 세속적 흐름에 더 가까운 상태다. 그럼에도 미국 내에는 각계각층의 크리스천이 배 속의 아기를 보호하도록 여성을 지원하는 상담 지원 센터를 운영 중이다. 매해 150만 명의 태아가 낙태를 당하고, 1만 3천 명이 출산 시에 '부분 출산 낙태'(partial-birth abortion)로 목숨을 잃는 나라에서 이는 실로 위대한 부르심이다.

모든 크리스천은 나이가 많거나 적거나, 건강하거나 병들었거나, 장애가 있든 없든 상관없이 모든 인간 생명의 신성함을 위해 싸워야 한다. 오늘날 크리스천들은 임산부와 산모, 태아와 영아를 위한 임신 상담 지원 센터와 인생의 마지막 순간을 앞둔 이들을 섬기는 호스피스를 운영하고 봉사하며 인간 생명을 보호하기 위한 싸움을 주도한다.

오늘의 부르심

− 병원에서 생명 보호 정책과 절차를 확립하라.

− 전국적인 낙태 반대 법안 도입에 힘쓰라.

− 의사의 지시 하에 죽도록 방치된 아기들을 돌보고, 언론을 통해 이러한 '의료 관행'에 대한 관심을 촉구하라.

- 모든 인간 생명을 보호하는 법안의 시행과 도입을 지지하라.
- 비영리 단체 봉사 및 정부 사회사업을 통해 건강한 가정 일구기를 지원하라.
- 정부 부처에서 정부 보호 아래 있는 아동의 삶 개선을 위해 일하라.
- 아동 위탁 서비스를 제공하라.
- 고아와 유기 아동을 입양하라.
- 노숙자와 다른 위험 상태의 청년들과 함께 일하라.
- 친지 중 노인, 환자, 장애인을 돌보고 가족이 아닌 이들까지도 돌보라.
- 교회 공동체의 예배에 참석하지 못하는 이들을 비롯해 노인과 환자들을 헌신적으로 섬기라.
- 장애인, 환자, 빈곤층, 소수 민족, 종교적 소수 집단, 여아와 여성을 비롯해 지역사회 혹은 국가적인 차원에서 무시당하는 이들에 대해 배우고, 이들을 위해 기도하며 이들을 대변하는 목소리를 내라.

노예 해방과 인종 화해

예수님은 로마제국 인구의 절반과 아테네인의 75%가 노예였던 세상에 오셨다.[19] 여기에는 육체노동자와 숙련된 장인도 포함된다. 슈미트는 이렇게 기록한다.

> 노예는 거의 모든 종류의 육체노동을 수행했다. 따라서 세계 7대 불가사의인 아피아 가도(560km에 달하는 고대 로마의 도로 - 역주)와 당시의 아름다운 조형물들은 사실 노예들의 작품이라 말할 수 있다. 관광객들은 중동과 유럽 국가의 웅장한 고대 건축물과 조형물을 보며 감동하지만, 실은 노예 노동의 산물을 보고 있는 셈이다.[20]

노예제도가 "자연스럽고 유익하며 정당하다"[21]는 그리스 철학자 아리스토텔레스(기원전 384-322)의 말은 당시의 인식을 잘 보여 준다. 그는 다른 곳에서 "도구가 생명 없는 노예이듯이 노예는 살아 있는 도구다. 따라서 노예와는 우정을 나눌 수 없다"[22]라고 했다.

중세 시대에는 바이킹과 유럽인들뿐만 아니라 아랍인과 몽골인들도 노예를 뒀다. 성 패트릭은 아일랜드에 노예로 끌려갔다. 다수의 미국 인디언 부족들도 노예를 뒀다.[23] 아프리카에서는 흑인이 흑인을 노예로 부렸고, 후일 흑인을 유럽의 노예 무역상에게 판 사람들도 거의 아프리카

돌퍼스 위어리 Dolphus Weary 의 이야기

"다시는 돌아오지 않을 테다!" 1960년대의 끈질긴 가난과 인종차별, 불의를 뒤로하고 미시시피 멘델홀을 떠나면서 돌퍼스 위어리는 굳게 다짐했다. 민권운동이 시작될 무렵 남부의 흑인에게는 기회 자체가 주어지지 않았다. 돌퍼스를 비롯한 흑인들은 날마다 무차별적인 괴롭힘과 폭력에 시달렸다.

로스앤젤레스 침례대학 LABC 이 처음으로 흑인학생들을 받으면서 돌퍼스에게도 기회가 생겼다. LABC에서 돌퍼스의 삶은 180도 달라졌다. 미시시피에서와는 달리, 돌퍼스는 백인 학생들과 똑같이 교육을 받았다. 눈앞에 기회의 문이 열렸다. 미시시피에서는 여전히 수많은 흑인이 낙심과 절망의 삶에 갇혀 허덕였지만, 돌퍼스는 마침내 그런 삶에서 빠져나왔다.

돌퍼스는 밝은 미래를 꿈꿨다. 그러나 LABC에서조차 미묘한 인종차별과 의혹에 맞닥뜨렸다. 마틴 루터 킹 주니어가 암살당했다는 소식에 일부 백인 학생이 기뻐하는 모습을 목격한 후 돌퍼스는 더는 적당히 어울리며 안락하게 지내려고 해서는 안 된다는 사실을 깨달았다. 용기를 내서 목소리를 높이겠다고 결심했다. 돌퍼스는 동기생들의 행동에 상처를 받았지만, 가족과 지역사회에서 인종적 편견을 배운 학생들의 눈을 여는 일에 하나님이 자신을 사용하실 수 있다고 확신했다. 또한 LABC에서 보내는 시간이 학위 취득을 넘어 주위에 있는 학생들에게 다른 인종에 대한 태도를 가르치는 기회임을 깨달았다.

흑인들이었다. 노예제도가 폐지된 후에도 여러 유럽 국가가 식민지에서 노예제를 허용했다. 미국은 영국으로부터 독립한 후에도 1865년까지 노예제를 합법으로 인정했고, 브라질에서는 1888년에 들어서야 폐지됐다. 20세기까지 노예제를 유지한 국가들도 있다. 에티오피아에서는 1944년이 돼서야 노예제가 폐지됐고, 사우디아라비아는 1962년, 페루는 1964년, 인도는 1976년까지 노예제가 합법이었다.[24]

지금도 노예 문제는 실로 비극적인 국제 문제다. 유럽, 동남아, 인도, 미주, 아프리카, 중동, 세계 각지에서 현대판 노예무역이 판을 친다. 남아

학사 학위를 취득하고 기독교 교육 석사학위를 받을 때가 가까워지면서 돌퍼스는 아내 로지 Rosie 와 함께 향후 진로를 고민했다. 돌퍼스는 농구 장학생으로 캘리포니아에 갔다가 농구팀과 동아시아를 여행하게 됐다. 여행을 하는 동안 돌퍼스는 미시시피 출신의 흑인을 존중하고 존경해 주는 분위기에 감동받았다. 그리고 자신을 이렇게 환대해 준 아시아 국가에서 아내와 함께 사역을 하고 싶다고 생각하기 시작했다.

하지만 얼마 후 돌퍼스의 멘토인 존 퍼킨스 John Perkins 가 미시시피로 돌아오라고 청했다. 하나님도 조용히 돌퍼스를 미시시피로 부르셨다. 처음에 돌퍼스는 지긋지긋하게 억압당했던 그곳으로 돌아가지 않으리라 다짐했던 것을 되새기며 거절했다. 하지만 시간이 흐르면서 마음이 바뀌었다.

캘리포니아든 대만이든 내가 아무리 멀리 도망쳐도 내 안의, 내 머릿속의, 내 마음속의 멘델홀에서 도망칠 수 없다는 사실을 깨달았다. 멘델홀을 극복하지 못한다면 나는 영원히 절망감의 노예로 남을 수밖에 없었다. 내 힘으로는 극복할 수 없음도 나는 잘 알았다. 오직 하나님만이 하실 수 있는 일이었다.…미시시피로의 귀향은 희망이 필요한 이들을 위해 나 자신의 바람을 희생하고 섬긴다는 의미였다. "돌퍼스, 네가 미시시피에서 할 일을 예비해 두었단다"라며 하나님이 나를 재촉하신다는 느낌이 들었다.[25]

는 노동자나 소년병으로 노예화되고, 여성과 여아는 대개 상업적 성매매를 위해 거래된다. 고작 5세밖에 안 된 여자아이가 성노예로 팔려 가기도 한다. 심지어 미국에서도 위장된 신분으로 수입된 여성들이 성산업에 노예처럼 불법적으로 붙들려 있다. 이민자들은 입국을 도와준 사람들에게 '보답한다'는 명목으로 노동의 대가를 거의 받지 못하고 노예처럼, 농노처럼 착취당한다. 세계 각지에서 인신매매는 대개 조직범죄와 연계되어 큰 돈벌이 수단이 된다. 매년 수십만 명이 다른 나라로 팔려 가고, 자국 내에서 매매되는 사람은 수백만에 달한다. 인도에서는 카스트제도 하에서 수

돌퍼스와 로지가 멘덴홀로 돌아갔을 때, 흑인 사회는 빈곤의 덫에 갇혀 무너지기 일보 직전이었다. 두 사람이 자라면서 목도한 인종차별과 절망도 여전했다. 이웃과 가까워지고 지역사회에 적응하면서 기본적인 보건, 양질의 교육, 법적 구조救助, 목회적 훈련의 필요성은 더욱 분명해졌다. 이후 30년이 넘는 기간 동안 멘덴홀 미니스트리즈 Mendenhall Ministries 는 이전에는 아예 존재하지도 않던 기관들을 설립하고 운영하면서 이러한 필요를 해결해 나갔다. 슬라이딩 방식 보건소, 합리적인 수업료로 양질의 교육을 제공하는 사립학교 및 교육 프로그램, 일자리를 제공하고 저렴한 가격에 물품을 판매하는 중고 매장, 청년들이 교제하고 여가를 즐기는 지역 주민 센터 등등 멘덴홀 바이블 교회를 중심으로 다양한 사역을 펼쳐 왔다.

처음에는 사람들의 육신적 필요를 채우는 사역과 복음을 어떻게 통합할지 고심했다. 그런데 유심히 관찰해 보니, 당면한 육신의 필요 때문에 복음의 말씀을 받아들이지 못하는 경우가 빈번했다. 하지만 동시에 내면의 변화가 일어나지 않고는 돌퍼스가 운영하는 사역 단체에서 육신의 필요를 제한적으로나마 채워 준다 하더라도 그 효과가 지속될 수 없었다. 두 개의 사역을 별개로 운영하는 듯한 생각이 들 때도 있었다. 사람들은 치료를 받기 위해, 교육을 받기 위해 진료소나 학교를 찾아왔다가 영적인 질문이 생기면 교회로 갔다. 그런데 시간이 지나면서 상황이 반전됐다. 돌퍼스의 말을 그대로 옮겨 보겠다.

우리는 모든 사람이 그리스도와 같은 섬김의 영으로 일하기를 바랍니다. 모든 사람이 어떻

백만 명이 사실상 노예로 산다.

예수 그리스도는 노예제도의 뿌리인 인종과 계급, 신분의 장벽을 허물기 위해 돌아가셨다. 바울이 서신서에서 소개하는 핵심적 가르침의 연장선상에서 이를 확인할 수 있다. 에베소서 2장 11-22절은 그리스도의 보혈과 십자가를 통해 '할례 받은' 유대인과 '할례 받지 않은' 이방인들이 "한 새 사람"이 됐다고 밝힌다. 가장 기본적인 차원에서 봤을 때, 우리가 한 인류라는 사실은 우리의 같은 인성 안에서 인종과 계급, 민족과 신분에 따른 분리를 철폐해야 함을 뜻한다. 분리의 담을 허물어야 한다. 우리를

게 다른 사람을 예수 그리스도께로 인도해야 하는지 알고 실제로 일을 하며 그런 모습을 보기를 바랍니다.[26]

돌퍼스는 미션 미시시피의 회장으로 섬기며, 지난 10년 동안 인종 화해에 역점을 두고 사역했다. 미시시피 잭슨 지역에서 교파와 인종을 초월해 교제하며 함께 주님을 섬기는 기회를 제공하는 사역을 한다. 돌퍼스는 교회 내 인종, 교파 간 분열을 치유하기 위해 일하고 미국 전역을 다니며 흑인과 백인들에게 공히 화해의 메시지를 선포한다. 그리고 믿는 자들에게 에베소서 2장과 같은 능력의 말씀을 본문으로 삼아 중차대한 질문을 던진다. "구속받은 자는 어떻게 살아야 하는가?"[27] 이는 교파를 바꾸라는 말이 아니다. 돌퍼스는 사람들에게 분리의 태도를 버리라고 간청한다.

많은 이들이 희망의 목소리로 여기는 미션 미시시피는 해묵은 인종 간의 간극을 좁히기 위해 노력합니다. 그리고 5년 전, 10년 전에는 하지 못했던 일들을 하고 있습니다.[28]

멘덴홀과 잭슨에서 미국 전역의 지역사회에 이르기까지 돌퍼스 위어리를 만난 이들은 하나님의 부르심에 신실하게 나아간 한 사람이 일으킨 변화의 결과를 목도했다.

한 새 사람으로 만들기 위해 그리스도가 보혈을 흘리셨기에, 이는 그리스도 안에서 우리의 우선순위가 되어야 한다. 갈라디아서 3장 28절은 '그리스도 안에서 종이나 자유인의 구분이 없고, 우리가 다 그리스도 예수 안에서 하나다'라고 가르친다(또한 골 3:11 참고).

초대교회는 기존의 사회 질서인 노예제도를 바꾸지는 못했지만, 기회가 주어질 때마다 노예제도를 대하는 태도를 바꾸기 위해 노력했다. 이러한 노력이 확연히 드러나는 예가 도망친 노예 오네시모를 주인이자 골로새의 선한 크리스천 빌레몬에게 돌려보내며 바울이 쓴 편지다. 오네시모는 빌레몬의 재물을 훔쳤거나 상당한 손해를 입히고 도주했던 모양이다. 그리고 어찌어찌하다가 바울을 만나 크리스천이 됐다. 기존의 노예제도를 조금이나마 바꾸려 했던 바울은 결국 오네시모를 주 안에서 형제로 받아들여야 한다는 편지를 썼고, 이를 오네시모에게 건네주며 빌레몬에게 돌려보냈다. 바울은 한 크리스천이 다른 크리스천을 '소유'하는 상황을 도저히 용인할 수 없었다(이야기 전체는 빌레몬서를 참고하라).

후일 노예제에 대한 기독교의 태도는 정치적으로도 확산됐다. 315년, 콘스탄티누스(Constantine) 황제는 "노예로 키우기 위해 아이를 훔치는 자에게 사형을 언도했다."[29] 성 아우구스티누스(St. Augustine, 354-430)는 노예제도는 죄의 산물이며, 하나님의 신성한 계획에 배치된다고 선언했다.[30] 1102년 런던 교회 평의회는 영국에서 노예제도를 불법으로 규정했다.[31] 그리고 마침내 "12세기 무렵 유럽에서 노예는 거의 사라졌고, 14세기 유럽 대륙에서 노예라는 개념 자체가 생소해질 정도였다."[32]

하지만 16세기에 유럽 국가의 식민지에서 노예무역이 부활했다. 미주 대륙으로 팔려간 노예의 숫자가 1천만 명에 달했다.

근대 노예제도 폐지의 주역은 앞서 살펴본 대로 크리스천이자 영국 의

원인 윌리엄 윌버포스와 수십 년 동안 대영제국 내 노예제도 철폐를 위해 투쟁한 클라팜 공동체다.

1833년 노예제도 폐지법 통과로 영국 내에서 70만 명의 노예가 해방 됐다. 미국에서는 18세기 말부터 19세기 초에 걸쳐 일어난 대부흥이 노예제도 철폐 운동에 불을 붙였다. 위대한 부흥강사이자 전도자인 찰스 피니 (Charles G. Finney)는 전도자들을 양성하고 노예제 반대 운동의 교두보를 마련하려고 오벌린 대학(Oberlin College)을 설립했다. 전해지는 얘기에 따르면, 피니가 도망친 노예들을 다락방에 숨겨 줬다고 한다.[33]

1835년 당시, 노예제도 철폐 운동 구성원의 2/3가 성직자였다.[34] 찰스 토리(Charles Torrey), 해리엇 비처 스토(Harriet Beecher), 윌리엄 로이드 개리슨(William Lloyd Garrison)을 비롯해 이 운동을 주도한 리더들 역시 다수가 크리스천이었다. 이들은 긴박한 국내 환경 속에서 부르심을 성취했다. 노예제도를 두고 찬반 양측이 첨예하게 대립했다. 극심한 갈등으로, 정계를 비롯해 교계까지도 양분됐다. 대립 과정에서 목숨을 잃은 사람들도 있었다. 노예제도는 수많은 인명을 앗아간 남북전쟁(1861-1865)의 주된 원인이었다. 1865년 마침내 미 헌법 수정조항 13조가 발의, 비준되어 노예제도가 폐지됐다.

현대 미국사회에서 민권운동을 주도한 이들도 대개가 크리스천이었다. 남부에서 소작농이었던 존 퍼킨스(John M. Perkins)는 민권 운동가가 되어 '존 퍼킨스 화해 발전 재단'을 설립했다. 퍼킨스는 태생적으로 가난한 이들의 경제적 발전과 인종 화해를 위해 성경적 원칙을 적용했다.

가장 유명한 민권 운동 지도자는 침례교 목사인 마틴 루터 킹 주니어 박사다. 그는 성경의 도덕적 권위와 흑인 교회의 조직력을 활용해 민권 실현을 위한 비폭력을 주도하겠다는 목적으로, 1957년에 남부 기독교 연합회의를 출범했다. 1963년 8월 28일 일자리와 자유를 위한 워싱턴 행진에서 킹 박사는 링컨 기념관 계단에 서서 "나에게는 꿈이 있습니다"(I Have a Dream)라는 제목의 연설을 했다. 청중을 완전히 사로잡은 이 연설에서 킹 박사는 미국이 "모든 인간이 동등하게 창조되었다"는 건국 원칙으로 돌아가야 한다고 촉구했다. 이는 미국 민권 운동의 흐름을 바꾼 결정적 순간이었다.

퍼킨스나 킹과 같은 이들은 하나님이 주신 인간 존중의 책임을 법으로 인정하고 실천하라고 미국과 세계에 촉구했다. 오늘날에도 많은 크리스천이 노예로 사로잡혀 있는 이들을 해방시키고 화목을 전하라는 그리스도의 부르심을 따르고 있다. 그중 하나인 국제정의선교회(International Justice Mission)는 크리스천 변호사와 운동가들을 고용해 아동 성노예 문제에 국제적으로 맞서고 있다. 지금 하나님은 인종차별과 신분제도, 집단 이기주의가 만연한 곳에서 일하라고 크리스천을 부르신다.

오늘의 부르심

- 교회에서 "한 새 사람"의 본을 보여 신분과 인종, 계급의 담을 허무시는 그리스도 보혈의 능력을 입증하라(엡 2장 참고).
- 직장과 지역사회에서 나와 출신 민족이나 피부색이 다른 이들과 관계를 쌓으라.
- 현대판 노예제를 운영하는 수단과 인신매매와 상업적 성매매에 참여하거나 연루된 국가들을 규탄하도록 정부에 압력을 행사하라.
- 민권 및 인권 분야에서 일하라.
- 인도 교회와 함께하며, 교회가 사실상 노예제나 다름없는 카스트제도를 말과 행동으로 반대하도록 촉구하라.
- 지역사회에서 **정의를 위한 예술가 그룹** 또는 **정의를 위한 어머니 모임**을 구성하라.
- 국제법이나 민권법을 공부하여 변호사나 운동가가 되라.

여성, 아내, 결혼의 존엄성 및 존중

예수님 당시의 그리스 로마 사회는 오늘날의 '성차별' 사회와 다를 바 없었다. 당시 여성은 사회적으로 노예와 같은 신분이었다. 아리스토텔레스는 "침묵이 여성에게 우아함을 더한다"[35]고 했다. 아테네 법에 따르면 여성은 나이를 불문하고 언제나 아이로 간주됐고, "따라서 평생 남성의 법적 재산이었다."[36] 그리스에서는 남성이 동반할 때만 여성의 외출이 허용되었고, 동반 남성은 대개 노예였다. 여자아이는 학교에 가지 못했고, 여성은 공개적인 자리에서는 발언을 할 수 없었다.[37]

로마 여성은 그리스 여성보다는 자유로웠지만, 남성에 비하면 권리나 특권이 거의 없었다. 로마의 부권법(아내에 대한 남편의 권력에 관한 법-역주)은 아내의 삶에 대한 남편의 '소유권'과 절대적 통제권을 확립했다.[38] 여성을 얼마나 존중하지 않았으면 여성 수감자를 남성 수감자들과 같은 감옥에 수감시켰을까! 이는 끔찍한 여성 학대로 이어졌다. 필립 샤프(Philip Schaff)는 당시 미혼 여성의 처우에 관해 이렇게 썼다. "이교도들은 크리스천이 생각하는 정절의 미덕을 알지도 못했다. 여성은 남성의 저급한 욕망의 노예였다."[39] 슈미트는 2세기 역사가 타키투스의 말을 인용해 당시의 결혼을 이렇게 설명한다. "성적 부도덕이 극심했기 때문에, 오히려 정결한 아내가 희한하게 비칠 정도였다."[40]

그리스 로마 사회의 영아 살해는 '열등한' 아이, 즉 여아를 제거하는 방법이기도 했다. 갓 태어난 여아는 익사 당하거나 유기됐다. 북아프리카에 주둔해 있던 힐라리온(Hilarion)이라는 로마 병사가 임신한 아내 앨리스(Alis)에게 보낸 편지는 당시의 전형적인 태도를 오롯이 보여 준다.

나는 아직 알렉산드리아에 있소. 다들 돌아가고 나만 알렉산드리아에 남더라도 걱정하지 마시오. 우리 아들을 잘 돌봐 주시오. 돈을 받는 대로 당신에게 보내겠소. 내가 돌아가기 전에 아이를 낳는다면, 아들이거든 살려 두고 딸이거든 버리시오. "나를 잊지 마세요"라는 말을 전해 들었소. 내가 어찌 당신을 잊겠소. 내 염려는 절대 마시오.[41]

이후 벌어진 수많은 사회의 여성 관련법과 관행 역시 현대 크리스천 사회가 듣는다면 몸서리를 칠 정도다. 힌두교를 믿는 인도에서는 여성이 전생에 나쁜 업보를 가진 남성이었다고 믿는다. 여성으로 태어난 것 자체가 전생의 '죄'에 대한 벌이라는 얘기다. 조혼이나 과부를 산채로 화장시

킴 앨런 Kim Allen 의 이야기[42]

'커리어우먼'이었던 킴 앨런은 자녀를 직접 가르치는 어머니의 힘을 깨달았다. 이제 앨런은 튼튼한 가정을 세우는 데 시간과 재능을 투자하고 자녀들을 나라를 세우는 자들로 키움으로써 공동체와 나라의 미래에 투자한다.

대학을 졸업하고 일본에서 학생들을 가르치던 때의 일이다. 어느 날 저녁 학생들에게 물었다. "학교를 졸업하면 무엇을 하고 싶어요?"

"엄마와 아내가 될 거예요." 학생들은 열의에 차서 대답했다.

"그게 다예요?" 학생들의 기대치가 너무 낮았던 탓에, 나도 모르게 그런 말이 불쑥 튀어나와 버렸다.

20여 년이 지난 지금, 나는 부족하지만 하나님의 풍성한 자비로 15년 동안 행복한 결혼생활을 유지해 왔으며, 그 사이 다섯 아이의 엄마가 됐다. 하나님은 그분의 아름다운 계획을 보도록 내 눈을 열어 주셨다. 내 잠재력만 보지 않고 환상적인 남편의 배필로서 내 역할을 끌어안게 하신 것이다.

키는 **순장** 관습도 힌두교의 여성 인식에서 파생된 문화적 관습이다. 인도에서 순장을 법으로 금하고 순장 관습도 많이 사라졌지만, 다른 문제는 여전하다. 만족스럽지 못한 아내라는 이유로, 혹은 남편 가족들이 지참금을 다시 받고 싶어서 아내를 불에 태워 죽이는 일이 여전히 발생한다(지참금 지급은 불법이지만, 여전히 횡행하는 일이다). 아내 살해 역시 불법적인 일이지만, 이 슬픈 현실은 현재진행형으로, 악한 문화적 신념과 인도 사법 시스템의 부패를 여실히 보여 준다.

인도를 비롯해 여러 국가에 만연한 조혼도 좀처럼 변하지 않는 관습이다. 에티오피아에서는 여성의 57%가 18세 전에 결혼을 하고, 9세밖에 되지 않은 소녀가 자신의 의지와는 상관없이 결혼을 하는 경우도 흔하다.

녹립적인 여성이 되라고 배우며 자랐지만, 하나님은 그리스도를 경외하는 마음으로 남편에게 순종한다는 말의 의미를 내게 가르치셨다. 결혼의 여정을 시작하면서 나는 '나'에서 '우리'로 생각을 전환해야 했다. 하나님은 우리에게 각자 독특한 은사를 주셨다. 하나님 나라 확장을 위해 때로는 개별적으로, 때로는 함께 은사를 사용하도록 하시기 위해서다. 우리가 상호보완적인 은사를 한데 모아 팀으로 일할 때, 훨씬 더 큰 성공을 거둔다는 진리를 새삼 깨닫는다.

내 활동의 중심이자 내가 가장 많은 영향력을 미치는 영역은 가정이다. 하지만 나는 내 남편과 아이들의 삶에 투자할 뿐만 아니라, 하나님의 은혜로 다른 이에게도 다가갈 수 있다. 가정에서는 가정을 꾸리는 가운데 남편의 비전을 격려하고 남편을 위해 매일 기도하고 있으며, 가정의 영적 리더로서 남편을 존중하고 존경함으로써 남편을 사랑하고 섬긴다.

오늘도 나는 경건한 자녀 양육이 결혼을 향한 하나님의 계획에 포함되어 있음을 깨닫는다. 말 2:15 내가 깨달은 바가 있다면 내 힘으로는 한 아이도 키울 수 없고, 그 아이가 자라 하나님을 따르는 자가 된다고 장담하지 못한다는 것이다. 다만 아이들이 하나님을 알고 하나님의 말씀을 알도록 가르칠 수는 있다. 나는 신실하게 아이들이 가야 할 길로 아이들을 이끌어 주기만 하면 된다. 결과는 하나님이 책임지신다.

하나님은 우리 부부에게 자녀들을 향한 비전을 주셨다. 우리는 아이들이 주님을 사랑하는 조혼은 여아의 교육권을 무시할 뿐만 아니라 가정폭력, 에이즈, 출산 시 사망이나 장애의 위험에 여아를 고스란히 노출시킨다.

안타깝게도 낙태와 영아 살해로 희생당하는 여아가 수백만에 달한다. 일부 연구자들은 성별 감별과 선택적 낙태로 지난 20년 동안 아예 세상 빛조차 보지 못한 여아가 인도에서만 1천만 명에 달한다고 추산한다.[43] 성별에 근거한 낙태를 금지하는 법이 통과된 지 10년도 넘었지만, 여아 낙태를 부추기는 문화적 인식은 바뀌지 않았다.

전 세계적으로 남성이 우월하다는 잘못된 신념 때문에 크나큰 불의가 생겨났으며, 하나님의 형상을 따라 동등하게 지음 받은 남성과 여성을 향한 하나님의 계획이 어그러지는 사태가 벌어지고 있다. 중국과 일본, 한국은 남녀 간의 위계질서를 강조하는 유교 문화의 영향이 강하다. '열등한

마음이 커지고 믿음을 실천하는 삶을 살며 다른 사람들을 사랑하기를 바란다. 또 아이들 안에 잃어버린 자들과 상처받은 자들을 섬기는 마음을 키워 주려 노력한다. 진리를 사랑하는 마음도 나누기 위해 애쓴다. 아이들이 자율적인 사람으로, 아름다움과 하나님의 피조물을 사랑하며 배움과 발견을 열정적으로 추구하고 다른 문화와 나라를 사랑하는 사람으로 자라기를 바란다. 이는 나의 숭고한 비전이다. 아침 식사기도 때도 상당한 인내심이 필요하고 두 시간 후면 아이들이 싸워대는 통에 자제력을 상실하고 편두통으로 머리가 지끈거리는 현실을 생각하면, 사실 불가능해 보이는 비전이다. 하지만 하나님은 약한 그릇을 통해서도 그분의 목적을 성취하시는 분이시니, 이 얼마나 감사한지!

내 학창 시절에 교육의 초점은 오직 성적과 수영 팀 같은 과외 활동에 있었다. 이제 나는 교육이 오직 성적만으로 결정된다거나 정복의 대상이라고 생각하지 않는다. 각 과목이 하나님의 성품을 다른 각도에서 드러내기 때문에 이제는 교육이 훨씬 흥미진진하다. 과학 과목에서는 하나님의 창조성을 탐구한다. 수학에서는 하나님의 질서를 본다. 역사에서는 하나님의 구속 이야기가 어떻게 전개되는지 본다. 이런 학술적인 주제 외에도 이웃을 사랑하고 섬기는 삶을 연습하고, 교회와 지역사회에서 봉사하는 것도 교육의 일환이다. 환자들을 위해 식사를 준비하고

아내'를 지배하는 '우월한 남편'으로 부부 관계가 규정되기 때문에 남아선호사상이 고착화됐다. 이슬람교는 꾸란(수라 4:34)에서 "남성은 여성의 보호자라.… 순종치 아니하고 품행이 단정치 못하다고 생각되는 여성에게는 먼저 충고를 하고 그다음으로는 잠자리를 같이 하지 말 것이며 셋째로는 가볍게 때려 줄 것이라. 그러나 다시 순종할 경우는 그들에게 해로운 어떠한 수단도 강구하지 말라"[44]고 가르친다. 중남미에서는 남성성의 이상을 표현하는 마치스모(machismo)라는 단어가 남성의 우월성까지도 내포한다. 애니미즘이 강한 아프리카에서는 여성을 남성의 재산으로 간주한다. 한 르완다인은 내게 "진짜 남자는 자고로 아내를 팬다"는 말까지 했다. 이 정도까지는 아니라 해도 많은 애니미즘적 문화권에서 남편은 여전히 폭압적인 가장이고 아내는 복종을 강요당한다. 어떤 문화권에서는 남

이웃을 방문하고 난민 가족들과 친구가 되고 멕시코로 선교 여행을 가는 것처럼 단순한 일들도 충분히 할 수 있다.

엄마가 되는 것은 내 인생에서 가장 힘든 도전이자 최고의 축복이었다. 기저귀를 갈든 샌드위치를 만들든 분수를 설명하든 고대 그리스 역사를 읽든 나는 주님이 오실 때까지 이 세상을 점령하는 것이다! 나는 남편을 섬기고 아이들을 키우며 가정에서 보내는 시간을, 이류 소명이 아닌 최고의 특권으로 여긴다.

나는 내가 특별하다고 생각하지 않는다. 나와 같은 길을 걸어온 여성들이 정말 많다. 내가 아는 사람만도 수십 명이 넘는다. 학위를 따고 사회에서 탄탄하게 자리를 잡은 후에 가정으로 마음을 돌이킨 이들이다.

그 남편과 자녀를 사랑하며 근신하며 순전하며 집안일을 하며 선하며 자기 남편에게 복종하게 하라 이는 하나님의 말씀이 훼방을 받지 않게 하려 함이니라 딛 2:4-5

이렇게 부르시는 하나님께 응답하는 삶에서 우리는 만족과 평강을 발견했다.

편에게 인사를 할 때 무릎을 꿇어야 한다. 남녀가 섞여 있는 상황에서 여성은 남성과 대화를 해서는 안 된다고 규정하기도 한다.

이런 문화권에서도 많은 경우 남성이 아내를 잘 보호하고 가족을 부양하기 위해 농업이나 목축업에서 근면하게 일하지만, 비성경적인 남성 우월주의 때문에 모두 처참한 결과를 맞닥뜨리게 된다는 사실은 부인할 수 없다. 사실 성적인 풍습을 들여다보면, 아프리카 일부 지역에서는 여성과 여아는 성관계를 거부할 권리가 없다는 문화적 사고방식이 일상적이며, 성폭행을 당해도 가해자가 전혀 처벌을 받지 않는 일까지 발생한다. 이런 사고방식은 에이즈와의 싸움을 더더욱 힘들게 만든다.

일부 문화권에서는 아내를 물려받는 전통과 여성의 재산권을 인정하지 않는 현실이 맞물려, 에이즈가 더욱 창궐한다. 남편이 사망한 후 남편의 가족에게 '상속'되기를 거부하는 여성은 남편의 친지들에 의해 집에서 쫓아낸다. 아이들을 먹이고 살 곳도 마련하기 위해서는 친척이나 가족 외의 다른 사람과 위험한 성관계를 맺는 수밖에 없다.

서구 사회는 이런 여성들이 처한 상황과는 판이하지만, 나름의 문제를 안고 있다. 대중문화는 여전히 여성과 소녀들을 성적 대상으로 보는 시각을 부추기고, 일부 여성들이 가정폭력에 시달린다. 그래도 서구 사회 여성들은 대부분 저개발국가 여성들보다는 하나님이 주신 잠재력과 꿈을 실현할 기회를 훨씬 더 많이 누린다. 허울만 좋은 법이 아닌, 실제로 적용되는 법의 보호를 받는다. 모든 사람의 가치를 인정하는 폭넓은 문화적 신념에 힘입어 여성들은 결혼을 할 자유와 결혼을 하지 않을 자유를 누리고, 교육을 받으며, 부르심을 따를 자유를 만끽한다.

하지만 뒤집어 생각하면, 시장에서의 가치가 곧 그 사람의 가치인 서구 문화에서 가정에 머물며 가족을 돌보는 여성은 종종 평가 절하된다.

가치의 기준인 돈을 벌지 못하기 때문이다. 서구 문화는 여성이 진정한 존엄성을 얻기 위해서는 돈을 버는 일을 해야 한다는 분위기를 조장한다. 존엄성과 기본적 가치는 소득에 따라 결정된다는 논리다.

사실 최근 수십 년 사이에 남성들의 사고방식에도 큰 변화가 일어났다. 과거에는 남성들이 가족을 전적으로 부양하고 싶어 했다면, 이제는 가계에 보탬이 되는 경제적 자산이 될 만한 아내감을 물색한다. 그뿐만 아니라 현 경제는 부의 물레를 계속 돌릴 노동력을 확보하기 위해 여성도 노동인구에 참여하지 않으면 안 되는 구조가 됐다. 우리가 당연시하는 라이프스타일을 유지하기 위해서는 부부가 모두 일해야 한다. 즉, 서구 문화는 시장의 관점에서 여성의 가치와 평등을 주장하지만, 하나님의 형상을 담은 자로서의 여성의 본질적 가치와 자녀 양육자로서의 여성의 일에는 거의 가치를 부여하지 않는다.

물질적 부와 가치관을 추구하다 보면, 정작 가장 중요한 부부 관계와 자녀는 희생하게 된다. 이혼이 증가하고 있으며, 애당초 결혼의 필요성 자체를 부인하는 라이프스타일이 전염병처럼 번졌다. 동시에 엄마가 업무에 복귀하기 위해 태어난 지 몇 달, 심한 경우는 몇 주밖에 안 된 아기를 어린이집에 맡긴다. 가족과 일면식도 없는 저임금 보육교사가 아이를 키우는 경우가 빈번하다.

성경의 그림은 이 시대의 그림과 판이하다. 창세기에서 요한계시록까지 많은 말씀이 여성에게 존엄성을 불어넣는다. 창조 때부터 여성은 하나님의 형상을 따라 지음 받아, 남성과 동등한 가치와 책임을 지닌 존재였다. 창세기의 첫 혼인에서부터 요한계시록의 그리스도와 교회의 혼인까지, 성경은 결혼과 가정을 신성한 제도로 확립한다. 그리스도가 문화적 규범에 도전한 방식과 여성을 대한 태도와 여성관은 당대에 가히 혁명적이었다.

현대 문화는 예수님과 바울 같은 남성들이 여성을 경시했다고 오해한다. 그러나 이는 사실과 전혀 다르다. 창조 이후로 하나님은 여성에게 자유와 존엄성, 평등을 주셨다. 그리고 예수님은 이를 공개적으로 가르치며 입증하셨다. 그래서 많은 여인이 그분께 몰려들었다. 예수님이 우물가의 여인과 나누신 대화(요 4:4-29)와 간음하다 잡힌 여인과 나누신 말씀(요 8:1-11)이 이를 증명한다. 예수님은 부활 이후 처음으로 여인들에게 나타나셨고, 심지어 이들에게 부활의 소식을 공개적으로 발표하라고 명하셨다(마 28:1-10). 부활은 여성 '해방'의 새 시대를 여는 사건이 아니었을까? 분명 예수님은 유대 문화의 해묵은 틀을 깨셨다.

YWAM 푸에르토리코의 이야기

몇 년 전 YWAM 푸에르토리코 리더인 얄리 니뇨Yarley Niño 의 연락을 받았다. 니뇨는 내 첫 책 《생각은 결과를 낳는다》 예수전도단 역간 가 자신의 삶에 큰 영향을 끼쳤으며, 사역 훈련 팀을 함께 섬기는 리더들도 교회의 이원론적 세계관을 버리고, 강력하고 통합적이며 총체적인 성경의 세계관으로 전환해야 한다고 절감하게 됐다고 했다. 리더들이 개인의 삶과 공동체의 삶을 전혀 다른 각도에서 보게 됐다고 전했다.

2003년 여름 "세계관과 예술: 발라디어로의 부르심"을 주제로 강의를 했던 글로벌 예술 워크숍에서 니뇨를 만났다. 예술은 가장 강력한 문화 형성 도구라 해도 과언이 아니다. 음악가, 영화감독, 시인, 작가들은 문화 형성의 최전방에 선 이들이다. 강의 시리즈에서 나는 크리스천이 예술을 예배와 전도에 어떻게 활용해 왔는지 설명했다. 사실 YWAM 예배학교는 탁월한 훈련과정으로 정평이 나 있고, 나 또한 예술에 은사가 있는 크리스천들이 예언적으로 문화를 향해 외칠 수 있도록 준비시키는 학교를 시작해야 한다고 YWAM을 몇 년째 채근해 왔다. 그 강의에서 나는 크리스천 예술가들이 성경적 원칙과 패러다임에서 생각하고 하나님 나라 문화의 세 가지 요소인 진리와 선함과 아름다움을 의식적으로 각 나라에 선포해야 한다고 촉구했다. 강

예수님은 또한 결혼 개혁가셨다. 창세 이후로 남편과 아내가 동등하다고 가르치셨다(마 19:4-6). 심지어 남자가 다른 여자를 보고 정욕을 품기만 해도 마음에 간음한 것이라며 결혼의 기준을 대폭 높이셨다. 육체적 행위가 있어야만 간음인 것이 아니다(마 5:28). 중요한 것은 남편이 아내를 향해 어떤 생각을 품느냐다.

초대교회는 예수 그리스도의 하나님 중심 여성관과 부부관을 수용했다. 여성을 기쁘게 맞아들였고, 세례를 주며 교회의 일원이 되게 했다. 여성도 성찬과 예배에 참여했다. 또한 바울은 그리스도 안에서 남자와 여자의 구분이 없다고 가르쳤다(갈 3:28). 예수님처럼 바울의 '사역 팀'(롬 16:1-2, 6; 고전 16:19; 빌 4:2-3; 골 4:15)에도 많은 여성이 적극적으로 참여했다. 초

의를 들은 푸에르토리코의 청년들 중 몇 사람이 이후 예술로 열방을 제자 삼으라 Disciple Nations through the Arts 는 뜻의 DNA라는 그룹을 조직했다.

2005년 푸에르토리코 사역 본부에서 세계관과 개발 워크숍을 진행할 기회가 생겼다. 워크숍 기간 중 어느 날 저녁, 하나님의 어머니 마음에 대해 강의를 해 달라는 요청을 받았다.[47] 강의 중간에 하나님의 영이 우리 마음을 강하게 움직이시며, 여성을 짓밟아 온 푸에르토리코의 남성우월주의 문화를 통회하고 회개하라는 마음을 주셨다. 그러나 나는 그것이 그 자리에 참석한 청년 예술가들의 삶에 어떤 의미를 주는지 그때는 전혀 알지 못했다.

2006년 여름 "에스더를 일으키라"는 주제로 일주일 동안 강의를 하려고 푸에르토리코 본부를 다시 찾았을 때, 청년 예술가들은 나를 열렬히 반기며 3년 동안 완성한 작품들을 보여 주었다. 상당수가 여성의 존엄성에 관한 시가 빼곡하게 적힌 노트를 보여 줬다. 미구엘 로드리게스 Miguel Rodriguez 라는 청년은 생명의 신성함과 여성의 존엄성을 주제로 예술가 그룹이 제작한 45분짜리 영화를 보여 줬다. 그리고 나서 DNA에서 직접 곡을 쓰고 연주하고 녹음한 11곡이 실린 음반과 악보를 건넸다. 이 청년 예술가 그룹은 여성을 폄하하는 푸에르토리코 문화가 여성 존중의 문화가 되도록 예술을 통해 목소리를 내겠다는 뜨거운 열망에 사로잡혀 있다. 이들 무리가 더욱 커지기를 기도한다.

대교회는 "이혼, 근친상간, 배우자에 대한 부정, 일부다처제"[45]를 비난했다. 374년 발렌티니아누스 1세는 가족원 전체에 대한 가장의 절대적 지배권을 보장하는 로마의 부권 조항을 도입한 지 1천 년 만에 철폐했다.[46]

기독교의 여성관은 새로운 존중의 문화를 불러왔다. 히브리서 저자는 결혼을 향한 하나님의 마음을 전한다.

> 모든 사람은 결혼을 귀히 여기고 침소를 더럽히지 않게 하라 음행하는 자들과 간음하는 자들을 하나님이 심판하시리라 히 13:4

125년, 아테네 철학자이자 크리스천인 아리스테이데스(Aristides)는 하드리아누스 황제에게 보낸 편지에 크리스천들이 성과 결혼을 어떻게 대하고 행동하는지 기록했다.

> 이들은 간음이나 부정을 저지르지 않습니다.… 오 왕이시여, 아내들은 처녀처럼 순결하고, 딸들은 조신합니다. 남자들은 다음 세상에서 받을 보상을 기대하며 부정한 성적 접촉과 불결을 금합니다.[48]

현대 사회에서 너무도 당연하게 받아들이며 삶의 기준으로 삼는 문화적 규범은 초대교회의 뿌리에서 뻗어 나온 가지다. 영국의 역사가 에드워드 기본(Edward Gibbon, 1737-1794)은 로마 사회가 수백 년 동안 여성과 결혼을 경시했지만, "크리스천들이 결혼의 존엄성을 회복시켰다"[49]고 일깨워 준다. 콘스탄티누스 황제의 아들인 콘스탄티우스 2세(재위 337-361)는 여성을 보호하기 위해 남녀 수감자를 분리 수감하도록 명했다.[50]

예수님 당시에는 일부다처제가 성행했지만, 예수님은 일부일처제를 가르치셨다(마 19:4-6). 기독교가 퍼져 나가는 곳마다 일부다처제의 관습이 사라졌다. 근대에는 윌리엄 캐리를 비롯한 그리스도의 제자들이 부르심을 따라 인도의 과부 순장 관습과 조혼 종식을 위해 싸웠다. 중국의 크리스천들은 고통스럽고 모욕적인 전족(纏足, foot-binding)에서 여성을 해방시키는 일에 헌신했다. 아프리카에서 여성 성기 절제 관습에 맞서고 아시아 일부 지역과 세계 곳곳에서 여성 성매매 근절을 위해 힘쓰는 이들도 크리스천이다.

에이미 카마이클은 소녀와 여성을 해방시키라는 그리스도의 부르심을 확실히 보여 주는 삶을 살았다. 아일랜드 선교사 카마이클은 인도를 여행하던 중 다섯 살밖에 안 된 소녀들이 신전 매춘부로 팔려가는 충격적인 사실을 발견했다. 카마이클은 악습에 맞서 일어섰다. 이는 그 당시 영국과 인도 정부, 심지어 일부 동료 선교사들과도 맞서야 한다는 의미였다! 카마이클은 어린 소녀들의 존엄성과 명예를 위해 고군분투했다. 성적 학대와 착취에서 건져 낸 소녀들을 위해 도나버 펠로우십(Donhavur Fellowship)이라는 보호시설과 학교를 세웠다. 카마이클은 이 부르심에 자신의 삶을 쏟아부었다.

L. F. 세르반테스(L. F. Cervantes)는 《새 가톨릭 백과사전》(*New Catholic Encyclopedia*)에서 "예수님의 탄생은 여성사(女性史)의 전환점이었다"[51]라고 평했다. 이를 과장이라고 보기 어렵다. 유대인 목수 예수는 혁명가였다. 오늘날 많은 크리스천이 그리스도가 시작하신 여성의 자유와 존엄성의 행진을 이어가라는 부르심을 발견하고 있다.[52]

오늘의 부르심

– 서구의 인신매매든 남미 문화권의 남성우월주의, 상업적 성매매의 성노예든 여성을 성적 대상으

로 사고파는 관습에 맞서 싸우라.
- 모든 여성을 하나님의 형상을 따라 지어진 존재로 인정하고 존중하며 존엄성을 인정하라.
- 시장이 결정한 가치를 인간의 가치로 받아들이는 서구 사회의 압력에 저항하라. 이러한 흐름 때문에 여성이 자아정체성을 확인하기 위해 시장으로 등 떠밀려 나가고, 그 결과 가정이 붕괴하는 사태가 빈번히 발생한다.
- 여성이 리더십 자질을 계발할 수 있는 우호적인 환경을 조성하라.
- 모성, 육아, 가사를 귀히 여기라.
- 말과 행동으로 결혼의 신성함을 보이라.
- 그리스도를 영화롭게 하는 신실하고 아름다운 부부 관계를 일구라.
- 청소년 순결 프로그램을 개설하거나 기존 프로그램에 참여하라.
- 여성 할례 관행에 맞서라.
- 경제적인 이유로 매춘의 늪에 빠진 이들을 섬기고 도우라.
- 가정폭력 피해자들을 도우며 함께 일하라.
- 여아가 남아보다 교육받을 기회가 적은 지역에서 여아의 교육을 위해 일하라.

가난한 자들을 향한 자비와 긍휼

예수님 당시에는 긍휼과 자비가 (악으로 간주할 정도는 아니었지만) 약함의 상징이었다. 로마 철학자 플라우투스(Plautus, 기원전 254?-184)는 로마인들의 태도를 한 문장으로 요약한다. "거지에게 먹을 것과 마실 것을 주면 오히려 거지를 괴롭히는 것이다. 당신은 적선한 만큼 잃은 것이며, 거지의 비참한 생명만 연장해 준 셈이다."[53] 로마인들은 후에 보답을 할 능력이 있는 사람을 기쁘게 하기 위해 베푸는 관용인 **리베랄리타스**(*liberalitas*)[54]를 베풀었다. 사실 케네디가 발견한 바로는 "로마 시대에 조직적인 구제 노력이 있었다는 흔적이 전혀 없다."⁵⁵ 가난하고 헐벗은 사람들이 살기에 로마 사회는 복음이 없는 다른 사회보다 조금도 낫지 않았다. 슈미트는 에드워드 라이언(Edward Ryan)의 말을 인용한다. "일본 승려들은 신들이 병자들과 가난한 자들을 혐오한다고 주장하며, 부자들의 구제를 막았다."⁵⁶ 오늘날 부유한 서구 사회에서조차 빈곤층 구제는 개인의 책임이 아니라는 인식이 강하다.

가난한 이들에게 베푸는 나눔의 삶을 사신 예수님은 사회의 이런 분위기와는 확연히 다르다. 신약 어디든 펼쳐보라. 선한 사마리아인의 비유(눅 10:25-37)와 '양과 염소'(마 25:31-46)에 대한 예수님의 가르침은 가난하고 헐벗고 소외된 이들을 섬기라고 크리스천을 부르시는 수많은 말씀 중 일부에 불과하다. 사실 이 부르심이 크리스천의 대명사가 된다 해도 전혀 이상하지 않다.

관용에 그쳤던 당시 그리스 로마 사회와는 달리, 초대교회는 보답을 기대하지 않고 상대방의 육신적, 경제적 필요를 채우고 베푸는 카리타스(caritas)를 실천했다.⁵⁷ 초대교회 크리스천들은 인간을 향한 하나님의 사랑을 표현하는 신약의 헬라어 아가페(agape)의 본을 보였다. 참된 아가페는 언제나 베풀되, 대가를 바라지 않는다. 언제나 받는 사람을 우선으로 한다. 따라서 초대교회 크리스천들은 하나님께 사랑받은 대로, 그저 가난하고 헐벗은 이들을 사랑하기만 했다. 그들은 그렇게 하는 것이 합당하고 여겼다. 초대교회 교부인 터툴리안(Tertullian, 155?-230)은 이런 글을 남겼다. "힘없는 이들을 섬기고 인애를 실천할 때 적들이 우리에게 꼬리표를 붙인다. '보라. 저들이 어떻게 서로 사랑하는지 보라!'"⁵⁸ 터툴리안은 "과부, 신체적으로 장애가 있는 자, 헐벗은 고아, 병자, 기독교 신앙을 위해 수감된 죄수, 도움이 필요한 교사들"을 지원하기 위해 크리스천들이 자발적인 기금을 조성했다고 보고하고 "가난한 사람들의 장례를 치러 주고 노예가 풀려나도록 돈을 대기도 했다"[59]고 기록한다. 로마의 이교도 황제 율리아누스(Julianus, 재임 361-363)는 이렇게 썼다. "사제들이 가난한 자들을 무시하고 그냥 지나칠 때 불경한 갈릴리 사람들이(황제는 크리스천들이 황제에게 절하고 예배하지 않는다고 해서, 그들을 '불경한' 사람들이라고 불렀다) 이를 보고 구제에 자신을 내주었다고 생각한다."[60] 또 다른 곳에서는 이렇게 평했다. "불경한 갈릴리 사람들이 가난한 갈릴리인뿐만 아니라 로마인들까지도 돕고 있다. 로마인이 로마인을 충분히 돕지 않고 있다는 사실은 누구나 알 수 있다."[61]

그 이후 기독교 교회는 전 세계적으로 가난하고 헐벗은 이들을 돌보는 일을 계속해 왔다. 기독교 수도회와 교회, 봉사 단체가 세운 빈민 구호소와 고아원, 병원, 무료 급식소, 쉼터, 학교, 기타 자선 사역 및 단체는 일일이 열거하기 불가능할 정도다. 조지 뮬러(George Müller)가 영국에서 시작한 고아원 운동을 통해 (1898년에 그가 세상을 떠날 때까지) 8천 명 이상의 아이가 보호와 교육을 받았다.[62] 또 찰스 스펄전이 영국에 세운 메트로폴리탄 타버나클 교회(Metropolitan Tabernacle Church)는 60가지 사역을 통해, 가난하고 소외된 이들을 향한 하나님의 사랑을 표현했다. 미국에서는 찰스 로링 브레이스(Charles Loring Brace)가 유기 아동에게 거처를 마련해 주기 위해 아동구호협회를 창설했다. 1887년에는 콜로라도 덴버 출신의 기독교 지도자들이 지금은 유나이티드 웨이(United Way)로 알려진 자선조직 협의회를 설립했다.

개발도상국에서는 지금도 교회가 가난하고 헐벗은 이들을 돕기 위해 일하고 있다. 우간다 캄팔라에 있는 캄팔라 오순절 교회는 그중에서도 단연 도드라진다. 이 책을 쓰는 지금까지 이 교회는 개리 스키너(Gary

Skinner) 목사의 리더십 아래, 2천 명 이상의 에이즈 고아에게 거처를 제공했다. 1만 5천 명의 교인이 1천 5백 개의 셀을 구성하는 이 교회의 비전은 1만 명의 에이즈 고아에게 집을 마련해 주고, 아프리카 전역을 휩쓰는 에이즈에 맞서 교회 중심의 대응 전략을 마련하는 것이다. 각 셀은 에이즈로 죽어 가는 사람을 한 명 '입양'하여, 그와 그 가족을 돌볼 책임을 진다.

데이비드 부소 David Bussau 의 이야기[63]

15세에 빌려 온 가판대에서 햄버거를 팔던 때부터 호주 기업가 데이비드 부소의 사업 재능은 단연 돋보였다. 이후 20년 동안 15개의 사업체를 운영해 온 부소는, 그의 표현을 빌리자면 "족함의 경제학"에 다다른 이후 35세에 수백만 달러 규모의 건설업을 정리했다.

부소는 지진 피해를 입은 인도네시아 외딴 마을에서 구호 작업을 하며 학교, 교량, 도로 같은 인프라를 건설해도 그 마을에서 빈곤의 고리를 끊을 수는 없다는 사실을 깨달았다. 이후 그는 바닥에서부터 빈곤을 척결하기 위해 기관을 설립하고 재능을 쏟아 부었다. 그가 공동 설립한 오퍼튜니티 인터내셔널 Opportunity International 은 27개 개발도상국에서 기업가들에게 소액대출을 하는 기관이다.

부소가 개척한 소자본 창업 대출은 빈곤층을 돕는 동시에 그들의 정체성을 인정하는 생동감 넘치는 수단으로, 하나님께 쓰임 받고 있다. 개발도상국 빈민들이 창업을 하거나 사업을 키우는 데 필요한 소액대출 프로그램을 운영하는 기독교 구호 단체도 늘어났다. 소액대출은 상환율이 95% 이상으로, 다양한 업종과 분야에서 널리 활용되며 지역사회 발전에도 크게 이바지하고 있다.

크리스천인 부소는 다른 이들에게 유익을 끼치는 자원의 청지기가 되겠다는 목표를 세웠다. 부소는 부 창출을 청지기 직분의 중요한 요소로 인식한다. 부소와 동역자들은 소자본 기업 개발과 아울러 전통적인 부 재분배 모델에 의문을 제기하며 대안으로 책임 있는 부 창출에 매진한다. 부소는 이렇게 밝힌다. "우리 모두에게 믿기지 않을 만큼 생산적이 될 만한 역량이 있다. 이 사실을 깨닫는 사람은 세상에서 변화를 일굴 수 있다. 내 앞에 놓인 과제는 인간의 무한한 잠재력을 실현하고 그 창조적 힘과 능력이 표출되는 방법을 찾는 것이다."[64]

인도네시아 자카르타의 대형 셀교회 아바 러브(Abba Love)도 교회 인근의 도시 빈민가에서 가난한 무슬림들에게 의료 서비스를 제공하고, 아이들을 위해 학교를 짓고 고아와 과부들을 돌보는 일을 감당한다.

기독교 구호 개발 단체인 국제기아대책기구는 전쟁과 기근이 닥쳤을 때 생명을 구한다. 1990년 모잠비크에서는 2년 동안 매달 50만 명을 먹였으며, 기근이 끝난 후로는 직접 식량을 확보할 수 있도록 종자와 기구를 제공했다.

가나 출신 친구인 크리스 암파두(Chris Ampadu)의 말에 따르면, 공동생활을 하는 대부분의 아프리카 사회에서는 각 가정에서 병들고 가난한 일가친척을 돌볼 수 있다고 한다. 가능한 모든 수단을 동원해 어려운 가족을 존중하며 긍휼의 마음을 돌본다. 하지만 아프리카에서 에이즈가 더더욱 파괴적인 이유는 한집안에서, 한 공동체에서 많은 사람이 한꺼번에 목숨을 잃으면서 이런 네트워크가 붕괴되기 때문이다. 병든 사람을 돌볼 사람도, 살아남은 아이들을 키울 사람도 없는 비극이 벌어진다.

오늘날 서구에서는 기아대책기구와 YWAM 같은 단체에서 가난하고 헐벗은 이들을 섬기며 성육신의 삶을 살 기회를 수많은 사람에게 제시한다. 허리케인 카트리나가 미국 걸프만을 강타한 후 미국 전역의 지역 교회가 가장 먼저 수재민 돕기에 발 벗고 나섰다. 미국의 빈민층을 향한 사랑으로 키트 댄리(Kit Danley)는 애리조나 피닉스에 네이버후드 미니스트리즈(Neighborhood Ministries)를, 에이미 셔먼(Amy Sherman)은 버지니아 샬럿빌에 어번던트 라이프 미니스트리즈(Abundant Life Ministries)를 설립했다. 지금이야말로 모든 크리스천이 많게든 적게든 가난한 이들을 긍휼로써 섬길 때다.

오늘의 부르심

− 에이즈 환자들을 돌보라.

− 에이즈 고아들에게 쉼터와 집을 제공하라.

− 가난하고 헐벗은 이들이 다른 이들을 돌볼 수 있도록 도우라.

− 가난한 무슬림들을 위해 집을 지으라(필리핀에서 일부 교회가 이미 시작했다).

− 학교에서 고전하는 가난한 어린이들을 지도하라.

− 재소자들을 방문하라.

− 지역 무료 급식소를 지원하라.

− 난민들을 섬기라.

− 크리스마스에 가난한 재소자 자녀들에게 수감된 부모 대신 선물을 전해주는 엔젤트리(Angel Tree) 프로그램을 후원하거나 시작하라.

− 기업가 및 기업 임원들은 낙후된 지역에 기업을 설립하라.

− 변호사와 성지인늘본 자유 기업과 칭의적 기관을 지원하고 보상하는 법을 만들라.

− 은행가들은 지역 봉사의 일환으로 가난한 지역사회에 소액금융 프로그램을 운영하라.

− 건축 및 건설업체 운영자는 중산층 지역사회와 낙후된 지역사회 모두에 저소득층을 위한 주택을 건설하는 데 일조하라.

온전한 복음

결론적으로 그리스도의 복음은 '온전한 복음'이다. 그리스도는 우리에게 "나라가 임하시오며 뜻이 하늘에서 이루어진 것 같이 땅에서도 이루어지이다"라고 기도하라고 가르치셨다. 예수님의 제자들이 이 부르심을 청종했을 때 문화와 나라가 변화하고 진보했다. 하나님은 크리스천들을 역사를 새로 쓰는 자로 부르신다. 우리는 길가에 서서 역사가 흘러가는 모습을 지켜보기만 할 사람들이 아니다. 우리는 첫 열매가 된 자들로, 코람데오의 삶을 살며 장차 임하실 하나님 나라의 온전한 모습을 모든 영역에 나타내야 할 사람들이다.

이 책을 읽는 독자 중 상당수는 부르심을 좇고 있을 것이다. 특히 많은 사람이 이번 장에서 논의한 사회적 주제에 더더욱 초점을 맞춰야 하는 곳에서 살고 있을 것이라 생각한다. 정도의 차이는 있겠지만, 이미 그러한 변화가 일어난 사회에 사는 이들도 있을 것이다. 그런 사회에 사는 독자들은 해결해야 할 불의가 더는 없는지, 복음의 빛에 비추어 세상을 바라보는 법을 성경에서 배워 가면서 부르심의 한 부분으로써 어떤 짜릿한 발견과 가능성이 우리를 기다리는지 묻는 시간을 갖기를 바란다. 지구상에서 하나님의 지혜와 하나님 나라의 영향력이 충분해서 더는 필요 없는 사회란 어디에도 없다. 크리스천으로서 우리는 **세상 속에서** 부르심을 통해 앞장서 가라고 부르심 받았다.

그리스도는 제자들에게 온전한 복음을 모든 나라, 사회 모든 영역의 모든 사람에게 전하라고 명하셨다. 우리가 확인한 대로 지상명령은 포괄적이다. 땅 끝까지 가라는 명령이며(**지리**, 행 1:8) 만물에게 나아가라는 명령이며(**피조물**, 막 16:15) 문화를 관통하라는 명령이다(**인구**, 마 28:18-20). 무엇을 가져가야 할까? 예수 그리스도의 복된 소식으로 시작해야 한다. 그리고 진리와 선함, 아름다움의 하나님 나라 문화로 맺어야 한다. 하나님 나라 문화를 지상명령에 접목할 때 "나라가 임하시오며 뜻이 하늘에서 이루어진 것 같이 땅에서도 이루어지이다"라는 기도가 결실을 맺는다.

지금까지 성문과 영역을 살펴보면서 **모든** 사람을 향한 하나님의 사랑을 나타내라는 큰 계명이 각 영역에서 우리 일에 어떻게 적용되는지 깨닫는 시간이 되었기를 바란다. 또한 하나님 나라의 능력 있고 온전한 복음

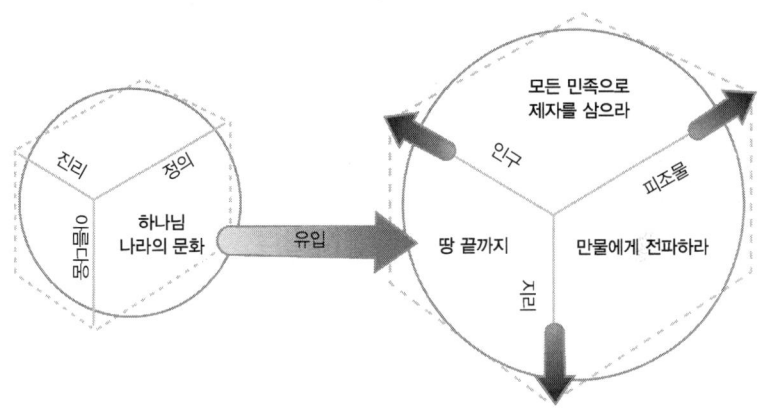

하나님 나라의 문화와 지상명령

을 더 굳건히 이해하는 계기가 되었기를 바란다. 복음은 남녀 구분 없이 그리스도를 아는 구원의 지식으로 인도한다. 하지만 거기에 그치지 않는다. 크리스천은 혼란에 빠진 잃어버린 세상을 위한 유일한 참 소망을 가지고 성문과 삶의 영역에 들어가야 한다.

7부 "담 없는 교회"에서는 입성의 소망을 현실로 만드는 방법을 함께 살펴보자. 안락한 자리에서 일어나 세상으로 나가자. 그리스도와 그의 나라의 깃발을 따라 성문으로 들어가자.

제 7 부

직업과
신앙이
하나 되는
삶의 능력

담 없는 교회

A BIBLICAL THEOLOGY FOR WHAT YOU DO EVERY DAY

제21장

수문장으로 섬기라

지금까지 우리의 일을 하나님 나라에 시급히 연결해야 하는 이유를 확인했다. 달라스 윌라드의 말처럼 우리 일을 "예수님이 친히 하시는 것처럼" 하는 것은 "제자도의 핵심이다. 우리 직업을 **우리 가운데 있는 하나님 나라**와 통합하지 않고는 예수님의 진정한 제자가 될 수 없다."[1]

성문을 점령한 크리스천을 '천국 사역자'(kingdomizer)[2]라고 부를 수도 있겠다. 자신의 일터를 하나님 나라가 실체를 뚫고 들어오는 자리로 만드는 사람이라는 뜻이다. 천국 사역자들은 의식적으로 진리와 아름다움, 선함을 일터와 광장에 적용하며, 교회 공동체와 모여 예배하고 섬기고, 열방을 제자 삼기 위해 준비하고 흩어진다. 천국 사역자들이 일하는 주된 목적은 돈이 아니다. 그리스도와 그분의 나라다.[3]

천국 사역자는 이런 사람이다.

- 돈이 아닌 예수님과 지역사회의 건강을 위해 일하는 의사
- 돈이 아닌 예수님과 사회 정의를 위해 일하는 변호사
- 돈이 아닌 예수님과 파괴적 자연악과의 싸움을 위해 일하는 기술자
- 돈이 아닌 예수님과 세상 속 진리와 미의 확대를 위해 일하는 예술가
- 개인의 영달이 아닌 예수님과 사회의 경제적 풍족을 위해 일하는 사업가

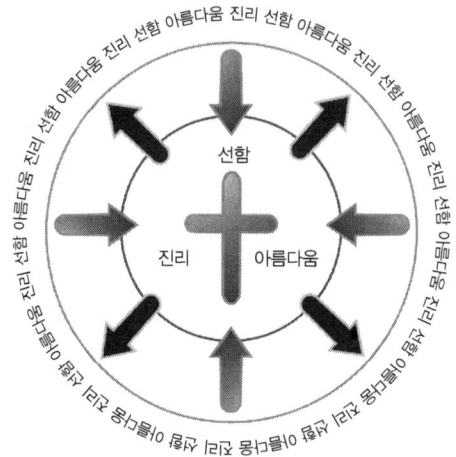

천국 사역자

"나라가 임하시오며 뜻이 하늘에서 이루어진 것 같이 땅에서도 이루어지이다"라는 우리의 기도로 세상이 더욱 하나님 나라를 닮아 간다. 기도를 중단하고 행동도 멈추면, 세상은 그만큼 지옥을 닮아 간다. 우리에게는 일을 하며 세상을 더욱 지옥처럼 만들 잠재력이 있다. 또한 세상을 하나님이 창조하시며 뜻하신 모습에 가깝게, 더욱 천국처럼 만들 기회도 모두 주어져 있다.

그렇다면 오늘 우리가 이론적으로나 실질적으로 성문을 점령하려면 어디서 시작해야 할까?

이론적으로 성문 점령하기(4가지 이론적 변화)

먼저 우리 모두 생각의 견고한 진을 공격함으로써 **지금 당장** 이론적으로 성문 점령을 시작할 수 있다. 그러려면 일을 포함한 삶의 모든 영역에서 그리스도처럼 사고하기 시작해야 한다. 우리가 시대의 영을 따랐던 것을 회개해야 한다. 로마서 12장 2절은 세상의 사고방식을 본받는 삶을 중단하라고 크리스천에게 촉구한다. 생각을 새롭게 할 때, 세상 방식에 우리를 붙들어 두는 결박이 끊어진다. 바울은 고린도후서 10장 4-6절에서, 우리가 당면한 싸움은 생각과 이념의 싸움이라고 명시한다. 사람들의 생각과 문화를 두고 벌이는 싸움이다. 그리고 우리 생각 속에 모든 생각을 그리스도께 복종케 함으로써 부숴야 할 견고한 진이 있다.

둘째, 우리 모두 그리스도가 만물의 으뜸이 되신다는 진리를 이해하고 드러내기 위해 노력할 수 있다(골 1:18). 살펴본 대로 우리는 하나님 나라의 원칙을 사회 모든 영역에 적용해야 한다. 법조계에 정의를 적용하고, 재계에 정직과 청렴을 적용하고, 과학에 객관성을 적용하고, 언론에 진실을 적용하고, 예술에 아름다움을 적용해야 한다.

셋째, 미력이나마 참되고 선하고 아름다운 것들을 실천함으로써 성문에 덕의 개념과 실체를 회복할 수 있다. 우리 삶의 모든 영역에서 이런 노력이 필요하다.

넷째, 교회를 건물이 아닌 사람들의 공동체로 인식함으로써 성문 점령을 시작할 수 있다. 다음 장에서 살펴보겠지만 사람들이 세상 속에서, 성문에서, 시장에서, 일터에서, 광장에서, 대학에서 작은 성육신 공동체로서도록 교회의 개념이 바뀌어야 한다.

실질적으로 성문 점령하기(8가지 실천사항)

성문에서 더 큰 영향력을 확보하기 위해 지금 당장 할 수 있는 실질적인 일은 무엇일까?

첫째, 당신이 부르심 받은 섬김의 영역이 어디인지 확인해야 한다.[4]

둘째, 당신을 부르신 영역에 연관 지어, 주님의 기도를 드려야 한다. "나라가 임하시오며 뜻이 하늘에서 이루어진 것 같이 '이 영역'에서도 이루어지이다"라고 기도드리라. 그리스도가 이 영역에서 일하셨다면 상황을 어떻게 바꾸셨을지 자문하라. 답을 발견하면 할 일이 보인다.

셋째, 그 영역에서 리더십을 발휘하도록 하나님이 당신을 어떻게 준비하셨는지 알아내라.

넷째, 직업과 관련된 성경구절을 공부하라. 당신의 부르심에 관한 성경적 직업 신학을 개발해, 당신의 직업과 관련된 부분에서 그리스도의 생각을 갖도록 하라.

다섯째, 다른 이들에게 당신이 속한 영역에 해당되는 성경적 원칙을 가르치는 데 활용할 수 있는 성경공부 자료를 개발하라.[5]

여섯째, 해당 영역에서 구속받은 자의 공동체를 이루기 위해 교회 중심, 직장 중심 셀 그룹을 구성해 함께 모이라. 예를 들면 지역 병원에서 의료 셀로, 기업에서 엔지니어 셀로, 대학에서 교수나 학생 셀로 모이라.

일곱째, 해당 직업 분야에서의 탁월성과 전문성, 자격 요건을 강화하는 데 필요한 공식, 비공식적 준비 과정을 밟으라. 예를 들어 당신이 속한 분야에 관한 성경적 신학과 관련된 개념서를 읽을 수도 있고, 학술이나 기술 관련 교육을 추가로 받을 수도 있다.

여덟째, 다른 크리스천들의 해당 분야 진출을 돕기 위해 자료를 준비하라. 해당 분야를 하나님 나라 화(化)하는 데 도움이 되는 책과 안내 책자를 만들라. 지역교회나 직장에서 크리스천들이 일과 하나님 나라를 연결하는 데 도움이 되는 워크숍을 진행하라. 워크숍을 마치고 나면 일터로 이들을 파송하라.

무엇을 위해?

무엇을 위해 우리는 성문의 수문장, 천국 사역자가 되어야 할까? 문화가 변화되고, 각 나라의 개인뿐만 아니라 나라들이 제자가 되는 날을 위해서다. 예수님은 열방을 제자 삼으려 교회를 세우셨다(마 28:18). 예수님은 지금 이 순간에도 하늘과 땅의 왕이시다(마 28:19). 주님의 나라는 이 세상에서 확장되어야 한다(마 6:10). 우리가 "나라가 임하시오며"라는 주님의 기도를 할 때, 이는 그리스도의 통치가 하늘에서와 같이 이 땅에서도 확장되기를 구하는 기도다. 달라스 윌라드는 이렇게 정리한다.

> 그러므로 예수께서 가르치신 기도에 "나라가 임하시오며"라는 말은, 그 나라가 존재케 해 달라고 기도하라는 뜻이 아니다. "하늘에서 이루어진 것 같이 땅에서도", 즉 현재 배제돼 있는 개인, 사회, 정치 질서의 모든 영역까지 그 나라가 장악하게 해 달라는 기도다. 믿음으로 그 나라를 일상의 존재 현장에서 경험하는 것처럼, 기도로 그 나라를 그 현장으로 불러들이는 것이다.[6]

하나님이 분부하신 모든 것을 열방이 배워 지켜 나갈 때, 열방은 진정한 제자가 된다(마 28:20). 제자가 된 나라는 어떤 모습일까? 던 미니스트리즈(DAWN Ministries)의 준 벤서(Jun Vencer) 박사는 목표를 간결하고 명확하게 정리한다. 제자가 된 나라의 특징은 다음과 같다.

- 경제적 풍족
- 사회적 평화
- 공적 정의

- 국가적 의
- 예수 그리스도의 주 되심이 삶의 모든 면의 중심⁷

학자이자 미 국제개발처(USAID) 직원으로 카리브 해 지역에서 장기간 근무한 로렌스 해리슨(Lawrence Harrison)도 전 세계 모든 사람의 염원을 이렇게 표현했다.

삶이 죽음보다 낫다.
건강이 질병보다 낫다.
자유가 종살이보다 낫다.
번영이 빈곤보다 낫다.
교육이 무지보다 낫다.
정의가 불의보다 낫다.⁸

하나님이 지으신 이 세상에서 사람들은 창조 본연의 삶을 갈망한다. 크리스천은 이웃과 동료의 갈망을 충족시켜 주기 위해 각자 역할을 맡았다. 보건 전문가는 건강 증진을 위해 개인적인 치료와 보건 교육, 신기술을 제공할 수 있다. 기업인과 사업가들은 수익만 내는 데 그치지 않고 인간적인 근로 환경을 조성하고 공동체의 장기적 건강과 안녕에 이바지하는 방식으로 수익을 창출하는 기업을 일굴 수 있다. 교사들은 학교와 대학에서 학문적 지식만을 전달하는 게 아니라, 진리와 지혜, 성품 계발을 도모할 수 있다. 변호사와 판사, 정치인들은 정의롭고 불편부당한 법을 확립하고 그 법에 따라 판결할 수 있다. 모든 크리스천이 각자 성문을 점령해야 한다.

수문장의 예 : 윌리엄 캐리

성문을 점령하라고 부르심 받은 사람들 중 대다수는 세상에서 무명의 일꾼으로 남는다. 하지만 우리 모두 부르심 받았기에 윌리엄 캐리의 라이프워크에서 영감을 얻을 수 있다. 변화의 라이프워크를 감당한 윌리엄 캐리의 업적은 그가 세상을 떠난 지 몇 세대가 지난 지금까지도 수많은 영역에 영향을 끼치고 있다. 현대 선교의 아버지로 알려진 윌리엄 캐리는 평범한 선교사가 아니었다. 그때가 아닌 지금의 기준으로 봐도 예외적인 인물이다. 루스와 비샬 망갈와디 부부가 저술한 탁월한 소책자 《윌리엄 캐리의 유산》(The Legacy of William Carey)은 하나님이 인도인들에게 영향을 끼치기 위해 겸손한 영국의 구두공을 어떻게 사용하셨는지 보여 준다. 복음이 사회의 전 영역에 영향을 끼쳐야 한다는 사실을 인식한 캐리는 선교 전략과 방법론에 성경적 사고를 대입했다.

책의 첫 장에서 저자는 전국 인도 역사 경연대회에 참가한 인도 대학생들의 증언을 통해 윌리엄 캐리를 그려 낸다. "윌리엄 캐리는 누구인가?"라는 질문에 학생들은 다양한 답변을 쏟아 냈다. 그중 일부를 옮겨 봤다.

"윌리엄 캐리는 기독교 선교사였습니다"라고 과학을 공부하는 학생이 답했다.

"또 그는 식물학자로, 그의 이름에서 카레야 헤르바세아(Careya herbacea)라는 식물 이름이 유래했습니다. 이는 인도에서만 발견되는 유칼립투스 나무의 세 변종 중 하나입니다. 캐리는 영국의 데이지 꽃을 인도에 들여왔고, 원예에 린네식 생물 분류법(Linnaean)을 도입했습니다. 또한 윌리엄 록스버그(William Roxburgh)의 《인도의 식물상》(Flora Indica)과 같은 인도 최초의 과학 및 자연사 서적들을 출판했습니다. '여호와여 주께서 지으신 모든 것들이 주께 감사하며 주의 성도들이 주를 송축하리이다'라는 성경적 관점을 믿었기 때문입니다. 그는 창조주가 자연이 '좋다'고 선포하셨으며, 자연은 부정해야 하는 환상인 마야(maya)가 아니라 탐구할 가치가 있는 대상이라고 믿었습니다. 그는 종종 과학에 대해 강의하면서, 보잘것없는 벌레조차도 굴레에 매인 존재가 아니라 관심을 기울일 가치가 있는 피조물임을 보여 주려 했습니다."[9]

"윌리엄 캐리는 아대륙에 천문학을 들여왔습니다." 수학과 학생이 외쳤다.

"그는 점성술이 가지고 있던 파괴적 문화 산물들인 운명론, 미신적 공포, 시간 조직 및 관리 능력 결여 등을 깊이 우려했습니다. 그는 인도에 천문학이라는 과학 문화를 소개하고 싶어 했습니다. 그는 달과 별이 '우리의 삶을 지배하는 신'이라고 믿지 않았습니다. 그는 인간이 자연을 지배하도록 창조됐으며, 해와 달과 별들은 인간이 지배의 업무를 감당하는 데 돕는 존재로 창조되었다는 사실을 알았습니다. 캐리는 창조주가 해와 달과 별들을 표징으로 만드셨기 때문에, 이를 자세한 연구의 대상으로 삼아야 한다는 점도 잘 알았습니다. 천체는 공간의 단조로움을 동서남북, 그리고 시간으로 나눠, 날과 계절과 해로 구분합니다. 달력을 고안하고 지리와 역사를 연구하며 삶과 일, 사회 질서를 계획하게 해줍니다. 점성술 문화는 우리 삶을 별들에 의해 결정되는 수동적인 존재로 만드는 반면, 천문학 문화는 우리에게 다스리는 자가 될 자유를 부여합니다."[10]

"윌리엄 캐리는 잔인무도한 여성 살해와 광범위한 여성 억압에 저항한 최초의 남성입니다." 페미니스트 사회과학자가 말했다.

"18세기와 19세기 힌두교에서 자행된 이런 관습에 따라, 당시의 인도 남성들은 일부다처제와 여아 살해, 조혼, 과부 순장, 안락사, 여성 문맹 강요를 통해 여성들을 짓밟고 있었습니다. 힌두교는 이런 악행을 모두 허용했죠. 영국 정부는 이런 사회악이 돌이킬 수 없는 인도 고유의 종교 관습이라며 소극적으로 용인했습니다. 캐리는 이런 사안들에 대한 체계적인 사회학 연구와 문헌 조사를 시작했습니다. 여론을 조성하여 항의하기 위해, 영어와 벵골어 보고서를 발간했습니다. 포트 윌리엄 대학에서 그가 가르친 학생들은 대부분 공무원이 되었는데, 이들이 사회악에 항거하는 데 큰 영향을 끼쳤습니다. 캐리는 여학생들을 위한 학교를 설립했습니다. 개종한 과부들을 위해서는 재혼을 주선했습니다. 캐리가 25년 동안 끈질기게 과부 순장에 맞서 투쟁한 결과, 1829년에 그 유명한 밴팅크 칙령이 공포되어 끔찍한 종교 관행 중 하나인 순장이 금지됐습니다."[11]

학생들은 캐리의 성경적 세계관이 인도인들의 사고방식과 세계를 어떻게 바꾸어 놓았는지 상세히 설명했다. 이들의 증언을 통해 오늘날 다양한 영역에서 변화의 일이 어떤 잠재력을 지니는지 확인할 수 있다.

모든 크리스천이 수문장으로 섬기도록 부르심 받았다. 모든 크리스천이 삶 전체와 일을 하나님 나라에 연결하는 라이프워크로 부르심 받았다. 또한 우리는 단절된 존재로서가 아니라 그리스도 교회의 지체로 부르심 받았다. 크리스천이 성문에서 부르심을 성취하고 하나님 나라를 향한 사람들의 갈구가 채워질 수 있으려면 '교회'를 새로이 이해해야 한다. 남은 두 장에서는 세상에서 그리스도의 몸이 된다는 것이 무슨 의미인지 살펴보고자 한다.

제 22 장

그리스도의 몸
담 없는 교회

예수님은 "나는 이 반석 위에다가 내 교회를 세우겠다. 죽음의 문들이 그것을 이기지 못할 것이다"(마 16:18, 새번역)라고 선포하셨다. 즉 그리스도의 교회가 대적의 영토에서 활동한다는 말씀이다. 죽음의 문들, 지옥문들은 교회의 공격을 견디지 못한다. "나는…세우겠다"는 말씀은 그리스도의 나라와 목적이 확장된다는 확증이다. 온 우주를 지으신 주님이 말씀하셨으니 반드시 그렇게 된다.

이 말씀에서 누가 공세를 취하는가? 교회다. 그리스도는 십자가에서 죽음의 공포를 정복하시고 부활하시어 죽음 그 자체를 정복하셨다. 그리스도는 하늘과 땅의 왕이시다. 사탄은 수세에 몰렸다. 우주를 건 전쟁에서 이미 중요한 전투에 패했다. 사탄은 지금 후퇴 중이다. 그리스도는 군대를 이끌고 소탕 작전을 지휘하고 계시다. 우리는 그리스도와 그분의 깃발을 따라 죽음의 문들까지 가야 한다.

하나님과 사탄의 전쟁, 진리와 거짓의 전쟁, 선과 악의 전쟁, 빛과 어둠의 전쟁, 생명과 죽음의 전쟁이 계속되고 있다. 악의 세력은 하나님 나라의 맹공을 당해 낼 재간이 없다. 하나님 나라는 반드시 승리한다.

이 전쟁은 이 세상에서 아주 구체적인 방식으로 전개되고 있다. 개개인과 문화도 이 전쟁의 영향을 받는다. 여러 전선(戰線)에서 동시다발적으로 싸워야 하는 전투다. 진리를 수호하고 거짓을 대적하는 전투, 생명의 문화를 지키고 죽음의 문화를 타파하는 전투, 정의를 지키고 부패를 척결하는 전투, 아름다움을 보호하고 무미건조함과 추악함을 배격하는 전투가 벌어진다. 풍성함을 도모하고 기아를 물리치는 전투, 경제적 풍족을 증진하고 빈곤을 해소하는 전투, 지혜를 구하고 무지를 근절하는 전투, 건강을 지키고 질병을 퇴치하는 전투가 벌어진다. 왕의 종들은 타고난 은사와 재능, 능력을 사용해 이 전투에 전념해야 한다. 삶과 일에서 그리스도를 위해 대적의 영토를 점령하는 데 독특한 기여를 해야 한다.

하나님 군대의 일원으로서 우리는 총과 검, 폭탄이 아닌 진리와 아름다움, 정의로 싸운다. 군함과 탱크가 아니라 기도 무릎과 겸손한 섬김으로 행군한다. 모든 크리스천이 자기가 서야 할 자리에 서서 그리스도의 깃발을 꽂아야 한다.

독특한 기여

하나님이 우리를 소집하신 전쟁은 지금까지 부침이 계속됐다. 때로는 하나님 나라가 진격했고, 때로는 어둠의 세력이 진군했다. 역사상 지금처럼 전도와 교회 개척이 활발했던 적은 없었다. 지금처럼 크리스천과 교회가 많았던 때도 없었다. 하지만 서구 문화권에서 교회의 영향은 급감하고 있다. 교회가 수적인 성장을 거듭하는 중에도 어둠의 세력은 각 나라에 막대한 영향력을 행사한다. 교회는 사실상 서구 사회를 세속주의에 빼앗겼고, 안 그래도 기초가 턱없이 부실한 세속주의는 탐욕과 부패의 무게에 짓눌려 무너져 내리고 있다. 포스트모더니즘 또는 신이교주의는 많은 나라에서, 특히 과거 기독교 문화가 주도하던 유럽과 북미 주요 도시에서 사람들의 마음과 생각을 사로잡고 있다. 대부분의 개발도상국에서는 애니미즘적 사고방식과 가치 체계가 여전히 사회와 문화를 장악하고, 수적으로 성장한 교회의 영향력을 반감시킨다.

대체 무엇이 문제인가? 오늘날 교회는 사탄이 공격을 하고, 교회가 방어한다는 식으로 생각한다. 성경의 가르침과 상반된 이런 사고방식이 교회 안에서 패배주의 정서를 자아내고 있다.

우리는 십자가의 전투에서 누가 승리했는지, 죽음과의 전투에서 누가 승리했는지 다시금 기억해야 한다. 그리스도와 그분의 나라는 승리가 완성될 때까지 계속 전진할 것이다. 그리스도는 이사야 9장 6-7절에 기록된, 장차 오실 이스라엘의 왕이시다.

> 이는 한 아기가 우리에게 났고
> 한 아들을 우리에게 주신 바 되었는데
> 그의 어깨에는 정사를 메었고
> 그의 이름은
> 기묘자라, 모사라, 전능하신 하나님이라,
> 영존하시는 아버지라, 평강의 왕이라 할 것임이라
> 그 정사와 평강의 더함이
> 무궁하며
> 또 다윗의 왕좌와
> 그의 나라에 군림하여

> 그 나라를 굳게 세우고
> 지금 이후로 영원히
> 정의와 공의로 그것을 보존하실 것이라
> 만군의 여호와의 열심이
> 이를 이루시리라.

하나님이 그분의 구속 사역을 완전히 성취하실 것이다. 지옥문들은 결코 이기지 못한다.

정말 그렇다면 교회는 어둠의 나라를 밀어내며 진군하는 사고방식을 갖춰야 한다. 뒤로 물러서거나 멀찍이 떨어져 있어서는 안 된다. 선제공격을 펼쳐야 한다. 어둠의 나라에 공격을 받은 후에야 대응하는 방어적 자세도 안 된다.

거짓된 성속의 이분법은 정부, 언론, 과학 영역과 같은 성문 자체를 '지옥문'으로 인식한다. 이런 분리주의적, 적대적 태도 때문에 복음주의적 영지주의자들은 '성문' 혹은 '세상 속에서' 일하는 것이 곧 지옥문에서 일하는 것이라고 간주하는 오류를 때때로 범했다. 그러나 절대 그렇지 않다. 인간 사회의 영역들은 하나님이 허락하신 것이며, 모든 피조물을 돌보는 청지기가 되라는 하나님의 명령에서 파생된 결과다. 인간의 피조물인 도시와 하나님의 피조물인 자연이 조화를 이루게 될 말세의 목표는 타락 이전에 피조물이 누렸던 조화다(계 21-22장 참고).

분명히 성문들, 다시 말해 사회의 영역들은 교회가 대적해야 할 지옥문들이 아니다. 교회의 공격 대상이 아니다. 바울이 말한 대로 "우리의 씨름은 혈과 육을 상대하는 것이 아니요 통치자들과 권세들과 이 어둠의 세상 주관자들과 하늘에 있는 악의 영들을 상대함이라"(엡 6:12). 사회의 각 영역이 모여 구성되는 거대 문화처럼, 하나님이 우리에게 점령하고 영향을 끼치라고 명하신 사회의 영역들도 정도는 다르지만 하나님 나라 문화와 거짓 문화, 자연적 문화를 가지고 있다. 우리는 무력한 행동에 짜증을 터뜨리는 식으로 지옥문을 공격하지 않는다. 우리를 외부와 단절시키는 식으로 공격하지도 않는다. 우리는 성문에서 하나님 나라 문화를 더 많이 드러냄으로써 지옥문을 공격한다. 예수님의 말씀에 힘입어 주님의 교회가 주도권을 잡아야 한다. 교회가 공세를 취해야 한다. 예수님이 말씀하셨으니 진리가 거짓을 대적하고 선이 악을 이기고 사랑이 미움을 정복하고 빛이 어둠을 압도할 것이다.

성육신 공동체

교회란 무엇인가? 본질적으로 교회는 성육신 공동체다. 본질적으로 교회는 건물이 아니다. 교단 정책이나 구조로 교회를 정의할 수 없다. 그렇다, 교회는 깨진 세상에서 말씀을 육화(肉化)할 믿는 자들의 공동체다.

첫째, 교회는 공동체다. 성경은 교회를 그리스도의 몸(엡 1:22-23), 그리스도의 신부(계 19:7), 거룩한 나라요 왕 같은 제사장(벧전 2:9)으로 그린다. 살아 숨 쉬는 유기적인 존재로 표현한다. 교회는 정적이지 않다. 교회의 정체성은 사람들이 모여 예배하고 전투와 섬김을 준비하는 장소나 건물이 아니라 사람들, 그리고 그 사람들이 함께하는 삶이다.

믿는 자들이 건물에 모여 예배하고 준비하는 장소일지는 몰라도, 건물 자체가 교회인 것은 아니다. 교회는 믿는 자들의 **공동체**다. 하나님이 일하시는 통로가 되는 구속받은 자들의 공동체다. 바울은 교회를 그리스도의 몸으로 규정하면서, 다양한 은사와 봉사, 직임을 받은 독특한 지체들(고전

12:12)의 다양성이 교회 공동체에서 연합한다고 밝힌다(고전 12:4-6). 교회는 하나님의 본질과 목적을 반영하는 공동체다.

둘째, 교회는 성육신 공동체다. 교회가 '그리스도의 몸'이라는 것은 교회가 **성육신** 공동체임을 일깨워 준다. 그리스도가 "육신이 되어 우리 가운데"(요 1:14) 거하신 말씀이었듯, 이제 그 말씀(예수님)은 그분의 교회를 통해 육신이 되어야 한다. 그리스도께 나아가는 순간, 우리는 그리스도의 나라에 들어갔다. 교회로서 우리는 그리스도가 세상 한복판에서 친히 사시는 것처럼 살아야 한다.[1]

이중 국적

성 아우구스티누스는 《하나님의 도성》(크리스챤다이제스트 역간)에서 우리가 '두 도성'의 시민이라고 했다. 그리스도는 지금부터 영원까지 하늘과 땅 모두의 왕이시다(마 28:18). 그리스도의 법은 영원불변하기 때문에 성경적 원칙은 하늘과 땅에서 모두 적용된다. 크리스천은 매 순간 천국 시민이자 (빌 3:20) 이 세상 시민이며(롬 13:1-7) 모두 그리스도의 법의 적용을 받는다.

하나님 나라는 지금 이곳에 있지만 아직 완성되지 않았다. 크리스천은 왕이 다시 오실 미래의 실체 가운데서 사는 동시에 오늘 이 세상에서 하나님 나라의 임재를 현시(顯示)해야 한다. 하늘에 충만히 선 하나님 나라는 지금 이 땅에서 확장된다. 사탄이 지배하는 어둠의 나라를 빛의 나라가 공격하게 되리라는 얘기다. 그리스도가 다시 오실 때, 하나님 나라가 온전히 임하고 온전한 추수가 일어난다. 그리스도의 통치, 오직 그 통치 아래서 하나님 나라가 완성된다. 샬롬의 평강이 이 땅을 다스리게 될 것이다! 크리스천은 하늘과 땅에 양발을 딛고 있는 두 나라의 시민이다.

교회와 세상

교회는 세상과 구별되는 동시에 적극적으로 세상에 참여해야 한다(그리스도를 위한 점령). 최후의 만찬에서 예수님은 제자들을 위해 대제사장의 기도를 하시며 이 점을 분명히 밝히셨다. "내가 비옵는 것은 그들을 세상에서 데려가시기를 위함이 아니요 다만 악에 빠지지 않게 보전하시기를 위함이니이다 내가 세상에 속하지 아니함 같이 그들도 세상에 속하지 아니하였사옵나이다 그들을 진리로 거룩하게 하옵소서 아버지의 말씀은 진리니이다 아버지께서 나를 세상에 보내신 것 같이 나도 그들을 세상에 보내었고 또 그들을 위하여 내가 나를 거룩하게 하오니 이는 그들도 진리로 거룩함을 얻게 하려 함이니이다"(요 17:15-19).

십자가로 가시기 직전, 그리스도는 자신과 제자들, 그리고 모든 믿는 자들을 위해 기도하셨다(요 17장). 제자들이 세상에 있으되 세상에 속하지 않은 자가 되도록 기도하셨다. 무슨 의미일까? '세상에 있으되 세상에 속하지 않는다'는 개념에 오히려 역행하는 교회의 두 가지 사고방식이 있다. 하나는 요새교회이고, 다른 하나는 혼합 교회다.

요새교회

요새교회는 세상과 물리적으로 분리되려 한다. 주님의 기도를 비틀어 표현하자면 "세상에서 나와 건물로 들어가려" 한다. 세상과 마귀에게서 교회를 보호하기 위해 담장으로 교회를 둘러 이웃과 교회를 분리한다. 문화에서 손을 떼고 세상을 등진다. 이런 시각에서 보면 하나님이 교회에 바라시는 것은 독립적이고 고립된 문화의 담 위로 숨는 것뿐이다. 많은 근본주의 및 복음주의 교회에서 이런 입장을 견지한다.

혼합 교회

두 번째 사고방식은 혼합주의적인 교회다. 혼합 교회는 사회의 도덕적, 형이상학적 틀을 그대로 수용한다. 그리스도를 본받기보다 세상을 본받는다. 주님의 기도를 변형시켜서 "세상에 있고 세상에 속한" 교회다. 사회를 매료시키고 뒤처졌다는 느낌을 주지 않으려 안간힘을 쓰다가 사회저럼 변하고, 문화와 전혀 분간이 되지 않는 지경이 된다. 그리스도를 위해 변화시키는 문화가 되기는커녕 세상에 변화를 받아 세상과 구별도 되지 않는 상황에 다다른다. 소위 자유주의 교단과 오늘날의 '구도자 친화적' 교회들이 이런 흐름에 굴복했다.

킹덤 교회

이 두 가지 사고방식의 급진적 중립이 킹덤(Kingdom) 즉, 하나님 나라 교회다. 킹덤 교회는 사회에 참여함과 동시에 도덕적, 형이상학적으로 구별된 교회다. 주님의 기도대로 "세상에 있으되 세상에 속하지 않은" 교회다. 이 교회는 언제나 자신을 쇄신하며 사회를 변화시키기에 힘쓴다. 언제나 문화를 거스른다. 진리와 아름다움, 정의로 세상과 소통하는 하나님 나라 공동체와 하나님 나라 문화를 세우고자 한다.

교회를 뜻하는 헬라어는 에클레시아(*ekklesia*)로 '호출하다'라는 뜻이다. 호출받는다는 말은 무언가에서 다른 무언가로 불려 간다는 의미다. 교회로서 우리는 세상의 사고방식, 정신, 심미적 기준에서 불려 나왔지만, 이는 세상 그 자체를 떠나라는 호출은 결코 아니다. 우리는 그리스도에 의해, 그리스도께로, 그리스도를 위해 구별되라고 부르심 받았다.

우리는 세상에서 하나님 나라로 부르심 받았다. 하지만 우리가 세상에 속하지 않았더라도 세상에 있어야 하기 때문에 호출은 세상의 제도, 세상의 사고방식, 세상의 정신, 세상의 미적 기준에서 분리되어 하나님 나라의 세계관과 문화로 들어가라는 부르심이다.

교회의 부르심은 하나님의 성품을 투영하고 나타내는 성육신 공동체가 되는 것이다. 지역사회와 온 나라를 하나님의 순결함, 거룩함, 아름다움으로 압도하라는 호출 명령이다. 다른 사고방식(진리), 다른 생활방식(덕), 다른 표현방식(사랑스러움, 영광)을 갖춘 백성이 되라는 부르심이다.

'호출받은 자들'이라는 개념은 그리스도의 몸 전체와 각 지체를 모두 표현한다. 교회는 물리적으로가 아니라 도덕적, 형이상학적으로 구별되어야 한다. 교회는 시장과 광장에서(요 17:15, 18) 성육신 공동체로 살아가는 거룩하고 구별된 백성(요 17:17, 19; 벧전 2:9)이 되어야 한다. 크리스천 개개인은 흩어진 교회로서 사회적으로, 물리적으로 지역사회와 국가의 활동에 참여하며 하나님 나라를 세상에, 사회의 모든 영역에 들여와야 한다. 동시에 성경적 사고와 성경적 아름다움, 성경적 윤리로 온전히 구별된 삶을 살아야 한다. 하나님 나라 공동체는 빛과 소금과 같고(마 5:13-16) 반죽의 누룩과도 같아서(마 13:33) 세상을 일깨우고 입증하고 설명하며 사회에 영향을 끼친다. 공동체를 조종하거나 명령하거나 좌지우지하지 않는다. 그렇다고 멀찍이 떨어져 냉담하고 고립된 듯 접근 불가의 태도를 취하지도 않는다. 교회는 세상을 공격하는 요새가 아니라 세상 속의 등대가 되어야 한다. 세상에 맛과 향을 더하고 방부제 역할을 하며 세상을 깨끗하게 하고 생명을 전해야 한다.

킹덤 교회
개혁: 세상에 영향을 끼침
세상에 있으나 세상에 속하지 않음

생명으로

돌이키기

현대 사회의 복음주의 교회 상당수가 주님의 기도와는 정반대로 움직인다. 세상에 속해 있으면서 세상을 본받는다. 물리적으로는 분리되고 형이상학적, 이념적으로는 세상에 순응한다. 오늘날 서구교회는 세상을 지향한다. 모이면 종교적으로 행동하지만, 흩어지면 세상과 똑같다. 대가를 지불하지 않아도 될 때만, '편리할' 때만 크리스천으로 행동한다.

절대 권력을 자임하는 나치에 항거하다 나치 제3제국에 순교당한 디트리히 본회퍼는 당시 독일 교회의 혼합주의를 맹렬히 비판했다. 당시 독일 교회는 이 시대 교회와 소름 끼칠 만큼 흡사했다. 본회퍼는 오늘날 자유주의와 복음주의 양 진영 교회에서 주식(主食)으로 삼는 값싼 은혜를 이렇게 비판했다.

> 만일 은혜가 신앙생활의 정보에 불과하다면 **내 모든 죄에서 이미 의롭다 하심을 얻은 상태로 세상에서** 신앙생활을 한다는 의미다. 이론상으로는 온 세상이 은혜로 말미암아 의롭다 하심을 얻었으니 나는 원하는 대로 죄를 짓고 나를 용서해 줄 은혜에 의지하기만 하면 된다. 따라서 부르주아로서의 내 세속적 존재를 놓지 않고 **이전 모습 그대로 살아가도** 된다. 거기에 하나님의 은혜가 나를 덮어 주리라는 확신까지 더해진다. 이런 식의 '은혜'는 세상에 영향을 끼쳐, 세상이 '기독교화'됐다. 하지만 그 과정에서 **크리스천은 그 어느 때보다 더 세속화** 되고 말았다.… 신앙생활은 **세상에서, 세상처럼 사는 것을** 의미하게 됐다. 세상과 전혀 분간할 수 없으며, 은혜를 얻으려면 세상과 달라져서는 안 된다고 제재까지 받는 지경에 이르렀다.²

제3제국 당시 독일인의 90%가 신앙고백을 한 크리스천이었다. 하지만 대부분 교회가 정부에 완전히 굴복했다. 이 서글픈 상황이 오늘날의 기독교계에서 재연되고 있다. 서구 교회에서 기독교는 세속적 유물론과 상당 부분 혼합됐다.

오늘날의 세계를 자세히 들여다보면 교회의 진정한 '성공'은 유물론자들의 기준인 규모나 넉넉한 재정이 아니라 경건함과 주변 문화에 대한 긍정적 영향이라는 유기적 기준에 따라 판가름난다. 지금처럼 크리스천이 많았던 적은 역사상 한 번도 없었다. 오늘날처럼 교회가 많았던 적도 역사상 단 한 번도 없었다. 하지만 여전히 상하고 깨진 채로 빈곤한 노예의 삶을 사는 나라가 많다. 사람들은 하나님이 뜻하신 본연의 모습에 전혀 미치지 못하는 삶을 산다. 실질적 치유는 좀처럼 일어나지 않는다.

성과는 대개 본래 목표로 설정한 수준을 벗어나지 못한다. 지난 50년 동안 교회는 '교회 성장'을 입버릇처럼 외쳤다. 그리고 전 세계 교회가 이 목표에 근접하고 있다. 하지만 그 결과가 무엇인가? 교회는 살아 있는가? 말씀이 믿는 자들의 삶 가운데 육신을 입고 있는가? 사회와 국가가 교회를 통해 변화되고 있는가? 안타깝게도 사회와 국가가 변화는 고사하고 영향을 받는 경우조차 너무 희귀하다.

프로그램 중심 교회

교회가 문화에 영향을 미치지 못하는 이유 중 하나는 교회를 건물이나 일련의 프로그램으로 오해하기 때문이다. 프로그램 중심 교회는 교회 자체를 프로그램으로 규정하는 교회다. 프로그램 중심 교회의 목표는 사람들을 세상에서(세속적 자리) 끌어내서 교회로(거룩한 자리) 인도하는 것이다. 프로그램 중심 교회는 대개 '집회'에 참가하거나 '교회 일'을 하는 사람들이나 건물을 교회로 이해한다. 모임과 활동을 빼곡하게 적은 달력이 이런 교회의 정체성이다. 모임과 집회 참석 횟수가 영성의 척도가 된다. 교회의 성공은 집회와 모임 빈도와 참석자 수로 가늠한다. 집회와 모임이 많을수록 더 '성공한' 교회다.

작가이자 신학자인 엘턴 트루블러드(Elton Trueblood)는 이 같은 현상의 오류를 이렇게 묘사했다. "기독교의 목적이 오직(아니면 주로), 주말에만 있다는 생각은 큰 오류다. 기독교 신앙에 관한 한 일상적인 평일의 삶이 주일에 일어나는 일보다 훨씬 더 중요할 수 있기 때문이다."[3]

여기에 첨언하자면 교회 건물 밖에서 일어나는 일이 교회 건물 안에서 일어나는 일보다 하나님 나라 확장에 더 중요할지 모른다. 한국의 한 대학교수는 교회에서 맡은 '직책'과 모임에 대한 '책임'이 너무 커서, 오히려 강의하는 대학생들을 제대로 섬기며 제 역할을 하기 어렵다고 한탄했다.

크리스천은 모두가 사역자

우리는 교회가 건물이나 일련의 프로그램이라는 개념에서 벗어나 교회가 성육신 공동체임을 깨달아야 한다.

교회는 모이고 흩어진다. 예배하고 훈련하기 위해 모이고 사역을 위해 흩어진다. 프로그램 중심 교회는 목회자들을 사역자로 간주한다. 평신도는 목회자들이 '그들의' 사역을 하도록 지원하기 위해 존재한다. 하나님 나라 중심 교회에서는 사람들이 사역자다. 목회자와 교사의 역할은 성도들이 사역을 하도록 준비시키는 것이다. 자기들이 사역하는 것이 아니다. 우리는 사역자들이 다시 성문을 차지하도록 해야 한다.

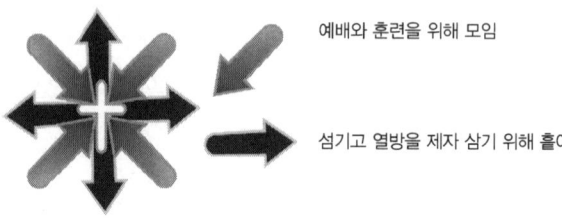

모이고 또 흩어지는 교회

예배와 훈련을 위해 모임

섬기고 열방을 제자 삼기 위해 흩어짐

사도 바울이 이 진리를 다시 한 번 상기시켜 준다.

그러나 너희는 택하신 족속이요 왕 같은 제사장들이요 거룩한 나라요 그의 소유가 된 백성이니 이는 너희를 어두운 데서 불러내어 그의 기이한 빛에 들어가게 하신 이의 아름다운 덕을 선포하게 하려 하심이라 벧전 2:9

성경은 모든 크리스천이 사역자이며 모든 지체가 제사장이라고 분명히 선포한다. 이것이 바로 만인제사장주의다! 젊은 시절, 이 진리를 멋들어지게 담아낸 현수막을 본 적이 있다.

목사 – 훈련자
성도 – 사역자!

하워드 헨드릭스는 평신도를 '새 성직자'[4]라고 부른다. 어렴풋한 내용을 확실히 해주는 표현이다. 하지만 새로운 개념은 아니다. 우리가 잃어버린 성경적 개념이다. 이제는 그 개념을 복원해야 한다.

지상명령은 모든 크리스천에게 일터로 가라고 명한다. 그리스도가 "그러므로 너희는 가서"(마 28:19)고 말씀하셨을 때는 말 그대로 "가라"는 명령이다. 크리스천이 성문에서 장사를 하고, 사람들과 관계를 맺고, 소식과 공지를 듣는다는 가정 아래 주신 말씀이다. 교회는 예배하고 훈련시키기 위해 모이고, 하나님 나라 문화를 사람들에게 전파하기 위해 성문으로 흩어진다.

성문들

- 사회
- 교육
- 커뮤니케이션
- 천국 사역자
- 보건
- 예술
- 과학 및 기술
- 비즈니스와 경제
- 정부 및 법

복음주의적 영지주의가 교회가 지상명령과의 관계를 보지 못하도록 눈을 가려 버렸기 때문에, 우리는 "간다"는 문제와 관련해 지역과 직업이라는 두 가지 사안을 살펴볼 필요가 있다.

먼저 복음주의적 영지주의자들은 마태복음 28장 19절 말씀이 해외에서 사역하는 전문 선교사들에 국한된 말씀이라고 가정한다. 하지만 성경적 세계관은 이 말씀이 섬김의 장소나 지역을 막론하고 모든 크리스천에게 주어진 말씀이라고 가정한다. 두 번째는 직업이다. 복음주의적 영지주의자들은 이 말씀이 전문적인 종교 분야 종사자들에 국한된 말씀이라고 이해한다. 하지만 성경적 세계관은 크리스천은 누구나 열방을 제자 삼으라고 부르심 받았다고 가정하고, 나아가 도덕적으로 문제가 없는 직업이라면 무엇이든 열방을 제자 삼는 일에 일익을 담당할 수 있다고 가정한다. 만인제사장주의는 모든 크리스천이 제사장이며, 하나님께 섬김의 영역 혹은 지역을 받았다고 믿는다.

사역자 준비시키기

교회는 크리스천이 일터와 광장에서 맡은 자리에 서도록 준비시킬 막중한 책무를 받았다. 조지 그랜트는 《수비 교대》(Changing the Guard)에서 교회의 리더 양성 사역을 이렇게 요약한다.

> 교회는 하나님의 백성이 사역의 일을 감당하도록 **훈련**해야 한다. 우리나라에 철저히 준비된 목사들이 세워지려면, 교회가 먼저 복음의 사역을 위해 청년들을 훈련해야 한다(롬 10:14-15). 우리나라에 철저히 준비된 교사들이 세워지려면 교회가 먼저 교육의 사역을 위해 젊은 부모들을 훈련해야 한다(딛 2:1-15). 우리나라에 철저히 준비된 장인, 예술가, 음악가, 철학자, 의사, 근로자, 법조인, 과학자, 상인이 세워지려면 먼저 교회가 문화 진빈의 사역을 위해 이들을 훈련해야 한다(딤후 3:16-17). 또한 우리나라에 철저히 준비된 행정관료들이 세워지려면 먼저 교회가 정치적 행동의 사역을 위해 훈련해야 한다.[5]

성문을 취할 사역자를 훈련시키려면 무엇이 필요할까?

첫째, 성도들을 기꺼이 준비시킬 목회자와 교사들이 필요하다. 모든 사역을 혼자서 다 하는 슈퍼스타 목회자 모델은 이제 버려야 한다. 행정가 스타일의 기업가 목회자 모델과 대형교회의 관리자 스타일 모델도 버려야 한다. 바울은 목사와 교사의 주된 역할을 이렇게 제시한다.

> 그가 어떤 사람은 사도로, 어떤 사람은 선지자로, 어떤 사람은 복음 전하는 자로, 어떤 사람은 목사와 교사로 삼으셨으니 이는 성도를 온전하게 하여 봉사의 일을 하게 하며 그리스도의 몸을 세우려 하심이라 엡 4:11-12

이 구절이 어떻게 전개되는지 주목하라. 사도와 선지자, 복음 전하는 자, 목사와 교사 직분은 성도를 훈련시키기 위해 주어진다. 목적은 무엇인가? 봉사의 일을 위해서다. 결과는 무엇인가? 그리스도의 몸을 세우기 위해서다. 이 구절 가운데 "온전하게 하여"(prepare)로 번역된 헬라어 카타르티스모스(katartismos)는 '완전한 구비' 혹은 '훈련을 시킴'[6]이라는 뜻이다. 살펴본 바와 같이 사람들, 성도들이 사역자다. 이들은 봉사의 일을 위해 훈련되어야 한다. 그렇다면 어떻게 사역자들이 봉사를 위해, 섬김을 위해 훈련될까? 인도하고 말씀을 가르치는 데 은사가 있는 이들을 통해서다. 성도들을 훈련시키는 역할은 사역자들의 역할보다 더 중요하지 않다. 그저 역할이 다를 뿐이다. 목사와 교사의 역할은 모든 사역의 일을 다 전담하는 것이 아니다. 성도들이 맡은 바를 감당하도록 준비시키는 것이 목사와 교사의 역할이다.[7]

둘째, 성문을 차지할 사역자들을 훈련시키려면 강단에서 일관성 있게 직업 신학을 선포해야 한다. 1957년 그리스도를 영접한 이후로 나는 직업을 주제로 한 설교는 딱 두 번밖에 못 들어봤다. 라브리 공동체에서 들은 프란시스 쉐퍼의 설교가 처음이었고, 두 번째는 일이 저주라고 주장하는 한 미국 목사의 설교였다. 현실적으로도 그리스도의 대의는 주일 하루보다 월요일부터 토요일까지 더 많이 뻗어 가고, 교회 건물 안에서보다 일터에서 더 많이 확장될 수 있다. 그 때문에 비록 많은 교회가 '영적' 주제에만 초점을 맞추고 있지만, 오히려 하나님 나라와 직업에 관한 주제를 가르치는 데 더 많은 시간을 할애해야 한다.

셋째, 사람들이 일터에서 총체적으로 일하도록 준비시키려면 제자 훈련 강의가 필요하다. 강대상에서 직업 관련 주제로 말씀을 선포해야 하고, 여기에 일터로 나갈 크리스천들을 제자화하기 위해 교회에 셀 그룹이나 천국 사역자 강의가 더해져야 한다. 교회에서 주일학교와 성경공부에 대부분의 시간을 할애하고 셀 모임도 사실상 영적인 기능을 준비시키는 시간으로 활용한다. 하지만 기업인들이 기업 활동을 하면서도 거룩함을 지키고 하나님 나라 원칙을 시장에 적용하도록 훈련해야 한다. 크리스천 변호사와 판사들이 먹고사는 데 그치거나 부패한 판결을 내리는 대신, 사회 정의를 추구하고 필요하다면 대법원까지 사안을 가져가도록 이들을 준비시켜야 한다.

넷째, 준비된 기업인들이 시장에서 사역하고 변호사들이 법조계에서, 공무원들이 정부와 경찰서와 소방서에서, 농민들이 농장과 과수원에서, 주부가 가정에서 사역하도록 파송해야 한다는 일반적 인식이 필요하다. 크리스천은 누구나 자신에게 맡겨진 사역을 위해 임명받은 자이자, 그리스도가 맡기신 임무를 위해 구별된 자니. 교회는 각 사람이 자신의 부르심을 향해 나아가도록 이들을 풀어주어야 한다.

다섯째, 크리스천 셀 그룹이 사회의 각 영역에서 성경적 진리와 원칙을 적용해야 한다. 예를 들면, 교인 중에서 의료 관련 직업을 가진 이들을 크리스천 의료인 셀 그룹으로 연결시켜 동종 분야 종사자들과 교제를 하고, 나아가 하나님 나라가 병원을 관통하기 위한 전략을 수립하도록 할 수 있다. 중앙정부나 지방정부에서는 크리스천 분야 전문가들이 모여 공공정책 수립에 영향력을 행사하거나 이를 위한 입법을 추진할 수 있다. 이런 패턴은 사회 어느 영역에나 적용할 수 있다.

리더를 성문으로

성문에 다시 사역자들을 세우는 일은 매우 긴요하다. 지역사회와 국가에 하나님 나라의 리더십이 절실히 필요하다. 시카고 무디 기념 교회의 어윈 루처(E. W. Lutzer) 목사는 독일 교회가 문화를 제대로 평가, 비판하지 못했고, 히틀러의 부상을 거부감 없이 받아들였으며, 심지어 제3제국을 지지하기까지 했다고 비판하면서, 오늘 교회 앞에 어떤 선택이 놓여 있는지 설명했다. 그런데 우리 역시 동일한 상황에 놓여 있다. "교회는 왜소해지는 '영적 영역'의 주이신 그리스도와 '만물의 주'이신 그리스도 중에서 선택을 해야만 했다."[8] 저서 《히틀러의 십자가》(*Hitler's Cross*)에서 루처 목사는 오늘 미국에 존재하는 패턴이 히틀러가 권력을 잡을 무렵 독일에서 볼 수 있던 패턴과 얼마나 흡사한지 보여 준다. 루처 목사는 미국 교회, 나아가 세계 교회에 도전의 메시지를 던진다.

> 만일 그리스도의 십자가가 세상을 향한 하나님의 사랑의 최대 표현이라면, 그리스도를 따르는 우리 또한 세상을 향한 사랑을 보여야 한다.
> 이제 크리스천이 예술과 교육, 정치, 법조 분야의 리더가 될 때다. 영적 영역을 정치, 사회, 문화적 영역에서 분리한 독일 교회의 실수를 반복하지 말자.
> 우리는 온 인류와 이 지구를 공유하기 때문에 과거 크리스천들이 주도했던 모든 영역에서 리더십을 재확립해야 한다. 교육, 정치, 법률 분야에서 신뢰를 쌓아 세상이 우리가 선포하는 메시지에 귀를 기울이게 해야 한다. 크리스천이 있는 곳 어디서나 십자가가 보여야 한다.[9]

리더십 전문가 워렌 베니스(Warren Bennis)와 버트 나누스(Burt Nauns)도 동일한 점을 강조한다.

역사에 고위급 리더 몇 명이 아니라 모든 직종에 다수의 리더가 필요한 순간

이 있다면, 리더십에 대한 포괄적이고 전략적인 관점이 필요한 순간 있다면⋯ 바로 지금이다.[10]

사회의 모든 영역에 하나님과 피조물의 참된 본질과 목적을 보여 줄 하나님 나라 리더십이 필요하다. 교회는 주일뿐만 아니라 하루 24시간, 1년 365일 일해야 한다. 교회 건물에 갇혀 있지 말고 세상 속에 있어야 한다. 세상의 사고와 가치 체계를 교회에 들여올 것이 아니라 하나님 나라의 사고와 가치 체계를 세상에 전하는 일을 해야 한다. 그리스도의 사역자로서의 소명을 받아들이고 세상에서 성육신 공동체로 살고 일하는 그리스도의 몸의 지체가 늘어나 임계질량에 도달할 때, 진리와 선함과 아름다움이 교회에 차고 넘쳐 지역사회로, 온 나라로 흘러가게 된다. 그리스도의 몸을 통해 하나님이 사신을 알리신다.

제 2 3 장

내가 돌아올 때까지 점령하라

지금까지 우리는 교회와 크리스천 한 사람, 한 사람이 문화에서 멀찍이 물러서서 신앙을 사유화해 왔음을 확인했다. 또 전도와 교회 개척 전략이 대부분 성과를 거두었다는 사실도 확인했다. 역사상 이렇게 크리스천이 많았던 때는 없었다. 또 지금처럼 교회와 대형교회가 많았던 적도 없었다. 그런데도 지역사회와 국가는 처절하리만큼 상하고 깨어진 상태다.

우리는 이런 상황이 왜 발생했는지도 살펴봤다. 우리가 강력하고 통합적인 성경의 세계관을 유기했으며, 이를 무기력하고 이원론적인 복음주의적 영지주의의 세계관으로 대체했기 때문이다. 복음주의적 영지주의의 세계관은 우리의 비전을 제한한다. 교회에 출석하고 천국에 가는 것이 다라고 인식하게 하는 것이다. 우리는 그리스도가 우리를 부르신 강력한 비전을 상실하고 말았다.

이 책에서 나는 강력한 성경적 세계관으로 돌아가기 위한 기초를 다지고 교회가 밖으로 시선을 돌려 세상에, 일터와 시장에 초점을 맞춰야 한다는 점을 명확히 했다. 교회가 성문에서 제자리를 찾고 월요일의 교회가 되어야 한다고 촉구했다. 그러기 위해서는 크리스천 개개인이 코람데오의 삶을 살아야 한다.

은 장막과 성전을 지어 하나님이 거하실 처소를 만들었다.

하나님은 이 땅을 주님을 아는 지식으로 가득 채우시기 위해 수많은 거룩한 직업을 만드셨다. 앞서 밝혔듯이 장막을 짓는 데 어떤 은사들이 동원되었는지 살펴보면, 그림이 분명해진다.

여호와께서 모세에게 말씀하여 이르시되 내가 유다 지파 훌의 손자요 우리의 아들인 브살렐을 지명하여 부르고 하나님의 영을 그에게 충만하게 하여 지혜와 총명과 지식과 여러 가지 재주로 정교한 일을 연구하여 금과 은과 놋으로 만들게 하며 보석을 깎아 물리며 여러 가지 기술로 나무를 새겨 만들게 하리라 내가 또 단 지파 아히사막의 아들 오홀리압을 세워 그와 함께하게 하며 지혜로운 마음이 있는 모든 자에게 내가 지혜를 주어 그들이 내가 네게 명령한 것을 다 만들게 할지니

…모세가 이스라엘 자손에게 이르되 볼지어다 여호와께서 유다 지파 훌의 손자요 우리의 아들인 브살렐을 지명하여 부르시고 하나님의 영을 그에게 충만하게 하여 지혜와 총명과 지식으로 여러 가지 일을 하게 하시되 금과 은과 놋으로 제작하는 기술을 고안하게 하시며 보석을 깎아 물리며 나무를 새기는 여러 가지 정교한 일을 하게 하셨고 또 그와 단 지파 아히사막의 아들 오홀리압을 감동시키사 가르치게 하시며 지혜로운 마음을 그들에게 충만하게 하사 여러 가지 일을 하게 하시되 조각하는 일과 세공하는 일과 청색 자색 홍색 실과 가는 베 실로 수놓는 일과 짜는 일과 그 외에 여러 가지 일을 하게 하시고 정교한 일을 고안하게 하셨느니라 브살렐과 오홀리압과 및 마음이 지혜로운 사람 곧 여호와께서 지혜와 총명을 부으사 성소에 쓸 모든 일을 할 줄 알게 하신 자들은 모두 여호와께서 명령하신 대로 할 것이니라

모세가 브살렐과 오홀리압과 및 마음이 지혜로운 사람 곧 그 마음에 여호

임재 가운데 거하는 삶

그리스도의 몸의 지체로서 우리는 "물이 바다를 덮음 같이 여호와의 영광을 인정하는 것이 세상에 가득"(합 2:14)하게 되도록 그리스도와 함께 일하라고 부르심 받았다. 우리는 하나님 나라가 이 땅에 온전히 임하도록 일하는 대리인이다. 바울은 그리스도 예수 안에서 우리가 "성령 안에서 하나님이 거하실 처소가 되기 위하여 그리스도 예수 안에서 함께 지어져"(엡 2:22) 간다고 밝힌다. 우리는 "하나님의 권속이라…사도들과 선지자들의 터 위에 세우심을 입은 자라 그리스도 예수께서 친히 모퉁잇돌이 되셨느니라 그의 안에서 건물마다 서로 연결하여 주 안에서 성전이 되어"(엡 2:19-21) 간다. 하나님의 임재가 성전에서 그분의 백성 이스라엘 가운데 거하셨듯 하나님의 임재는 담장 없는 새 성전에 거하신다.

하나님 나라의 도래를 생각하면, 인간이 그분의 임재에 점점 더 깊이 들어간다는 것을 깨닫게 된다. 하나님은 우리 하나님이시며, 우리는 그분의 백성이다. 창세기 3장 8절과 출애굽기 25장 8절, 요한복음 1장 14절은 하나님이 사람들 가운데 거하신다는 점을 명쾌하게 알려 준다. 하나님이 사람들 가운데 거하신다면, 인간은 살아 계신 하나님의 임재 가운데 거하는 것이다. 우리는 하나님 앞에서 삶 전체를 살아갈 특권과 소명을 받은 자들이다.

구약에 기록된 장막 건설과 성전 건축 이야기는 하나님의 임재 가운데 거하면서 하나님이 사람들 가운데 거하실 처소를 만드는 일에 자기 은사와 재능을 사용하는 사람들의 모습을 보여 준다. 하나님은 장인과 기술자들을 불러 하나님의 영광을 위해 생명 없는 재료들을 취해 장막과 성전을 세우셨다. 세상을 만드실 때 하나님은 인간이 거할 처소를 만드셨다. 인간와께로부터 지혜를 얻고 와서 그 일을 하려고 마음에 원하는 모든 자를 부르매 출 31:1-6, 35:30-36:2

얼마나 놀라운 장면인가! 하나님이 인간을 위해 집을 지으셨고, 이제는 하나님의 백성이 하나님을 위해 집을 지으려 한다. 하나님은 장막 건설을 위한 세부 계획을 세워 두셨다. 또 이스라엘 백성에게 하나님의 집을 짓는 일에 필요한 물품을 드리라고 명하셨다(출 35:4-9). 이스라엘 백성이 자원하여 드린 예물은 장막 건설에 필요한 물품보다 훨씬 많았다(출 36:3-7). 또 주님은 우리의 아들 브살렐을 건설 프로젝트 책임자로 임명하셨다. 브살렐은 하나님의 영으로 충만한 사람이자, 장막 건설의 과업을 감당할 자로 준비된 사람이었다. 하나님은 또한 브살렐의 지휘 아래 일할 사람들을 훈련시킬 능력을 갖춘 상인들을 보내 주셨다. 하나님은 계획을 갖고 계셨다. 하나님은 그 계획을 완성하기 위해 사람들을 부르셨다. 그들을 준비시키시고 능력을 부어 주셨다. 프란시스 쉐퍼의 표현대로 "주님의 일을 주님의 방식으로 하시기" 위해서였다.

헤게만은 《소망으로 밭을 갈며》에서 장막 건설에 다양한 은사와 기술이 얼마나 영광스런 모습으로 사용됐는지 보여 준다.

장막과 성전 건축에 얼마나 다양한 **직업들**이 동원되었는지 놀라울 정도다. 벌목공, 목수, 직공, 염색사, 방직공, 재봉사, 자수업자, 주조공, 야금사, 대장장이, 조각가, 보석세공사, 무두장이, 향수 제조자, 채석장 근로자, 석수가 작업에 참여했다. 여기에 직접적인 지원을 담당하는 이들도 있었다. 장비 제조자, 선별된 동물들을 관리하는 사람, 선원, 근로자 등등이 이 역할을 담당했다.…그뿐만 아니라 성소가 완공된 다음 예배 순서를 맡은 제사장, 보조자, 음악가, 노래하는 사람, 악기 제조자, 시편 작가들도 있었다. 구약의 구속을 둘러싸고 있는 은혜로운 환경이 직업적 다양성과 인간의 기술과 공명하며 기쁨의 소리를 발한다. 장막과 성전은 에덴동산에서 하나님이 인간에게 주신 문화적 사명의 놀라운 다양성을 상징적으로 보여 줬다. 또한 장막과 성전은 모든 죄에서 깨끗하게 되고 영화롭게 된 인류가 완성 이후에 새 땅의 문화적 계발을 온전히 실현할 때 놀라운 문화적 잠재력이 드러날 것을 함축적으로 보여 준다.[1]

우리는 목적을 염두에 두고 건설해야 한다. 목적은 하나님 나라의 도래다. 우리는 '하나님 앞에서 어떻게 살아야 할까? 하나님 나라를 확장하기 위해 우리의 은사와 재능과 능력을 어떻게 사용해야 할까? 우리의 삶과 일이 하나님이 우리와 함께 영원히 거하실 하나님의 성, 미래의 처소를 짓는데 어떻게 기여할 수 있을까?'라고 자문해야 한다. 모세 당시에 사람들이 하나님의 처소인 장막을 건설할 은사와 재능을 받았듯이 하나님은 하나님 나라의 온전한 도래에 기여하도록 이 시대에 우리를 준비시키셨다.

중간기의 삶

우리는 그리스도의 초림 **이후**, 그리고 재림 이전 시대를 산다. 그리스도는 우리 가운데 오셨고 우리와 하나님의 주된 관계를 회복시키고 부차적 관계가 실질적 치유를 받도록 기초를 세우시기 위해 돌아가셨다. 우리는 그리스도의 재림을 '기다려'서는 안 된다. 우리는 그리스도의 재림을 위해 일해야 한다. 우리는 기대의 때를 사는 사람들이다. 우리 삶에 주어진 나날 동안 그리스도의 일에 참여해야 한다. 일을 해야 한다. "내가 돌아올 때까지 점령하라"는 주님의 명령을 청종해야 한다. 당신이 일하는 자리가 바로 그리스도와 그분의 나라를 위해 당신이 점령해야 할 자리다.

어린 시절 나는 제2차 세계대전 동안 유럽 침공을 담은 영화를 봤다. 영화의 한 장면에 나치 점령 하의 유럽과 영국 제도, 영국 해협이 그려진 큰 지도가 나왔다. 영국 해협 중앙에는 연합군 함대의 공격을 표시한 커다란 화살표가 그려져 있었다. 노르망디 해안의 공격 지점을 표시한 작은 화살표들도 보였다. 나치에게 점령된 프랑스 국경 안으로 주요 교차로와 교량, 연료 보급창, 철도 기지를 모두 작은 화살표로 표시해 낙하산 부대와 공수부대가 착륙할 지점임을 알렸다. 그리고 디데이 전투 계획이 나왔다. 이 모든 계획에 따라 모두 임무를 맡았다. 육해공군 한 사람도 빠짐없이 유럽 해방을 위해 긴요한 역할을 담당했다. 한 사람도 빠짐없이 유럽의 자유를 위해, 프랑스에 자유의 교두보를 마련하기 위해 싸워야 했다. 폭정을 몰아내기 위해, 유럽의 자유를 위해 싸우고 엄호를 점령해야 했다. 모든 병사가 차출되어 훈련받았으며(제자화), 완전히 무장되어 총체적 전투 계획에 모두 포함되었다.

D-day: 재점령

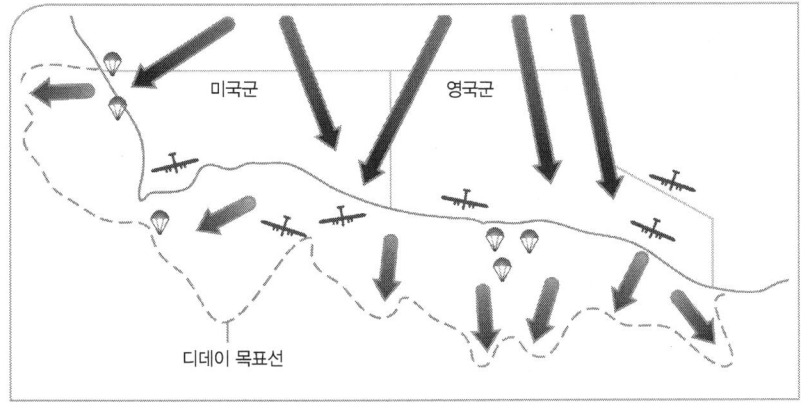

머릿속에 생생한 그림이 떠오르지 않는가? 크리스천의 본분은 그리스도를 위한 영토 점령이다. 라이프워크가 일어나는 곳이라면 어디든, 어떤 조직에서든, 어떤 구조에서든 우리는 세상과 육신과 사탄의 폭정에 반기를 들어야 한다. 자유를 위해 싸울 기회가 우리에게 주어졌다. 정의의 통치와 긍휼의 도래, 만인의 경제적 풍족, 사회 평화, 그리고 공동체와 사회의 온전함을 이루기 위해 싸울 놀라운 기회가 우리에게 주어졌다. 연합군 병사 한 사람, 한 사람이 임무를 맡았다. 크리스천도 마찬가지다. 그리스도가 우리 각자의 삶에 교두보를 확보하셨고, 추가 진군 계획을 명하신다.

제2차 세계대전의 또 다른 극적 장면을 살펴보면 "내가 돌아올 때까지 점령하라!"는 그리스도의 말씀이 더 분명해질지도 모르겠다. 제2차 세계대전에서 태평양 지역 연합군을 이끌었던 더글러스 맥아더(Douglas MacArthur) 사령관은 일본군에게 밀려 필리핀에서 퇴각했다. 필리핀에서 일본군을 몰아낼 계획을 수립하기 위해 호주 노던 테리토리로 피신한 맥아더 장군은 필리핀 저항군에게 "바탄 반도에서 나왔다. 나는 **반드시 돌아갈 것이다**"[2]라는 전언을 남겼다. 맥아더 장군은 자신을 생포하려던 일본군을 피해 피신에 성공했으며, 필리핀으로 반드시 돌아갈 테니 필리핀 저항군이 계속 싸워 주기를 바란다는 점을 세상에 알리고자 했다. 전언을 보내고 2년 7개월 후, 맥아더 장군은 말했던 대로 자유를 되찾아 주기 위해, 필리핀으로 돌아갔다.

그리스도도 그분의 백성에게 필리핀 저항군처럼 싸우라고 명하셨다. 그리스도는 부활을 통해 죽음을 정복하시고 하나님 나라를 얻고 다시 오시기 위해 아버지께로 가셨다. 그리고 다시 오실 때까지 "계속 싸우라, 내가 다시 오리라!"고 말씀하신다. 우리는 적군의 세력에 항복해서는 안 된다. 수동적으로 그리스도가 오실 날만 기다려서도 안 된다. 그리스도가 돌아오실 때까지 점령해야 한다.

우리는 그리스도의 초림과 재림의 중간기를 살고 있다. 하나님 나라의 **'지금'**과 **'그러나 아직'**의 중간기에 살고 있다. 우리는 열방과 문화의 마음과 생각을 차지하는 전투의 관중이 돼서는 안 된다. 그리스도를 위한 점령이 우리의 라이프워크다. 유럽의 종교개혁자들과 미국의 청교도들은 직업이 하나님 나라의 일에 어떤 역할을 하는지 확실히 이해했다. 청교도 목사 리처드 스틸(Richard Steele)은 "당신에게 달란트를 주신 이가 또한 말씀하신다. '내가 돌아올 때까지 장사하라!' 그런데 종일 빈둥댈 수 있겠는가?…당신의 직업은 당신이 책임져야 하는 영역이다"[3]라고 썼다. 루터는 우리에게 맡겨진 임무의 본질과 영속성을 이해했다. "그리스도가 내일 돌아오신다는 것을 알게 된다면, 나는 오늘 나무 한 그루를 심으리라."

우리는 기다려서는 안 된다! 그리스도가 오실 날을 앞당기기 위해 일해야 한다!

그가 오실 날을 앞당기라!

그리스도의 초림과 재림 사이의 중간기에 우리는 하늘 나라와 땅의 나라 양쪽 모두에 거하며 하늘 나라의 대사로 섬긴다. 주님은 사도 베드로를 통해 이 중간기에 믿는 자의 태도가 어떠해야 하는지 알려 주신다. 베드로후서 3장 10절에서 베드로는 다가올 그리스도의 재림과 그가 다시 오실 때까지 믿는 자들의 역할을 고찰한다.

그러나 주의 날이 도둑같이 오리니 그날에는 하늘이 큰 소리로 떠나가고 물질이 뜨거운 불에 풀어지고 땅과 그중에 있는 모든 일이 드러나리로다.

주님이 다시 오실 때 일어날 이런 일들을 기억하며 우리는 어떻게 살아야 할까? 베드로후서 3장 11-12절은 동일한 질문을 던지고 나서 답을 제시한다. 세 가지 답변이 나온다.

1. 우리는 경건하고 거룩하게 살아야 한다.
2. 주님이 다시 오실 날을 사모해야 한다.
3. 주님이 오실 날을 앞당겨야 한다(speed its coming).

믿는 자들과 믿음의 교회가 어떻게 행동하느냐가 그리스도의 재림에 영향을 미친다니 정말 놀랍지 않은가!

우리의 삶은 그리스도의 재림이라는 역사적 사실을 바탕으로 해야 한다. 우리의 전략과 선언은 그리스도의 재림에 대한 확신을 바탕으로 이루어져야 한다.

우리는 세상의 반역자가 되어야 한다. 악의 세력에 맞서 일어서야 한다. 문화의 조류에 역행해야 한다. 하나님의 실존과 하나님이 역사 가운데 일하신다는 실체에 입각해 살아야 한다. 살아 계신 하나님을 증거하고 존귀하게 하는 말과 선택을 통해 역사를 빚어 가야 한다.

우리는 정의와 진리를 추구하는 변호사가 되어야 한다. 지식의 신비를 배워 가는 학생이 되어야 한다. 하나님이 맡기신 거룩한 자녀를 양육하는 부모가 되어야 한다. 하나님의 피조 세계를 투영하는 작품을 창조하는 작가가 되어야 한다. 땅에서 풍성한 소출을 내는 농부가 되어야 한다. 책임 있게 투표하고 지역의 학교 운영 위원회에 참여하는 시민이 되어야 한다. 일터에서 윤리 문제를 진지하게 고민하는 사업가가 되어야 한다. 이웃과 신뢰를 구축하는 사람이 되어야 한다. 가난한 사람들, 고아와 과부를 섬기는 사역을 일구는 교회가 되어야 한다.

기사(騎士)만이 할 수 있는 일을 찾으라!

고전《성 게오르기우스와 용》(*St. George and the Dragon*)을 보면, 기사의 기독교 덕목인 진리와 정의와 용기가 이교도의 덕인 죄와 악을 상징하는 용과 맞서 싸운다. 성 게오르기우스는 평화를 한 지역에서 전하고는 이내 '기사만이 할 수 있는' 새 일을 찾아 나선다. 하나님 나라의 부르심을 상기시켜 주는 이 이야기는 이렇게 전개된다.

> 하루는 성 게오르기우스가 말을 타고 온 나라를 두루 다녔다. 가는 곳마다 남자들은 밭에서 바삐 일하고 여자들은 집에서 일하며 노래를 불렀으며 아이들은 소리를 지르며 뛰어놀았다.
>
> "이 사람들은 모두 안전하고 행복하구나. 더는 내가 필요치 않구나." 성 게오르기우스가 말했다. "하지만 어딘가에는 고통과 두려움이 있을 것이다. 어린아이들이 안전하게 뛰어놀지 못하고 여자들이 집에서 끌려나가는 곳이 있을 것이다. 어쩌면 아직 살아 있는 용이 있을지도 모른다. 내일 말을 타고 떠나서 오직 기사만이 할 수 있는 일을 찾을 때까지 멈추지 않고 달리리라."[4]

성 게오르기우스처럼 우리도 오직 크리스천만이 할 수 있는 일을 찾아 나서야 한다. 감사하게도 주님은 **지금 당장** 우리가 있는 그 자리에서부터 시작해서 열방을 제자 삼으라는 경이로운 명령을 우리에게 주셨다. 교황 요한 바오로 2세는 남녀노소를 불문하고 하나님의 모든 자녀에게 주시는 명령의 정수를 이렇게 포착한다.

마지막으로 사랑하는 청년들에게 제가 애정을 가지고 이 말을 반복합니다. 주님께 당신의 삶을 기꺼이 드리십시오. 두려워하지 마십시오! 두려워할 이유가 없습니다. 하나님이 역사의 주인이시며 온 세상의 주님이시기 때문입니다. 당신 안에 위대하고 숭고한 사명을 향한 열정을 키우십시오. 공동체적 연대감을 더욱 키우십시오. 이러한 것들은 당신의 마음 가운데 하나님이 역사하고 계신다는 징표입니다. 하나님이 그분의 섭리에 따라 당신에게 풍성히 부어 주신 달란트를 공동체를 위해 사용하십시오. 자신을 하나님과 다른 이들에게 더 많이 내줄 준비를 갖출수록 삶의 진정한 의미를 더 많이 발견하게 됩니다. 하나님은 당신에게 아주 큰 기대를 걸고 계십니다![5]

주님은 분명히 명하셨다. "내가 돌아올 때까지 점령하라!"

주

들어가는 글

1. John Fuellenbach, *The Kingdom of God: The Message of Jesus Today* (Maryknoll, N. Y.: Orbis Books, 1995), p.9.
2. E. Stanley Jones, *The Unshakable Kingdom and the Unchanging person* (Nashville: Abingdon Press, 1971), p.19.
3. 같은 책.
4. Fuellenbach, *The Kingdom of God*, p.15.
5. 같은 책, p.6.
6. 2002년 4월 16일 애리조나 피닉스에서 개최된 Disciple Nations Alliance Forum에서 Natural Church Development Korea의 Paul Jeong을 통해 kingdomize라는 용어를 처음 접했다. 일과 삶에서 우리는 왕이신 하나님과 그분의 나라를 대표하는 자가 되어야 한다.
7. 저자는 Food for the Hungry International(www.fhi.net)에서 25년 동안 일했으며, 지금은 Disciple Nations Alliance(www.disciplenations.org)를 섬기고 있다.
8. 여기서 구분하고자 하는 바는 개방적 우주와 폐쇄적 우주다. 성경은 우주가 존재하기 전에 하나님이 존재하셨음을 계시한다. 하나님이 우주를 창조하셨기 때문에 우주는 천사와 인간의 간섭뿐만 아니라 하나님의 개입에도 '열려' 있다. 하나님과 천사, 마귀, 인간의 결정과 행동이 이 세상에 영향을 미칠 수 있다. 개방적 시스템에서는 자원이 창출되고 발견된다. 그래서 부가 증가할 수 있다. 자원이 증가할 수 있다는 개념은 포지티브섬(positive-sum, 개인 또는 조직을 둘러싼 이해당사자들이 협력함으로 시장 가치를 증대시켜, 구성원 모두 이익을 보는 데 초점을 맞춤) 경제 모델로 불린다. 이는 진화론, 세속주의 혹은 자연주의 관점인 '폐쇄적' 시스템과는 대조적이다. 이 관점으로 실체를 보면, 하나님이나 사탄, 천사가 없으며 인간은 진화의 산물일 뿐이다. 우주는 거대한 기계이며, 인간은 그 기계의 부품에 불과하다. 폐쇄적 시스템에는 행동할 자유가 있는 존재란 없으며, 자원은 땅에서 나는 물질적 존재이기 때문에 유한하고, 부는 한정적이다. 자원의 양이 '고정되어' 있다는 개념은 제로섬(Zero-sum, 상대를 죽이고 내가 이겨 가치의 총합을 줄이는 데 초점을 맞춤) 경제 모델이라 불린다.

1장 영향력 있는 세계관

1. 세계관에 대해 더 알고 싶다면, 나의 책 *Discipling Nations: The Power of Truth to Transform Cultures* (Seattle: YWAM Publishing, 1998), 《생각은 결과를 낳는다》(예수전도단 역간) 또는 다음 책을 참고하라. James W. Sire, *The Universe Next Door: A Basic Worldview Catalog* (Downers grove, Ill: InterVarsity Press, 1997), 《기독교 세계관과 현대 사상》(IVP 역간).
2. Os Guinness, *The Call: Finding and fulfilling the Central Purpose of Your Life* (Nashville: Word Publishing, 1998), p.141. 《소명》(IVP 역간).
3. 2002년 6월 러시아 로스토프에서 열린 비전 콘퍼런스에서 전해들은 이야기다. 비전 콘퍼런스에 관한 자세한 정보는 Disciple Nations Alliance 웹사이트 www.disciplenations.org/vc를 참고하라.
4. Bobby Boyd, Dewayne Mize, Dennis Robbins, Warren Haynes, "Finally Friday," *Trevcor Music Corporation* (Title Code: 360247010).

2장 우리가 어쩌다 여기까지 왔을까? 교회사를 관통하는 이원론

1. 나의 친구이자 조력자인 밥 모핏 박사(Harvest Foundation 회장)가 고안한 총체적(wholistic), 전체론(wholism)이라는 단어를 그의 동의 아래 차용했다. 전체론은 하나님의 말씀 전체가 온 세상의 전인을 향한 말씀이라고 주장한다. 전체론이 인용어라는 점은 인정하지만, 흔히 사용되는 전인론(holism)이라는 단어는 뉴에이지 운동에서 선호하는 표현이자 다양성 없는 통일을 반영하는 단어이기에 전체론을 사용했다.
2. Eusebius, *Demonstration of the Gospel* (Demonstratio Evangelica), quoted in W. R. Forrester, *Christian Vocation* (New York: Charles Scribner's Sons, 1953), p.42, quoted in Leland Ryken, *Redeeming the Time* (Grand Rapids: Baker Books, 1995), p.74.
3. Donald K. McKim, ed., *Westminster Dictionary of Theological Terms* (Louisville, Ky.: John Knox Press, 1996), p.62.
4. Alister E. McGrath, *Reformation Thought: An introduction* (Malden, Mass: Blackwell Publishers, 2001), p.266-267. 《종교 개혁 사상》(기독교문서선교회 역간).
5. Dietrich Bonhoeffer, *The Cost of Discipleship (New York: MacMillan Publishing Co.*, 1977), p.51-52. 《나를 따르라》(대한기독교서회 역간).
6. LovetoKnowClassicEncyclopedia, s.v. "Pietism," http://www.1911encyclopedia.org/Pietism (2009년 5월 27일 접속).
7. 근대 유신론적 과학의 창시자는 하나님을 경외하고 성경을 믿은 프랜시스 베이컨(Francis

Bacon, 1561-1626), 요하네스 케플러(Johannes Kepler, 1571-1630), 블레즈 파스칼(Blaise Pascal, 1623-1662), 아이작 뉴턴(Isaac Newton, 1642-1727) 같은 이들이었다. 이들에게는 신앙과 이성, 자연계와 영계 사이에 분리의 벽이 없었다.
8. Ralph D. Winter, "The Future of Evangelicals in Mission," *Mission Frontiers* (September-October 2007).
9. Vishal and Ruth Mangalwadi, *The Legacy of William Carey: A Model for the Transformation of a Culture* (Wheaton, Ill.: Crossway Books, 1999). 망갈와디 부부의 책은 실로 값지고 귀하다. 문화를 변화시키는 일에 관심이 있는 모든 이들에게 강력히 추천한다.
10. Woodrow Kroll, *Taking Back the Good Book: how America Forgot the Bible and Why It Matters to You* (Wheaton, Ill.: Good News/Crossway, 2007). p.41.
11. Kenneth Woodward and David Gates, "How the Bible Made America," *Newsweek* (December 27, 1982).

3장 성속의 이분법: 총체적 세계관

1. *Babette's Feast*, DVD, Gabriel Axel 감독 (1987; Los Angeles: MGM Studios, 2001).
2. 자세한 내용은 나의 책 《생각은 결과를 낳는다》에서 13장 "역사의 창조자들"을 참고하라.
3. Miachel R. Baer, *Business as Mission: The Power of Business in the Kingdom of God* (Seattle: YWAM Publishing, 2006), p.10-12. 동의하에 발췌 인용.

4장 한 주님, 한 영역: 비유

1. Darrow L. Miller, Bob Moffitt and Scott D. Allen, "God's Unshakable Kingdom," *Kingdom Lifestyle Bible Studies* (Seattle: YWAM Publishing, 2005), p.15.
2. 더 많은 부를 창출하기 위해 사용 가능한 자원을 뜻하는 용어.

5장 코람데오: 하나님 앞에서

1. William Whitaker, *WORDS*, s.v. "coram," http://www.archives.nd.edu/cgi-bin/wordz.pl?keyword=coram (2009년 5월 27일 접속).
2. Cotton Mather, "A Christian at His Calling," quoted in Ralph Barton Perry, *Puritanism and Democracy* (New York: Vanguard, 1997), p.127, quoted in Ryken, *Redeeming the*

3. John Milton quoted in Leland Ryken, *Worldly Saints: The Puritans As They Really Were* (Grand Rapids: Zondervan, 1990), p.28.《청교도 - 이 세상의 성자들》(생명의 말씀사 역간).
4. 같은 책, p.28.
5. Robert Young, *Young's Literal Translation* (Oak Harbor, Wash.: Logos Research Systems, 1997).
6. *Enhanced Strong's Lexicon*, s.v. "skenoo."
7. Thomas Carlyle, *Past and Present* (1843; Project Gutenberg, 1996), www.gutenberg.org/files/13534/13534.txt (2009년 5월 27일 접속).
8. Martin Luther, *The Babylonian Captivity of the Church* (1520; Project Wittenberg Online Electronic Study Edition, 2002), www.ctsfw.edu/etext/luther/babylonian/babylonian.htm (2009년 5월 27일 접속).
9. Ana Santos, 저자에게 기고한 간증문, 2007년 8월 13일.
10. Guinness, *The Call*, p.200.
11. Kathryn Spink and Mother Teresa, *Life in the Spirit: Reflections, Meditations, Prayers, Mother Teresa of Calcutta* (New York: HarperCollins, 1983), p.74.
12. Abraham Kuyper, *Lectures on Calvinism* (Grand Rapids: William B. Eerdmans, 1943), p.52.《칼빈주의 강연》(크리스챤다이제스트 역간).
13. 1828 *American Dictionary of the English Language*, s.v. "consecrated."
14. John D. Beckett, *Loving Monday: Succeeding in Business Without Selling Your Soul* (Downers Grove, Ill.: InterVarsity Press, 2001).《즐거운 월요일 신나는 일주일》(CUP 역간). 또한 다음의 글도 참고하라. "About John Beckett," www.lovingmonday.com/about (2008년 1월 26일 접속).
15. Ryken, *Redeeming the Time*, p.104.
16. E. Stanley Jones, *The Unshakable Kingdom and the Unchanging Person* (Nashville: Abingdon Press, 1972), p.159.

6장 성경적 직업 신학의 필요성

1. Dorothy L. Sayers, "Why Work?" in *Creed or Chaos?* (New York: Harcourt, Brace and Company, 1949). p.56.
2. Pope John Paul II, *Message of the Holy Father for the XXXV World Day of Prayer for Vocations*, 1998년 5월 3일, http://www.vatican/va/holy_father/john_paul_ ii /messages/

vocations/documents/hf_jp- ii _mes_24091997_ x x x v -voc-1998_en.html (2009년 5월 27일 접속).

3. Dallas Willard, *The Spirit of the Disciples* (New York: HarperCollins, 1998), p.14. 《영성훈련: 삶을 변화시키는 하나님의 방법에 대한 이해》(은성 역간).

7장 필수불가결한 거대서사

1. 에베소서 2장 10절 말씀, "우리는 그가 만드신 바라 그리스도 예수 안에서 선한 일을 위하여 지으심을 받은 자니 이 일은 하나님이 전에 예비하사 우리로 그 가운데서 행하게 하려 하심이니라"에서 여기서 지으신 바(workmanship)는 헬라어 포이에마(*poiema*)로, 시(poem)의 어원이다.

2. Guinness, *The Call*, p.178.

8장 문화: 물질 영역과 영적 영역이 만나는 자리

1. Jemimah Wright, "Girl Survived Tribe's Custom of Live Burial," *Telegraph* (June 22, 2007) http://www.telegraph.co.uk/news/worldnews/1555339/Girl-survived-tribe's-custom-of-live-baby-burial.html (2009년 5월 27일 접속).

2. J. R. R. Tolkien, *Tree and Leaf* (London: Unwin Books, 1964), p.61.

3. Vishal Magalwadi, untitled lecture (Merch Ship's Foundation in Community Development School, Tyler, Texas, 1995년 5월).

4. Henry Van Til, quoted in David Bruce Hegeman, *Plowing in Hope: Toward a Biblical Theology of Culture* (Moscow, Idaho: Canon Press, 1999), p.15.

5. *The Compact Edition of the Oxford English Dictionary* (Oxford: Oxford University Press, 1971), s.v. "cult."

6. Steven Barclay Agency, "Kathleen Norris," www.barclayagency.com/norris.html (2008년 1월 31일 접속).

7. 같은 출처.

8. Hegeman, *Plowing in Hope*, p.13-14.

9. "Homiletics Interview: Kathleen Norris: Flowers in the Desert," Homiletics Online, http://homileticsonline.com/subscriber/interviews/norris.asp (2008년 1월 26일 접속). Homiletics Online, www.Homiletics Online.com의 동의하에 번각.

10. George Grant, *The Micah Mandate: Balancing the Christian Life* (Nashville: Cumberland House, 1999), p.243.

11. 기본적 개념은 다음에서 가져왔다. YWAM의 Colin Harbinson, The Arts and Cultural

Restoration, www.colinharbinson.com/order/cultrestbook.html (2009년 5월 27일 접속).
12. Douglas Jones and Douglas Wilson, *Angels in the Architecture: A Protestant Vision for Middle Earth* (Moscow, Idaho: Canon Press, 1998), p.18.
13. C. S. Lewis, *The Last Battle* (1956; repr., New York: The MacMillan Company, 1967), p.149.《마지막 전투》(시공주니어 역간).

9장 문화적 사명의 요소

1. *The American Heritage Dictionary of the English language*, s.v. "cultivate."
2. *The Compact Edition of the Oxford English Dictionary*, s.v. "culture."
3. *The American Heritage Dictionary of the English language*, s.v. "culture."
4. *Enhanced Strong's Lexicon*, s.v. "abad."
5. 같은 책, s.v. "shamar."
6. John Calvin, *Commentaries on the First Book of Moses called Genesis*, trans. rev. John King (Grand Rapids: Baker Book House, 1979), p.125.
7. 자세한 내용은 나의 책《생각은 결과를 낳는다》에서 7장 "창조계의 개방적 체계"와 11장 "청지기로서의 책임과 의무"를 참고하라.
8. Hegeman, *Plowing in Hope*, p.33-34.

10장 타락, 십자가, 문화

1. Dallas Willard, *The Divine Conspiracy: Rediscovering Our Hidden Life in God* (San Francisco: HarperSanFrancisco, 1998), p.27.《하나님의 모략》(복있는 사람 역간).
2. C. S. Lewis, *Out of the Silent Planet* (New York: Scribner, 2003).《침묵의 행성 밖에서》(홍성사 역간).
3. Pope John Paul Ⅱ, *On Human Work : Laborem Exercens* (Washington, D. C.: United States Catholic Conference, 1981), p.1, quoted in Chuck Colson and Jack Eckerd, *Why America Doesn't Work* (Nashville: W Publishing Group, 1991), p.31.
4. Hegeman, *Plowing in Hope*, p.71.
5. 같은 책, p.86.
6. Anthony Hoekema, *The Bible and the Future* (Grand Rapids: William B. Eerdmans Publishing Co., 1979), p.285, quoted in Hegeman, *Plowing in Hope*, p.87-88.
7. Hegeman, *Plowing in Hope*, p.88.

8. G. B. Caird, *The Revelation of Saint John* (San Francisco: HarperSanFrancisco, 1966), quoted in Hegeman, *Plowing in Hope*, p.93.
9. C. S. Lewis, *The Last Battle*.
10. 같은 책, p.162.
11. 같은 책.
12. Herman Bavinck, quoted in Charles Colson and Nancy Pearcey, *How Now Shall We Live?* (Wheaton, Ill.: Tyndale House Publishers, Inc., 1999), p.293. 《그리스도인, 이제 어떻게 살 것인가?》(요단출판사 역간).

11장 부르심: 라이프워크

1. Guinness, *The Call*, p.42.
2. 1828 *American Dictionary of the English Language*, s.v. "vocation."
3. Fuellenbach, *The Kingdom of God*, p.9.
4. Guinness, *The Call*, p.34.
5. 헬라어 켈레오(keleo)는 부르다(call)로 125번, 명하다(bid)로 15번 번역됐다. 두 번째 헬라어인 칼레시스(klesis)는 소명(calling)으로 10번, 천직(vocation)으로 1번 번역됐다. 구약의 단어 카라(qara)는 부르다(call)로 528번, 부르짖다(cried)로 98번 번역됐다.
6. 1828 *American Dictionary of the English Language*, s.v. "call."
7. Robert Laird Harris, Gleason Leonard archer, Bruce K. Waltke, eds., *Theological Workbook of the Old Testament, vol. 1* (Chicago: Moody Press, 1980), s.v. "barak," p.132.
8. *Enhanced Strong's Lexicon*, s.v. "katartismos."
9. 같은 책, s.v. "katartizo."
10. Michael Novak, *Business as a Calling: Work and the Examined Life* (New York: The Free Press, 1996), p.40.
11. Guinness, *The Call*, p.13.
12. 같은 책, p.151.

12장 일반적 부르심: 삶으로

1. F. Foulkes, "Peace," *The New Bible Dictionary* (Wheaton, Ill.: Tyndale House Publishers, 1962), Logos Library System 2.1, Logos Research Systems, Oak Harbor, Wash.
2. 같은 책.

3. 같은 책.

4. 실질적 치유(substantial healing)라는 표현은 프란시스 쉐퍼가 사용한 것이다. 개개인과 하나님의 주된 관계가 회복되려면, 부차적 관계에서도 치유가 일어나야 함을 보여 준다. 이는 진정한 치유이기는 하나, 그리스도가 다시 오시기 전까지는 어느 영역에서든 완전한 치유는 없다.

5. *Enhanced Strong's Lexicon*, s.v. "sozo."

13장 특별한 부르심: 일터로

1. *Enhanced Strong's Lexicon*, s.v. "poiema."

2. 예를 들어, 에르곤(*ergon*)이라는 단어는 마태복음 11장 2절과 누가복음 24장 19절에서 그리스도가 하신 일(행위)을 표현하고, 요한복음 6장 27-29절과 빌립보서 2장 30절에서는 복음의 일을 의미한다. 또한 마태복음 5장 16절과 골로새서 1장 9-10절에서는 어려운 이들을 섬기는 선한 일을 의미하고, 마가복음 13장 34절, 요한복음 4장 34절과 17장 4절, 사도행전 13장 2절, 데살로니가전서 5장 12-13절에서는 '직업' 혹은 '직장'을 뜻한다.

3. Colin Brown, ed., *The New International Dictionary of New Testament Theology, vol. 3* (Grand Rapids: Zondervan, 1979), 1147-1151. 예를 들어, 창세기 2장 15절과 출애굽기 20장 9절, 신명기 5장 1절을 참고하라.

4. Pope John Paul II, *Message of the Holy Father for the XXXV World Day of Prayer for Vocations*, 1998년 5월 3일, http://www.vatican/va/holy_father/john_paul_ ii/messages/vocations/documents/hf_jp- ii _mes_24091997_xxxv-voc-1998_en.html (2009년 5월 27일 접속).

5. Michael Novak, *Business as a Calling: Work and the Examined Life* (New York: The Free Press, 1996), p.34.

6. Lisa Etter and Hayden Smith, 저자를 위해 Cynthia Kniffin과 진행한 인터뷰, 2007년 9월 25일.

7. Pope John Paul II, *Message of the Holy Father for the XXXV World Day of Prayer for Vocation*.

8. Willard, *The Divine Conspiracy*, p.14.

9. Frederic W. Farrar, *The Fall of Man and Other Sermons* (London: Macmillan and Co., 1878), p.210-211, http://books.google.com/book?id=A3Q3AAAAMAAJ.

10. 저자가 2003년 5월 남아프리카 공화국 케이프타운에서 개최된 설교회 목회자 콘퍼런스에서 들은 Don Matheny의 설교다. "I Qualify!"의 원고는 Matheny 본인에게 직접 받았다.

Matheny는 케냐 나이로비의 Nairobi Lighthouse Church 목사다.
11. Jemimah Wright, 저자에게 기고한 간증문, 2008년 2월 11일.
12. George Grant, *The Micah Mandate: Balancing the Christian Life* (Nashville: Cumberland House, 1999), p.25.
13. Philip Yancey, "Living with Furious Opposites," *Christianity Today* (September 4, 2000), www.christianitytoday.com/ct/2000/september4/4.70.html.
14. H. Lyndon Kilmer, *Helen Keller* (New York: Skillen and fortas, 1964), p.194, quoted in Grant, *The Micah Mandate*, p.250.
15. Elizabeth R. Skoglund, *Amma: The Life and Words of Amy Carmichael* (Grand Rapidds: Baker Books, 1994), p.110-112.
16. Paul S. Minear, "Work and Vocation in Scripture," in *Work and Vocation: A Christian Discussion*, ed. John Oliver Nelson (New York: Harper, 1954), p.32-83.
17. Willard, *The Divine Conspiracy*, p.14.
18. 같은 책, p.283.
19. Brother Lawrence (Nicholas Herman), *The Practice of the Presence of God* (Springdale, Pa.: Whitaker House, 1982), p.20. 《하나님의 임재 연습》(오늘과 비전 역간).

14장 라이프워크의 특징

1. Martin Luther, "Exposition on Deuteronomy 8:17-18." in *What luther Says: An Anthology*, ed. Ewald M. Plass (St. Louis: Concordia, 1959), p.1495, quoted in Ryken, *Redeeming the Time*, p.99.
2. John Calvin, *Commentary of Psalm 127:2*, in Ryken, *Worldly Saints*, p.32.
3. Cotton Mather, *Sober Sentiments*, quoted in Ralph Barton Perry, *Puritanism and Democracy* (New York: Vanguard, 1944), p.132, quoted in Ryken, *Redeeming the Time*, p.99.
4. Ryken, *Worldly Saints*, p.33.
5. John Wesley, "The Use of Money" (Sermon 50, text from the 1872 edition), http://gbgm-umc.org/umw/wesley/serm-050.stm (2009년 5월 27일 접속).
6. Guinness, *The Call*, p.132-133.
7. 같은 책, p.198-199.
8. Wesley, "The Use of Money."
9. Cleiton과 Eli Oliveira가 브라질 벨렘에서 열린 비전 콘퍼런스 이후에 들려준 이야기, 2002

년 5월.

10. Goege Swinnock, *The Christian Man's Calling*, in Richard B. Schlatter, *The Social Ideas of Religious Leaders: 1660-1688* (1940; repr., New York: Octagon Books, 1971), p.189, quoted in Ryken, *Worldly Saints*, p.15.

11. John Politan (sermon, Food for the Hungry Chapel, Phoenix, Ariz., February 9, 2000, Scott Allen의 노트에서 발췌).

12. Charles Colson, "What's So Important About Faith and Work?" BreakPoint Commentary #020201, 2002년 2월 1일.

13. Glimpses of Christian History, "July 26, 1833: Dying wilberforce Learned Slaves Were Finally Liberated," http://www.christianhistorytimeline.com/DAILYF/2001/07/daily-07-26-2001.shtml (May 27, 2009).

14. Charles Colson, "Can Adversity Be a Blessing?" Breakpoint Commentary #020503, 2002년 3월 3일.

15장 청지기 정신: 개신교 윤리

1. 덕(virtue)은 참됨과 선함의 실천이다. *1828 dictionary*에서 Noah Webster는 "덕은 진실에 대한 자발적 순종에 다름 아니다"라고 말했다. 그는 덕을 '특별한 도덕적 탁월성'이라고 불렀다. 덕은 현대적 의미의 가치(values)와는 다르다. 가치는 주관적이며 개인과 사회의 기준을 대변하고, 실천을 요하지 않는다. 반면에 덕은 도덕적 절대 기준과 순종의 틀 속에 있다.

2. John Wesley, "The Use of Money" (Sermon 50, text from the 1872 deition), http://gbgm-umc.org/umw/wesley/serm-050.stm (2009년 5월 27일 접속).

3. Martin Luther, "Exposition on exodus 13:18," in *What Luther Says: An Anthology*, ed. Ewald M. Plass (St. Louis: Concordia, 1959), 1496, quoted in Ryken, *Redeeming the Time*, p.102.

4. Robert Bolton, *General Directions for a Comfortable Walking with God* (Ligonier, Pa.: Soli Deo Gloria, 1991), p.77, quoted in Ryken, *Redeeming the Time*, p.102.

5. *Enhanced Strong's Lexicon*, s.v. "melakah."

6. 13장에서 살펴본 대로, 십계명에서도 '아바드'(abad)라는 표현을 썼다.

7. John Milton, *Paradise Lost*, bk 4, lines 618-620, quoted in Ryken, *Worldly Saints*, p.35.

8. Wesley, "The Use of Money."

9. *Merriam-Webster's Online Dictionary*, s.v. "husbandry."

10. Ryken, *Worldly Saints*, p.99.

11. Samuel Willard, *A Complete Body of Divinity*, quoted in Stephen Foster, *Their Solitary Way: The Puritan Social Ethic in the First Century of Settlement in New England* (New Haven: Yale University Press, 1971), p.128, quoted in Ryken, *Worldly Saints*, p.100.
12. Doug Sherman and William Hendricks, *Your Work Matters to God* (Colorado Springs: NavPress, 1988), p.185.《하나님께서는 당신의 직업을 귀히 여기신다》(네비게이토 역간).
13. Wesley, "The Use of Money."
14. 같은 글.
15. *1828 American Dictionary of the English Language*, s.v. "selfishness."
16. Wesley, "The Use of Money."

16장 나눔의 경제학: 풍성한 긍휼

1. Rechard Baxter, *A Christian Directory*, *Prostestantism and Capitalism: The Weber Thesis and Its Critics*, ed. Robert W. Green (Boston: D. C. Heath, 1959), p.72, quoted in Ryken, *Worldly Saints*, p.31.
2. William Perkins, *Vocations or Callings of Men*, *in Works*, 1:757, in Ryken, *Redeeming the Time*, p.106.
3. Charles Spurgeon, *Metropolitan Tabernacle Pulpit*, vol. 23 (London, U. K.: Morgan&Chase, 1930), p.19, quoted in George Grant, *Bringing in the Sheaves: Transforming Poverty into Productivity* (Brentwood, Tenn.: Wolgemuth&Hyatt, 1988), p.54.
4. 자세한 내용은 나의 책《생각은 결과를 낳는다》에서 6장 "하나님은 선하시다"를 참고하라.
5. Scott Allen and Darrow Miller, *The Forest in the Seed* (Phoenix: Disciple Nations Alliance, 2007).
6. 자세한 내용은 나의 책《생각은 결과를 낳는다》에서 7장 "창조계의 개방적 체계"와 11장 "청지기로서의 책임과 의무"를 참고하라.
7. 제로섬은 실체에 대한 자연주의적 관점에서 파생된 경제 용어다. 제로섬은 자원을 '땅에서 나는' 물질적인 것들로 가정한다. 본질적으로 자원은 유한하며 한정적이다. 한 사람이나 국가가 더 많이 얻을수록 다른 사람이나 국가는 그만큼 잃는다.
8. Marvin Olasky, *The Tragedy of American Compassion* (Washington, D.C.: Regnery Gateway, 1992).
9. Daniel A. Bazikian, "Book Review: The Tragedy of American Compassion by Marvin Olasky," http://www.thefreemanonline.org/columns/book-review-the-tragedy-if-american-

compassion-by-marvin-olasky/ (2009년 5월 27일 접속).

10. E. E. Ryden, *The Story of Christian Hymnody* (Philadelphia: Fortress Press, 1959), p.139.
11. Stephen Neil, *A History of Christian Missions* (New York: Penguin Books, 1966), p.42. 《기독교 선교사》(성광문화사 역간).
12. Olasky, *The Tragedy of American Compassion*, p.19.
13. 같은 책, p.225.

17장 하나님 나라는 안에서 밖으로 확장된다

1. Grover Gunn, "Making Waves," *Table Talk* (January 2001), p.12.
2. 자세한 내용은 나의 책 《생각은 결과를 낳는다》를 참고하라.
3. Gunn, "Making Waves," p.12.
4. Willard, *The Divine Conspiracy*, p.14.

18장 성문

1. 이 이야기는 *Wall Street Journal*과 *Time*, *Today's Christian Woman*에 이르기까지 수많은 언론에 등장했다. 예를 들자면, 다음이 있다. Bob Jones, "Reluctant Hero", *World*, vol. 17, no. 4 (February 2, 2002). Franklin Pellegrini, "Person of the Week: 'Enron Whistleblower' Sherron Warkins," *Time*, 2002년 1월 18일.
2. Roy Moore and John Perry, *So Help Me God: The Ten Commandments, Judicial Tyranny, and the Battle for Religious Freedom* (Nashville: B&H Publishing Group, 2005), 앞날개.
3. Marvin Olasky, *The Tragedy of American Compassion* (Washington, D.C.: Regnery Gateway, 1992).

19장 사회 영역

1. Rodney Stark, *The Rise of Christianity: A Sociologist Reconsiders History* (Princeton: Princeton University Press, 1996), p.211.
2. Thomas Cahill, *Desire of the Everlasting Hills: The World Before and After Jesus* (New York: Doubleday, 1999), p.301-311.
3. Paul L. Maier in Alvin J. Schmidt, *Under the Influence: How Christianity Transformed*

Civilization (Grand Rapids: Zondervan, 2001), p.8.
4. J. I. Packer, *Concise Theology: A Guide to Historic Christian Beliefs* (Wheaton, Ill.: Tyndale House Publishers, 1993), in Logos Library System 2.1, Logos Research Systems, Oak Harbor, Wash.
5. R. J. Slater, *Teaching and Learning America's Christian History* (San Francisco: Foundation for American Christian Education, 1960), p.199, quoted in Elizabeth Youmans, *The Christian Principle of Self-Government* (미발간, 2005), p.1.
6. Youmans, *The Christian Principle of Self-Government*, p.1. Chrysalis International에 대한 자세한 내용은 http://www.chrysalisinternational.org/default.asp를 참고하라.
7. H. Dolson, *William Penn: Quaker Hero* (New York: Random House, 1961), p.155, quoted in Youmans, *The Christian Principle of Self-Government*, p.1.
8. Schmidt, *Under the Influence*, p.253.
9. 같은 책, p.249-250.
10. D. James Kennedy and Jerry Newcombe, *What If Jesus Had Never Been Born?* (Nashville: Thomas Nelson, 1994), p.81.
11. Schmidt, *Under the Influence*, p.251.
12. 같은 책, p.256.
13. "History of The Rutherford Institute," The Rutherford Institutue, http://www.rutherford.org/About/History.asp (2009년 5월 27일 접속).
14. "About Us," The Rutherford Institute, http://rutherford.org/About/AboutUs.asp (2009년 5월 27일 접속).
15. "Rutherford Attorneys Weight In On 'Nuremberg Files' Case, Ask U.S. Supreme /Court To Affirm Right Of Pro-Life Activists To Engage In Non-Violent Speech," *The Rutherford Institute News* (April 6, 2006), http://rutherford.org/articles_db/press_release.asp?article_id=610 (2009년 5월 27일 접속)
16. "U.S. Supreme Court Ruling Calls For Emergency Exception While Affirming Parents' Right To Be Notifed If Minor Child Opts To Have An Abortion," *The Rutherford Institute News* (January 19, 2006), http://rutherford.org/articles_db/press_release.asp?article_id=597 (2009년 5월 27일 접속).
17. "Rutherford Institute President Commends U.S. Supreme Court Decision To Limit President's Power To Detain 'Enemy Combatants,'" *The Rutherford Institute News* (January 28, 2004), http://rutherford.org/articles_db/press_release.asp?article_id=497 (2009년 5월 27일 접속).

18. "John W. Whitehead Testifies To U.S. Senate Constitution Subcommittee On Steps The Next President Must Take To Restore Rule of Law In America," *The Rutherford Institute News*, http://rutherford.org/articles_db/press_release.asp?article_id=726 (2009년 5월 27일 접속).
19. Schmidt, *Under the Influence*, p.171.
20. 같은 책.
21. Elizabeth L. Youmans, Ed.D., *Education of Children, a Biblical Perspective* (Food for the Hungry International Child Development Seminar, Lima, Peru, 2002년 5월 27-30일).
22. Schmidt, *Under the Influence*, p.173.
23. Charles H. Haskins, *The Rise of Universities* (New York: Henry Holt, 1923), p.3, quoted in Schmidt, *Under the Influence*, p.187.
24. Elizabeth Youmans, Ed.D., "The Christian View of Children PowerPoint," Chrysalis International, http://www.chrysalisinternational.org/assets/pdfs/Chr_View_of_Child_PPT.pdf (2009년 5월 2일 접속).
25. Ellwood P. Cubberly, *The History of Education* (Boston: Houghton Mifflin, 1948), p.218, quoted in Schmidt, *Under the Influence*, p.187.
26. Paul Lee Tan, *Encyclopedia of 7700 Illustrations: Signs of the Times* (Rockville, Md.: Assurance Publishers, 1984), p.157, quoted in Schmidt, *Under the Influence*, p.190.
27. Kennedy and Newcombe, *What If Jesus Had Never Been Born?*, p.52.
28. 같은 책, p.43.
29. William Boyd, *The History of Western Education* (New York: Barnes and Noble, 1955), p.189, quoted in Schmidt, *Under the Influence*, p.177.
30. John Jefferson Davis, *Your Wealth in God's World: Does the Bible Support the Free Market?* (Phillipsburg, N.J.: Presbyterian and Reformed Publishing Co., 1984), p.65, quoted in Kennedy and Newcombe, *What If Jesus Had Never Been Born?*, p.144.
31. Mary Holmgren의 딸 Marit Newton의 기고문, 2008년 7월 7일.
32. Cyprina, *Mortality* p.15-20, 1958 ed., quoted in Rodney Stark, *The Rise of Christianity*, p.81.
33. Kennedy and Newcombe, *What If Jesus Had Never Been Born?*, p.145.
34. David Riesman, *The Story of Medicine in the Middle Ages* (New York: Harper and Brothers, 1936, p.356, quoted in Schmidt, *Under the Influence*, p.157.
35. Kennedy and Newcombe, *What If Jesus Had Never Been Born?*, p.151.
36. Schmidt, *Under the Influence*, p.166.

37. Kennedy and Newcombe, *What If Jesus Had Never Been Born?*, p.152.
38. Schmidt, *Under the Influence*, p.160.
39. 같은 책, p.162-163.
40. 같은 책, p.165.
41. J. R. R. Tolkien, *Tree and Leaf* (London: Unwin Books, 1964). p.44.
42. Edith Schaeffer, *Hidden Art* (London: The Norfolk Press, 1971), p.24.
43. 예배로서의 문화, 3대 문화인 '하나님 나라의 문화, 거짓 문화, 자연적 문화'에 대한 내용은 이 책의 8장을 참고하라.
44. Stefan Eicher, 저자에게 기고한 간증문, 2007년 8월 6일.
45. Mindy Belz, "Art Aflame," *World* (December 17, 2005), http://www.worldmag.com/articles/11356 (2009년 5월 27일 접속).
46. Cynthia Pearl Maus, *Christ and the Fine Arts: An Anthology of Pictures, Poetry, Music, and Stories Centering in the Life of Christ*, rev. and enlarged ed. (New York: Harper and Row Publishers, 1938, 1959), p.2, quoted in Kennedy and Newcombe, *What If Jesus Had Never Been Born?*, p.184.
47. Kennedy and Newcombe, *What If Jesus Had Never Been Born?*, p.182.
48. Paul Griffiths, "Opera," in *The Oxford Companion to Music*, ed. Denis Arnold (New York: Oxford University Press, 1983), 3:1291, quoted in Schmidt, *Under the Influence*, p.316-317.
49. Kennedy and Newcombe, *What If Jesus Had Never Been Born?*, p.182.
50. 같은 책.
51. 같은 책, p.185.
52. Plato, *The Republic*, quoted in Schmidt, *Under the Influence*, p.342.
53. 발라디어(balladeer)라는 단어는 중세 시대 때, 공공장소에서 발라드 선율에 이야기를 입혀 노래 부르는 사람들을 지칭하는 표현이었다. 나는 문화나 국가를 향해 예언의 목소리를 내도록 부르심 받은 (작곡가, 작사가나 가수만이 아니라) 예술가들을 발라디어라고 표현했다. 이들은 진리와 선함과 아름다움의 하나님 나라 문화를 시장과 광장에 의식적으로 전하도록 부르심 받은 이들이다.
54. Flannery O'Connor, *Mystery and Manners: Occasional Prose* (New York: Farrar, Straus and Giroux, 1969), p.172-173.
55. 이 글의 인용문은 모두 MacLaurin Institute가 진행한 Makoto Fujimura의 인터뷰로, 다음의 글에서 발췌했다. "Discovering Grace Through Art with Makoto Fujimura," *The MacLaurin Institute* (Summer 2008), p.3.

56. 이 이야기의 골자와 이외 인용문의 출처는 Mindy Belz, "Art Aflame," *World* (December 17, 2005), http//www.worldmag.com/articles/11356 (2008년 1월 30일 접속).
57. Sayers, "Why Work?" in *Creed or Chaos?*, p.57.
58. O'Connor, *Mystery and Manners*, p.74.
59. Dennis Peacocke, *Almighty Sons: Doing Business God's Way* (Santa Rosa, Calif.: Rebuild, 1995), p.ix.
60. Jim Manthei의 이야기를 글로 옮긴 것이다. 2007년 7월 31일.
61. Kennedy and Newcombe, *What If Jesus Had Never Been Born?*, p.111.
62. 같은 책.
63. 이 이야기의 내용은 저자와 Ted Corwin의 서신과 "On My Own?," *Guideposts* (March 1999)에 실린 Corwin의 회고에서 가져온 것으로, http://www.designmasterfurniture.com/History.aspx (2008년 9월 20일 접속)에서 발췌했다.
64. 같은 책, p.114.
65. David S. Landes, *The Wealth and Poverty of Nations: Why Some Are So Rich and Some So Poor* (New York: W. W. Norton & Company, 1998), p.58-59. 《국가의 부와 빈곤》(한국경제신문사 역간).
66. 개방적 또는 폐쇄적 시스템에 대해서는 이 책의 16장을 참고하라.
67. Michael Novak, *Business as a Calling*, p.112.
68. Michael Novak, *Business as a Calling*, p.159.
69. 다음에 실린 글을 동의하에 각색하여 실었다. *2009 Personal Prayer Diary and Daily Planner* (Seattle: YWAM Publishing, 2008), p.43.
70. Francis Collins, Faith and the Human Genome (캘리포니아 말리부에서 2002년 8월 4일 개최된 American Scientific Affiliation에서 한 연설), http://www.asa3.org/ASA.PSCF/2003/PSCF903Collins.pdf (2009년 5월 27일 접속).
71. Kenneth McLeish, *Key Ideas in Human Thought* (Prima Publishing, 1995), p.658-659.
72. 같은 연설문.
73. Fancis Collins, Bob Abernathy와의 인터뷰, *Religion and Ethics Newsweekly*, PBS, June 16, 2000, http://www.pbs.org/wnet/religionandethics/transcripts/collins.html (2009년 5월 27일).
74. 피타고라스, 히포크라테스, 에우클레이데스 같은 사람들.
75. George Washington Carver and Gary R. Kremer, *George Washington Carver: In His Own Words* (Columbia: University of Missouri Press, 1991), p.143.
76. Thomas Goldstein, *Dawn of Modern Science: From the Arabs to Leonardo da Vinci*

(Boston: Houghton Mifflin, 1980), p.171, quoted in Schmidt, Under the Influence, p.219.
77. Roger Bacon, *Opus Majus*, trans. Robert Belle Burke (New York: Russell and Russell, 1962), p.584, quoted in Schmidt, *Under the Influence*, p.219.
78. Linda McMurry Edwards, *George Washington Carver: The Life of the Great American Agriculturist* (New York: Rosen Publishing, 2004), p.18.
79. Henry Morris, *Men of Science Men of God* (San Diego: Master Books, 1984), p.35, quoted in Kennedy and Newcombe, *What If Jesus Had Never Been Born?*, p.97.
80. John Peck and Charles Strohmer, *Uncommon Sense: God's Wisdom for Our Complex and Changing World* (London: SPCK Publishing, 2001), p.155.
81. Kennedy and Newcombe, *What If Jesus Had Never Been Born?*, p.99.
82. Morris, *Men of Science Men of God*, p.34-35, quoted in Kennedy and Newcombe, *What If Jesus Had Never Been Born?*, p.99.
83. Carver and Kremer, *George Washington Carver: In His Own Words*, p.143.
84. 같은 책, p.1.
85. *Heroes of History*, vol.4 (West Frankford, Ill.: Caleb Publishers, 1992), p.36, quoted in Kennedy and Newcombe, *What If Jesus Had Never Been Born?*, p.100.

20장 가장 큰 계명

1. Rodney Stark, *The Rise of Christianity: A Sociologist Reconsiders History* (Princeton: Princeton University Press, 1996), p.86.
2. 같은 책, p.161-162.
3. 같은 책, p.215.
4. 크리스천의 영향력을 논함에 있어, 다음 책을 상당 부분 의존했다. Alvin Schmidt, *Under the Influence: How Christianity Transformed Society*. Rodney Stark, *The Rise of Christianity: A Sociolgist Reconsiders History*. D. James Kennedy and Jerry Newcombe, *What If Jesus Had Never Been Born?*
5. William Stearns Davis, *A Day in Old Rome* (Boston: Allyn & Bacon, 1925), p.389, quoted in Alvin J. Schmidt, *Under the Influence: How Christianity Transformed Society* (Grand Rapids: Zondervan, 2001), p.61.
6. Kennedy and Newcombe, *What If Jesus Had Never Been Born?*, p.22.
7. Schmidt, *Under the Influence*, p.67.
8. 같은 책, p.68.

9. Kennedy and Newcombe, *What If Jesus Had Never Been Born?*, p.25.
10. Jill Stanek, "Live Birth Abortions: Testimony of Jill Stanek," Priests for Life, http://www.priestsforlife.org/testimony/jillstanektestimony.htm (2008년 9월 8일 접속), Priests for Life 의 동의하에 사용.
11. Stark, *The Rise of Christianity*, p.118.
12. Michael J. Gorman, *Abortion and the Early Church* (Downers Grove, Ill: InterVarsity Press, 1980), p.25, quoted in Stark, *The Rise of Christianity*, p.118.
13. George Grant, *Third Time Around: A History of the Pro-life Movement from the First Century to the Present* (Franklin, Tenn.: Legacy, 1991), p.20, quoted in Kennedy and Newcombe, *What If Jesus Had Never Been Born?*, p.11.
14. Stark, *The Rise of Christianity*, p.120.
15. Schmidt, *Under the Influence*, p.55.
16. 같은 책, p.63.
17. Kennedy and Newcombe, *What If Jesus Had Never Been Born?*, p.12.
18. Schmidt, *Under the Influence*, p.59.
19. Kennedy and Newcombe, *What If Jesus Had Never Been Born?*, p.18.
20. Schmidt, *Under the Influence*, p.272-273.
21. Aristotle, *Politics*, 1.1255, quoted in Schmidt, *Under the Influence*, p.272.
22. Aristotle, *Nichomachen Ethics* 8.11, quoted in Schmidt, *Under the Influence*, p.274.
23. David R. James, "Slavery and Involuntary Servitude," *Encyclopedia of Sociology* in ed. Edgar F. Borgatta and Marie L. Borgatta (New York: Macmillan, 1992), 4:1792, quoted in Schmidt, *Under the Influence*, p.272.
24. Schmidt, *Under the Influence*, p.273.
25. Eophus Weary and William Hendricks, *I Ain't Comin' Back* (Wheaton, Ill.: Tyndale, 1990), p.88.
26. 앞의 책, p.125.
27. 예를 들자면, 2007년 9월 16일에 워싱턴 주 시애틀에 위치한 Bethany Presbyterian Church 에서 Dolphus Weary 목사의 설교. "How Should the Redeemed Live?," http://www.bethanypc.org/sermons/2007/index.htm.
28. Daniel Townsend, "Dolphus Weary," *Jackson Free Press* (April 20, 2005), http://www.jacksonfreepress.com/index.php/site/comments/dolphus_weary.
29. Charles Schmidt, *The Social Results of Early Christianity*, trans. Mrs. Thorpe (London, U.K.: Wm. Isbister Ltd., 1889), p.430, quoted in Schmidt, *Under the Influence*, p.274.

30. St. Augustine, *The City of God*, trans. *Marcus Dods* (New York: Random House, 2000), p.693. 《하나님의 도성》(크리스챤다이제스트 역간)
31. Kenneth Scott Latourette, *A History of Christianity* (New York: Harper and Brothers, 1953), p.558, quoted in Schmidt, *Under the Influence*, p.276.
32. W. E. H. Lecky, *History of European Morals: From Augustus to Charlemagne* (New York: D. Appleton, 1927), 2:71, quoted in Schmidt, *Under the Influence*, p.275.
33. Sherwood Eliot Wirt, *The Social Conscience of the Evangelical* (New York: Harper and Row, 1968), p.39, quoted in Kennedy and Newcombe, *What If Jesus Had Never Been Born?*, p.22.
34. *Liberty* (September/October 1984), quoted in Kennedy and Newcombe, *What If Jesus Had Never Been Born?*, p.22.
35. Aristotle, *Politics* 1.1260a, quoted in Schmidt, *Under the Influence*, p.99.
36. Stark, *The Rise of Christianity*, p.102.
37. Schmidt, *Under the Influence*, p.98-99.
38. J. P. V. D. Balsdom, *Roman Women: Their History and Habits* (New York: John Day, 1963), p.272, quoted in Schmidt, *Under the Influence*, p.100.
39. Philip Schaff, *The Person of Christ: The Miracle of History* (Boston: American Tract Society, 1865), p.210, quoted in Schmidt, *Under the Influence*, p.101.
40. Schmidt, *Under the Influence*, p.82.
41. Tacitus *Annals* 3.34, quoted in Schmidt, *Under the Influence*, p.82.
42. Kim Allen, 저자에게 기고한 간증문, 2008년 2월 3일.
43. Christine Toomey, "Gender Genocide," *The Sunday Times* (August 26, 2007), http://www.timesonline.co.uk/tol/news/world/asia/article2307893.ece (2009년 5월 27일 접속).
44. Koran, *Sura* 4.34, quoted in Schmidt, *Under the Influence*, p.97.
45. Stark, *The Rise of Christianity*, p.104.
46. William C. Morey, *Outlines of Roman Law* (New York: G. p.Putnam's Sons, 1884), p.150, quoted in Schmidt, *Under the Influence*, p.111.
47. 하나님의 어머니 마음에 대해 더 알고 싶다면 나의 책 《*Nurturing the Nations*》를 참고하라.
48. Wirt, *The Social Conscience of the Evangelical*, p.29, quoted in Kenned and Newcombe, *What If Jesus Had Never Been Born?*, p.131.
49. Edward Gibbon, *The History of the Decline and Fall of the Roman Empire* (1789; repre., London: Penguin Books, 1994), p.813, quoted in Schmidt, *Under the Influence*,

p.84.
50. C. Schmidt, *The Social Results of Early Christianity*, p.441-442, quoted in A. Schmidt, *Under the Influence*, p.65.
51. L. F. Cervantes, "Women," *New Catholic Encyclopedia* (New York: McCraw-Hill, 1967), 14:991, quoted in Schmidt, *Under the Influence*, p.98.
52. 여성 관련 문제에 대해서는 나의 다음 책을 참고하라. *Nurturing the Nations: Reclaiming the Dignity of Women in Building Healthy Cultures* (Colorado Springs: Paternoster Publishing, 2008).
53. Plautus *Trinummus* 2.338-339, quoted in Schmidt, *Under the Influence*, p.129.
54. Schmidt, *Under the Influence*, p.126.
55. Kennedy and Newcombe, *What If Jesus Had Never Been Born?*, p.29.
56. Edward Ryan, *The History of the Effects of Religion on Mankind: In Countries Ancient and Modern, Barbarous and Civilized* (Dublin: T. M. Bates, 1802), p.268, quoted in Schmidt, *Under the Influence*, p.131.
57. Schmidt, *Under the Influence*, p.126.
58. Tertulian, "Apology," *The Ante-Nicene Fathers*, ed. Alexander Roberts and James Donaldson (Grand Rapids: Eerdmans, 1989), p.39, in Stark, *The Rise of Christianity*, p.87.
59. Adolf Harnack, *The Mission and Expansion of Early Christianity in the First Three Centuries*, trans. James Moffat (New York: G. p.Putnam's Sons, 1908), 1:153, quoted in Schmidt, *Under the Influence*, p.125-126.
60. Stark, *The Rise of Christianity*, p.84.
61. 같은 책.
62. Cyril J. Davey, "George Müller," in *Great Leaders of the Christian Church*, ed. John Woodbridge (Chicago: Moody Press, 1988), p.320, quoted in Schmidt, *Under the Influence*, p.133.
63. 다음에 실린 글을 동의 하에 각색하여 사용했다. *2009 Personal Prayer Diary and Daily Planner* (Seattle: YWAM Publishing, 2008), p.55.
64. David Bussau, MyImpact, http://www.myimpact.ch/Our%20Work/Our%20work_book%20MyImpact/Inteviewees/Australia/Our20%work_book%20MyImpact_Interviewee_DavidBussau_OpportunitiesInternational_main.htm (2009년 5월 27일 접속).

21장 수문장으로 섬기라

1. Willard, *The Divine Conspiracy*, p.287.
2. 천국 사역자(kingdomizer)라는 용어는 2002년 4월 16일 애리조나 피닉스에서 개최된 Disciple Nations Alliance Forum에서 한국 NCD(Natural Church Development Korea, 자연적 교회 성장)의 정진우(Paul Jeong) 목사가 사용한 용어다.
3. 돈이 나쁘다는 말이 아니다. 돈은 나쁘지 않다. 돈을 사랑함이 모든 악의 근원일 뿐이다(딤전 6:10). 무엇보다 하나님 나라가 먼저고(마 6:33), 돈은 그다음이다.
4. 이를 위한 도구인 "Discovering Your Call"은 Monday Church 웹사이트 www.Monday Church.org에서 확인할 수 있다.
5. 이를 위한 도구인 "Biblical Theology of Vocation"은 Monday Church 웹사이트 www.MondayChurch.org에서 확인할 수 있다.
6. Willard, *The Divine Conspiracy*, p.26.
7. 준 벤서의 동역자 로이 윈저드(Roy Wingerd)가 2002년 4월 16일, 애리조나 피닉스에서 개최된 Disciple Nations Alliance Forum에서 들려준 이야기.
8. Lawrence E. Harrison, "Why Culture Matter," in *Culture Matters: How Values Shape Human Progress*, eds. Lawrence E. Harrison and Samuel p. Huntington (New York: Baisc Books, 2000), p. xxvi-xxvii.
9. Vishal and Ruth Mangalwadi, *The Legacy of William Carey: A Model for the Transformation of a Culture* (Wheaton, Ill.: Crossway Books, 1999), p.17.
10. 같은 책, p.21.
11. 같은 책, p.22-23.

22장 그리스도의 몸: 담 없는 교회

1. 좋은 관련 자료로 Disciple Nations Alliance의 공동 설립자 밥 모핏(Bob Moffitt) 박사의 책 *If Jesus Were Mayor*를 추천한다. 이 책은 Disciple Nations Alliance 서점(www.disciplenations.org/store)에서 구입할 수 있다.
2. Dietrich Bonheffer, *The Cost of Discipleship* (New York: Macmillan, 1977), p.54.
3. Elton Trueblood, *Your Other Vocation* (New York: Harper and Brothers, 1952), p.57, quoted in Doug Sherman and William Hendricks, *Your Work Matters to God* (Colorado Springs: NavPress, 1988), p.217.
4. Doug Sherman and William Hendricks, *Your Work Matters to God*, p.215.
5. George Grant, *The Changing of the Guard: Biblical Principles for Political Action* (Ft. Worth: Dominion Press, 1987), p.130.

6. *Enhanced Strong's Lexicon*, s.v. "katartismos."
7. Disciple Nations Alliance의 파트너 단체인 Harvest Foundation 웹사이트에 세상에서 사역의 일을 감당하도록 성도들을 준비시키려는 목회자들을 위한 좋은 자료들이 있다. www.harvestfoundation.org.
8. Erwin W. Lutzer, *Hitler's Cross: The Revealing Story of How the Cross of Christ Was Used as a Symbol of the Nazi Agenda* (Chicago: Moody Press, 1995), p.133.
9. 같은 책, p.204.
10. Warren Bennis and Burt Nanus, *Leaders: Strategies for Taking Charge* (New York: Harper and Row, 1985), p.20, quoted in David J Vaughan, *The Pillars of Leadership* (Nashville: Cumberland House Publishing, 2000), p.13.

23장 내가 돌아올 때까지 점령하라

1. Hegeman, *Plowing in Hope*, p.52-53.
2. Australia's War 1939-1945, "The Old Ward Horse: The Battle of Surigao Strait, 25 October 1944," http://www.ww2australia.gov.au/waratsea/story_warhorse.html (2008년 9월 11일 접속).
3. Richard Steele, *The Tradesman's Calling*, in R. H. Tawney, *Religion and the Rise of Capitalism* (New York: Harcourt, Brace, 1926), p.240, 321, quoted in Ryken, *Worldly Saints*, p.27.
4. William J. Bennett, ed., *The Book of Virtues: A Treasury of Great Moral Stories* (New York: Simon & Schuster, 1993), p.192-195. 《미덕의 책》(길벗어린이 역간).
5. Pope John Paul Ⅱ, *Message of the Holy Father for the XXXIII World Day of Prayer for Vocations*, 1995년 8월 15일, http://www.vatican/va/holy_father/john_paul_ ii /messages/vocations/documents/hf_jp- ii _mes_15081995_world-day-for-vocations_en.html (2009년 5월 27일 접속)

인명 색인

ㄱ

가이사랴의 유세비우스 Eusebius of Caesarea : 62
게오르크 프리드리히 헨델 George Frideric Händel : 393
교황 그레고리 1세 Pope Gregory the Great : 392
교황 요한 바오로 2세 Pope John Paul II : 138, 190, 30, 327, 497
구이도 다레초 Guido of Arezzo : 293

ㄴ

나오미 Naomi : 322
노아 웹스터 Noah Webster : 204
누가 Luke : 105, 107
뉴트 깅그리치 Newt Gingrich : 349
느부갓네살 Nebuchadnezzar : 348
느헤미야 Nehemiah : 359
니고데모 Nicodemus : 327

ㄷ

다니엘 Daniel : 347-348, 356
달라스 윌라드 Dallas Willard : 141, 186, 238, 251-252, 336, 459, 463
대니얼 바지키안 Daniel A. Bazikian : 317
더글러스 윌슨 Douglas Wilson : 175
더글러스 존스 Douglas Jones : 175
데니스 피콕 Dennis Peacocke : 399
데이비드 S. 랜즈 David S. Landes : 406-407
데이비드 게이츠 David Gates : 74
데이비드 부소 David Bussau : 451
도널드 하인만 Donald S. Hyneman : 74
도로시 세이어즈 Dorothy Sayers : 137, 140, 396
돈 마데니 Don Matheny : 241
돌퍼스 위어리 Dolphus Weary : 430-433
드보라 Deborah : 430-433
드와이트 L. 무디 Dwight L. Moody : 79, 88
디트리히 본회퍼 Dietrich Bonhoeffer : 67, 479

ㄹ

래리 워드 Larry Ward : 306
랄프 윈터 Ralph Winter : 71, 79
로드니 스타크 Rodney Stark : 361, 420-422
로렌스 형제 Brother Lawrence : 252
로버트 그로스테스트 Robert Grosseteste : 417
로버트 볼턴 Robet Bolton : 285
로버트 톰슨 Robert Thompson : 321
로이 무어 Roy Moore : 343-344
로저 베이컨 Roger Bacon : 416
롯 Lot : 352
루스와 비샬 망갈와디 Ruth & Vishal Mangalwadi : 9, 73, 167, 465
루이 파스퇴르 Louis Pasteur : 385
룻 Ruth : 321-322
리랜드 라이큰 Leland Ryken : 115, 131, 258, 298
리브가 Rebekah : 354
리사 이터 Lisa Etter : 232-236
리처드 백스터 Richard Baxter : 309
리처드 스틸 Richard Steele : 495
리처드 위버 Richard Weaver : 140

ㅁ

마더 테레사 Mother Teresa : 39, 126
마르샤와 에드슨 수주키 Marcia and Edson Suzuki : 163-164

마르틴 루터 Martin Luther : 64-65, 118, 126, 257, 285, 370
마빈 올라스키 Marvin Olasky : 5, 317-318, 320-321, 348-349
마이클 노박 Michael Novak : 210, 230, 407, 408-409
마이클 배어 Michael Baer : 92-95
마코토 후지무라 Makoto Fujimura : 394-396
마틴 루터 킹 주니어 Martin Luther King Jr : 343, 430, 435
막스 베버 Max Weber : 407-408
매리 홈그렌 Mary Holmgren : 380-383
모르드개 Mordecai : 159, 276
모세 Moses : 116, 124, 147, 182, 188, 208, 219, 242, 252, 271-272, 297, 342, 344, 368-369, 490, 492
므낫세 Manasseh : 354
미켈란젤로 Michelangelo : 392

ㅂ

바알 Baal : 358
발렌티누스 Valentinus : 60
발렌티니아누스 1세 Valentinian I : 445
밥 모핏 Bob Miffitt : 7, 196, 311
버트 나누스 Burt Nanus : 486
보아스 Boaz : 321-322
브살렐 Bezalel : 490-491
빌레몬 Philemon : 434

ㅅ

사도 바울 apostle Paul : 28, 113, 116-117, 217, 222, 243, 299, 303, 329, 331, 374, 393, 395, 403, 481
사도 베드로 apostle Peter : 242, 495
사도 요한 apostle John : 121, 311, 334
사라 Sarah : 242
사탄 Satan : 148, 176, 190, 259, 468, 470, 473, 494

삭개오 Zaccheus : 105
산헤립 Sennacherib : 351
새뮤얼 윌라드 Samuel Willard : 299
성 게오르기우스 St. George : 497
성 패트릭 St. Patrick : 430
세네카 Seneca : 426
셰론 왓킨스 Sherron Watkins : 338-339
솔로몬 Solomon : 266-267
순교자 유스티누스 Justin Martyr : 375
스떼판 에쉐 Stefan Eicher : 389-391
스탠리 존스 E. Stanley Jones : 21, 132, 189
스티븐 랭턴 Stephen Langton : 371
스티븐 지라드 Stephen Girard : 320-321
시오마라 수아레즈 Xiomara Suarez : 47
신시아 펄 마우스 Cynthia Pearl Maus : 392

ㅇ

아담과 하와 Adam & Eve : 115, 146, 148, 178, 181, 208, 249, 252, 293
아리스테이데스 Aristedes : 446
아리스토텔레스 Aristotle : 426, 429, 437
아브라함 카이퍼 Abraham Kuyper : 76, 126
아브라함 Abraham : 151-152, 188, 193, 208, 211, 272, 354
아스다롯 Ashtoreth : 358
아이작 뉴턴 Isaac Newton : 417
아이작 와츠 Isaac Watts : 189
알렉산드르 솔제니친 Alexander Solzhenitsyn : 327
알리스터 맥그래스 Alister McGrath : 64
암브로시우스 Ambrose : 369
앙리 뒤낭 Henry Dunant : 384
애나 산토스 Ana Santos : 120-122
액튼 경 Lord Acton : 350
앤서니 후크마 Anthony Hoekema : 196
앨빈 슈미트 Alvin Schmidt : 362-363

야고보 James : 219, 401

야코프 뵈메 Jakob Böhme : 67

얄리 니뇨 Yarley Niño : 444

아우구스티누스 Augustine : 171-172, 434, 472

어윈 루처 E. W. Lutzer : 486

에드워드 기본 Edward Gibbon : 446

에드워드 라이언 Edward Ryan : 448

에브론 Ephron : 341

에스더 Esther : 159, 445

에이미 카마이클 Amy Carmichael : 249-250, 447

엘리자베스 R. 스코글런드 Elizabeth R. Skoglund : 249

엘리자베스 유먼스 Elizabeth Youmans : 249-250, 447

엘턴 트루블러드 Elton Trueblood : 479

오네시모 Onesimus : 434

오스 기니스 Os Guinness : 41, 158, 203, 206-207, 211, 262, 274

요셉 Joseph : 295, 351

요하네스 케플러 Johannes Kepler : 417

요한 세바스티안 바흐 Johann Sebastian Bach : 393

요한 아른트 Johann Arndt : 67

우도 미들만 Udo Middelmann : 274

워렌 베니스 Warren Bennis : 486

월터 찰머스 스미스 Walter Chalmers Smith : 293

윌리엄 로이드 개리슨 William Lloyd Garrison : 435

윌리엄 보이드 William Boyd : 377

윌리엄 블랙스톤 경 Sir William Blackstone : 371

윌리엄 스턴스 데이비스 William Stearns Davis : 424

윌리엄 윌버포스 William Wilberforce : 72-73, 274-275

윌리엄 캐리 William Carey : 73-74, 446, 465-467

윌리엄 퍼킨스 William Perkins : 310

윌리엄 펜 William Penn : 367

율리아누스 Julian : 320, 449

윌리엄 베넷 William Bennett : 349

이디스 쉐퍼 Edith Schaeffer : 388

이삭 Isaac : 260, 272, 354

이자크 디네센 Isak Dinesen : 86

ㅈ

장 칼뱅 John Calvin : 64, 182, 257, 371, 404

제라드 멘리 홉킨스 Gerard Manley Hopkins : 126

제리 뉴콤 Jerry Newcombe : 363

제미마 라이드 Jemimah Wright : 242-247

제임스 케네디 D. James Kennedy : 363, 427

제프리 스킬링 Jeffrey Skilling : 338

조나단 에드워즈 Jonathan Edwards : 71-72

조니 에릭슨 타다 Joni Eareckson Tada : 271, 275-276

조지 W. 부시 George W. Bush : 276, 349

조지 그랜트 George Grant : 17, 171, 245, 427, 483

조지 뮬러 George Mueller : 451

조지 워싱턴 카버 George Washington Carver : 42-45

조지 존스 George Jones : 49

조지 휫필드 George Whitefield : 72

존 퍼킨스 John M. Perkins : 431, 435, 437

존 넬슨 다비 John Nelson Darby : 79

존 밀턴 John Milton : 114-115, 289

존 베케트 John Beckett : 131

존 우드 John Wood : 196

존 웨슬리 John wesley : 71-73, 259, 268, 283-285, 291-292, 301-302, 307

존 제퍼슨 데이비스 John Jefferson Davis : 379

존 폴리탄 John Politan : 270

존 화이트헤드 John Whitehead : 370-372

준 벤서 Jun Vencer : 463

질 스타넥 Jill Stanek : 423-425

ㅊ

찰스 루츠 Charles S. Lutz : 74

찰스 다윈 Charles Darwin : 75

찰스 로링 브레이스 Charles Loring Brace : 450

찰스 스펄전 Charles Spurgeon : 255-256, 311, 450

찰스 콜슨 Charles Colson : 270, 276

찰스 택스턴 Charles Thaxton : 128-129

찰스 토리 Charles Torrey : 435
찰스 피니 Charles G. Finney : 435
친첸도르프 백작 Count Zinzendorf : 318

ㅋ

칼 마르크스 Karl Marx : 407-408
캐틀린 노리스 Kathleen Norris : 168-171
케니스 맥리쉬 Kenneth McLeish : 411
케니스 우드워드 Kenneth Woodward : 74
코튼 매더 Cotton Mather : 114, 257
콘스탄티누스 Constantine : 434
콘스탄티우스 2세 Constantius II : 446
크리스 암파두 Chris Ampadu : 350, 452
키트 댄리 Kit Danley : 452
키프리안 Cyprian : 383
킴 앨런 Kim Allen : 438-441

ㅌ

타키투스 Tacitus : 437
터툴리안 Tertullian : 449
테드 코윈 Ted Corwin : 404-405
테디 루스벨트 Teddy Roosevelt : 130
토머스 카힐 Thomas Cahill : 362
토머스 칼라일 Thomas Carlyle : 118

ㅍ

폴 마이어 Paul L. Maier : 362
폴 미니어 Paul S. Minear : 251
프라 루카 파치올리 Fra Luca Pacioli : 403
프란시스 쉐퍼 Francis Schaeffer : 16, 91, 115, 128, 131, 147, 192, 210, 274, 370-371, 484, 491
프랜시스 베이컨 Francis Bacon : 415
프랜시스 콜린스 Francis Collins : 411-413

플라우투스 Plautus : 448
플라톤 Plato : 157-59, 393, 426
플래너리 오코너 Flannery O'Connor : 394-395
플로렌스 나이팅게일 Florence Nightingale : 385
피타고라스 Pythagoras : 58
필립 샤프 Philip Schaff : 437
필립 스페너 Philipp Spener : 68
필립 얀시 Philip Yancey : 245

ㅎ

하드리아누스 Hadrian : 425, 447
하워드 헨드릭스 Howard Hendricks : 301, 481
하인리히 뮬러 Heinrich Müller : 67
하카니 Hakani : 163-164, 169, 177
해리엇 비처 스토 Harriet Beecher Stowe : 435
핼 린지 Hal Linsey : 80
헤롯 Herod : 426
헤르만 바빙크 Herman Bavinck : 199
헤이든 스미스 Hayden Smith : 232-236
헨리 반 틸 Henry Van Til : 168
헬렌 켈러 Helen Keller : 247
후고 그로티우스 Hugo Grotius : 367
히스기야 Hezekiah : 351
히포크라테스 Hippocrates : 381
힐라리온 Hilarion : 437

A~Z

C. S. 루이스 C. S. Lewis : 187, 199, 225
F. W. 파라 F. W. Farrar : 239*
G. B. 케어드 G. B. Caird : 197
J. I. 패커 J. I. Packer : 364
J. R. R. 톨킨 J. R. R. Tolkien : 166, 389
L. F. 세르반테스 L. F. Cervantes : 447

주제 색인

ㄱ

가부장제 paterfamilias : 426
가정 family : 212, 231, 428, 또한 아동 children 과 여성 women 참고
- 결혼 marriage : 436-448
- 공동체의 기본 단위 as basic unit of community : 178
- 하나님이 지으신 최초의 근본적 제도 God's first fundamental institution : 330-331

가현설 Docetism : 60
간호 nursing : 251, 385-387
감사 gratitude : 302-303
개발의 사명 developmental mandate : 179-181
개신교 윤리 Protestant ethic : 281-307, 408
거대서사 metanarrative : 145-149, 199
거대한 단절 great disconnect : 100-101
거짓된 이분법 false dichotomies : 84-92
건강 또는 보건 health : 379-387, 423-425
건국의 아버지들 Founding Fathers : 74, 371
경건주의 Pietism : 67-68, 79
경제활동 economic activity : 281-282, 만타이 그룹 Manthei Group, 돈 money, 빈곤 poverty, 청지기 직분 stewardship 참고
- 나눔 of giving : 308-323
- 부르심 calling to : 409-410
- 삶의 영역 as life domain : 399-410
- 성경적 세계관 biblical view of : 373-378

계몽주의 Enlightenment : 69-71, 74, 80
공공 집회 public meetings : 352-353
공동체 community : 181-182, 305

- 개인 individual vs. : 126-133
- 교회 church as : 231-234, 331-332
- 기본적 단위로서의 가정 family as basic unit of : 178
- 성육신 (교회): 472-473
- 하나님 나라 문화를 전함 bringing kingdom culture into : 310

공적인 삶 public life : 340-353
공학자 engineer : 459
과학 science : 335
- 귀납적 방법 inductive method : 410
- 부르심 calling to : 418-419
- 삶의 영역 as life domain : 410-418
- 연역적 방법 deductive method : 412

교사 teacher : 480, 483
교육 education : 168-171, 373-378
- 기회 access to : 377
- 대학교 universities : 376
- 목적 purpose of : 41
- 부르심 calling to : 374-376, 378-379, 438-441

교회 church
- 가난한 자들에 대한 태도 treatment of the poor by : 448-452
- 개념 concept of : 461
- 공동체 as community : 231-234, 331-332
- 규정한 defined : 472
- 기능 function of : 363-365
- 노예제도와 인종차별 and slavery and racism : 429-436
- 리더십 은사 leadership giftings in : 234-237
- 생명의 신성함 and sanctity of life : 384-385
- 성육신 공동체 as incarnational community : 472-473
- 성장 growth of : 54
- 세상 and the world : 474-477
- 세속주의에 대한 대응 response of to secularism :

76-83
- 세속주의에 분열된 divided by secularism : 77-78
- 수동성 passivity in : 107
- 수문장으로 섬기는 serving as gatekeepers : 459-467
- 여성에 대한 관점 view of women by : 438-441
- 역사 history : 교회사 church history 를 보라
- 열방을 제자 삼는 discipling nations : 334
- 예술 and the arts : 387-398
- 이중국적 and dual citizenship : 473
- 일 work of : 486-487
- 종교개혁 and the Reformation : 404-406, 종교개혁 Reformation 참고
- 준비시키는 equipping : 462
- 프로그램 중심 program-oriented : 479-480
- 하나님 나라 kingdom : 476-477, 하나님 나라 문화 kingdom culture 참고
- 현대 modern : 140-142
- 혼합주의적 syncretic : 475

교회사 church history : 56-83, 이원론 dualism, 계몽운동 Enlightenment, 대각성 Great Awakening, 영지주의 Gnosticism, 경건주의 Pietism, 종교개혁 Reformation 참고
- 고대의 출발점 antient beginnings : 57-59
- 근대 modern ear : 75-76

교회와 세상 the church and the world : 474-477
구별되지 않은 삶 unconsecrated life : 64, 128
구별된 삶 consecrated life : 64, 128-130
구속 redemption : 113, 145, 150-153, 192-193
구원 salvation : 204, 205-208
- 개념 concept of : 218-227
- 본질 nature of : 226
- 일반적 부르심 general call to : 213-217

그림자 나라 Shadowlands : 198, 224
근로자 laborer : 321-323
근본주의 fundamentalism : 78-79, 474

긍휼 compassion
- 가난한 이들을 향한 for the poor : 348-349, 391, 448-452
- 개념 변화 changed conception of : 348-349
- 원칙 principles of : 316-321
- 후히 베푸는 generous : 308-323

기독교 Christianity
- 왜곡 distortions of : 61-63
- 태동 beginnings of : 57-59

기업인 businessperson : 335, 451, 459, 만타이 그룹 Manthei Group 도 참고

ㄴ

낙태 abortion : 98, 359, 371, 426-428, 439-440, 423-425, 생명의 신성함 sanctity of life 참고
남성 우월주의 male superiority : 149, 442
노예제도 slavery : 58, 72-73, 275, 362, 429, 430-433, 435-437
농업 기법 farming methods : 416-417
농업 agriculture : 411-415
뇌물 bribes : 344-346

ㄷ

다양성 diversity : 연합 – 다양성 unity-diversity 을 보라
담 없는 교회 churches without walls : 457-498
담론 discourse : 352-353
대각성 Great Awakening : 71-75, 80
대학 universities : 376
대헌장 Magna Carta : 370
더 이상 줄일 수 없는 최소치 irreductible minimum : 311
돈 money : 열 므나의 비유 parable of the minas, 지혜로운 청지기의 비유 parable of the shrewd manager, 빈

곧 poverty, 개신교 윤리 Protestant ethic, 청지기 직분 stewardship, 부 wealth 참고
- 나눔 giving : 301-307, 317
- 벎 gaining : 285-288
- 저축 saving : 291-301, 경제활동 economic activity 참고

동굴의 비유 allegory of the cave : 57-58

ㄹ

라이프워크 LifeWork : 30
- 거룩한 직업 godly occupations : 490
- 경제학 economics of : 279-323, 청지기 직분 stewardship 참고
- 그리스도를 위해 점령 occupying for Christ : 493, 494
- 독특함 uniqueness of : 230-234
- 부르심 call to : 203-212
- 성경적 틀 biblical framework of : 142-144
- 열매 fruits of : 254-258
- 의미 significance of : 157-159
- 특징 characteristics of : 254-277
- 하나님의 영광의 계시 as revealing God's glory : 271-277
- 하나님의 탁월성의 표현 as a manifestation of God's excellence : 262-271
- 환경 setting of : 337

루터포드 인스티튜트 Rutherfod Institute : 370-372

리더들을 보냄 sending leaders : 485-487, 사회 영역 domains of society 참고

ㅁ

마오쩌둥주의 Maoism : 18, 207
만드신 바 workmanship
- 선한 일 good works : 229
- 하나님의 God's : 228-230, 291

만족 contentment : 299-301

만타이 그룹 Manthei Group : 400-401

말세 end times : 79-80, 88

맥도날드 McDonald's : 269

목사 pastor : 438

무신론적 유물론 atheistic materialism : 23, 69, 75-76, 314-315, 세속주의 secularism 참고
- 교육 and education : 378
- 무신론적 유물론의 경제 철학 economic philosophy of : 314-315

문 gates
- 은유 as a metaphor : 353-356
- 점령 occupying : 460-462
- 청지기 stewardship of : 337-360

문을 지킴 gatekeeping : 337-360, 정부 government 참고

문화 창조자 culture makers : 164-167, 184, 185
- 인간의 목적 man's purpose as : 198-199
- 타락한 세상 in a fallen world : 186-199

문화 창조자로서 인간의 목적 man's purpose as culture maker : 198-199

문화 culture : 161-199, 문화적 사명 cultural mandate 참고
- 거짓 counterfeit : 173, 176, 185
- 목적 end of : 194-198
- 비평 critiquing : 173-176
- 십자가, 타락 cross, the Fall, and : 186-199
- 애니미즘적 animistic : 261, 441
- 외연화 된 예배 worship externalized : 168-173
- 요소 elements of : 174
- 일반 문화의 파산 상태 bankruptcy in the general : 398
- 자연적 natural : 173, 176, 472
- 정의된 defined : 168-169, 180

주제 색인 527

- 청지기 stewards of : 179-180
- 하나님 나라 kingdom : 165, 174-176

문화적 사명 cultural mandate : 165, 168, 161-199, 창조 사명 creation mandate, 문화 culture 참고
- 개발 developmental : 179-181
- 사회적 societal : 178-179
- 요소 elements of : 178-185
- 주요 특징 critical characteristics of : 181-185

문화적 상대주의 cultural relativism : 164
미가의 사명 Micah mandate : 130
미가의 사명 The Micah Mandate : 171
미래를 위한 대비 provision for future : 294-295

ㅂ

바베트의 만찬 Babette's Feast : 86-88
바테이의 흑인 Black Man of the Batei : 47-49
반성 없는 삶 unexamined life : 140
발지 대전투 Battle of the Bulge : 245-246
법, 율법 law
- 낭독 reading of : 342-344
- 도덕 대 자연 moral vs. natural : 368
- 로마 Roman : 424-426, 437
- 모세의 of Moses : 368
- 하나님의 God's : 342

법적 분쟁 legal disputes : 344-347
법조인 legal profession : 346
변호사 lawyer : 370-372, 459
변화의 이야기 Transforming Story : 144, 146, 158-159
병원 hospitals : 384
복음주의자 evangelicals
- 1차 유업 First Inheritance : 71-75
- 2차 유업 Second Inheritance : 71, 78-80

복음주의적 영지주의 evangelical Gnosticism : 60, 79, 286, 483

복음주의적 이원론 evangelical dualism : 52, 283
부 riches : 298-299
부 wealth : 292, 298-299, 312, 315, 451, 돈 money 과 빈곤 poverty 참고
부르심 calling
- '부르심'이라는 단어에 대한 고찰 exploring the word call : 207-208
- 가난하고 헐벗은 자들을 돕는 일 to help the poor and needy : 452
- 경제 활동 to economic activity : 411-412
- 과학 to science : 418-419
- 교육 to education : 374-376, 378-379
- 교회의 church's : 476-477
- 더 높은 higher : 51-53, 82
- 법조계 to the legal system : 347
- 보건 분야 to health care : 380-383, 386-387
- 비즈니스 to business : 404-405, 409-411
- 생명으로의 일반적 부르심 call to life, general : 213-227
- 생명의 신성함 in sanctity of life : 428
- 여성의 처우 with regard to the treatment of women : 447-448
- 예술 to the arts : 387-398, 444-445
- 우리의 라이프워크 (as our LifeWork) : 203-212
- 이중 double : 203-205
- 일로의 특별한 부르심 call to work, particular : 228-253, 285-291
- 정계 to politics : 349
- 정부의 일 to government work : 373
- 준비됨 being equipped for : 208-210
- 탁월성으로 부르심 call to excellence : 262-271
- 하나님의 포괄적 부르심 God's comprehensive call : 205-207

부흥 revival : 대각성 Great Awakening 참고

비전 vision
- 매력적인 compelling : 20-23
- 무기력한 anemic : 23-25

비즈니스 business
- 기업 내 자선 charity in business : 449
- 목표 goals of : 460-461, 463, 469
- 부르심 calling to : 404-405, 409-411
- 상업 and commerce : 341
- 선교 as mission : 92-95, 131, 232-236
- 자유 기업 and free enterprise : 408-409
- 정직함 integrity in : 338-339
- 크리스천의 of the Christian : 494

비타 액티바 vita activa : 284

비타 컨템플라티바 vita contemplativa : 284

빈곤 poverty : 29-33, 39, 146, 254, 294, 297, 312, 돈 money 과 부 wealth 참고
- 가난한 자들을 섬김 serving the poor : 318-321, 348-349, 389-391, 449-451
- 가난한 자들을 향한 자비와 긍휼 mercy and compassion for the poor : 348-349, 448-452
- 문화 culture of : 47-49
- 미적 aesthetic : 397-398
- 성경의 가르침 and Bible teachings : 402-407
- 인종차별 racism and : 430-433
- 해법 solutions to : 314-316, 451

ㅅ

사법제도 judicial system : 재판 court system 참고

사역자들을 준비시킴 equipping ministers : 483-485

사제의 일 work of priest : 119

사회의 영역 domains of society : 323, 3347-336, 361-419, 예술과 예술가 art and artists, 경제 활동 economic activity : 교육 education, 정부 government, 보건 health, 과학 science 참고

- 하나님 나라 리더십이 필요 needed in kingdom leadership : 487
- 하나님 나라 원칙 and kingdom principles : 460-461

사회적 사명 societal mandate : 178-179

삶과 일을 하나님의 사명에 재통합하기 reconnecting our lives and work to God's mission : 27-29

삼위일체 the Trinity : 231-237

생명, 삶 life
- 두 가지 방식 two ways of : 62
- 신성함 sanctity of : 335, 424-429, 423-425

생명의 신성함 sanctity of life : 335, 424-429, 423-425

성 게오르기우스와 용 St. George and the Dragon : 497-498

성경 Bible : 144

성경적 유신론 biblical theism : 39, 69, 102, 227, 314-315, 482

성경적 직업 신학 biblical theology of vocation : 직업 vocation 을 보라

성속의 이분법 sacred-secular dichotomy : 30, 64, 76, 83, 84-101, 141, 471, 바베트의 만찬 Babette's Feast 참고

성스런 직업, 세상의 직업 sacred vs. secular professions : 81

성직자/평신도 이분법 clergy/laity dichotomy : 63

성화 sanctification : 107, 128, 219, 220-223, 226

세계관 worldview : 애니미즘 animism, 무신론적 유물론 ahteistic materialism, 유물론 materialism, 세속주의 secularism 를 보라
- 동방 Eastern : 59
- 성경적 biblical : 36-55, 76, 82, 140-144, 성경적 유신론 biblical theism 참고
- 이원론적 dualistic : 이원론 dualism 을 보라

세속주의 secularism : 19, 23, 39, 157, 312, 469
- 교회의 대응 church response to : 76-83

소박한 삶의 미덕 virtue of a simple life : 295-299

소비 consumption : 24, 286

- 비용 cost of : 38-46

솔리데오 글로리아 soli Deo gloria : 120-126, 393

수도 생활 monasticism : 61-62

수도사 monk : 61-63, 119

수문장 gatekeepers : 344, 459-467

순종 obedience : 305-307

시간의 가치 value of time : 260

신학자 theologian : 52, 138-140

실용주의 pragmatism : 303-305

십계명 Ten Commandments : 287, 293, 367

십자가 cross

- 구속 redemption and the : 150-153
- 문화, 타락 culture, the Fall and: 186-199

ㅇ

아동 children

- 교육 education of : 374-376, 438-441
- 돌봄 caring for : 450
- 무시 disregard for : 424-428

아브라함의 언약 Abrahamic Covenant : 193, 354

안식 rest : 293-294, 일 work 참고

애니미즘 animism : 24, 95, 96, 157, 173, 287, 297

- 관계의 중요성 importance of relationship : 261
- 성공 success : 255
- 신 이교주의 new paganism : 45-51
- 일의 가치 value of work: 270

약육강식의 자본주의 predatory capitalism : 314-315

어둠의 나라 kingdom of darkness : 141, 471

에이즈 HIV/AIDS : 378, 386, 439, 442, 450, 452

엔론 Enron : 338-339, 402

여성 women

- 문화적 태도 cultural attitudes toward : 214, 437

- 존중 respect for : 436-448

여성과 아동 존중 respect for women and children : 436-448

연합-다양성 unity-diversity

- 공동체 of community : 231-234
- 은사 in giftings : 234-237

열 므나의 비유 parable of the minas : 16, 105-106, 109-110, 112, 258, 271, 292

영아 살해 infanticide : 362, 426-427, 437, 439

영적 확장 spiritual outreach : 51-55

영지주의 Gnosticism : 59-61, 399, 복음주의적 영지주의 evangelical Gnosticism 참고

영화 glorification : 107, 223-225

예배 worship

- 문화의 뿌리 as root of culture : 172
- 외연화 externalized : 168-173
- 일 work as : 117-119
- 하나님께 드림 giving to God in : 309

예술 작품과 예술가 art and artists : 335, 459

- 부르심 calling to : 387-389, 392-394
- 아슬란의 나라 Aslan's country : 198
- 크리스천 Christian : 392-419, 444-445

오이코노미아 oikonomia : 281-282, 315, 399

온전한 복음 full gospel : 453-455

완벽한 삶 perfect life : 62, 63, 284

완성 the consummation : 143, 145, 153, 157, 193, 223, 224

우주 universe

- 도덕적/도덕관념이 없는 moral vs. amoral : 314
- 본질 nature of : 94-96

운명론 fatalism : 498, 107, 255

운명의 저주 curse of fate : 45-51

웨슬리의 3대 원칙 Wesley's three plain rules : 283-307

유물론 materialism : 23, 69, 75, 97, 99, 286, 314-315

- 무신론적 atheistic : 무신론적 유물론 atheistic materialism 참고
- 성공 success and : 254
- 시간의 주된 가치 chief value of time : 259-260

유신론 theism : 성경적 유신론 biblical theism 을 보라

유지 sustenance : 113

은사 giftings : 234-237
- 경제학 economics of : 308-323
- 풍성한 geneous : 308-313

은퇴 retirement : 228

은혜 grace
- 으뜸 됨 primacy of : 254-258
- 죄 sin and : 478

의사 doctor : 335, 459

이교 paganism : 애니미즘 animism 참고

이마고 데이 imago Dei : 388

이분법 dichotomy
- 그리스식 Greek : 78
- 성속 sacred-secular : 성속의 이분법 sacred-secular dichotomy 을 보라

이상주의 idealism : 191-193

이상주의적 사회주의 idealistic socialism : 314-316

이성의 시대 Age of Reason : 계몽주의 Enlightenment 를 보라.

이신론 deism : 69-71

이원론 dualism : 39, 93
- 교회를 가로지르는 throughout church history : 56-83
- 구분된 삶 beyond, to consecration : 126-133
- 복음주의적 evangelical : 52, 78, 283
- 비성경적 unbiblical : 51, 55
- 성속 sacred-secular : 성속의 이분법 sacred-secular dichotomy 을 보라

이원론적 사고 dualistic thinking
- 개인 – 공동체 individual-community : 90
- 마음 – 생각 heart-mind : 90

- 목적 – 수단 ends-means : 90
- 십자가 – 창조 사명 cross-creation mandate : 91
- 영 – 몸 spirit-body : 85-86
- 영원 – 순간 eternal-temporal : 87-89

인간 게놈 프로젝트 Human Genome Project : 412-413

인간 생명의 신성함 sanctity of human life : 335, 423, 424-429

인간을 인간답게 함 humanizing of man : 422

인간의 마음 human heart : 328-330

인간의 자유 human freedom : 98-100

인류의 근원 origin of humankind : 96

인종 화해 racial reconciliation : 423, 429-436

일 work
- 근로자 임금 worker wages : 296
- 기사만이 할 수 있는 only a knight can do : 497-498
- 성경적 신학에 따른 목적 purpose of according to biblical theology : 121, 130, 137-144
- 세속주의에 따른 목적 purpose of according to secularism : 39-45
- 신성함 sacredness of : 66
- 신학 theology : 142-144
- 애니미즘에 따른 목적 purpose of according to animism : 45-51
- 예배 as worship : 117-119
- 윤리 ethic : 452-453
- 이원론 and dualism : 51-55, 85
- 일과 안식의 패턴 work-rest pattern : 293-294
- 일하도록 지음 받은 인간 man made to work : 288-290
- 일해야 하는 이유 reasons to work : 285-291
- 종교개혁자들의 가르침 Reformers' teaching on : 개신교 윤리 Protestant ethic 를 보라
- 진실 truths about : 181-185
- 타락 and the Fall : 148-150, 183, 186-199
- 탁월성 excellence in : 262-271

주제 색인 531

- 하나님 God's : 248-253, 272, 286-288, 292-293
- 하나님의 동역자 coworkers with God : 167, 270

일원론 monism : 59

임금을 받을 권리 right to wages : 296-297

ㅈ

자본 capital : 109-110

자본주의 capitalism : 314, 315, 405

자비와 긍휼 mercy and compassion : 긍휼 compassion 참고

자살 suicide : 425

자선단체 charitable organizations : 450

재판 court system : 347

점검하는 삶 examined life : 140-142

정부 government : 347-351, 363-373
- 일하라는 부르심 calling to work : 370-372

정치 politics : 335, 349

종교개혁 사상 Reformation Thought : 205

종교개혁 Reformation : 64-66, 72, 80, 83, 114, 126, 128, 393, 416

종교개혁자 Reformers : 64-66, 128, 129, 205, 257, 268, 283, 284, 298, 307, 371, 377, 495

지상명령 Great Commission : 82, 193, 209, 332, 333-334, 454, 481

지역 deployment : 82, 482, 사회 영역 domains of society 과 라이프워크 LifeWork 참고

지혜로운 청지기의 비유 parable of the shrewd manager : 282

진리를 대체 displacing the truth : 93

진화론 theory of evolution : 75, 315, 378

ㅊ

창조 사명 creation mandate : 91-92, 165, 310, 330, 문화적 사명 cultural mandate 참고

창조, 피조물 creation : 94-96, 123-125, 창조 사명 creation mandate 과 문화 창조자 culture makers 참고
- 이야기 story of : 146-148
- 조화를 이룬 in harmony : 213-214
- 청지기로 보살피라고 주심 giving to in stewardship : 309
- 최초의 원칙 first principles built into : 184-185
- 하나님의 계획 God's plan for : 145, 445
- 하나님의 도덕률 God's moral law revealed in : 174-175, 367-368

천국 사역자 kingdomizer : 459, 460, 163, 482

천직, 직업 voation : 65-66, 사회 영역 domains of society 과 천국 사역자 kingdomizer 참고
- 그리스도의 정수 essenc of Christ and : 251
- 부르심 as calling : 203-208
- 사회 모든 영역 in all domains of society : 334-336
- 성경적 직업 신학 biblical theology of : 126, 131, 137-144, 190, 199, 205, 462

청교도 Puritans : 75, 257, 269, 495

청지기 직분 stewardship : 281-307, 경제 활동 economic activity 과 나눔 giving 참고
- 부 창출 wealth creation : 451
- 성문 of the gates : 337-360

치유 healing : 217, 220, 구원 salvation 참고

칭의 justification : 107, 219, 225, 256

ㅋ

코람데오 coram Deo : 112-133, 284, 335, 453, 488

크리스천 Christians
- 간병인 as caregivers : 380-383
- 과학 분야 in science : 480-410
- 교육자 as educators : 374-376, 367
- 목적의식이 분명한 intentional : 29-33

- 보건 분야 in health care : 379-386, 423-425
- 사역을 위해 준비시키는 preparing for ministry : 483-485
- 사역자 as ministers : 480-482
- 선데이 Sunday : 78, 코람데오 coram Deo 참고
- 영지주의 Gnostic : 602
- 예술가 as artists : 387-399, 444-445
- 작가 as writers : 168-171, 242-247, 348-349
- 전임 full-time : 52

크리스천의 음악 분야 기여 Christian contribution to music : 392-393

큰 계명 Great Commandment : 420-455

클라팜 공동체 Clapham Sect : 73, 434

키르기스스탄 Kyrgyzstan : 26-27

ㅌ

타락 the Fall : 96-98
- 결과 consequences of : 294
- 문화, 십자가 culture, the cross and : 186-199
- 일 and work : 148-150, 182-183, 187, 186-199, 288
- 자연적 결과 natural consequences of : 187, 191

ㅍ

평강 peace : 215-217

평범 the ordinary : 237-248

평신도 대 성직자 laity vs. clergy : 63

폐지 abolition : 72-73, 430, 434

ㅎ

하나님 나라 kingdom of God : 21
- 개념 concept of : 102-103

- 나라간의 전투, 싸움 kingdom battles, fighting : 469-472
- 시민권 citizenship in : 473
- 오해 misconceptions of : 106-108
- 하나님 나라 교회와 세상 kingdom church and the world : 474-477
- 확장 advancement of : 327-336, 468-472

하나님 나라 문화 kingdom culture : 문화 culture, 하나님 나라 kingdom 참고

하나님의 동역자 coworkers with God : 290-291

하나님의 모략 The Divine Conspiracy : 186-187

하나님의 영광 glory of God : 120-1426, 127-132, 271-277, 솔리 데오 글로리아 soli Deo gloria 참고

하나님의 임재 presence of God : 488-492

하나님의 형상 image of God : 165

하카니의 이야기 Hakani's story : 163-164, 168, 177

합리주의 rationalism : 69

행동의 신학 theology of action : 108-111

행정 administration : 347-351

허용된 삶 permitted life : 63, 284

허즈번드리 husbandry : 293

현대 회계 modern accounting : 404-405

현실주의 realism : 191-193

형이상학적 영역 metaphysical realm : 153

A~Z

3대 원칙 three plain rules : 283-307

DNA : 408-410

Finally Friday : 49

YWAM 푸에르토리코 YWAM Puerto Rico : 444-445

성구 색인

창세기

1	147, 186, 208, 213, 263
1:1	387
1:26	179
1:26-28	165, 181
1:28	178
1:28-29	208
1:29-30	296
1:31	190, 213-214
2	186
2:2	293
2:2-3	286
2:15	179, 180, 197, 293
2:15-17	296
2:18	181
2:19	388
2:19-20	179
2:21-22	181-182
3	150
3:8	489
3:8-9	115
3:14-15	151
12	151
12:1-3	151-152
12:2	208
17	151
19:1-2	352
22:17-18	353-354
23:1-20	341
24:60	354
27:2	260
41	294
43:27	215

출애굽기

4:18	215
13:18	285
18	344
18:25	344
20:2	369
20:8-11	293
20:9-10	288
20:15	297
20:17	297
25:8	252
25:8-9	116, 271
31	208
31:1-6	490-491
33:18-19	124
35:30-36:2	490-491
40:33	272
44:34-35	272

레위기

11-15	380

신명기

7:11-15	380
8:18	255
10:17	345
11	247
15:7-11	306
16:18-20	344
21:19	347
25:7	347
30:11-16	190
30:19-20	188

여호수아

9:15	215

사사기

5:6-8	357-358
19:20	215

룻기

2:14-16	322

열왕기상

5:12	215

열왕기하

7:1	341

역대상

29:11	123

역대하

2:1-14	266-267

2:5	267	139:13-16	209-210	60:19	122
2:6	267			62:1-3	194
7:3	124			66:18-21	194
32:6-8	351	**잠언**			
		1:20-21	351	**예레미야**	
		6:6-8	295		
느헤미야		24:11-12	425	5:1	238
3:1	341	29:18	20	14:2-7	355-356
3:3	341	30:7-9	298	29:7	215
3:28	341	30:8	255		
8:1-3	342	31:28-31	351	**예레미야 애가**	
				4:6-9	356-357
에스더		**전도서**			
4:14	159	9:13-18	239		
				다니엘	
				1:17	348
시편		**이사야**		2:47-29	347-348
4:8	215	5:20	176		
8:3-8	166-167	7:14	26		
19:1	124	9:6-7	26, 470-471	**미가**	
24:7-10	359-360	11:1-2	152	6:8	130, 244
47	194	11:6-10	153-154		
57:5	130	25:6-8	154-155		
72:10-17	194	40:6-7	260	**아모스**	
85:10	215	48:18-22	215	5:10-15	345-346
96:3	124	53:6	97	5:15	346
104:1-5	263	55:1-3	45		
104:19-24	289	55:3	55	**하박국**	
111	264-265	57:19-21	215	2:14	123, 490
111:10	265	58	304-305		
115:1	124	58:6-7	319		
117	194	58:6-10	304-305	**말라기**	
122:6	215	60:1-18	194	2:15	439
128:1-2	290	60:4-14	195-196		

마태복음

2:16	426
6:10	27, 130, 192, 463
6:25	43
6:32	43
11:12	27
13:33	477
16:18	468
25:31-46	310, 449
25:34-36	320
26:11	108
28:18-20	309, 334, 455, 464
28:19	86, 463, 481
28:20	174, 193, 466

마가복음

1:15	22
10:35-44	106
10:45	248
12:29-31	423
12:30	86
16:15	334

누가복음

6:20	292
10	319
10:7	296
12:15	299
12:49	21
18:34	106
19:10	105
19:11	105, 107
19:12	109
19:12-27	105-106
19:13	109, 193, 258

요한복음

1:4-5	121
1:14	125, 489
3:3	327
3:14-16	219-220
3:16	334
4:31-34	272-273
4:34	288
5:17	273, 288-289
10:10	258-259
14:27	216
16:33	216
17:1	273
17:4-5	273-274
17:15-19	474
17:24	147
21:12	250
21:17	404

사도행전

1:8	333
18:3	403
20:35	305

로마서

1	208
1:7	215
1:20	229
1:25	222, 357
2:15	368
5:1	215
5:17	118
8:1	220
8:6	215
8:19	311
8:19-22	222-223
8:21	311
8:28	208
10:14-15	483
11:36	123
12:1	303
12:2	38, 222, 329
12:4-8	234
14:17	215
14:19	216
16:27	124

고린도전서

1:2	421
1:26-31	240
4:12	403
12	109
12:4-7	234-235
12:7	236
12:11	235
12:12-27	231-233
12:14-20	28
12:18	233-234
12:22	234
12:24-25	234
13:12	224
14:33	216

고린도후서			5:19	392	디모데전서	
3:2-3	157-158		6:12	471	1:17	124
4:6	125		6:13-17	28	6:6-10	300
5:21	226		6:17	331	6:10	400
6:4-10	243-244					
8:1-2	303					
8:5	309		빌립보서		디모데후서	
9:6-7	303		1:6	225, 226	3:16-17	484
10:4-6	461		2:7	123		
12:9-10	241		2:12	226		
			2:12-13	221, 256	디도서	
			4:7	216	2:1-15	484
갈라디아서			4:10-13	300	2:4-5	441
2:20	117-118					
3:28	433, 445					
5:22	216		골로새서		히브리서	
			1:17	113	1:3	125
			1:19-20	113, 216	11	212
에베소서			1:20	97, 186, 153	11:10	211, 265
1:3	109		1:21-23	117	12:14	216
1:13	226		2:8	329	13:4	446
1:13-14	224		3:11	433	13:5	301
2	436		3:23	126, 262, 292	13:21	215
2:1-9	218				13:20-21	209
2:8-9	117					
2:10	157, 221, 229, 231, 291		데살로니가전서			
2:11-22	432-433		2:4	249	야고보서	
2:19-21	489		2:7	249	1:4	225
2:22	489		5:23	215	1:5	257
3:4-11	331-332				5:1-5	401
4:3	216				5:4	402
4:11-12	483		데살로니가후서			
4:11-13	237		3:7-10	403		
4:12	230				베드로전서	
5:15-16	259				2:9	481

베드로후서

3:10	495
3:11-12	496

요한1서

1:5	121
2:1	117
3:17-18	311

요한계시록

1:5-6	124
6:16	123
14:13	197
19:6-8	155
21	194
21:1-2	155
21:22-26	194
21:23	156
21:23-26	122

| 적용과 심화를 위한 자료 |

이 책이 당신만의 천직을 통해 하나님 나라를 확장하는 비전을 찾는 여정에 도전과 감동이 되었기를 소망한다.

이 책에서 제시한 원칙을 더욱 깊이 이해하고 적용하기 위해 다양한 자료를 찾아볼 수 있는 웹사이트 www.MondayChurch.org 방문을 권한다.

- 묵상, 토론, 적용을 위한 질문과 각 장별 스터디 가이드
- 개인과 소그룹 적용을 위한 성경공부 자료 무료 다운로드
- 나만을 향한 하나님의 계획과 독특한 부르심을 발견하는 데 도움이 되는 개인 설문 양식
- 직업과 하나님 나라 확장의 관계에 관한 집회 정보
- 성도들이 직업을 통해 하나님 나라를 확장하도록 하기 위해 목회자들과 교회 리더들이 어떻게 비전을 제시하고 준비시켜야 하는 지에 대한 유용한 제안
- 그 외에도 많은 자료를 만날 수 있다!

하비스트 재단과 국제기아대책기구가 설립한 Disciple Nations Alliance

세상을 변화시킬 교회를 준비시키라

DNA(Disciple Nations Alliance)는 세계 교회가 치유와 축복, 열방 변화를 위한 하나님의 도구로서 잠재력을 온전히 실현하게 하자는 공동의 비전을 품은, 개인과 교회, 단체들로 구성된 글로벌 운동의 일환입니다.

DNA는 국제기아대책기구(www.fh.org)와 하비스트 재단(www.harvestfoundation.org)이 1997년에 공동 설립한 단체입니다.
    우리의 사명은 전 세계 지역교회의 패러다임과 행동에 영향을 끼쳐, 교회가 거짓 신념을 인식하고 폐기하여 탄탄한 성경적 세계관을 적극적으로 수용하여 진리와 정의, 아름다움을 사회 전 영역에 전하고 그리스도의 사랑을 실질적으로 나타냄으로써, 먼저 교회의 자원으로 지역사회와 국가의 상하고 깨어진 부분을 고치도록 돕는 데 있습니다.

웹사이트에서 Disciple Nations Alliance에 대한 자세한 정보와 다양한 자료, 교육 과정, 서적, 적용 툴을 만나실 수 있습니다.

www.DiscipleNations.org
E-mail: infro@disicplenations.org

라이프워크

지은이 대로우 밀러
옮긴이 이혜림

2012년 10월 23일 1판 1쇄 펴냄
2022년 12월 12일 1판 7쇄 펴냄

펴낸곳 도서출판 예수전도단
출판 등록 1989년 2월 24일(제2-761호)
주소 서울특별시 관악구 신림로7나길 14
전화 02-6933-9981 · **팩스** 02-6933-9989
이메일 ywam_publishing@ywam.co.kr
홈페이지 www.ywampubl.com

ISBN 978-89-5536-412-5

책값은 뒤표지에 있습니다.
잘못된 책은 바꾸어 드립니다.